MAZEDONIEN

Unterwegs auf dem südlichen Balkan

Philine von Oppeln

Trescher Verlag

4., aktualisierte und erweiterte Auflage 2014

Trescher Verlag
Reinhardtstr. 9
10117 Berlin
www.trescher-verlag.de

ISBN 978-3-89794-265-3

Herausgegeben von Bernd Schwenkros und Detlev von Oppeln

Reihenentwurf und Gesamtgestaltung:
Bernd Chill
Gestaltung, Satz, Bildbearbeitung:
Martina Gerber
Lektorat: Corinna Grulich
Stadtpläne und Karten: Johann Maria Just, Martin Kapp, Bernd Schwenkros, Ulla Nickl
Druck: Druckhaus Köthen

Gedruckt auf chlorfrei gebleichtem Papier

Printed in Germany

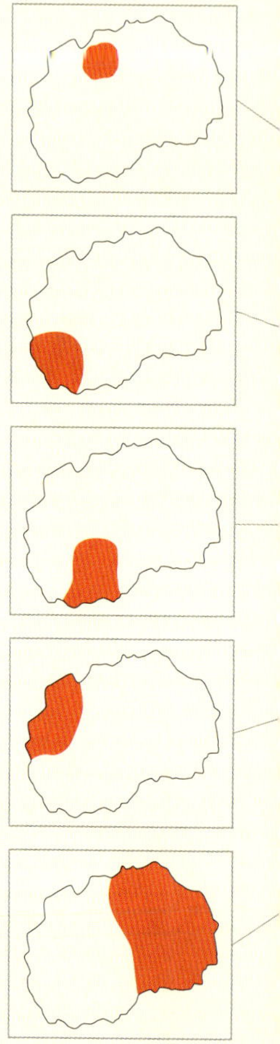

Alle Angaben in diesem Reiseführer wurden sorgfältig recherchiert und überprüft. Dennoch können Entwicklungen vor Ort dazu führen, dass einzelne Informationen nicht mehr aktuell sind. Gerne nehmen wir dazu Ihre Hinweise und Anregungen entgegen. Bitte schreiben Sie an **post@trescher-verlag.de**.

LAND UND LEUTE

SKOPJE UND UMGEBUNG

DER SÜDWESTEN

PELAGONIJA

DER NORDWESTEN

DER OSTEN

REISETIPPS VON A BIS Z

SPRACHFÜHRER

ANHANG

Denkmal Philipps II. auf dem Karpoš-Platz in Skopje

Vorwort 11
Hinweise zur Benutzung 12
Zeichenlegende 13
Das Wichtigste in Kürze 13
Das Beste von Mazedonien 15

LAND UND LEUTE 16

Mazedonien: Zahlen und Fakten 18

Geographie 19
Gebirge 20
Gewässer 21
Flora 22
Fauna 23
Klima und Reisezeit 24
Umweltschutz 25
Nationalparks 26

Geschichte 28
Die Anfänge 28
Unter römischer Herrschaft 29
Einwanderung der Slawen 30
500 Jahre unter den Osmanen 31
Kriege und Teilung 33
Von Jugoslawien bis zur Unabhängigkeit 35

Bevölkerung 39
Bevölkerungsgruppen 40
Albaner 41
Roma 41
Türken 42
Mijaken 43
Wlachen 44
Sprachen 44

Staat und Politik 45
Außenpolitik 46
Politischer Alltag 47
Wirtschaft 48
Religionen 50

Kultur 52
Literatur 52
Sakrale Kunst 53
Bildende Künste 56
Architektur 58
Musik 64
Landesküche 65

SKOPJE UND UMGEBUNG 70

Skopje 72
Geschichte 72
Die Festung und die Oberstadt 75
Rund um die Altstadt 78
Moscheen, Hammams und Karawansereien 80
Das neue Zentrum 84
Weitere Sehenswürdigkeiten 90

Skopje-Informationen 91

Die Umgebung von Skopje 100
Der Berg Vodno 100
Kloster Sv. Pantelejmon 103
Kloster Sv. Marko 104
Matka 105
Spuren der Vergangenheit 108
Romasiedlung Šutka 109
Katlanovo 111
Raduša 111
Skopsa Crna Gora 112
El Kabon 113
Die Gebirge Karadžica, Mokra und Jakupica 113

DER SÜDWESTEN 118

Ohrid 121
Altstadt 122
Biljana-Quellen 127
Kloster Sv. Naum 132
Das östliche Seeufer 133
Openica 135
Velgošti 135

Struga 136
Das westliche Seeufer 140
Višni, Vranište und Oktisi 143
Vevčani 144
Ausflug nach Albanien 145
Nationalpark Galičica 146

Rund um den Prespasee 148
Strände am Prespasee 149
Insel Golem Grad 149
Konjsko und Stenje 150
Podmočani 150
Vogelschutzgebiet Ezerani 150
Resen 151

PELAGONIJA 152

Bitola 155
Stadtrundgang 156
Osmanisches Erbe 158
Heraklea Lyncestis 163
Nationalpark Pelister 165
Ökotourismus in umliegenden Dörfern 168
Mariovo 172

Prilep 175
Stadtrundgang 176
Kloster Treskavec 180
Zrze 182

Kruševo 184
Mečkin Kamen 188
Höhlen um Makedonski Brod 190

DER NORDWESTEN 192

Tetovo 194
Popova Šapka und Šarberge 204
Kloster Lešok 206
Gostivar 207

Der Nationalpark Mavrovo 209
Wanderungen im Nationalpark 209
Andere Aktivitäten im Park 210
Dorf Mavrovo und Mavrovi Anovi 212
Galičnik 214
Lazaropole 217
Gari und Babin Srt 218
Wanderung zum Golem Korab 218
Wasserfall Duf in Rostuše 219
Kloster Sv. Jovan Bigorski 219
Debar 220
Kemal-Atatürk-Haus 222

DER OSTEN 224

Der Nordosten 226
Kumanovo 227
Staro Nagoričane 229
Kokino 230
Kratovo 231
Felsenkunst in der Umgebung Kratovos 233
Kloster Sv. Gavril Lesnovski und Umgebung 235
Kriva Palanka 239
Osogovoberge 240
Veles 241
Štip 246
Kočani und Umgebung 250
Delčevo 252
Berovo 252
Wanderungen rund um Berovo 254

Der Südosten 257
Strumica 258
Rund um Strumica 260
Kavadarci 264
Stobi 267
Demir Kapija 269
Gevgelija 272
Der See Dojran 274
Star Dojran 275

REISETIPPS VON A BIS Z 278

Sprachführer 303
Mazedonien im Internet 311
Literatur 312
Glossar 313
Über die Autorin 313
Danksagung 313
Register 314
Bildnachweis 321
Kartenregister und -legende 324

ESSAYS

Die mazedonische Frage 37
Denkmäler 62
Rezepte 69
Das Erdbeben von Skopje und die Folgen 77
Skopje 2014 85
Vor dem Regen 183
Die Kruševo-Republik 187
Cajtnot 198
Der Bektaşi-Orden 201
Die Hochzeit von Galičnik 216
Zu Besuch in Klöstern und Kirchen 237
Mazedoniens Weinkeller 266

Das Dorf Galičnik im Bistramassiv

Vorwort

Dobredojdovte! Oder auch: Herzlich willkommen im Abenteuer Mazedonien! In welchem Mazedonien? Heißt es nicht eigentlich FYROM, Former Yugoslav Republic of Macedonia? Oder liegt es vielleicht in Griechenland? Noch immer gibt es Verwirrung um die kleine Balkanrepublik mit den unterschiedlichen Namen: Die Diaspora nennt sie Makedonien, die Deutschen sprechen meist von Mazedonien, die Griechen bevorzugt von der ›Republik Skopje‹, und die offizielle Politik nennt sie ›Ehemalige Jugoslawische Republik‹. Die Römer, nicht zu vergessen, nannten diesen Landstrich schlicht, aber für den Abenteurer vielversprechend ›catena mundi‹ – Ende der Welt.

Mazedonien muss also im wahrsten Sinne des Wortes entdeckt werden, am besten erstmal auf der Karte. Dort findet man das kleine Land, das Teil der größeren Region gleichen Namens ist, südlich von Serbien und nördlich von Griechenland.

Mazedonien ist ein traditionell gastfreundliches Land, reich an Geschichte und Geschichten, an Kulturgütern und einer vielfältigen Natur. Die Städte Skopje, Ohrid und Bitola bieten stimmungsvolle Altstädte, ein quirliges Nachtleben und viel Kunst und Kultur. Im Umland kann man auf oft nur wenig beschrittenen Pfaden wild-romantische Berglandschaften erkunden, in Klöstern übernachten oder in entlegenen Dörfern selbstgebrannten Schnaps trinken. Für Abkühlung sorgen im Sommer die Strände der großen Seen im Süden des Landes.

Wo auch immer die Reise hingehen mag, wird man auf Spuren von Mazedoniens turbulenter Historie treffen. So finden sich neben antiken Ausgrabungen mittelalterliche Festungen, versteckte Felsenkirchen und sozialistische Denkmäler.

Gleichzeitig gibt es viel Neues zu entdecken: Besonders begrüßenswert sind Initiativen, die einen naturverbundenen und umweltorientierten Tourismus in die Wege leiten. Das Wandern und Klettern in Mazedoniens artenreichen Nationalparks zählt schon seit langem zu den beliebtesten Sportarten des Landes, und während Dorfbewohner biologische Verköstigung und Unterkünfte in ländlichem Ambiente organisieren, haben inzwischen auch die ersten Fahrradverleihe ihre Pforten geöffnet.

Restaurierte Weingüter in den Regionen Kavadarci und Demir Kapija laden zur Weinprobe, und in Skopje kann man dank des architektonischen Großprojekts ›Skopje 2014‹ eine komplett neue Innenstadt bestaunen. Sehenswürdigkeiten und Naturschönheiten wurden besser kenntlich und zugänglich gemacht, und sogar die ersten Wanderkarten sind inzwischen erhältlich.

Die Flugpreise nach Mazedonien sind in den letzten Jahren erheblich gesunken und die oft schäbigen Hotels der Jugo-Ära vielfach komfortableren Unterkünften gewichen.

Entdecken Sie also Mazedonien: Ein kleines, freundliches Land, das gern Gäste empfängt und dabei den Reiz des Abenteuers wahrt.

Hinweise zur Benutzung

Der erste Teil dieses Reiseführers ist **Land und Leuten** gewidmet und informiert über Geschichte, Natur und Kultur Mazedoniens.

Im zweiten Teil finden sich ausführliche **Beschreibungen aller Regionen** und wichtiger Städte. Zur besseren Orientierung sind die Ortsnamen bei ihrer ersten Nennung auch in kyrillischer Schreibweise angegeben. Städte mit überwiegend albanischer Bevölkerung werden jeweils auch unter ihrem albanischen Namen genannt. Die Abkürzung ›Sv.‹ muss je nach Geschlecht des/der Heiligen als Sveti oder Sveta gelesen werden.

Stadtpläne und **Karten** sind sowohl kyrillisch als auch in der transliterierten Schreibweise beschriftet. Für Ortsbezeichnungen gilt, dass es gelegentlich abweichende Schreibweisen geben kann, die im regionalen Sprachgebrauch gleichwertig benutzt werden. Wichtige Informationen zu Anreise, Unterkünften, Restaurants und Freizeitaktivitäten sind jeweils am Ende eines Kapitels in **Infokästen** zusammengefasst. Insbesondere Informationen zu Preisen und Fahrplänen sollten als Richtwerte verstanden werden und vor Ort noch einmal überprüft werden, da sie sich häufig kurzfristig ändern und so nicht immer auf dem aktuellsten Stand sein können. Die Preise der Hotels sind entweder in Euro oder in Denar (MKD) angegeben, dies entspricht den Angaben über die üblichen Zahlungsmittel des Hotels.

Da es in Mazedonien nicht üblich ist, zum **Straßennamen** die Bezeichnung ulica (Straße) oder bulvar (Boulevard) hinzuzufügen, wurde auch in diesem Buch weitgehend darauf verzichtet.

Im dritten Teil des Buches sind die **Reisetipps von A bis Z**, ein **Sprachführer**, **Glossar** und **Register** untergebracht.

Soweit nicht anders vermerkt, sind alle im Buch angegebenen **Internetadressen** in mazedonisch und englisch verfügbar.

Aufstieg zum Titov Vrv

Zeichenlegende

- Touristeninformation
- Telefon, Postämter
- Banken, Geldautomaten, Wechselstuben
- Internetcafés
- Anfahrt mit dem Auto, Tankstellen
- Busbahnhof, Busverbindungen
- Bahnhof, Zugverbindungen
- Flughafen, Flugverbindungen
- Schifffahrten, Bootstouren
- Taxihaltestellen, Taxitarife
- Hotels, Pensionen, Berghütten
- Campingplätze
- Restaurants
- Cafés
- Bars, Clubs, Nachtleben
- Museen
- Veranstaltungen, Festivals
- Fahrradverleih
- Schwimm- und Thermalbäder
- Strände, Bademöglichkeiten
- Tauchbasen
- Segelbootverleih
- Skigebiete, Verleih
- Ausflüge, Wanderungen, sonstige Aktivitäten
- Einkaufsmöglichkeiten, Märkte

Das Wichtigste in Kürze

Formalitäten

Für die Einreise nach Mazedonien benötigen EU-Bürger einen **Reisepass** oder **Personalausweis** mit mindestens sechsmonatiger Gültigkeitsdauer. Kinder benötigen seit 2012 ein eigenes Ausweisdokument. Wer nicht im Hotel wohnt, muss sich innerhalb von 48 Stunden nach Ankunft bei der zuständigen Polizeistelle anmelden.

Gefahren

Mazedonien gilt als **sicheres Reiseland** mit einer niedrigen Kriminalitätsrate. Wegen vergangener Ausschreitungen warnt das Auswärtige Amt noch immer zu besonderer Vorsicht in den nördlichen und nordwestlichen Grenzgebieten, aktuelle Informationen unter www.auswaertiges-amt.de.

Geld

Die Landeswährung ist der **Denar** (offiziell MKD), wobei 1 Euro etwa 60 MKD entspricht. Oft wird der Euro aber genauso gern genommen. **Bargeld** kann in Wechselstuben problemlos gewechselt werden, in Banken gegen Vorlage eines Reisepasses.

Kreditkarten werden vor allem bei größeren Hotels und Restaurants akzeptiert. Vor allem in den größeren Städten gibt es **Geldautomaten**, die internationale Kreditkarten akzeptieren. Für den Umtausch von Denar in Euro werden von den mazedonischen Banken Gebühren erhoben.

Reisezeit

April bis Oktober sind geeignete Monate zum Reisen, wobei Mai, Juni und

Unterwegs auf dem Ohridsee

September klimatisch die angenehmsten Bedingungen bieten. Im Juli und August ist es speziell in den Ebenen sehr heiß und trocken, in den höheren Lagen allerdings ideal zum Wandern.
Im Winter laden Mazedoniens Berghänge zum Skilaufen ein.

Reisen im Land

Es gibt ein gutes und günstiges Netz an regelmäßigen **Überlandbussen**.
Züge fahren weit seltener, sind langsam und befahren nur wenige Strecken.
In größeren Städten sind Mietautos erhältlich. Beim Autofahren ist zu bedenken, dass die Straßenverhältnisse nicht immer westeuropäischen Standards entsprechen und die Autobahn mautpflichtig ist. Im Land sind inzwischen vielerorts gute Straßenkarten erhältlich.

Telefon

Internationale Vorwahl: +389 (00389)
Vorwahl Skopje: 02
Feuerwehr: 193
Polizei: 192
Zentrale Notrufnummer zum Sperren von EC-/Kredit-/Handykarten: +49/116116

Unterkunft

Die Zahl der **Hotels mit internationalem Standard** ist durch Sanierungen und Neubauten in den letzten Jahren erheblich gestiegen. Besonders groß ist das Angebot an Unterkünften in Skopje und Ohrid, wo man für ein durchschnittliches Doppelzimmer etwa 70 Euro zahlt. Die preiswertesten Zimmer kosten nur 10 Euro pro Person, sind aber auch sehr schlicht.
In Skopje, Ohrid und Bitola gibt es erste **Hostels** und in Skopje eine **Jugendherberge**.
Außerhalb sind Hotels oft günstiger, und in touristisch frequentierten Gegenden bieten Bewohner **Privatunterkünfte** an (5–15 Euro pro Person).

Verständigung

Die jüngere Generation spricht oft gut **Englisch**, speziell im urbanen Raum, während ältere Mazedonier bisweilen über (allerdings eher geringe) Deutschkenntnisse verfügen.

Mazedonisch ist im Vergleich zu anderen slawischen Sprachen recht zugänglich, sobald man sich an die kyrillische Schrift gewöhnt hat.

Regional gilt **Albanisch** als zweite Landessprache.

Das Beste von Mazedonien

Städte

Skopje: osmanische Altstadt, kontroverse Architektur, Seilbahnfahrt zum Gipfel Vodno (ab S. 72).

Ohrid: mittelalterliche Klöster und Kirchen, Altstadtarchitektur, Samuils Festung, Fischessen am See, Bootstour, Baden (ab S. 121).

Bitola: osmanische Altstadt, Jahrhundertwende-Architektur, Širok Sokak, Heraklea (ab S. 155).

Kruševo: Makedonium, Altstadthäuser, Panorama (ab S. 184).

Demir Kapija: Weingut Popova Kula (S. 269).

Die sehenswertesten Kirchen, Klöster und Moscheen

Sv. Spas, Mustafa-Pascha-Moschee, Hjunkar-Moschee und Sv. Pantelejmon in Skopje (S. 78, 80, 81, 103); Sv. Sofija und Kloster Sv. Naum bei Ohrid (S. 122, 132); Kloster Treskavec bei Prilep (S. 180); Derwischkloster und Šarena-Moschee in Tetovo (S. 199); Sv. Jovan Bigorski bei Debar (S. 219); Lesnovski-Kloster bei Probištip (S. 235); Osogovski-Kloster bei Kriva Palanka (S. 239).

Naturschönheiten

Berg Vodno (S. 100); Matka (S. 105); Ohridsee (S. 121); Nationalpark Galičica (S. 146); Prespasee mit der Insel Golem Grad (S. 148); Nationalpark Pelister (S. 165); Mavrovopark und -see (S. 209); Bergregionen.

Die schönsten Dörfer

Vevčani (S. 144); Brajčino (S. 168); Dörfer in Mariovo (S. 172); Galičnik, Lazaropole und Gari (S. 209, 217, 218); Dörfer um Berovo und Radoviš (S. 252).

Die besten Wandergebiete

Vodno–Matka (S. 100); Karadžica-Massiv (S. 113); Solunska Glava (S. 114); Nationalpark Galičica (S. 146); Nationalpark Pelister (S. 165); Popova Šapka (S. 204); Titov Vrv (S. 205); Nationalpark Mavrovo (S. 209); Golem Korab (S. 218); Region Berovo (S. 254).

Eingang zum Kloster Sv. Gavril Lesnovski

Spanne Himmel
ein Schritt Acker
Traum in flacher Hand
Tropfen Meer
Handvoll wilden Roggens
weißneblige Fäden
Atem eines Gewitters
Wind in der Kehle
Durstiger Brunnen
Hungrige Herde –
Das ist Makedonien.

Slavko Janevski, Maß

Blick auf den Ohridsee bei Kaneo

LAND UND LEUTE

Mazedonien: Zahlen und Fakten

Die Flagge Mazedoniens

Name: Republik Mazedonien/Republika Makedonija. Von den USA ist der Name seit November 2004 offiziell anerkannt, in Europa ist die offizielle Bezeichnung noch FYROM, ›Former Yugoslav Republic of Macedonia‹.
Status: Unabhängig seit 1991.
Amtssprachen: Mazedonisch, Albanisch als zweite Amtssprache in Gebieten mit über 20 Prozent Albanern.
Weitere Sprachen: Türkisch, Romani, Serbisch, Wlachisch.
Alphabet: Kyrillisch, Latein.
Fläche: 25713 km2.
Hauptstadt: Skopje.
Weitere größere Städte: Kumanovo, Bitola, Prilep, Tetovo, Veles, Štip, Strumica.
Staatsgrenzen: Albanien, Bulgarien, Griechenland, Kosovo, Serbien.
Höchste Erhebung: Berg Korab, 2753 Meter.
Längster Fluss: Vardar, 388 Kilometer.
Größter See: Ohridsee, 350 km^2.
Nationalparks: Mavrovo, Pelister, Galičica.
Klima und Klimazonen: gemäßigt kontinental, im Vardartal mediterraner Einfluss.
Niederschläge: 500 bis 700 mm jährlich.
Durchschnittstemperaturen: in Skopje im Winter 1 Grad plus, im Sommer 23 Grad.
Einwohnerzahl: ca. 2 059 800 (2011).
Bevölkerungsdichte: ca. 80 Einwohner pro km^2.
Ethnische Zusammensetzung: Mazedonier 64,2 Prozent, Albaner 25,2 Prozent, Türken 3,9 Prozent, Roma 2,7 Prozent, Serben 1,8 Prozent, andere 2,2 Prozent (letzte Zählung 2002).
Religion: mazedonisch-orthodox 64,2 Prozent, muslimisch 33,3 Prozent, andere 2,5 Prozent.
Verhältnis Stadt-/Landbevölkerung: 60:40.
Arbeitslosenrate: 30 Prozent (2013).
Staatsform: Parlamentarische Demokratie mit Einkammerparlament.
Parlament: Sobranje, 120 Mitglieder, Wahl alle 4 Jahre, nächste Wahl im April 2014.
Präsident: Gjorge Ivanov (VMRO-DPMNE; nächste Wahl April 2014).
Ministerpräsident: Nikola Gruevski (VMRO-DPMNE, nächste Wahl 2015).
Mitgliedschaft in internationalen Organisationen: EU-Beitrittskandidat, Mitglied in UNO und UN-Sonderorganisationen, OSZE (Organisation für Sicherheit und Zusammenarbeit in Europa), Europarat, CEI (Central European Initiative) und andere.
Wichtige Wirtschaftszweige: verarbeitende Industrie, Handel, Landwirtschaft.
Industrie: Stahl, Textilien, Nahrungsmittelverarbeitung, Chemie.
Wichtige Außenhandelspartner: Deutschland, Griechenland, Serbien, Italien, Bulgarien.
Landeswährung: Denar (MKD), ist an den Euro gekoppelt und relativ stabil. 1 Euro=60,3 Denar.
Zeit: MEZ mit Sommer- und Winterzeit.
Nationalfeiertag: 8. September (Unabhängigkeitstag).
UNESCO-Welterbe: Stadt und See von Ohrid mit Umgebung (Natur und Kultur).
Autokennzeichen: MK.
Vorwahl: +389.
Internetkennung: mk

Geographie

Mazedonien liegt auf der südlichen Balkanhalbinsel, unmittelbar nördlich von Griechenland. Um die Republik geographisch besser von der gleichnamigen, etwa dreimal so großen Region Mazedonien abgrenzen zu können, wird es aufgrund seines längsten Flusses, der quer durch das Land Richtung Griechenland fließt, auch als Vardar-Mazedonien bezeichnet. Im Gegensatz dazu gehört Pirin-Mazedonien zum bulgarischen Staatsgebiet, das ägäische Mazedonien zu Griechenland, und ein kleiner Teil im Westen der Region gehört heute zu Albanien.

Während die Region Mazedonien über Thessaloniki einen Zugang zum Mittelmeer hat, ist die Republik ein Binnenland, eingeschlossen von Albanien im Westen, Kosovo und Serbien im Norden, Bulgarien im Osten und Griechenland im Süden. Mit gerade mal 26 000 Quadratkilometern ist Mazedonien kleiner als das Land Brandenburg und hat eine ähnliche Bevölkerungsdichte. Etwa ein Viertel der über zwei Millionen Einwohner lebt in der Hauptstadt Skopje im Nordwesten Mazedoniens.

Dass das Land so überaus bergig ist, liegt daran, dass sich hier die drei tektonischen Platten von Afrika, Europa und Asien treffen. Das ist einerseits auch der Grund für die vielen heißen Quellen, die aus der mazedonischen Erde sprudeln, aber auch für die Erdbeben, die das seismisch aktive Gebiet regelmäßig heimsuchen. Zwischen den teilweise über 2500 Meter hohen Bergen liegen Beckenlandschaften, die landwirtschaftlich genutzt werden und vor allem dem Wein-, Tabak- und Obstanbau dienen. Besonders fruchtbar ist das Vardartal, das im Süden vom mediterranen Klima der Ägäis beeinflusst wird. Im Rest des Landes herrscht kontinentales Klima vor, was für besonders heiße Sommer sorgt. Denen kann man am besten mit einem Ausflug in die Berge entkommen, wo Gebirgsklima für Abkühlung sorgt. Neben den Gebirgsmassiven sind es vor allem die vielen Karsthöhlen, die artenreiche Pflanzenwelt und die großen Seen im Süden des Landes, die die reizvolle Natur Mazedoniens ausmachen.

Bergpanorama im Winter

Gebirge

Gut 80 Prozent der mazedonischen Landschaft sind bergig. Das winzige Land hat viele Gipfel, die über 2000 Meter hoch sind, und auch der Rest liegt zum Großteil mindestens 600 Meter über dem Meeresspiegel. Kein Wunder also, dass Wandern der Nationalsport Nummer eins ist.

Dabei tragen die mazedonischen Gebirgslandschaften sehr unterschiedliche Gesichter. Während die Berge im Osten eher sanften Hügeln gleichen, ragen in Mazedoniens Westen seine steilsten Gipfel auf. Der höchste Berg ist der Golem Korab, dessen 2753 Meter hohe Spitze die Grenze zu Albanien markiert. Der Berg Titov Vrv ist nur wenige Meter niedriger und liegt westlich der Stadt Tetovo. Er gehört zu den Šarbergen, die Mazedoniens längste Gebirgskette bilden und über die Grenze hinaus in den Kosovo reichen. Der landesweit spektakulärste Wanderweg verbindet die Gipfel Ljuboten, Titov Vrv und Korab miteinander und führt auf einer Strecke von 80 Kilometern quer über das gesamte Šarmassiv, wobei nicht ein einziges Mal eine Höhe von 2000 Metern unterschritten wird.

Im südlichen Mazedonien wurden die Bababerge mit dem über 2600 Meter hohen Gipfel Pelister und das Galičicamassiv wegen ihrer artenreichen Flora und Fauna zu Nationalparks erklärt. Von beiden genießt man grandiose Ausblicke auf die beiden größten mazedonischen Gewässer, den Ohrid- und den Prespasee. Der Berg Korab gehört ebenfalls zu einem geschützten Gebiet, dem Nationalpark Mavrovo. Dort liegt auch der Berg Bistra, dessen Hänge im Winter zu einem beliebten Skigebiet werden. Andere Möglichkeiten zum Skilaufen gibt es in den Šarbergen, im Pelisterpark und bei Kruševo, der auf 1250 Metern gelegenen höchsten Stadt des Landes. Bei Gevgelija gibt es mit Kožuf seit kurzem Mazedoniens bisher größtes und modernstes Skiareal. Die weitesten Täler Mazedoniens sind Ovče Pole nordwestlich der Stadt Štip, die Pelagonija-Ebene zwischen Prilep und Bitola und die Polog-Ebene zwischen Tetovo und Gostivar.

Ruderboot auf dem Ohridsee

Der Stausee Mladost bei Veles

Gewässer

Im Süden des Landes gibt es drei große tektonische Seen, die Mazedonien mit Albanien und Griechenland teilt. Weil der Ohridsee mit über einer Million Jahre der älteste See Europas ist und Lebensformen beherbergt, die anderswo schon lange ausgestorben sind, steht er unter dem Schutz der UNESCO. Zudem ist er mit annähernd 300 Metern der tiefste See des Balkan und mit einer Fläche von 350 Quadratkilometern das ›mazedonische Meer‹. In den Sommerferien strömen die Mazedonier an seine Kieselstrände, von denen aus immer das bergige Ufer Albaniens in Sichtweite ist. Knapp die Hälfte des fischreichen Sees gehört zum Nachbarland. Der Ohridsee ist das einzige Gewässer Mazedoniens, auf dem Schiffe fahren, die die Größe eines Ruderboots übertreffen.

Etwa genauso groß, aber wesentlich flacher und weniger gut besucht ist der Prespasee, der über 800 Meter hoch liegt und mehrere Inseln hat. Mitten im See treffen sich die Grenzen Mazedoniens, Albaniens und Griechenlands. Der dritte und kleinste tektonische See liegt im östlichen Mazedonien. Der Dojransee ist gerade mal zehn Meter tief. Aufgrund von exzessiver Bewässerung der umliegenden Felder ist sein Wasserspiegel mit dramatischer Geschwindigkeit gesunken, weshalb die Existenz des Sees trotz künstlich zugeführten Wassers immer noch gefährdet ist. Noch gilt er als reiches Fischgewässer und beliebter Badesee.

Stauseen

Außer den vielen kühlen Gletscherseen und Wasserfällen, die höher in den Bergen liegen, gibt es seit den 1950er Jahren zahlreiche Stauseen. Die größten von ihnen sind der erst kürzlich gestaute See Kosjak zwischen Skopje und Gostivar am Fluss Treska sowie die Stauseen im Nationalpark Mavrovo, bei der Stadt Debar und südlich von Kavadarci. Die meisten Seen passen sich so gut in die Landschaft ein, dass man sie glatt für natürlich halten könnte. Ihre Ufer sind längst zu beliebten Ausflugszielen und Erholungsorten geworden.

Flüsse

Der mit knapp 400 Kilometern längste Fluss Mazedoniens ist der Vardar, der das Land in zwei Hälften teilt. Er entspringt in der Nähe von Gostivar im Nordwesten und mündet nicht weit von Thessaloniki in die Ägäis. Auf seinem Weg durchquert er Skopje und das Tikveštal, Mazedoniens reichste Weinregion. Andere wichtige Flüsse sind Crna Reka, Radika, Treska und Babuna, jedoch ist keiner der mazedonischen Flüsse schiffbar. Streckenweise sind sie kanutauglich, aber einige der kleineren Flüsse sind im Sommer nicht viel mehr als grün bewachsene Gräben.

Quellen

Eine Besonderheit Mazedoniens sind die heißen Quellen, die sulfathaltig und mit Temperaturen bis zu über 70 Grad aus der Erde sprudeln. Die meisten von ihnen wurden zu medizinischen Thermalbädern umgebaut, wobei die spezifisch gesundheitsfördernde Wirkung jeweils von der Art der Minerale abhängt, die das Wasser auf seinem Weg durch die Erde passiert. Solche Bäder gibt es zum Beispiel in Katlanovo bei Skopje sowie in der Umgebung von Debar, Gevgelija oder Strumica. Sie alle stammen noch aus der jugoslawischen Ära und wurden zum Teil in den letzten Jahren saniert.

Zu guter Letzt sind da noch die vielen Mineralwasserquellen, deren Wasser als ›kisela voda‹ unter verschiedenen Namen verkauft wird. Vielerorts kann man es aber auch kostenlos selbst abfüllen, wie etwa am Fluss Pena bei Tetovo oder an den Quellen von Kumanovo.

Flora

Der Artenreichtum von Flora und Fauna ist in Mazedonien besonders groß. Die relativ geringe Einwohnerdichte des Landes und seine mäßig entwickelte Industrie haben vielen Arten, die andernorts schon ausgestorben sind, das Überleben in einer wenig berührten Natur ermöglicht. Besonders kommt das in Gebieten

Bergwiese in den Stogovo-Bergen

Schildkröten am Wegesrand

zum Tragen, die durch mangelnde Infrastruktur von der Umwelt quasi abgeschnitten sind. Hinzu kommen die unterschiedlichen Klimazonen, die in Mazedonien aufeinandertreffen und Pflanzen und Tieren spezifische Lebensräume schaffen.

Um diesen Reichtum besser schützen zu können, wurden drei Nationalparks ins Leben gerufen, von denen der größte, der Park Mavrovo, 73 Hektar umfasst. Insgesamt wurden in Mazedonien über 3500 verschiedene Pflanzenarten festgestellt, darunter viele genießbare Sorten wie wildwachsende Heilkräuter, Gewürze, Pilze und Beeren, die neben Granatäpfeln, Mirabellen, Pfirsichen und Wein gedeihen. Unter Mazedoniern ist es immer noch sehr verbreitet, aus eigens gesammelten Kräutern Genesungstees gegen allerlei Beschwerden zu bereiten. So hilft zum Beispiel Thymian (*majčina dušica*) bei Bronchitis und Schlaflosigkeit, Oregano (*planinski čaj*) bei Lungen- und Bauchschmerzen, und Himbeerbätter (*malina*) lindern Durchfall.

Zu den Pflanzenarten, die in Mazedonien Geschichte gemacht haben, zählt vor allem die fünfnadlige Molikakiefer, die angeblich äußerst selten ist und in Mazedonien nur an den Hängen des Pelisterparks wächst. Generell gibt es in den höheren Bergregionen ausgedehnte Kiefernwälder, die aufgrund ihrer Schönheit in vielen Volksliedern besungen werden, und in den tieferen Gebieten hauptsächlich Buchen und Eichen. Insgesamt ist rund ein Drittel der mazedonischen Landschaft bewaldet.

Fauna

Zu der nicht minder reichhaltigen Fauna des Landes, die besonders in vielen Insektenarten zum Ausdruck kommt, zählen in den Wäldern neben Wild, Füchsen, Gämsen und Wildschweinen auch Braunbären und Wölfe. Luchsen kann man am ehesten in den Šarbergen begegnen. Es gibt keine zuverlässigen Zahlen darüber, wie umfangreich der Bestand dieser Tiere heute noch ist, denn die letzten Schätzungen wurden in den 70er und 80er Jahren vorgenommen. Man weiß nur, dass es 1997 im Land 160 bis 200 Braunbären gab, von denen 70 in Mavrovo lebten. Da die Bären kurz vor der Zählung unter Schutz gestellt wurden, nimmt man an, dass sich die Population inzwischen vergrößert hat. Außerdem gibt es geschätzte 700 Wölfe in Mazedonien und an den Seen, speziell am Prespasee, einige seltene Vogelarten wie Pelikane und Kormorane. Die sind am besten im Vogelschutzgebiet Ezerani oder auf der Insel Golem Grad zu beobachten, während in den höheren Bergregionen Adler und Falken leben.

Zu Mazedoniens Fauna zählen außerdem einige giftige Schlangen, auf die man nach Möglichkeit nicht treten sollte, die aber normalerweise schnell verschwinden, sobald man sich nähert. Häufig ist das, was am Wegesrand raschelt, jedoch keine Schlange, sondern eine Schildkröte.

Klima und Reisezeit

Das überwiegend kontinentale Klima sorgt für heiße Sommer und schneereiche Winter. Frühling und Herbst sind häufig sehr kurz.

Wenn man nicht gerade zum Skilaufen kommen möchte, ist die beste Reisezeit für Mazedonien von März bis Oktober, wenn es trocken und warm ist. Besonders geeignet sind die Monate Mai und Juni, weil man dann die größte Hitze und die mazedonischen Sommerferien vermeidet. Dafür sind die Seen häufig noch zu kalt zum Baden, und im Mai muss man mit gelegentlichen Niederschlägen rechnen. Das wiederum sorgt dafür, dass die Landschaft zu dieser Zeit grün und üppig ist, während sie im Hochsommer vielerorts staubig und trocken wird. Im Frühling kann es in den Bergen noch recht frisch sein, aber man wird mit einer besonders klaren Sicht belohnt, die im Laufe des Jahres zunehmend dunstiger wird.

Juli und August sind die heißesten Monate, besonders im Pelagonijabecken und im Vardartal, in dem auch Skopje liegt. Im mediterran beeinflussten südlichen Vardartal scheint die Sonne am längsten und am intensivsten. So muss man

Hochbetrieb am Dojransee

sich in den Städten Dojran, Gevgelija und Demir Kapija nicht wundern, wenn das Thermometer im Sommer auf 40 Grad steigt. Für ausgedehnte Stadtbesichtigungen ist es in dieser Zeit zu heiß, und zwischen 12 und 16 Uhr vermeiden es zumindest Einheimische, sich viel unter freiem Himmel zu bewegen. Lieber nutzen sie die Ferien und füllen die Strände der mazedonischen Seen. Ideal sind diese Monate für Festivalfans, die in jeder größeren Stadt auf ihre Kosten kommen, und für Wanderungen in den Bergen. Besonders in den höheren Bergregionen, in denen von November bis April oft über ein Meter Schnee liegt, ist es in den Sommermonaten angenehm frisch. Vor allem nachts liegen die Temperaturen weit unter denen im heißen Vardartal, weshalb die Mazedonier, die es nicht an den Ohridsee verschlägt, im Sommer gern in höhergelegene Bergdörfer flüchten.

Im September sind die landesweiten Schulferien vorbei, und die Strände an den noch immer warmen Seen leeren sich langsam. Die Berglandschaften sind im Herbst sehr farbenprächtig und pilzreich. Ab Oktober nehmen die Niederschläge deutlich zu, und im November fällt im Hochland der erste Schnee. Generell ist Mazedonien jedoch mit 500 bis 700 Millimetern im Jahr ein niederschlagsarmes Land, in Deutschland etwa regnet es deutlich mehr.

Umweltschutz

Dass Mazedoniens Natur vielerorts noch sehr gesund, artenreich und ursprünglich ist, liegt nicht unbedingt an einem besonders ausgeprägten Umweltbewusstsein. Erst langsam erkennt man den Reichtum der großartigen Landschaft, und entsprechend zögerlich werden Möglichkeiten wahrgenommen, diese auch in der Zukunft zu schützen. Die wirtschaftliche Pleite vieler technisch rückständiger Industriebetriebe nach Mazedoniens Unabhängigkeit 1991 ist für den Arbeitsmarkt noch immer verheerend, kommt aber der Umwelt zugute, die in einigen stark industrialisierten Gebieten wie der Stadt Veles bereits kurz vor dem Umkippen stand. Nun gilt es, die Chance am Schopf zu packen und die Potenziale der überaus reichen Natur zu erkennen und zu nutzen. Dies haben sich einige Organisationen zum Ziel gesetzt, die sich unter anderem dem Kampf gegen wilde Müllkippen und der Artenerhaltung in geschützten Reservaten verschrieben haben. Zu ihren Anliegen gehört auch die Entwicklung eines sogenannten Ökotourismus, der im Einklang mit der Natur zu Entdeckungsreisen einlädt und in Kooperation mit der Landbevölkerung darum bemüht ist, das von Armut bedrohte Dorfleben zu erhalten. Die zaghaften Ansätze zu einem ökologischen Bewusstsein stehen im krassen Gegensatz zu dem Müll, der nicht nur die Straßen urbaner Gebiete verunstaltet, sondern vielerorts auch Flüsse, Seen und Nationalparks verschmutzt. Das hat weniger mit persönlicher Nachlässigkeit als mit Armut und einer sich erst langsam entwickelnden Infrastruktur zu tun, denn in vielen Orten gibt es nur mangelhafte Alternativen zur Müllbeseitigung. Viele der bitterarmen Roma bessern ihre knappe Sozialhilfe von 30 Euro auf, indem sie Müll von den Straßen der Großstädte zum Recyclinghof bringen.

Besonders in Skopje gibt es ein Problem mit der Luftverschmutzung. Zu deren Kontrolle wurde eine Messstation installiert, die die aktuellen Werte anzeigt, bei zu bedenklichen Abweichungen jedoch ausgeschaltet wird. Im Januar

2014 war die Luft zeitweise so schlecht, dass Schwangere und Senioren das Haus nicht verlassen sollten. Diese Maßnahme trägt allerdings nur bedingt zur Luftverbesserung bei.

Wer der Umwelt Mazedoniens etwas Gutes tun möchte, hat zum Beispiel die Möglichkeit, am jährlich im November stattfindenden ›Den na Drvoto‹, dem ›Tag des Baums‹, an einer der landesweiten Pflanzaktionen teilzunehmen. Jede Stadt organisiert freie Bustransporte zu den Pflanzflächen, wo Schaufeln und Bäume zum Einsetzen bereitstehen. Landesweit werden an diesem Tag etwa fünf Millionen Bäume gepflanzt.

Nationalparks

In Mazedonien gibt es drei Nationalparks mit unterschiedlich streng geschützten Zonen, ein Vogelschutzgebiet und unweit von Skopje das Reservat Jasen. Die Einrichtung weiterer Nationalparks im Šargebirge und in den Jablanica-Bergen ist geplant.

Der älteste und kleinste Nationalpark, Pelister, ist landschaftlich besonders attraktiv. Er liegt im Gebiet des gleichnamigen, über 2600 Meter hohen Berges am östlichen Ufer des Prespasees und ist am weitesten fortgeschritten, was die Etablierung eines naturnahen Dorftourismus betrifft. Nur wenige Kilometer weiter, in der Mitte der beiden großen Seen, liegt auf einem anderen Gebirgsmassiv der Park Galičica, der ähnlich klein ist und besonders schöne Ausblicke auf die beiden Gewässer ermöglicht. Seine geologische Besonderheit ist der weiche Kalkstein, durch den hindurch der eine See den anderen speist. Im Gegensatz zu anderen Kalksteingebirgen wachsen in Galičica viele südbalkanische Pflanzenarten, die es sonst vornehmlich in Griechenland gibt. Außerdem leben hier zwei Steinadlerpärchen und einige seltene Balkangemsen. Zum Park, der seinerseits Teil des grenzübergreifenden Naturschutzgebiets Prespa ist, gehört auch die Insel Golem Grad, ein Paradies für Würfelnattern, Kormorane und Krauskopfpelikane.

Der mit 73 000 Hektar größte Nationalpark erstreckt sich im äußersten Westen Mazedoniens, an der Grenze zu Albanien. Der Park Mavrovo umschließt die südlichen Šarberge, den westlichen und zentralen Teil des Bistragebirges und einen Teil der Korab- und Dešatmassive. Wegen der großen Höhenunterschiede von 700 bis über 2700 Meter leben hier besonders viele verschiedene Pflanzen- und Tierarten, unter anderem auch Adler, Falken, der seltene Balkanluchs und Mazedoniens größte Bärenpopulation. Letzthin wurde die Infrastruktur in allen drei Parks deutlich verbessert. Neben professionellen Infozentren, besser markierten und teilweise thematisch angelegten Wegen sind nun auch Wanderkarten erhältlich. In Mavrovo und Pelister gibt es zudem zahlreiche Übernachtungsmöglichkeiten.

Gefährdet sind die Parks aus verschiedenen Gründen. Teilweise sind sie gezwungen, sich durch Lizenzen zum Abholzen zu finanzieren. Für Galičica gibt es zudem Pläne, in einer besonders geschützten Zone ein Skigebiet anzulegen, während sich in Pelister Wanderer beschwerten, sehr ausdauernd vom Lärm der Motorräder belästigt worden zu sein, die Ralleys im Park veranstalten. In Mavrovo schlagen derweil Umweltschützer wegen der großen Staudammprojekte Boškov Most und Lukovo Pole Alarm.

Bick auf das Dorf Janče im Mavrovo-Nationalpark

Geschichte

Mazedonien blickt auf eine ausgesprochen reiche und turbulente Geschichte zurück. Am Kreuzweg machtpolitischer Interessen zwischen Orient und Okzident gelegen, war die Region kontinuierlicher Spielball und Zankapfel unzähliger Herrscher und Mächte, die sichtbar Spuren hinterlassen haben und Mazedonien zu einer reichhaltigen archäologischen Fundgrube machen. Die unterschiedlichen Machtansprüche beeinflussen bis heute das politische Klima der gesamten Region.

Seine größte Zeit erlebte das Gebiet unter Alexander dem Großen – auch Alexander III. von Mazedonien oder Aleksandar Makedonski genannt –, dessen Reich sich bis an den Indus erstreckte. Im Mittelalter blühte das Gebiet unter Zar Samuil auf, bevor es für fast 500 Jahre Teil des Osmanischen Reichs wurde. Erst infolge der Loslösung von Jugoslawien gibt es seit 1991 einen eigenständigen Staat namens Mazedonien, der Teil der gleichnamigen, weitaus größeren Region ist.

Die Anfänge

Das Gebiet Mazedoniens war bereits in der frühen Steinzeit besiedelt, wie archäologische Funde verrieten. Noch vor den antiken Makedonen lebte hier ab dem 2. Jahrtausend vor unserer Zeit das Volk der Päonier, das, so will es die Legende, vom Flussgott Axios abstammte. Axios ist der Fluss, der in Mazedonien heute Vardar heißt, während er in Griechenland noch seinen alten Namen trägt. Andere Quellen vermuten, dass die Päonier aus Kleinasien eingewandert sein könnten, bevor sie im Norden der heutigen Republik, also im Umkreis von Skopje, ansässig wurden. Benachbart lebten in der Gegend um Heraklea, dem heutigen Bitola, die Lyncester, die Dassareten bei Ohrid und die Illyrer im Gebiet des heutigen Albanien.

In Auseinandersetzungen zwischen den rivalisierenden Nachbarn gewann das Volk der Makedonen, deren Gebiet im Süden der heutigen Republik lag, zunehmend die Oberhand. Die antiken Makedonen waren berüchtigt für ihre Jagdkünste, ihre Kampfeslust und ihren Ehrgeiz, das eigene Reich auszuweiten – womit sie die nächsten 700 Jahre verbrachten. Die Griechen liebten ihre nördlichen Nachbarn nicht und verachteten sie als Barbaren, denen sie bis ins 5. Jahrhundert vor Christus die Teilnahme an den Olympischen Spielen verboten.

Alexander-Denkmal am Ploštad Makedonija in Skopje

Nachdem sein Vater, Philipp II., den Süden Päoniens annektiert und das mazedonische Reich damit bereits erheblich vergrößert hatte, erlangte es unter seinem Sohn Alexander die weiteste Ausdehnung: Zwischen 333 und 323 vor unserer Zeit eroberte Alexander der Große ein Gebiet, das über die ägä-

Mosaik im ehemaligen römischen Bischofssitz Heraklea

ischen Inseln, Ägypten, Kleinasien, den östlichen Irak bis in das westliche Indien reichte. 331 vor Christus machte Alexander Babylon zur Hauptstadt seines riesigen panhellenischen Reichs. Doch mit seinem plötzlichem Fiebertod war es auch vorbei mit dem großen Imperium, das, von inneren Auseinandersetzungen geschwächt, bald darauf zerfiel. Was geblieben ist, ist ein Streit zwischen den heutigen Mazedoniern und Griechen, die sich beide gern in der Nachfolge des großen Alexander sehen.

Unter römischer Herrschaft

Das geschwächte Mazedonien war ein komfortables Angriffsziel für das Römische Reich, das Mazedonien in drei gut ein halbes Jahrhundert währenden Kriegen immer weiter schrumpfen ließ. In der Schlacht von Pydna, 168 vor unserer Zeit,

Das Reich Alexander des Großen in seiner größten Ausdehnung

Denkmal für Zar Samuil in Skopje

unterlag schließlich der letzte mazedonische König, Perseus, den Römern, und Mazedonien gehörte, in vier selbständige Bundesstaaten (Meriden) aufgeteilt, für die nächsten 800 Jahre zu Rom, das ehemalige Päonien zur römischen Provinz Moesia Superior. Mit der zunehmenden Ausdehnung des Römischen Reichs wuchs auch die Bedeutung der mazedonischen Städte, die an den römischen Handelsstraßen lagen. Die wichtigste unter ihnen war die Via Egnatia, die vom Hafen in Durrës im heutigen Albanien bis nach Thessaloniki und später bis nach Konstantinopel verlief. Sie verband das heutige Ohrid mit Bitola und der Stadt Lynk. Von den antiken Straßen ist heute nicht mehr viel zu sehen, aber die Ruinen der damals wichtigen Städte sind noch vielerorts zu finden. Die bedeutendsten unter ihnen sind heute Heraklea und Stobi, die beide an Verkehrsknotenpunkten der Römerwege lagen und zusammen mit Skupi, dem heutigen Skopje, nach der Ankunft des Christentums ab 300 nach Christus die Bischofssitze der jeweiligen römischen Provinzen wurden. Im Jahr 395 teilte sich das Imperium Romanum in das West- und das Oströmische Reich. Im Gegensatz zu Westrom, das unter dem Andrang der Germanen rasch zerfiel, konnte sich der Vielvölkerstaat Ostrom mit seiner Hauptstadt Konstantinopel insgesamt 800 Jahre behaupten, wurde jedoch Schauplatz unzähliger Auseinandersetzungen. Deren Ursachen waren vor allem Völkerwanderungen, speziell der Einfall verschiedener Stämme, die ihrerseits die Region unter ihre Herrschaft bringen wollten. Nacheinander fielen im Gebiet Mazedoniens Hunnen, Goten und Awaren ein, die alles plünderten und zerstörten, was sie vorfanden. Der Hunnen-könig Attila überfiel im Jahr 447 annähernd 100 Städte, und die, die unversehrt geblieben waren, fielen wenig später den anderen Völkern zum Opfer. Den Rest erledigte im Jahr 518 ein desaströses Erdbeben.

Einwanderung der Slawen

Als die ersten slawischen Stämme im späten 6. Jahrhundert in Mazedonien eintrafen, fanden sie ein ruiniertes Land vor, in dem es außer ein paar kleinen Siedlungen nicht viel gab. Sie bildeten Enklaven und ließen sich von der weitgehend schon christianisierten Bevölkerung bekehren. Unter dem slawischen König Samuil gehörte Mazedonien ab 976 zu dessen großbulgarischem Reich, das sich über große Teile Griechenlands, Albaniens, Dalmatiens, Bosniens und Serbiens ausdehnte. Zum Schutz seines Reiches ließ Samuil in Ohrid ein großes Fort errichten, doch 1014 verlor er eine Schlacht gegen Basilius II., und das Gebiet fiel wieder unmittelbar an Byzanz. In den Folgejahren wurde es von den Normannen geplündert, 1096/97 trieben Kreuzfahrer auf ihrem Weg durch Mazedonien hohe Kriegssteuern ein, und zehn Jahre später fielen die Normannen zum zweitenmal in dem geprügelten Land ein und plünderten und zerstörten es erneut.

500 Jahre unter den Osmanen

Das Byzantinische Reich wurde 1453 mit dem Fall Konstantinopels in die Hand des Sultans Mehmed II. endgültig vom Osmanischen Reich abgelöst, das sich bis 1683 über ganz Südosteuropa, große Teile von Vorderasien und Nordafrika ausbreitete und in seiner Blütezeit bis unmittelbar vor Wien reichte. Anders als in allen anderen Staaten des ehemaligen Jugoslawien blieben die Osmanen in Mazedonien ganze 500 Jahre. Der legendenumwobene mazedonische König Marko (1335–1395), der seinen Herrschaftssitz in seiner noch heute sichtbaren Festung in Prilep hatte, kämpfte lange, doch letztendlich erfolglos gegen die osmanischen Truppen, und nacheinander fielen alle Städte an die neuen Herrscher. Skopje wurde bereits im Jahr 1392 erobert, und bis 1394 war ganz Mazedonien osmanisch. Marko starb in Rumänien, wohin ihn die Osmanen zum Kampf gegen die Wlachen gezwungen hatten.

Die neuen Herrscher waren keineswegs ausschließlich türkisch, sondern eine muslimische Elite, der auch Personen anderer Nationalitäten angehören konnten, solange sie sich zum Islam bekannten oder konvertierten. Die Sprache der Osmanen ähnelte der Sprache der Türken, enthielt aber auch viele arabische und persische Wörter. Wie man an den Inschriften der Moscheen und Schutzbriefen über Klostertoren erkennen kann, war die Schrift der Osmanen arabisch und hat mit dem heutigen Türkisch nicht viel zu tun.

Moschee und Koranschule in Gostivar

Denkmal für Goce Delčev in Skopje

Die Osmanen brachten neben dem Islam auch türkische Siedler mit, die künftig die Städte bewohnten, während viele Mazedonier auf das Land und in die Berge flohen. So konnten die neuen Herrscher ungestört Kirchen abreißen und Moscheen, Bäder und Uhrentürme bauen. Einige Klöster wurden mit Schutzbriefen versehen, um sie vor dem Ansturm der Muslime zu retten, andere wurden in Moscheen verwandelt. Wegen seiner günstigen Lage wurde Mazedonien zu einem bedeutenden Handelszentrum des Reichs und entwickelte eine blühende Wirtschaft.

Immer wieder gab es Aufstände gegen die Besatzer, die aber erfolglos blieben. Im 17. Jahrhundert sandte Leopold I. General Octavio Piccolomini mit dem Auftrag nach Mazedonien, Österreich gegen die westwärts ziehenden Osmanen zu schützen. Dem schloss sich ein Rebell namens Petre Vojnički-Karpoš aus der Bergarbeiterstadt Kratovo an, der mit seinen Männern loszog, um das nicht weit entfernte Kriva Palanka von den osmanischen Herrschern zu befreien. Nach den ersten Erfolgen wurden sie kurz vor Skopje blutig zurückgeschlagen. Karpoš wurde mitsamt Gefolge auf der Steinbrücke in Skopje hingerichtet.

Kongress von San Stefano

1878 kam es zu einem Krieg zwischen dem Osmanischen Reich und Russland, das seinen orthodoxen Brüdern in Bulgarien und Serbien mehr Land versprach, um seinen eigenen Machtbereich ausweiten zu können. Die Folge war der Kongress von San Stefano, in dem Serbien große Gebiete zugesprochen wurden und Bulgarien zum autonomen Staat erklärt wurde, dem zukünftig auch Mazedonien angehörte. Westeuropa fühlte sich durch das große Einflussgebiet Russlands jedoch bedrängt und orderte einen neuen Kongress, diesmal in Berlin. Nach nur drei Monaten unter bulgarischer Herrschaft wurde Mazedonien an die Osmanen zurückgegeben und mit Versprechungen auf eine spätere Befreiung hingehalten.

Ilindenaufstand

Verständlicherweise fühlten sich die Mazedonier übergangen und entwickelten zunehmend Ideen zu einer eigenen nationalen Befreiung. So entstand 1893/94 in Thessaloniki die VMRO, die Innere Mazedonische Revolutionäre Organisation, die unter der Anführung Intellektueller wie Dame Gruev, Petar Pop Arsov und Goce Delčev einen nationalen Aufstand gegen die Osmanen vorbereitete. Ziel war es, das gesamte Gebiet des historischen Mazedonien zu befreien und dort endlich selbst zu herrschen. Am 2. August 1903 war es soweit. Die heftigsten Kämpfe gegen die Osmanen fanden rund um Bitola statt, aber die kleine Stadt Kruševo hatte die bessere Taktik und schaffte es als einzige, sich zu befreien und eine eigene Republik auszurufen. Die war allerdings äußerst kurzlebig, denn zehn Tage später kamen die Osmanen und rächten sich mit bis dahin ungekannter Grausamkeit an dem kleinen Bergort. Erst zehn Jahre später gelang es, die Osmanen mit Hilfe der Nachbarstaaten zu vertreiben.

Kriege und Teilung

Das Osmanische Reich war am Ende hochverschuldet und wurde immer schwächer. Das nutzten Mazedoniens Nachbarländer und zogen 1912 vereint gegen die Osmanen in den Krieg, angeblich, um Mazedonien im Befreiungskampf zu unterstützen. Dem war aber nicht so. Stattdessen teilten die Siegermächte das Land unter sich auf, und Bulgarien, fest davon überzeugt, dass Mazedonien Teil eines Großbulgarischen Reichs sei, schnappte sich den Löwenanteil.

Der Ärger Serbiens und Griechenlands führte nur ein Jahr später zum zweiten Balkankrieg, diesmal unter der Beteiligung von Österreich-Ungarn und Rumänien. Mazedonien wurde dem Erdboden gleichgemacht und der Kuchen erneut aufgeteilt. Vardar-Mazedonien gehörte fortan zu Serbien, das ägäische Mazedonien zu Griechenland und das pirinische zu Bulgarien.

In der Folgezeit kam es zu großen Flüchtlingswellen zwischen den drei Teilen, vor allem aus Griechenland, das in seinem Beuteanteil besonders hart mit den Mazedoniern verfuhr. Über 100 000 Einwohner flüchteten nach Bulgarien, davon die Hälfte Mazedonier, und 160 000 Griechen und Türken gingen nach Griechenland. Insgesamt wurde fast eine halbe Millionen Menschen zu Flüchtlingen, die von einem Teil Mazedoniens in den anderen flohen. Die unglückliche Aufteilung Mazedoniens war die Geburtsstunde der sogenannten ›mazedonischen Frage‹, die noch heute für Uneinigkeit unter allen beteiligten Ländern sorgt.

Spuren des Ersten Weltkriegs im Mariovo

Erster Weltkrieg

Auch im Ersten Weltkrieg wurde wieder über das mazedonische Gebiet gestritten. Im Kampf der Mittelmächte Deutsches Reich und Österreich-Ungarn im Zusammenschluss mit Bulgarien gegen die Entente von Serbien, Griechenland und Frankreich wurden aus allen drei Gebieten des geteilten Mazedonien Soldaten rekrutiert, die gegeneinander antreten mussten, um den Kampf fremder Interessen im eigenen Land auszutragen. In der anschließenden Friedenskonferenz bei Paris wurde vorgeschlagen, Mazedonien zum Protektorat der Liga der Gewinner zu machen oder es ganz sich selbst zu überlassen. Da es zu keiner Einigung kam, wurden die Grenzen von 1913 beibehalten. So kam es, dass Vardar-Mazedonien nach 1918 zum Königreich der Serben, Kroaten und Slowenen gehörte und ab 1929 zum neugegründeten Jugoslawien.

Zweiter Weltkrieg

Im Zweiten Weltkrieg hatte Jugoslawien sich zunächst verpflichtet, Deutschland zu unterstützen. Als es sich jedoch verweigerte, versuchte Hitler die Jugoslawen damit zu locken, dass er ihnen das ägäische Mazedonien versprach. Das gleiche Gebiet, das damals zu Griechenland gehörte, sagte er auch den Bulgaren für ihre Allianz zu. Mit anderen Worten: Nur wenige Jahre nach der Teilung des Landes war schon wieder eine Neuziehung der innermazedonischen Grenzen auf dem Tisch. 1941 marschierten Bulgaren, Deutsche und Italiener in Mazedonien ein.

Daraufhin schleuste Großbritannien geheime Truppen in das Land, die die Besetzung durch die Achsenmächte unterminieren sollten. Zunächst unterstützten sie die VMRO, dann die neugegründete ›Kommunistische Partei Mazedoniens‹, die mit den jugoslawischen Partisanen kämpfte. Am 2. August 1944, nach

Das Denkmal der Befreier in Skopje erinnert an die Partisanen im Zweiten Weltkrieg

dem Sieg über die Faschisten, gründete sich im Kloster Prohor Pčinski die ASNOM, die Antifaschistische Versammlung zur Nationalen Befreiung Mazedoniens, deren ehrgeiziges Ziel es war, ein vereintes und befreites Mazedonien zu regieren. Optimistisch wurde ein Staat ausgerufen, dessen offizielle Sprache Mazedonisch sein sollte und dessen Verfassung die Gleichheit aller ethnischen Gruppen garantieren sollte. Daraus wurde jedoch nichts, denn die proserbischen Führer der Kommunistischen Partei unterstützten, entgegen der Stimmen der Unabhängigkeitsbefürworter, einen Anschluss an Jugoslawien. So wurde Mazedonien zur sozialistischen Teilrepublik unter Tito.

Tito-Büste vor einem NS-Fahndungsplakat

Von Jugoslawien bis zur Unabhängigkeit

Da Jugoslawien sich nach Titos Bruch mit Stalin von Russland losgesagt und dem Westen zuwandt hatte, war die jugoslawische Form des Sozialismus eine weniger strenge als die, die in den meisten Ländern des Ostblocks vorherrschte, und Jugoslawiens Bürger genossen neben anderen Vorzügen weit mehr Reisefreiheit als sie es heute tun. Trotzdem musste sich Mazedonien grundlegenden politischen und wirtschaftlichen Umstrukturierungen unterwerfen und blieb dabei doch das ärmste Land der jugoslawischen Föderation. An weitere Unabhängigkeitsbestrebungen war unter dem Einparteiendiktat nicht zu denken, und Tito war darum bemüht, die einzelnen Teilrepubliken in ein möglichst starkes Abhängigkeitsverhältnis zu bringen. Das funktionierte am einfachsten durch eine eng verflochtene Wirtschaft, wobei die einzelnen Mitglieder jeweils spezialisiert wurden. Mazedonien wurde zum wichtigen Kohleversorger, zur bedeutenden Tourismusdestination innerhalb Jugoslawiens, und der Tabakanbau wurde massiv gestärkt.

An neue Autonomiebestrebungen war erst nach Titos Tod im Jahr 1980 zu denken. Die Föderation begann zu zerbröckeln, und am 8. September 1991 gelang es Mazedonien, sich durch ein Referendum ohne jegliches Blutvergießen von Jugoslawien loszusagen. Bei der Abstimmung enthielt sich allerdings die albanische Minderheit, für die ein unabhängiges Mazedonien keine wirkliche Alternative bedeutete. Da sie infolgedessen auch nicht gleichberechtigt in die Verfassung und Regierung des Landes aufgenommen wurde, das am 17. November desselben Jahres international als FYROM, Former Yugoslav Republic of Macedonia, anerkannt wurde, waren die ersten internen Probleme des jungen Staats vorprogrammiert. Außenpolitisch gab es vor allem Auseinandersetzungen mit Griechenland, das weder Namen noch Flagge der jungen Republik anerkennen wollte und ein wirtschaftliches Embargo gegen Mazedonien verhängte. Während die Mazedonier sich vor einem Großalbanien zu fürchten begannen, befürchteten die Griechen den Wunsch nach einem Großmazedonien mit eventuellen Gebietsansprüchen auf die griechische Nordprovinz Mazedonien.

Kosovo-Krise und Ohrid-Abkommen

Zu den wirtschaftlichen Problemen, mit denen sich Mazedonien nach dem Wegbleiben der Subventionen aus Belgrad konfrontiert sah, kam 1998/99 die Kosovokrise und brachte 370 000 Flüchtlinge in das Land. In diesem Zusammenhang ist besonders die Leistung der mazedonischen Albaner erwähnenswert, die knapp ein Drittel der Kosovaren in ihren beengten Wohnverhältnissen unterbrachten. Die wachsenden Streitigkeiten zwischen Albanern und Mazedoniern führten schließlich unter Einfluss der kosovarischen UÇK 2000/01 zu bewaffneten Auseinandersetzungen im nordwestlichen Mazedonien. Unter internationaler Aufsicht wurde ein gesetzliches Rahmenabkommen geschaffen, um künftig das Miteinander der ethnischen Gruppen zu regeln. Das sogenannte Ohrid-Abkommen spricht den ethnischen Albanern mehr Rechte zu, verpflichtet sie aber auch zu Respekt vor dem gemeinsamen Staat.

Das Gefühl, bei den neuen Regelungen übergangen worden zu sein, brachte einen Teil der ethnischen Mazedonier dazu, im November 2004 ein Referendum gegen die volle Implementierung des Abkommens zu fordern. Dass das Referendum an mangelnder Beteiligung scheiterte, hatte vielleicht auch damit zu tun, dass unmittelbar zuvor die USA den Mazedoniern ein wichtiges Anliegen erfüllt hatten: Mazedonien, das es leid war, eine ›former republic‹ zu sein, wurde von amerikanischer Seite endlich als Republika Makedonija (Republic of Macedonia) anerkannt. Bei seinen europäischen Nachbarn hingegen wartet es immer noch auf die Akzeptanz seines Namens, sowie auf die Aufnahme in die Europäische Union.

Demonstration von Albanern in Westmazedonien

Die mazedonische Frage

Die mazedonische Frage ist ein Produkt rivalisierender Machtansprüche auf dem Balkan. Sie besteht seit dem 19. Jahrhundert und kann bis heute nicht einhellig beantwortet werden. Umstritten ist dabei fast alles. Grundsätzlich geht es jedoch darum, wer die Mazedonier sind, wem das mazedonische Gebiet gehört und wo dessen Grenzen liegen. Hauptakteure sind die Nachbarstaaten Griechenland, Bulgarien und Serbien, wobei angesichts des Streits um den Namen der Republik besonders Griechenland in den Fokus gerückt ist.

Doch die Wurzeln reichen viel weiter zurück: Sowohl in den Balkankriegen von 1912/13 als auch in beiden Weltkriegen war die zentralbalkanische Region Mazedonien heftig umkämpft, und jeder fand eine plausible Begründung zur Legitimation seiner Machtansprüche. Was die Bewohner des heißbegehrten Landstrichs betrifft: Die hat man gar nicht erst gefragt. Irgendwann hatten sie jedoch genug davon, Spielball fremder Interessen zu sein und beschlossen, Bürger der Nation Mazedonien zu werden. 1991 haben sie das geschafft und leben seitdem in einer unabhängigen Republik. Man sollte meinen, dass mit dieser Lösung alle Fragen geklärt sein müssten. Worum wird also noch gestritten?

Griechenland erkennt zwar den mazedonischen Staat an, nicht aber dessen Namen. Die Mazedonier gelten dort gern als Bulgaren, die sich mit einem griechischen Namen eine falsche Identität und eine fremde Geschichte aneignen. Hierzu gehört auch die Diskussion um Alexander den Großen: ›Gehört‹ er den Griechen oder den Mazedoniern?

Als die Mazedonier sich dann auch noch ausgerechnet den 16-strahligen Stern Vergina, ein Symbol der antiken makedonischen Könige, als Staatsflagge wählten, verhängten die Griechen ein Embargo gegen die ›Republik Skopje‹, wie sie Mazedonien bevorzugt nennen.

Inzwischen hat man sich soweit geeinigt, dass man den Stern auf der Flagge zur Sonne machte und Mazedonien sich offiziell ›FYROM‹ nennen muss, ›Former Yugoslav Republic of Macedonia‹ (Ehemalige Jugoslawische Republik Mazedonien). Außerdem wurde eine Verfassungsänderung vorgenommen, die klarmacht, dass Mazedonien keine Gebietsansprüche in Richtung Ägäis hat.

Derweil streitet man sich weiter um den großen Alexander und die Minderheitenrechte der Mazedonier in Griechenland, beziehungsweise der ›slawophonen Hellenen‹, wie es die Griechen gerne ausdrücken. Der Streit trägt zuweilen skurrile Früchte: Kaum, dass die Griechen den Flughafen von Thessaloniki in Flughafen von Mazedonien umbenannt hatten, hieß wenig später Skopjes Flughafen Aleksander Veliki, oder auch Alexander the Great. Für Furore sorgen zudem immer wieder Filme wie Oliver Stones Alexander-Epos (2004) oder ein Werbeclip für Mazedonien, in dem der bekannte Regisseur Milčo Mančevski 2008 für sein Land angeblich mit griechischem Kulturgut warb.

Weitaus tragischere Folgen der ungelösten Namensfrage sind die bislang verhinderten Beitritte Mazedoniens zur NATO und zur EU. Obgleich Griechenland sich in einem Interims-Abkommen verpflichtet hat, die Nachbarrepublik nicht zu blockieren, wenn sie sich um eine Mitgliedschaft in internationalen Organisationen bewirbt, verhindert das griechische Veto bis dato eine Aufnahme. Um den

›Antike‹ Mazedonier vor dem Alexander-Denkmal in Skopje

Namensstreit zu lösen, werden Varianten wie wie ›Republik Mazedonien-Skopje‹, ›Republik Nordmazedonien‹ und ›Republik Vardar-Mazedonien‹ verhandelt – bislang allerdings mit wenig Aussicht auf Erfolg.

Der Dissens mit den Bulgaren hingegen ist mittlerweile weitgehend beigelegt. Er befasste sich mit der Frage einer eigenständigen mazedonischen Identität und machte sich insbesondere an einer Diskussion um die Landessprache fest. Dass das Verhältnis zum östlichen Nachbarn dennoch fragil ist, zeigte sich im Jahr 2013, als Bulgarien sich im Schulterschluss mit Griechenland wegen angeblicher ›antibulgarischer Propaganda‹ gegen einen EU-Beitritt Mazedoniens aussprach. Ein Nachbarschaftsvertrag soll die Beziehung künftig stabilisieren.

Es bleiben die Serben, die aus der gemeinsamen Geschichte das Recht ableiten, die mazedonische Kirche der eigenen unterzuordnen. Mit der Gründung Jugoslawiens wurde die Eigenständigkeit der mazedonisch-orthodoxen Kirche aufgehoben, und sie wurde dem serbischen Patriarchat in Belgrad unterstellt. Bis heute bleibt die Anerkennung einer autokephalen Orthodoxie Mazedoniens aus, obgleich eine eigene Nationalkirche ein bedeutendes Element der staatlichen Souveränität Mazedoniens wäre.

Bis auf die aktuellen Querelen mit Griechenland hat sich das Verhältnis zu allen Nachbarn gebessert, und im Gegensatz zu Visionen von einem Großalbanien, Großbulgarien oder Großkosovo hat sich die Frage nach einem Großmazedonien nie ernsthaft gestellt.

Bevölkerung

Inzwischen leben 60 Prozent der Gesamtbevölkerung Mazedoniens in Städten, und davon fast ein Viertel in Skopje, wo sich viele Sprachen und Konfessionen treffen. Die zweitgrößte Stadt ist mit 80 500 Einwohnern Bitola, gefolgt von Kumanovo mit knapp 71 000, Prilep mit über 66 000, Tetovo mit 53 000 und Štip mit knapp 60 000 Einwohnern. Frauen genießen offiziell die gleichen Rechte wie Männer. Noch sind sie aber vor allem in Politik und Wirtschaft deutlich unterpräsentiert.

Der Teil der Bevölkerung, der sich uneingeschränkt als Mazedonier bezeichnet, hat vornehmlich slawische Wurzeln. Die Slawen kamen im 6. Jahrhundert aus dem Nordosten in diese Region und wurden von den dort ansässigen Volksgruppen christianisiert. Vorher hatten neben vielen anderen Völkern Griechen und Römer dort ihre Spuren hinterlassen, später gehörte das Gebiet der heutigen Republik abwechselnd zu Serbien und Bulgarien. Während der 500-jährigen Herrschaft der Osmanen wurden zahlreiche Türken im Gebiet Mazedoniens angesiedelt. Seit der Teilung der Region in den Balkankriegen von 1912 und 1913 leben große Gruppen ethnischer Mazedonier in Griechenland, Bulgarien und Albanien, und insgesamt lebt etwa die Hälfte des kleinen Volks außerhalb der eigenen Staatsgrenzen.

Nach dem Zweiten Weltkrieg wurde die bis dahin überwiegend ländliche Bevölkerung Mazedoniens zur Konstituierung einer Arbeiterklasse in die Städte beordert und in den frisch eingerichteten Industriebetrieben untergebracht. Heute sind nach offiziellen Angaben etwa 30 Prozent der Bevölkerung arbeitslos, doch trotz der teilweise gravierenden Armut füllen sich allabendlich die Cafés und Bars jeder noch so kleinen Provinzstadt.

Frauen auf dem Lande

Die Mazedonier sind traditionell sehr gastfreundlich und nehmen sich für Besucher ihres Landes gern Zeit. Fragt man einen von ihnen nach dem Weg, ist es nicht selten, dass er sich bereitwillig als Stadtführer für den Rest des Tages zur Verfügung stellt.

Bevölkerungsgruppen

Dass man in Mazedonien auf relativ engem Raum viele verschiedene Sprachen und Konfessionen antrifft, macht einerseits den Reiz und die kulturelle Vielfalt des Landes aus, stellt es aber auch vor große Herausforderungen.

Wie stark die einzelnen Bevölkerungsgruppen innerhalb der Zweimillionenbevölkerung vertreten sind, lässt sich vor allem deshalb nicht genau sagen, weil Volkszählungen kein rein bürokratischer Akt sind, sondern direkte Auswirkungen auf die mazedonische Minderheitenpolitik haben und deshalb anfällig sind für Manipulation oder Boykott. Erst im Oktober 2011 wurde eine mit Spannung erwartete Volkszählung wegen interethnischer Querelen abgebrochen. So meinen die mazedonischen Albaner gern, dass sie 40 Prozent der Bevölkerung ausmachen, während viele Mazedonier ihnen höchstens 20 zugestehen. Nach dem letzten Zensus von 2002 liegt ihr Bevölkerungsanteil bei 25 Prozent, gegenüber 64 Prozent Mazedoniern, 4 Prozent Türken, knapp 3 Prozent Roma und 2 Prozent Serben. Von den übrigen zwei Prozent nimmt den größten Teil die Gruppe der rumänischstämmigen Wlachen ein.

Die demographische Entwicklung der letzten 50 Jahre zeigt, dass die Zahl der ohnehin schon wenigen Türken und Wlachen kontinuierlich abnimmt, während die der Mazedonier geringfügig, die der Albaner etwas schneller wächst.

Im Zuge der Entwicklung eines Mehrparteiensystems in Mazedonien haben Albaner, Türken, Roma, Serben und Bosnier eigene Parteien gegründet und nehmen an den Parlamentswahlen teil.

Picknick mit Samowar

Albaner auf dem Markt in Tetovo

Albaner

Die Albaner im Land heißen bei den Mazedoniern ›albanci‹ und nennen sich selbst ›shqiptarët‹. Sie leben fast ausschließlich im Westen Mazedoniens und haben ihr regionales Zentrum in Tetovo. In der gesamten Region von Tetovo im Norden bis zur Stadt Struga im Süden wird deshalb vorwiegend Albanisch gesprochen, eine sehr alte indogermanische Sprache mit lateinischen Schriftzeichen. Während Albaner westlich von Mazedonien bereits seit Jahrtausenden gesiedelt hatten, kamen sie in das Gebiet des heutigen Mazedoniens erst im 17. Jahrhundert, als die dort vormals ansässigen Slawen von den Osmanen vielfach vertrieben wurden. Dort angekommen, konvertierten die meisten zum Islam und wurden von den lokalen Begs mit Land belohnt. In Jugoslawien hatten sie gesellschaftlich und politisch vielfach das Nachsehen, was sich bis heute nicht grundlegend geändert hat. Die Probleme zwischen Mazedoniern und der albanischen Minderheit, die im Jahr 2001 in einen bewaffneten Konflikt gipfelten, haben vermutlich weniger mit Separatismus als historisch mit nationalistischen Strömungen aus dem Kosovo zu tun.

Roma

Die Roma leben zu einem Großteil in der Siedlung Šuto Orizari, meist kurz Šutka genannt, nördlich von Skopje. Sie sind häufig sehr sprachgewandt und sprechen je nach Region Romani (Romanes), Mazedonisch, Albanisch und/oder Türkisch. Konfessionell sind die meisten von ihnen Muslime, oft Derwische, aber ihr Glaube ist traditionell offen für Elemente anderer Religionen.

Obwohl es den Roma von allen Bevölkerungsgruppen vor allem ökonomisch am schlechtesten geht, genießen sie in Mazedonien mehr Rechte als in den meisten Nachbarstaaten. Diskriminiert fühlen sie sich vor allem vor Gericht und auf dem Arbeitsmarkt, wo sie gegen vielerlei Vorurteile ankämpfen müssen. Zudem haben sie, anders als andere Mazedonier, keine Reisefreiheit in Schengen-

Staaten, sondern werden auf Drängen der EU regelmäßig an den Grenzen zurückgeschickt. Bei Verdacht auf versuchten Asylmissbrauch wird ihnen im Land anschließend der Pass abgenommen und die Sozialhilfe gestrichen. Nur als Asylanten hätten sie in Deutschland Anspruch auf Unterstützung.

Unter Tito hatte sich das sozialistische Mazedonien Vollbeschäftigung auf die Fahnen geschrieben, so dass damals ein guter Teil der Roma in festen, wenn auch geringfügig bezahlten Beschäftigungsverhältnissen war. Heute sind über 80 Prozent von ihnen arbeitslos und müssen sich mit weniger als 50 Euro im Monat in armseligen Siedlungen am Rand der größeren Städte durchschlagen.

Türken

Die Türken kamen vor allem mit dem Osmanischen Reich nach Mazedonien, wurden danach von den Serben vertrieben und lange verfolgt. Noch bis in die 60er Jahre wurden viele von ihnen in die Türkei abgeschoben, wobei ein Großteil von ihnen nicht mehr Türkisch sprach, vielleicht nicht einmal Türken waren, sondern Mazedonier muslimischen Glaubens. Genauso wie im Osmanischen Reich viele Slawen gezwungen waren, ihren orthodoxen Glauben zu verleugnen, wurde es unter Tito den Muslimen erschwert, sich zu ihrer Religion zu bekennen. In der Konsequenz entstand eine verwirrende Mischung von mazedonischen Muslimen und türkischen Mazedoniern, die sich bis heute gehalten hat.

In Westmazedonien gibt es geschätzte 40 000 bis 80 000 Torbeschen: einstmals christliche Slawen, die unter den Osmanen konvertierten und deshalb traditionell als Abtrünnige gesehen werden. Rostuše am Rand des Nationalparks Mavrovo ist eines der wenigen Dörfer, in denen Torbeschen und Christen zusammenleben.

Roma-Hochzeit in Šutka

Hirtin aus dem Volk der Yorüken

In der Umgebung von Štip und Radoviš sowie Volandovo und Dojran leben realtiv isoliert in entlegenen Dörfern Yörüken, einst nomadische Türken, die hauptsächlich vom Tabakanbau und der Schafzucht leben. Im 14. bis 15. Jahrhundert brachte sie das Osmanische Reich von Anatolien zum Balkan, und obwohl seit den 50er Jahren viele aus politischen und ökonomischen Gründen emigriert sind, wurden 1986 immerhin noch in 65 Gemeinden Mazedoniens Yörüken-Dialekte gesprochen: eine archaische Form des Türkischen ohne arabische und persische Einflüsse. Viele Türken sehen in den Yörüken einen letzten Rest des oghusischen Türkentums und verehren sie als ›echte Türken‹ (öz türkler). Für die regelmäßigen Besuche von Delegationen aus der Türkei will Yakup Ismail im Dorf Prnalija nun ein Gästehaus bauen lassen. Das könnte auch für andere Touristen interessant sein, denn dank ihrer traditionell bunten Blumenkleider sind zumindest die weiblichen Yörüken sehr fotogen. Yörüken leben zum Beispiel in den Dörfern Supurge, Alikoč, Kodjalija und Prnalija bei Radoviš. Wer den Weg dorthin nicht auf sich nehmen will, findet im Internet den Film ›Tabakmädchen‹ von Biljana Garvanlijeva über das Leben der mazedonischen Yörüken (www.3sat.de, Mediathek).

Mijaken

Mijaken leben traditionell in Westmazedonien im Gebiet Dolna Reka, zu dem zum Beispiel die Dörfer Galičnik, Lazaropole, Gari, Selce und Tresonče zählen. Bekannt sind die Mijaken historisch für ihr besonderes handwerkliches Geschick, das viele wertvolle Fresken und Ikonostasen – etwa die vom Kloster Sv. Jovan Bigorski – hervorbrachte. Auch als Architekten genossen sie einen guten Ruf, weshalb sie beispielsweise in der Blütezeit der Stadt Kruševo mit dem Bau der vielen attraktiven Villen beauftragt wurden. Generell verließen die jungen Mijaken häufig ihre Heimatdörfer, um anderswo Geld zu verdienen, weshalb heute die Dörfer oft nur noch im Sommer bewohnt sind. Dann findet auch die große Hochzeit in Galičnik (→ S. 216) statt, bei der die jungen Mijaken traditionell zum Heiraten in die Heimat zurückkamen.

Die geschätzten 30 000 bis 60 000 Mijaken (Eigenbezeichnung Mijak, Plural Mijaci) sprechen einen eigenen Dialekt, und es wird vermutet, dass sie mit den Wlachen verwandt sind. Anders als die benachbarten Torbeschen, die sich von den Osmanen islamisieren ließen, blieben sie dem Christentum treu oder rekonvertierten.

Plakat der ›Albanischen Demokratischen Partei‹ in Tetovo

donisch sprechen, ist diese seither offiziell anerkannte Zweitsprache. Zudem sollen mehr Albaner mit öffentlichen Ämtern betraut und in den Polizeiapparat aufgenommen werden, in dem sie bis dahin deutlich unterrepräsentiert waren. Bis heute sind Vertreter ethnischer Minderheiten jedoch noch nicht hinreichend in die Verwaltung aufgenommen worden. Durch den Transfer von Kompetenzen vom Staat auf die Kommunen sind letztere für Belange wie Bildung oder Kultur nun selbst verantwortlich.

Infolge des 2004 in Kraft getretenen Gesetzes zur territorialen Neuordnung besteht Mazedonien nun aus 85 Gemeinden (Opštini, Singular Opština).

Außenpolitik

Außenpolitisch ist das wichtigste Grundprinzip Mazedoniens ein ausgewogenes Verhältnis zu allen anderen Staaten, besonders zu seinen Nachbarn. Die Beziehung zu Bulgarien, das sich lange schwer tat mit der Anerkennung einer mazedonischen Identität, hat sich entspannt, und auch das Verhältnis zu Albanien hat sich dank einiger Abkommen verbessert. Der Namensstreit mit Griechenland hatte sich nach Beendigung des griechischen Embargos 1995 entschärft, ist jedoch derzeit wieder besonders brisant: Solange der Streit nicht gelöst ist, sind sowohl der NATO-Beitritt auch die Mitgliedschaft Mazedoniens in der EU deutlich gefährdet. Der Streit mit Serbien um die Anerkennung der mazedonischen Nationalkirche ist ebenfalls noch nicht ausgestanden und flackert bei Gelegenheit immer wieder auf.

Ein anderes ungeklärtes Thema sind die Minderheitenrechte der in den Nachbarstaaten lebenden Mazedonier, die nur von Albanien hinreichend respektiert werden. In Bulgarien gilt die Minderheit schlicht als bulgarisch, und die Griechen verschleiern ihre mazedonische Herkunft gern mit dem schönen Terminus ›slawophone Hellenen‹.

Das vorrangige außenpolitische Ziel Mazedoniens ist ein baldiger Beitritt zur EU. Der 2001 abgeschlossene und seit 2004 formell in Kraft getretene Stabilitätspakt war dabei ein wichtiger Schritt der Annäherung. Nachdem Mazedonien

2005 der EU offiziell sein Beitrittsgesuch überreichte, wurde ihm vom Europäischen Rat der Beitrittskandidatenstatus zuerkannt. Seither versucht Skopje, alle Voraussetzungen für eine EU-Mitgliedschaft zu erfüllen. Die Bilanz ist gut, aber bisher nicht ausreichend. Seit 2009 empfiehlt die EU-Kommission den Beginn von Beitrittsverhandlungen. Wegen der griechischen Blockade kündigte die Kommission nun an, erst die Verhandlungen zu starten und den Namensstreit in deren Verlauf lösen. Die Entscheidung darüber liegt aber bei den Mitgliedsstaaten. Der von Bulgarien als Voraussetzung zum Beitritt geforderte Nachbarschaftsvertrag stellt im Vergleich ein geringfügiges Problem dar. Nach dem jetzigen Stand wird Mazedonien noch vor Albanien und Bosnien, vielleicht auch vor Serbien, der Gemeinschaft beitreten.

Politischer Alltag

Immer wieder trifft man in Mazedonien auf Jugo-Nostalgiker und Tito-Fans, denn damals, erinnert man sich, gab es mehr Arbeit und Sauberkeit und weniger Kriminalität. Heute überraschen Enttäuschung und Unzufriedenheit angesichts einer offiziellen Arbeitslosenquote von knapp 30 Prozent (2013) und einem Durchschnittslohn von 340 Euro netto (2013) kaum. Wenig erstaunlich ist es da auch, wenn Prestigeprojekte wie ›Skopje 2014‹, das nach derzeitigen Schätzungen etwa 200 Millionen Euro verschlungen hat, bei der Bevölkerung nicht nur auf Gegenliebe stoßen, mangelt es doch andernorts am Nötigsten.

Insgesamt hat der Staatsapparat in den letzten Jahren sicherlich an Transparenz und Handlungsfähigkeit gewonnen, leidet aber noch immer unter mangelndem Vertrauen der Bevölkerung. Allerdings: Sobald man bei offiziellen Stellen Gehör findet, können Anliegen oft wesentlich pragmatischer als hierzulande, mit bewundernswertem Improvisationstalent und persönlichem Einsatz, gelöst werden.

Erinnerung an jugoslawische Zeiten auf dem Flohmarkt

Eine andere Schwierigkeit des jungen Staates ist der Spagat zwischen den Bedürfnissen seiner Einwohner und den Anforderungen, die für einen EU-Beitritt zu erfüllen sind. Im Falle des Ohrid-Abkommens zur Sicherung der Minderheitenrechte und der staatlichen Dezentralisierung fühlen sich viele Bürger übergangen und fürchten eine schrittweise Abspaltung der westlichen Gebiete, die mehrheitlich albanisch besiedelt sind. Angst und Unmut entluden sich in wiederholten Protestaktionen und gipfelten im November 2004 in einem Referendum, das gegen die volle Implementierung des Abkommens stimmen sollte. Glücklicherweise scheiterte das Referendum aufgrund mangelnder Beteiligung, was erneute Auseinandersetzungen mit den Albanern verhindert hat. Dezentralisierung und mehr Verantwortung für die Kommunen sind bestimmt wünschenswert, können aber nur mit einem starken Staat funktionieren, der eine verbindliche Klammer für alle Kommunen darstellt. In der Wahrnehmung der Bevölkerung gelingt es dem Staat bislang nur begrenzt, jenseits der Forderungen der EU die Interessen der eigenen Bevölkerung anzuerkennen.

Die im Ohrid-Abkommen geforderte Integration einer größeren Zahl von Albanern im öffentlichen Dienst wurde zwar weitgehend realisiert, aber auf dem Hintergrund eines bereits überbesetzten Beamtenapparats, der, um effizient zu funktionieren, um mehrere tausend Stellen reduziert werden müsste.

Zu guter Letzt gab es Kritik an der staatlichen Dezentralisierung, da die 20-Prozent-Quote zur vollen Etablierung der Rechte der Albaner eventuell anfällig war für manipulative Bemühungen, in möglichst vielen Bezirken einer ausreichenden Prozentzahl auf die Sprünge zu helfen. Inwiefern der von der konservativen Regierung derzeit vorgegebene Trend zur Nationalisierung und Antikisierung durch Denkmäler und Umbenennung öffentlicher Objekte dem ohnehin angespannten Verhältnis zur albanischen Minderheit im Land zuträglich ist, bleibt abzuwarten.

Wirtschaft

Hauptziel der Regierung unter Ministerpräsident Gruevski ist die Förderung von Auslandsinvestitionen und die Steigerung des Wirtschaftswachstums. Schon in Jugoslawien war Mazedonien das wirtschaftlich am wenigsten entwickelte Land und trug nur fünf Prozent zu dessen Sozialprodukt bei. Mit der Unabhängigkeit fielen nicht nur die Subventionen aus Belgrad weg, sondern auch der wichtigste Absatzmarkt: 80 Prozent der mazedonischen Exporte gingen vormals nach Jugo-

Yorüken-Mädchen auf einem Tabakfeld im Südosten Mazedoniens

slawien. Das nach der Unabhängigkeit verhängte UN-Embargo gegen Serbien, ein zweijähriger Totalboykott Mazedoniens durch Griechenland, kurz darauf die Kosovokrise, die 370 000 Flüchtlinge ins Land schwemmte, und schließlich die gewalttätigen Auseinandersetzungen zwischen Albanern und Mazedoniern im eigenen Land: All das bereitete der jungen Republik wirtschaftlich einen denkbar schlechten Start. Seit 2002 kann das Land einen Aufwärtstrend verzeichnen. Der Denar ist relativ stabil, aber die Bevölkerung kämpft mit steigenden Preisen, besonders für Lebensmittel und Strom.

Bootstaxi in Ohrid: Der Tourismus ist erst in einigen Orten präsent

Die wichtigsten Wirtschaftszweige Mazedoniens sind die verarbeitende Industrie, der Handel und die Landwirtschaft. Seinen Bedarf an Grundlebensmitteln kann Mazedonien selbst decken, aber der gesamte Bedarf an Öl und Gas und ein Großteil an moderner Technik muss importiert werden. Das verwundert kaum, denn bei einem begrenzten Markt von zwei Millionen Menschen mit geringer Kaufkraft lohnt eine eigenständige Produktion in vielen Bereichen nicht.

Die Industrie Mazedoniens beschränkt sich entsprechend auf die Bereiche Stahl, Textilien, Nahrungsmittelverarbeitung und Chemie; Bodenschätze gibt es in geringen und spürbar endlichen Maßen. Wichtige Exportprodukte sind Textilien, Eisen und Stahl, Tabak und Wein sowie Erdölprodukte, wobei die bedeutendsten Außenhandelspartner Mazedoniens Deutschland, Griechenland, Serbien, Italien und Bulgarien sind.

Jeder zehnte Beschäftigte ist heute in der Textilbranche tätig – und das zu oft schlechten Bedingungen und teilweise noch unter dem Mindestlohn von 101 Euro. Vor allem Damenoberbekleidung und Uniformen werden in Mazedonien gefertigt, auch für viele deutsche Marken und die öffentliche Hand, die hier günstig Uniformen für deutsche Beamte nähen lässt. Die Textilproduktion hat in Mazedonien eine lange Tradition, aber faire Bedingungen wären wohl das Gebot der Zukunft.

Auch dem Tourismus und den damit verbundenen Dienstleistungen wird ein Wachstumspotenzial bescheinigt, allerdings entstehen erst langsam die entsprechenden Strategien.

Privatisierung

Seit 1993 gibt es ein Transformierungsgesetz, das die Umstellung der Unternehmen von gemeinschaftlichem Kapital auf Privatbesitz regelt. Anders als in vielen anderen osteuropäischen Ländern gab es in Mazedonien vorher keinen Staatsbesitz, sondern Gemeinschaftsbesitz. Das heißt, dass die Arbeiter quasi im Besitz der Fabriken waren und sich entsprechend damit identifizierten. Teilweise konnten sie sie im Rahmen der Privatisierung aufkaufen, was strukturelle und personelle Wechsel und somit auch den gewünschten Aufschwung verhindert hat.

Insgesamt ging der Privatisierungsprozess sehr schnell, wobei aber zu wenig innovative Ideen und ausländisches Kapital in die verkauften Betriebe geflossen sind. Um auch die verbleibenden sanierungsbedürftigen Unternehmen an den Mann zu bringen, wurden attraktive Steuerprogramme erarbeitet und der administrative Aufwand für ausländische Investoren bedeutend verkürzt. Seit 2012 wirbt eine Kampagne mit einer Unternehmenssteuer von zehn Prozent, schnellen Firmengründungen und den niedrigsten Lohnkosten Europas. Ohne eine weitere Festigung rechtsstaatlicher Strukturen, mehr Transparenz und Effizienz in der öffentlichen Verwaltung sowie der Durchführung öffentlicher Ausschreibungen bleibt das Investitionsvolumen aber insgesamt zu gering.

Die größten Investoren sind seit der Erlangung des EU-Beitrittskandidatenstatus die Niederlande, Österreich, Slowenien und Griechenland. Umso wichtiger sind nach wie vor Devisen, die Mazedonier aus dem Ausland in ihre Heimat bringen. Mit den in Westeuropa und Nordamerika erwirtschafteten Löhnen ernähren sie in Mazedonien ganze Großfamilien.

Religionen

Seit Mazedoniens Unabhängigkeit hat Religion Hochkonjunktur, und zwar bei Christen und Muslimen gleichermaßen.

Während in den vergangenen Jahren speziell im Westen der Republik Moscheen wie Pilze aus dem Boden geschossen sind, wurden landesweit neue Kirchen gebaut, alte restauriert, Klöster wiederbelebt und großformatige Kreuze aufgestellt. Das hat nicht nur mit Frömmigkeit zu tun, sondern sicher auch mit dem Bedürfnis nach Selbstbestätigung und -behauptung. Während die muslimische Bevölkerung unter Tito das Nachsehen hatte, wurde die orthodoxe Kirche jahrhundertelang von den Osmanen unterdrückt und ist bis heute international nicht anerkannt. Da orthodoxe Kirchen per definitionem Nationalkirchen sind, ist die Anerkennung einer mazedonisch-orthodoxen Kirche (MPC) dem Staat nicht minder wichtig als die Anerkennung seines Namens jenseits einer ›former republic‹.

Nach Meinung der Mazedonier hat sich ihre Kirche bereits im 5. Jahrhundert gut etabliert. 893 wurde Ohrid Bischofssitz und Zentrum der mazedonischen Kirche. Die Osmanen duldeten das immerhin bis 1767, um dann den Sitz des Bischofs nach Durrës im heutigen Albanien zu verlegen und die slawischen Geistlichen durch griechische zu ersetzen. In den Balkankriegen fiel Vardar-Mazedonien 1912 an Serbien und wurde fortan der serbischen Kirche unterstellt. Mit der Konstituierung der mazedonischen Teilrepublik im föderalistischen Jugoslawien und der Anerkennung der mazedonischen Sprache mehrten sich auch die Rufe nach einer eigenen Kirche, was zu der grotesken Situation führte, dass sich ausgerechnet das sozialistische Tito-Jugoslawien für die Restitution der mazedonischen Kirche einsetzte – um damit die Macht der serbischen zu schwächen. So konnte 1958 die mazedonische Kirche in Ohrid offiziell proklamiert werden, und 1967 erklärte sie ihre Autokephalie, was einen endgültigen Bruch mit der serbischen Kirche bedeutete.

Seitdem kämpft die mazedonische Kirche um ihre offizielle Anerkennung und gegen den Wunsch der Serben, die sie zurück in den Schoß der eigenen Kirche drängen.

Knapp 70 Prozent der mazedonischen Bevölkerung bekennen sich heute zum orthodoxen Christentum, 29 Prozent zum Islam. Zu den Muslimen zählen in erster Linie Albaner, aber auch Türken, Roma und konvertierte Mazedonier (Torbeschen). Zudem gibt es einen Bektaşi-Orden in Tetovo, dessen Glaube dem schiitischen Islam nahe steht. Die weitaus überwiegende Zahl der Muslime ist jedoch sunnitisch und lebt eine moderne, offene Form dieser Glaubensrichtung, weshalb in der Regel auch Andersgläubige in Moscheen willkommen sind. Daneben gibt es wenige Katholiken, Methodisten und eine überschaubare jüdische Gemeinde.

Die mazedonisch-orthodoxe Kirche erlebt einen neuen Aufschwung

Kultur

Mazedoniens Kultur spiegelt das Schicksal seiner Geschichte und Gegenwart: Sie unterliegt den unterschiedlichsten Einflüssen verschiedener Kulturkreise. Während Westeuropa die Renaissance erlebte, sorgten in Mazedonien die Osmanen vor allem in der Musik und Architektur für neue Impulse und hinterließen speziell in den Altstädten von Skopje und Bitola schmucke Moscheen, Karawansereien und Bäder. Erst im späten 19. Jahrhundert erwachte Mazedoniens slawische Bevölkerung mit erneutem Selbstbewusstsein, und es kam zu einem allgemeinen Aufleben der Künste. Nach dem Bruch Titos mit Stalin konnte sich in Jugoslawien die Kunst freier entwickeln und holte schließlich in rasantem Tempo nach, was andernorts in langen Jahren gewachsen war. Die heutige kulturelle Landschaft Mazedoniens ist stark bestimmt von der Vielfalt seiner Bevölkerung und der brüchigen Geschichte. Seit der Unabhängigkeit der Republik 1991 bewegt sie sich erstmalig in einem völlig freien Raum und sucht nach neuen und eigenständigen Ausdrucksformen.

Literatur

Der Kanon der mazedonischen Literatur ist recht schlank und hat es bisher nicht gerade zu Weltruhm gebracht. Das hat ihm die Welt allerdings auch nicht leicht gemacht, doch werden nun zunehmend junge mazedonische Autoren auch ins Deutsche übersetzt.

Die Anfänge der mazedonischen Literatur liegen bei den Mönchen Kiril und Metodij und ihren Schülern Kliment und Naum, die im 9. Jahrhundert nicht nur Texte vom Griechischen ins Slawische übersetzten, sondern auch eigene geistliche Werke in der Volkssprache verfassten. Zwischen dem 12. und 14. Jahrhundert wurden in den mazedonischen Klöstern zahlreiche religiöse Texte geschrieben, die dort versteckt die 500 Jahre osmanische Besetzung mehr schlecht als recht überlebten.

Buchhandlung in Skopje

Im 19. Jahrhundert kam es unter anderem durch die Brüder Dimitar und Konstantin Miladinov zu einem Neuanfang der mazedonischen Literatur, diesmal einer weltlichen. Sie sammelten vor allem Volksmärchen, die bis dahin nur mündlich weitergereicht worden waren. Ihre Texte sind, anders als die der Geistlichen im Mittelalter, im heutigen Mazedonisch geschrieben.

Moderne Literatur

Das, was man gemeinhin als moderne Literatur bezeichnet, begann in Mazedonien 1943 mit dem Erscheinen von Kočo Racins Gedichtband ›Weiße Dämmerung‹. Mit der Kodifizierung des Mazedonischen ein Jahr später wurde schließlich eine einheitliche Literatursprache geschaffen. Um diese zu pflegen, gründete sich der Mazedonische Schriftstellerverband, und in den Jahren nach dem Zweiten Weltkrieg holte die Literatur quasi im Zeitraffer Entwicklungen von der Renaissance bis zur Postmoderne nach. Inzwischen hat der Verband der Schriftsteller über 200 Mitglieder, darunter auch Albaner, Türken, Serben und Wlachen, die in ihren eigenen Sprachen schreiben. Das war in Jugoslawien nicht zulässig.

Deutschen Lesern mag die balkanische Literatur gelegentlich etwas beladen vorkommen. Ein erfrischende Abwechslung sind zum Beispiel die Texte des in Tetovo geborenen Autors Jovan Pavlovski. Ein Werk, das große internationale Anerkennung fand, ist der Roman ›Zeit der Ziegen‹ des Autors Luan Starova, in dem er Kindheitserinnerungen im Skopje der Nachkriegszeit in eine traumähnliche Geschichte verpackt, die bei aller Poesie auch über die politischen Schwierigkeiten des neuen Systems und den harten Alltag auf dem Balkan erzählt. Andere bedeutende Autoren der Nachkriegsgeneration sind der Lyriker Blaže Koneski und Aco Šopov, gefolgt von Dimitar Solev und Ante Popovski. Kurze Zeit später machten die Autoren Živko Cingo und Radovan Pavlovski auf sich aufmerksam, und wichtige Namen der jüngsten Schriftstellergeneration sind Hristo Petreski, Marjan Janey, Murteza Peza, Ljutvi Rusi und Goce Smilevski. Smilevskis Roman ›Freuds Schwester‹ wurde letzthin ins Deutsche übersetzt, und von Lidija Dimkovska ist ein lesenswerter Gedichtband namens ›Anständiges Mädchen‹ erhältlich. ›Versetzter Stein‹ heißt eine Gedichtsammlung von Nikola Madžirov und ›Das Dorf der verfluchten Kinder‹ ist ein Roman von Kim Mehmeti, einem mazedonischen Albaner, der sich mit Spannungen zwischen den Bevölkerungsgruppen auseinandersetzt. Die Internetseite www.slovokult.de ist ein Portal, das junge mazedonische Literatur mit Kritiken, Biographien und Textproben in deutscher Sprache präsentiert.

Das größte Literaturfestival des Landes findet alljährlich unter internationaler Beteiligung in Struga statt. Dort wird auf den Brücken über dem Fluss Crni Drim Poesie aus aller Welt vorgetragen.

Sakrale Kunst

Gegenstand der bildenden Künste waren bis ins 19. Jahrhundert hinein vor allem Fresken, Ikonen und Holzschnitzerei. Erst danach entwickelte sich eine nennenswerte weltliche Kunst, die Landschaften und Porträts entdeckte und zunächst stark von der Folklore inspiriert war.

Fresken

Wasserhähne im Kloster Sv. Jovan Bigorski

Mazedonien ist weltweit eines der Länder mit den meisten mittelalterlichen Fresken. Nicht selten findet man Kirchen, die bis auf den letzten Zentimeter äußerst kunstvoll mit Bibelszenen und Heiligenbildern ausgemalt sind. Dass viele von ihnen nach über 500 Jahren immer noch gut erhalten sind, liegt an der speziellen Maltechnik: ›fresco‹ bedeutet ›frisch‹ und meint, dass die Farbe abschnittsweise auf den feuchten Putz aufgetragen wird, was sie besonders haltbar macht. Keinesfalls verpassen sollte man folgende Höhepunkte der sakralen Wandmalerei: Die großartigen Gemälde der Kirche Sv. Sofija in Ohrid gehören zu den wichtigsten und am besten erhaltenen byzantinischen Fresken der Welt, und die Szene der Beweinung Christi von 1164 in der Klosterkirche Sv. Pantelejmon bei Skopje ist einzigartig in ihrem individuellen Ausdruck. Ähnliches gilt für die 1295 entstandenen berühmten Fresken der Kirche Sv. Bogorodica Perivlepta in Ohrid, deren Figuren in derselben Szene geradezu zerfressen sind von Schmerz und persönlichem Leid.

Anders als in Italien konnten sich in Mazedonien die Ansätze einer künstlerischen Renaissance jedoch unter den Osmanen nicht weiterentwickeln, und es kam zu einer allgemeinen Stagnation. Einer der Höhepunkte des 19. Jahrhunderts ist die Gestaltung des Speisesaals im Kloster Sv. Jovan Bigorski bei Debar. Im Gegensatz zur frühen sakralen Kunst war es nun nicht mehr ein frommes Gebot, als Künstler anonym zu bleiben, sondern die Gemälde durften signiert werden. Im Speisesaal des Klosters waren es der Maler Mihail und seine Söhne Dimitrij und Nikola, deren Fresken die Osmanen dazu bewegte, den Saal nicht niederzureißen, sondern durch den Sultan schützen zu lassen. Der Schutzbrief des Sultans hängt noch immer über der Tür. Danach war es vorbei mit der großen Freskenkunst. Die Maler des späten 19. Jahrhunderts waren oft schlecht ausgebildet und verweltlich-

Ikone der Kirche Sv. Bogorodica in Šlegovo

ten die ätherischen Heiligenfiguren. Sie wurden zu rotbackigen Bauern, stämmig und grell, und fanden sich neben den plumpen Porträts einfacher Leute aus dem Volk wieder.

Ikonen

Ein ähnlicher Paradigmenwechsel zum Weltlichen fand auch in der Ikonenmalerei statt. Die ältesten Ikonen wurden in Vinica gefunden. Sie wurden bereits im späten 4. Jahrhundert aus Terrakotta geformt und mit lateinischen Inschriften versehen. Die abgebildeten Figuren tragen keine Heiligenscheine, stellen aber die gleichen Heiligen dar, die in der orthodoxen Kirche noch immer besonders beliebt sind. Der Erzengel Michael, zu erkennen an seinen Flügeln, hatte damals wie heute Hochkonjunktur.

Später wurden Ikonen auf Holz gemalt und mit Votivgaben aus Silber oder Gold versehen, meist in Form von Händen oder Heiligenscheinen. Reichverzierte Beispiele sind in der Kirche Sv. Spas in Skopje zu sehen. Ähnlich wie in der Freskenmalerei entwickelten sich auch in der Ikonenmalerei im 14. Jahrhundert Züge einer Renaissance, aber mit der Ankunft des Osmanischen Reichs wurde diese Entwicklung unterbrochen. Während in der Folgezeit viele Wandmalereien zerstört wurden, konnten zahlreiche Ikonen gerettet werden und haben nun ihren Weg in Museen und Galerien gefunden.

Holzschnitzereien

Im Gegensatz zur Malerei erlebte die Schnitzkunst erst im 19. Jahrhundert einen besonderen Höhepunkt. In dieser Zeit entstanden die größten und kunstvollsten Ikonenträger, namentlich die der drei Künstler Makarije Frćkovski und den Brüdern Filipovski. Sie schnitzten Mazedoniens vier wertvollste Ikonostasen, von

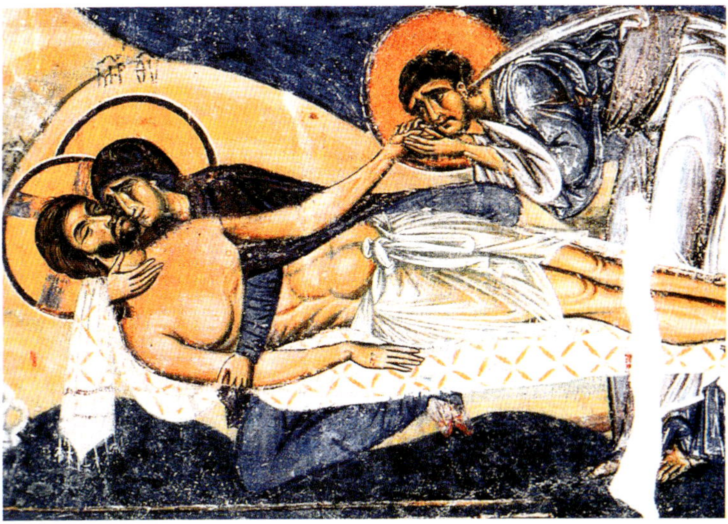

›Die Beweinung Christi‹ im Kloster Sv. Pantelejmon bei Skopje

Holzschnitzerei aus dem Kloster Sv. Jovan Bigorski

denen die größte in der Kirche Sv. Spas in Skopje steht. Sie ist zehn Meter breit und sechs Meter hoch und enthält ein Selbstporträt der Künstler, die sechs Jahre lang täglich daran schnitzten. Neben den Darstellungen biblischer Geschichten finden sich auch Volksszenen, was typisch für das 19. Jahrhundert ist. Zwei weitere Ikonostasen des begabten Schnitzerteams findet man im Kloster Sv. Jovan Bigorski und im Lesnovski-Kloster bei Probištip. Die vierte verbrannte in Kruševo im Ilindenaufstand 1903.

Bildende Künste

In Skopjes Nationalgalerie kann man sich besonders gut davon überzeugen, wie von der zweiten Hälfte des 20. Jahrhunderts an die künstlerischen Stile Europas in einem wahren Schweinsgalopp adaptiert und durchgespielt wurden, bis sich nun die Blüten einer selbstbewussten zeitgenössischen Kunst zeigen. Zu Beginn des Jahrhunderts war die Kunst vornehmlich noch an Folklore und der Vergangenheit orientiert. Besonders beliebt war schon im 19. Jahrhundert die Schnitzkunst. Im Gegensatz zu der Heiligenmalerei konnten sich die Osmanen mit dem Schnitzen durchaus anfreunden und ließen ihre Moscheen und Serails mit hölzernem Zierrat dekorieren. Begehrt waren vor allem Rosetten und Arabesken. Wie man im Museum von Ohrid sehen kann, entdeckten auch die wohlhabenderen Mazedonier die säkulare Variante des Holzschmucks für sich und statteten damit ihre Wohnhäuser aus. Dort hingen im 19. Jahrhundert auch die ersten weltlichen Porträts, die im 20. Jahrhundert häufig zu überlebensgroßen Heldendarstellungen heranwuchsen.

Eine wirklich moderne Kunst entstand ab 1930 durch Künstler, die im Ausland studiert hatten. 1945 eröffnete die Kunsthochschule in Skopje, die Künstlervereinigung wurde gegründet, und einige der alten Hammams wurden in Galerien umgewandelt. Nach dem Erdbeben schließlich entstand in Skopje das Museum für zeitgenössische Kunst, und auch das Stadtmuseum im alten Bahnhof begann, Gemälde junger Künstler auszustellen. Zunächst hießen die bevorzugten Themen noch Revolution und Wiederaufbau, dann wurden universellere Gegenstände entdeckt. Durch das rasante Tempo, in dem alles Versäumte nachgeholt werden sollte, wirken einige Gemälde mehr dekorativ als tiefgründig, aber die jüngste Generation ist gerade dabei, eine eigenständige Kunstsprache zu entwickeln.

Nennenswerte Künstler, deren Bilder man in Skopjes Galerien findet, sind zum Beispiel Petar Mazev und Vangel Kodžoman, beides recht klassische Maler. Vangel Kodžoman ist in seiner Heimatstadt Struga eine eigene Galerie gewidmet, die seine bedeutendsten Werke zeigt. Zu den Jüngeren mit internationalem Ruf zählt vor allem Žaneta Vangeli, eine Künstlerin aus Bitola, die durch ihre Fotomontagen und Videokunst bekannt wurde, aber auch der Installationskünstler Jovan Šumkovski und die Bildhauerin Iskra Dimitrova sowie Aleksandar Stankovski, Atanas Botev, Vana Miloševič und die Fotokünstlerin Irena Paskali gehören in die Reihe der besonders sehenswerten mazedonischen Kunstschaffenden. Die, die noch an ihrem künstlerischen Ruf arbeiten oder einfach mal in anderer Umgebung malen wollen, nehmen an den vielen Künstlerkolonien statt, die jährlich landesweit in Erholungszentren und Klöstern stattfinden. Sie sind eine beliebte Tradition aus jugoslawischen Zeiten und locken im Sommer viele Künstler, nicht nur mazedonische, zum gemeinsamen Malen zum Beispiel ins Osogovski-Kloster, nach Mihailovo bei Kavadarci, Varoš bei Prilep oder Sv. Petka bei Skopje.

Das Bild ›Der alte Markt‹ malte Vangel Kodžoman 1951

Architektur

Die Architektur Mazedoniens ist eine wild-herbe Mischung aus sozialistischer Moderne, historischen Festungen, osmanischer Baukunst, mittelalterlichen Kirchen und postmodernem Stilmix. Eine sehr authentische Gelegenheit, möglichst viel davon auf einem Flecken zu finden, ist Skopje. Lieblicher ist die Architektur der Stadt Ohrid, die bekannt ist für ihre vielen Kirchen aus dem Mittelalter und die ›klassischen‹ Häuser aus dem 19. Jahrhundert, die sich in schmalen Gassen aneinanderlehnen. Ähnliche Häuser gibt es auch in Kruševo und ein paar Reste in Tetovos Altstadt. Die urbanste und europäischste Architektur hat Bitola, das im 19. Jahrhundert das kulturelle Zentrum Mazedoniens war und ein internationales Flair genoss.

Museale Dörfer aus Lehm, Reet und Fels, die leider dem Untergang geweiht sind, findet man überall im Land, sobald man die Hauptverkehrswege hinter sich lässt, vor allem in entlegenen Winkeln Ostmazedoniens und Mariovo. Es ist offenbar viel einfacher, Gelder für Neubauten aufzutreiben als zur kostenaufwendigen Restauration. In einigen Dörfern zeigt sich daher das groteske Bild von großen Anwesen, deren ehemalige Bewohner in kleine, praktische Neubauten im Garten gezogen sind, von wo aus sie dem weiteren Verfall zusehen. In größeren Städten, wo solche Missstände nicht so leicht zu übersehen sind, wurden einige der alten Häuser schnell unter Denkmalschutz gestellt, was an ihrem Verfall aber oft nichts ändert. Einige traurige Beispiele findet man in Tetovos Altstadt, wo sich die inzwischen verkommenen Villen besonders tragisch gegen den allgemeinen Boom an Neubauten ausnehmen. Speziell im Zentrum Skopjes weicht die alte

Altes Haus in Skopska Crna Gora

Das Kloster Sv. Gavril Lesnovski bei Probištip

Bausubstanz seit ein paar Jahren sehr schnell großformatigen Neubauten. Neben den Trends zur klotzigen Spiegelfassade (Bankenviertel) und zum Eklektizismus (Mutter-Teresa-Haus, → S. 88) wird derzeit vor allem historisierend gebaut.

Kirchen und Klöster

Egal, wohin es einen verschlägt, man wird nicht an Mazedoniens Kirchen und Klöstern vorbeikommen. Als Regel kann man sich merken, dass die meist kleinen Kirchen aus rotem Ziegelstein in der Zeit vor dem 19. Jahrhundert gebaut wurden, die großen, verschiedenfarbigen in der Zeit danach.

Die Kirchen, die fünf Kuppeln, ein Schiff, einen kreuzförmigen Bau und eine Fassade aus alternierenden Reihen von Ziegeln und Sandstein haben, sind die Klassiker des Mittelalters. Als die schönsten dieser Art gelten Sv. Pantelejmon bei Skopje, Sv. Kliment in Ohrid und Sv. Gjorgji in Nagoričane bei Kumanovo. Unter den Osmanen wurden die Kirchen aus politischen und finanziellen Gründen kleiner und verkrochen sich unter die Erde oder in Felsen.

Mit dem wirtschaftlichen Aufschwung im 19. Jahrhundert und dem geistigen Erwachen Mazedoniens geschah dann genau das Gegenteil: Große Kirchen mit weiten Höfen und drei Schiffen, hohen Kuppeln und Glockentürmen wurden erbaut, oft umgeben von arkadenartigen Galerien, gestützt von Säulen und Bögen und behängt mit Balkonen. Bekannte Beispiele dafür sind Sv. Pantelejmon in Veles, Sv. Bogorodica in Štip und die Klosterkirche von Sv. Joakim Osogovski. Seit der Unabhängigkeit Mazedoniens herrscht ein wahrer Kirchenboom, und überall entstehen neue Kirchen, die architektonisch allerdings wenig innovativ sind. Die neue Sv.-Kliment-Kirche in Skopje mit ihrer großen Kuppel ist schon ein nahezu waghalsiges Experiment, verglichen mit anderen sakralen Neubauten, die meist historischen Vorbildern nacheifern. Die einzig wahrhaft moderne Kirche ist katholisch und steht seit den 70er Jahren in Skopje.

Islamische Architektur

In Skopje ist man richtig, wenn man ein Liebhaber islamischer Architektur ist. Aber auch das Zentrum von Bitola ist gespickt mit großen Moscheen, Bädern, einem überdachten Markt und dem obligatorischen Uhrenturm, den die Osmanen im 15. Jahrhundert in jeder Stadt im Zentrum des Basars aufstellten. Architektonische Höhepunkte dieser Zeit sind die alten Karawansereien in Skopje, vor allem Kuršumli An, aber auch Skopjes großer Daut-Pascha-Hammam. In Tetovo beeindrucken die bunte Šarena-Moschee und das Derwisch-Kloster.
Während diese altehrwürdigen Gebäude inzwischen vor allem mit Geldern aus der Türkei saniert werden, entstehen als Antwort auf den Kirchenboom und als Zeichen kultureller und religiöser Selbstbestätigung vor allem im islamisch geprägten Westen des Landes allerorten neue Moscheebauten.

Profanarchitektur

Die klassische mazedonische Profanarchitektur steht in Hülle und Fülle in Ohrid: zwei- oder dreistöckige weiße Häuser mit vielen Fenstern, ausgerichtet zum See. Interessant ist vor allem ihre Innenarchitektur, denn sehr effizient wurde gleich alles Nötige mit eingebaut: Garderoben, Kamine, Wandschränke, Simse. Die Hierarchie der Räume drückt sich in ihrer Verzierung mit Holzschnitzerei aus, häufig ein Barock-Folklore-Gemisch mit Rosetten an den Decken.
Ähnliche Häuser gibt es fast überall in Mazedonien, aber jede Stadt hat ihren eigenen Stil entwickelt. In Kruševo zum Beispiel sind die Häuser farbenfroher, oft hellblau oder gelb, und meist freistehend.

Architektur der Tito-Ära

Die Architektur der Tito-Ära hat Risse bekommen und wirkt oft schäbig. Das ist eigentlich schade, denn hinter einigen der groben Betonfassaden verbergen sich eine schlau durchdachte Technik und ein grandioses Design. Skopje, wo in den 60er und 70er Jahren vielfach mit sozialutopischen und internationalen Baustilen experimentiert wurde, bietet sich geradezu an als Architekturstädtebau-Museum dieser Epoche. Nur an wenigen Orten weltweit gibt es auf so engem Raum so viel brutalistische Architektur, die als Zeugnis und Identitätsstifter derer, die in und mit ihr aufgewachsen sind, im Angesicht des Neubauwahns von Skopje 2014 akut bedroht ist. Liebhabern brutalistischer Architektur sei insbesondere das Hauptpostamt samt dem benachbartem Telekom-Gebäude nahe Ploštad empfohlen sowie die Nationalbank, der Universitätscampus Kiril i Metodij, das Studentenwohnheim Goce Delčev, die Akademie der Wissenschaften und die Nikola-Karev-Schule. Architektonisch besonders herausragende Gebäude der 60er und 70er Jahre sind in Skopje das Opern- und Balletthaus, das Nationalmuseum und das Museum für Moderne Kunst, landesweit vor allem das Makedonium in Kruševo und das Mausoleum in Veles.

Typische Ohridhäuser

Denkmäler

Unter die Kategorie ›Denkmäler der Tito-Ära‹ fällt in Mazedonien eine ganze Menge: Schon mal der größte Teil von Skopje – insofern er von der jüngsten Stadterneuerung verschont blieb. Und die schaurig-schönen Betonhotels an den Seen in Süden. Im engeren Sinne gibt es aber einige Monumente, die besonders bemerkenswert sind. Nach dem Zweiten Weltkrieg stand monumentale Propaganda hoch im Kurs. Allerdings entsprechen nur die wenigsten Denkmäler aus dieser Zeit – so etwa das der Befreier von Skopje am Ufer des Vardar – dem schablonenhaften Bild, das man sich gemeinhin von sozialistischen Monumenten macht. Großformatige und autoritätseinflößende Heldendarstellungen sind eine relative Neuheit in Mazedonien, wo sich zu jugoslawischen Zeiten die Denkmalskunst unabhängig von der Sowjetunion in einem relativ freien Experimentierfeld zwischen Ost und West entwickelte.

Häufig wirken Denkmäler der Tito-Ära durch ihr raffiniertes Design, ihre bunten Farben und ihren fröhlichem Optimismus. Auffällig ist außerdem die Tendenz zur Synthese von Architektur, Skulptur und Malerei.

Das erstaunlichste Denkmal dieser Art trägt den Namen ›Makedonium‹, steht auf einem Hügel über der kleinen Stadt Kruševo und soll an den Ilindenaufstand von 1903 erinnern. Entworfen wurde das Monument 1968 von Iskra und Jordan Grabul aus Prilep. Von Beginn an war das Denkmal umstritten, da es die Geschichte des mazedonischen Volks als kontinuierlichen Widerstand imaginiert und zudem äußerst abstrakt ist, statt das konkrete Leid von 1903 darzustellen.

Nicht minder spannend ist das 1979/80 in Veles erbaute Mausoleum. Die große weiße Blüte, die der Architekt Sava Subotin auf einen Hügel über die Stadt Veles gepflanzt hat, ist begehbar und innen mit Wandmosaiken des bekannten Malers Petar Mazev ausgestattet. Auch hier erinnern an die gefallenen Kämpfer der Stadt keine monumentalen Steinhelden, sondern semifigurale, abstrakte Wesen im expressionistischen Stil, die leicht und beweglich über die Wände tanzen.

Zeitgleich hat man in Kočani ein Denkmal zu Ehren der ersten ASNOM-Sitzung 1944 errichtet. Wie in Veles findet das Leid der im Kampf gegen die Faschisten Gefallenen seinen Ausdruck in asymmetrischen, farbenfrohen und schillernden Wesen. Im Gegensatz zu puritanischen Darstellungsweisen entspräche so etwas viel eher der mazedonischen Mentalität, kommentierte der Künstler Gligor Čemerski das Werk, dessen großflächige Mosaiken er 2004 anlässlich des 60. Jahrestags der ASNOM restaurierte.

In der post-jugoslawischen Ära hat sich ein neuer Trend zu alten Helden etabliert: Hoch zu Ross und vielfach kritisiert markiert der steinerne Skanderbeg am Eingang der Altstadt den Beginn einer wahren Denkmalschwemme in Skopje. Nachdem die Sozialdemokraten einst überlegten, den zentralen Makedonija-Platz mit einem goldenen Tito zu verschönern, hatten die regierenden Konservativen anderes im Sinn: Nun ragt dort 23 Meter hoch Alexander der Große in den Himmel, vorsichtshalber schnell in ›Der Soldat auf dem Pferd‹ umbenannt, um die Griechen nicht zu sehr zu ärgern. Umgeben ist er von einem Reigen historischer Marmor- und Bronzehelden von der Antike bis zum 20. Jahrhundert, die allesamt der nationalen Identitätsfindung auf die Sprünge helfen sollen. Dazu ein paar überdimensionierte Bronzelöwen an der Goce-Delčev-Brücke und hier und da ein paar poppige und dekora-

Mosaik im ASNOM-Denkmal in Kočani

tive Alltagsfiguren, die bei all der historisierenden Monumentalität wohl für gute Laune sorgen sollen. Während sich die Griechen über die vermeintlich geklauten Helden ärgern, lösen einige Denkmäler auch im eigenen Land heftige Kontroversen aus. Im Dezember 2013 demolierten albanischstämmige Mazedonier in Skopje die Skulptur des serbischen Zaren Dušan, die gerade erst auf der Augenbrücke aufgestellt worden war. Dušan herrschte im 14. Jahrhundert über Mazedonien und eroberte auch Gebiete Albaniens. Wer indes heimlich über Nacht den bronzenen Tito im Zentrum Skopjes aufgestellt hat, bleibt bisher ein Geheimnis. Noch wurde die unautorisierte Skulptur, die vor der nach Tito benannten Schule sechs Meter in den Himmel ragt, von der Stadtverwaltung nicht geräumt. Vielleicht freut auch sie sich ja insgeheim über die Erinnerung an den Staatschef Jugoslawiens als willkommenen Kontrapunkt zu dem ganzen Antike-Hype.

Seit dem Rauchverbot in öffentlichen Räumen darf in Lokalen nur noch im Außenbereich geraucht werden. Im Übrigen ist Mazedoniens eines der wenigen europäischen Länder ohne McDonald's. Die einst sieben Filialen wurden 2013 allesamt geschlossen.

Frühstück

Wer ein einfaches Zimmer ohne Frühstück gebucht hat und meint, das anderswo bekommen zu können, wird sich zumindest außerhalb der größeren Stadt wundern: Das klassische Basisfrühstück besteht aus einem starken Kaffee. Erst im Laufe des Vormittags wird das durch einen Sesamkringel, ein Burek oder anderes Backwerk und Joghurt ergänzt. Die Spinat- oder Käsebureks in Skopjes Čaršija sind allerdings so köstlich, dass man sich glatt an sie gewöhnen könnte. In Skopje gibt es inzwischen einige Lokale, die explizit Frühstück nach westlichem Standard anbieten, zudem Cafés, in denen es neben Kaffee verschiedenes Gebäck gibt. Bucht man hingegen in einem klassischen Jugo-Ära-Hotel ein Zimmer mit Frühstück, gibt es zum Brötchen mit viel Glück zwar ein Ei, aber statt Kaffee oft Früchtetee.

Mittag- und Abendessen

Richtig gegessen wird erst mittags und abends, und auch dabei gibt es einiges zu bedenken. Anders als bei uns gilt es durchaus nicht als unhöflich, wenn jeder allein zu essen beginnt, ohne sich um seine Tischnachbarn zu scheren. Wer Hunger hat, fängt an.

Auch was die Abfolge der Speisen betrifft, ist man in Mazedonien nicht so streng. Der Vorspeise folgt klassischerweise eine Suppe, und dem Hauptgang ein süßes Dessert. Außer beim Nachtisch isst man dabei die ganze Zeit viel Brot, und der Schnaps wird nicht erst hinterher gereicht, sondern begleitet jede ordentliche Malzeit.

Frühstück mit Blick auf Kruševo

Die Auswahl von Vorspeisen ist sehr groß und schmackhaft. Sie reicht von Ajvar, einer Creme aus gegrillter Paprika, über Käse und eingelegtes Gemüse bis zu verschiedenen Salaten. Eine häufige Variante ist ein Teller mit eingelegten, scharfen Spitzpaprika. Der beliebteste Salat des Balkan heißt Šopska. Er besteht hauptsächlich aus gewürfelter Gurke, Tomate und geriebenem Käse. Bestellt man einen griechischen Salat, bekommt man das gleiche, nur sind die Käsestücke größer, und es finden sich irgendwo zwei, drei Oliven. Olivenöl ist trotz der Nähe zu Griechenland oft eine Rarität und nur in Gaststätten der gehobenen Klasse zu bekommen.

Der Hauptgang zentriert sich in der Regel um ein Stück Grillfleisch oder Fisch, gelegentlich beschränkt er sich jedoch auch darauf. Wenn man also nicht nur einen Teller voll Fleisch essen will, sollte man sicherheitshalber noch etwas dazu bestellen. Die Fleischsorten, die am häufigsten auf den Tisch kommen, sind Schwein und Huhn, balkanweit am liebsten serviert als Kebapči, gehacktes Grillfleisch in Form von kleinen Würstchen. Ohne Würstchenform kann man das begehrte Fleisch vom Grill als ›Skara‹ in jedem Imbiss gleich kiloweise kaufen, an dem ›skara na kilo‹ steht.

Besonders an Mazedoniens Seen wird viel Fisch serviert. Das Fangen der berühmten Letnica-Forelle, einer Spezialität rund um den Ohridsee, war wegen Überfischung lange verboten, inzwischen darf sie aber wieder serviert werden. Vor dem Bereiten wird sie dem Gast präsentiert und anschließend nach Gewicht bezahlt. Der Nachbarsee Prespa ist hingegen für seine Karpfen bekannt. Auf der Speisekarte findet man ihn unter ›krap‹, nicht zu verwechseln mit Krabben. Vor dem fischigen Hauptgang isst man gelegentlich eine Fischsuppe, Ribja čorba. Unter den fleischlosen Gerichten ist Tavče gravče eine beliebte Wahl, was eine Art Bohnenauflauf ist. Häufig kann man auch ein vegetarisches Musaka aus Auberginen und Reis finden, eine mazedonische Pizza namens Pastrmajlija oder Gjuveč, eine Platte mit kalt serviertem, gebratenen Gemüse. Burek, das leckere, fettriefende Blätterteiggebäck, gibt es wahlweise gefüllt mit Hackfleisch, Spinat, Schafskäse oder Pilzen.

Großeinkauf in Tetovo

Beliebte Vorspeise: Spitzpaprika

Desserts müssen, um richtig zu schmecken, möglichst süß und klebrig sein. Frisches Obst scheidet also meist aus. Dabei ist es je nach Saison sehr preisgünstig an jeder Straßenecke zu bekommen und sticht alles, was hierzulande geboten wird, aus.

Internationale und vegetarische Küche

Sollte man sich nach Abwechslung von der mazedonischen Küche sehnen, wartet in allen größeren Städten der obligatorische Italiener mit der üblichen Pizza und Pasta. Eine große Auswahl exotischerer Restaurants gibt es in Skopje, darunter auch ein rein vegetarisches. Dass man sich gänzlich fleischlos ernähren kann, scheint sich lediglich in einigen entlegeneren Gebieten noch nicht herumgesprochen zu haben, und man wird dort erstaunt angesehen, wenn man ein Gericht ›bez meso‹, ohne Fleisch, bestellt. Generell bietet die mazedonische Küche jedoch eine relativ große Auswahl an Fleischlosem, und Vegetarier kommen bei all dem Gemüse, das auf unterschiedlichste Art zubereitet wird, leicht auf ihre Kosten.

Getränke

Kaffee ist das Nationalgetränk Nummer eins, wobei die bisher beliebte türkische Variante zunehmend vom üblichen Kaffeesortiment abgelöst wird. Allerdings: Bestellt man einen Cappuccino oder Macchiato, ist er meist gut, aber oft winzig klein. Kaffee wird immer und überall getrunken, und es ist ein Gebot der Höflichkeit, eine Einladung dazu nicht abzulehnen.

Neben hochprozentigem Rakija, Liker und Mastika (ein Anisschnaps, dem griechischen Ouzo ähnlich) wird auch gern Bier getrunken, wobei in erster Linie zwei Sorten zur Auswahl stehen. ›Skopsko‹ ist die mazedonische Biersorte schlechthin, ein helles, wohlschmeckendes Pils, während ›Dab‹ süffiger und weniger herb ist.

Rezepte

Tavče gravče

500 Gramm weiße Bohnen, 1 Zwiebel, 100 Milliliter Öl, 2 bis 3 getrocknete Paprikaschoten, Salz, Pfeffer, Mehl, Petersilie, Minze

Die Bohnen waschen und über Nacht einweichen. Danach kurz aufkochen, spülen und in frisches Wasser geben. So lange kochen, bis die Bohnen weich werden, aber noch ganz bleiben. Unverkochtes Wasser abgießen. Gehackte Zwiebel und Paprika anbraten und dazugeben. Alles zusammen in eine Auflaufform füllen, würzen und kurz im Ofen backen.

Tarator

1 Gurke, 500 Gramm dünner Joghurt, 1 Teelöffel Salz, 2 Knoblauchzehen, 50 Gramm Walnüsse, 10 bis 20 Milliliter Öl, Petersilie

Gurke schälen und möglichst fein hacken. Salz, Joghurt und gepressten Knoblauch hinzufügen und gut mischen. Nach Geschmack mit gehackter Walnuss und Öl verfeinern. Mit Petersilie verzieren und kalt servieren.

Türkischer Kaffee

4 Löffel türkischer Kaffee, 3 Löffel Zucker, 1 Tasse Wasser

Das Wasser im Topf erhitzen und separat Kaffee und Zucker mit einem Teelöffel Wasser gut verrühren. Wenn das Wasser kocht, die glattgerührte Mischung beigeben und noch einmal aufkochen. Sofort in Mokkatassen servieren, dazu gibt es kaltes Leitungswasser und süßes Gebäck. Traditionell wiederholt man das ganze dreimal und serviert so einen Begrüßungskaffee, genannt Ozguldum, dann einen Plauderkaffee namens Muabet und schließlich den Sikter-Kaffee zum Abschied. Weibliche Kaffeetrinker lesen aus dem Kaffeesatz später gerne noch ihr Schicksal.

Sesamkringel sind zum Frühstück beliebt

ESSAY

Skopje hat eine Katastrophe von ungeheuren Ausmaßen erlebt, aber wir werden Skopje mit Hilfe der ganzen Gemeinschaft wieder aufbauen, es wird zum Stolz und Symbol der Brüderlichkeit und Einheit und der jugoslawischen und weltweiten Solidarität werden.

Josip Broz Tito, 27. Juli 1963

Uhrenturm und Hjunkar-Moschee in Skopje

SKOPJE UND UMGEBUNG

Skopje

Die Hauptstadt Mazedoniens ist mehrere tausend Jahre alt und blickt auf eine äußerst turbulente Geschichte zurück. Sie liegt an Straßen, die die westliche und östliche Zivilisation verbinden und über die unzählige Feldherren, Pilger und Kaufleute zogen. Durch die Jahrtausende wurde Skopje (Скопје) erobert, dem Erdboden gleichgemacht, wiedererrichtet und von Erdbeben und Fluten getroffen. All das hat Spuren hinterlassen: architektonische, kulturelle und demographische. Bis heute erlebt man die sprachliche und konfessionelle Vielfalt Mazedoniens wahrscheinlich nirgends so eindrücklich wie in Skopje.

Spannend ist in der Hauptstadt derzeit besonders das kontroverse Großprojekt ›Skopje 2014‹, das innerhalb weniger Jahre den Innenstadtbereich Skopjes gänzlich erneuert hat. Wo noch kürzlich modernistische Betonfassaden aufragten, erbaut in den 60er Jahren als Folge eines schweren Erdbebens, prunken nun Neobarock und -klassizismus. Allein dieser radikale Umbau, der 2014 vollendet sein sollte, ist ein Grund, sich für die Stadt ein paar Tage Zeit zu nehmen.

Eingang zum Bezisten im alten Basarviertel

▲ Karte: hintere Umschlagklappe

Tatsächlich historisch und sehr sehenswert ist Skopjes atmosphärisches Marktviertel **Stara Čaršija** mit seinen Karawansereien, türkischen Bädern, Moscheen und der Kirche Sv. Spas. Nach dem Konflikt im Jahr 2001 war die osmanische Altstadt fast verwaist, lockt inzwischen aber wieder mit zahlreichen kulturellen Veranstaltungen in attraktiven Lokalitäten und einem quirligen Nachtleben. Auf dieser Flussseite lebt ein Großteil der Albaner, Türken und Roma von Skopjes knapp 500 000 Einwohnern, während die vornehmlich slawisch geprägten Mazedonier den südwestlichen Teil der Stadt bevorzugen.

Idyllisch ist außerdem ein Bummel auf der **Promenade am Fluss Vardar**, der die Stadt in zwei Hälften teilt: Das ›moderne Skopje‹ befindet sich im Süden und ist das administrative und wirtschaftliche Zentrum der Stadt.

Skopjes Innenstadt ist relativ überschaubar, und alle Sehenswürdigkeiten können leicht fußläufig erreicht werden. Wer es gern bequemer hat, kann die Stadt gemütlich bei einer Sightseeing-Tour im Doppeldeckerbus besichtigen. Während der Sommermonate ist Skopje, wie alle anderen Städte im Vardartal, oft besonders hitzegeplagt. Gute Verkehrsanbindung an fast alle Städte des Landes und interessante Ausflugsorte in der Umgebung sorgen aber für optimale Ausweichmöglichkeiten.

Geschichte

Die Geschichte der Stadt Skopje beginnt, so wird vermutet, mit einer ersten Siedlung im späten Neolithikum. Erwähnung fand Skopje aber erst bei Ptolemäus, einem griechischen Geographen, im 3. Jahrhundert unserer Zeitrechnung.

Unter den Römern wuchs die Siedlung, die sich etwa sechs Kilometer vom Zentrum des heutigen Skopje befand, zur Stadt Skupi heran und wurde Hauptstadt des Gebiets Dardanien, das sich zwischen Štip und Veles erstreckte und damit Teil der Provinz Moesia Superior war. Mit der Teilung des Römischen Reichs im Jahr 395 wurde Skupi wegen seiner zentralen Lage Handelszentrum und Verkehrsknotenpunkt im Byzantinischen Reich und nach der Ankunft des Christentums auch ein bedeutendes religiöses Zentrum. Der Aufstieg wurde durch zunehmende Überfälle von Barbaren getrübt und schließlich durch das Erdbeben von 518 beendet. Das komplett zerstörte Skupi bauten die überlebenden Bewohner an der Stelle des heutigen Skopjes wieder auf. Ihr prominentester Helfer war angeblich der byzantinische Imperator Justinian, der im Jahr 527 an die Macht kam und aus einem Dorf in Skupis Umgebung stammte.

150 Jahre später eroberten Slawen die Stadt und nannten sie Skopje. Im Reich des slawischen Zaren Samuil, das im 10. Jahrhundert vom östlichen Griechenland über Albanien bis an die Donau reichte, spielte Skopje durchgehend eine wichtige Rolle. Als Samuil verraten und bei einer Schlacht überwältigt wurde, fiel Skopje 1014 zum zweitenmal an Byzanz.

50 Jahre später wechselte die Stadt erneut ihre Herrscher, diesmal waren es die Normannen, die Skopje überfielen und plünderten. In der Folgezeit lösten sich die Eroberer noch rasanter ab. Bis 1282 waren es Serben, Normannen, Byzantiner und Bulgaren, die abwechselnd und zum Teil wiederholt die Stadt beherrschten. Schließlich wurde Skopje vom serbischen König Milutin erobert, und endlich, unter dem serbischen Zar Dušan dem Mächtigen, zur regionalen Hauptstadt gemacht. Das Serbische Reich konnte sich jedoch

Archäologischer Fund im Stadtmuseum

nicht mehr lange halten und wurde nach 1392 vom Osmanischen abgelöst. Die neuen Machthaber nannten die Stadt Üsküb.

Skopje unter den Osmanen

Die Osmanen besiedelten Üsküb mit Türken und brachten die Stadt schnell zum Wachsen. In dieser Zeit entstanden all die imposanten Gebäude, die noch heute die Altstadt zieren: die Moscheen, Bäder und Karawansereien, in denen viele Reisende, vor allem Araber, Juden, Griechen, Dubrovniker und Venezianer, einkehrten. Außerdem war Üsküb als günstiger Sklavenmarkt bekannt, auf dem Juden und Slawen gehandelt wurden.

1535 erschütterte ein erneutes Erdbeben die Stadt, und 60 Jahre später zerstörte sie ein großer Brand. Als 1689 das österreichische Heer unter General Piccolomini Üsküb erobern wollte, kam ihm ein Bergarbeiter aus der ostmazedonischen Provinzstadt Kratovo zuvor: Petre Vojnički-Karpoš und seine Männer zogen los, um Üsküb von den Muslimen zu befreien, bevor die Österreicher eintrafen. Für seine Tat erhielt Karpoš den ehrenvollen Titel ›Bauernkönig‹ und wurde von den Osmanen unter Skopjes Steinbrücke gehenkt und in den Vardar geworfen. Als die osmanischen Eroberungsfeldzüge auf dem Balkan erfolgreich abgeschlossen waren, begann für Üsküb eine relativ ruhige Zeit, und es blühte erneut als Handelszentrum auf. Die antiken Straßen wurden wiederbelebt und fortan von großen Handelskarawanen bereist, die am Anfang des 19. Jahrhunderts unter anderem Baumwolle für Napoleon lieferten. Zu Beginn des 20. Jahrhunderts wurden sie von der Eisenbahn abgelöst, die seit 1905 Skopje mit Belgrad verbindet. Der Bahnhof, der sich wie heute südlich des Vardar befand, sorgte für eine immense Ausdehnung der Stadt, die bislang nur am nördlichen Ufer gewachsen war.

Mit dem landesweiten Aufstand gegen die Osmanen im Jahr 1903, an dem auch Bürger aus Üsküb maßgeblich beteiligt waren, kündigte sich langsam der Untergang des Reichs an, und 1912 war es in Skopje vorbei mit der osmanischen Fremdherrschaft. Eine sehenswerte Ausstellung über Skopje unter den Osmanen findet sich in der Karawanserei Suli An in der Altstadt Stara Čaršija.

Detail der Aldža-Moschee

Die neue Porta Makedonija soll an 20 Jahre Unabhängigkeit erinnern

Von der Teilung bis zur Unabhängigkeit

Nach der Teilung Mazedoniens in den Balkankriegen von 1912 und 1913 gehörte Skopje mitsamt dem Rest Vardar-Mazedoniens – also in etwa dem Gebiet der heutigen Republik – bis 1919 zu Bulgarien, anschließend zum Königreich Serbien.

Während des Zweiten Weltkriegs wurde die Stadt bombardiert und im April 1941 von Deutschen und Bulgaren okkupiert. Als Reaktion schlossen sich die Skopjaner den Partisanen an und kämpften, zunächst nicht sehr erfolgreich, gegen die faschistische Allianz. Im März 1943 wurden über 7000 jüdische Bürger aus Skopje nach Treblinka deportiert, und am 13. November 1944 gelang es den Partisanen schließlich, Skopje zu befreien. Es wurde Hauptstadt der jugoslawischen Teilrepublik und stellte erstmalig eine eigene Regierung.

In den Folgejahren vervielfachte sich Skopjes Bevölkerung, und die besiedelte Fläche dehnte sich entsprechend aus. Doch ließ der nächste Schicksalsschlag nicht lange auf sich warten: 1962 trat

▲ Karte: hintere Umschlagklappe

der Vardar über seine Ufer und überschwemmte die halbe Stadt. Kaum waren die Schäden einigermaßen behoben, wurde Skopje nur ein Jahr später von einem Erdbeben in ein Trümmerfeld verwandelt.

Die massiven Umbaumaßnahmen seit 2010 verdankt Skopje auch diesem Unglück, denn nachdem die Stadt in den 60er Jahren mit viel Beton im Stil der Moderne wieder aufgebaut worden war, versucht man nun, die Jahrhundertwendehäuser, die einmal die ul. Makedonija (ehemals Maršal Tito) und die Vardarufer gesäumt hatten, zu rekonstruieren.

Seit 1991 ist Skopje die Hauptstadt der unabhängigen Republik Mazedonien. Als solche wurde sie in der Folge der Kosovokrise und der Konflikte im eigenen Land Basis vieler internationaler Verbände und Organisationen wie NATO, UNDP und OSZE.

Die Festung und die Oberstadt

Die Festung Kale eignet sie sich gut als Ausgangspunkt für einen Stadtrundgang, denn von hier, wo Skopjes Wurzeln liegen, kann man sich einen guten Überblick über die Stadt verschaffen. Abends kann man dort oben besonders gut den Sonnenuntergang genießen. Der Panoramablick und der natürliche Schutz durch den Fluss Vardar boten einst den Bewohnern eine äußerst günstige Siedlungslage und machten die Festung zum Stützpunkt aller Eroberer Skopjes.

Die römischen Steine, die man im Mauerwerk der heutigen Festung erkennen kann, wurden aus dem im Jahr 518 zerstörten Skupi mitgebracht. Während der Invasion der Slawen im 6. und 7. Jahrhundert wurde Kale teilweise zerstört und im Verlauf des 10. und 11. in der heutigen Form wieder aufgebaut.

Ab 1282, als Skopje zu Serbien gehörte, begann sich die Stadt außerhalb der Stadtmauern auszudehnen, und unter den Osmanen gab es in den alten Mauern schließlich nur noch Militärbaracken. Auch die Jugoslawen stationierten dort ihr Militär, bis Kale 1963 vom Erdbeben zerstört wurde. Beim Wiederaufbau der 120 Meter langen Stadtmauer legte man darin einen Park an, von dem allerdings viel archäologischen Grabungsarbeiten und Neubauten zum Opfer gefallen ist: Vor wenigen Jahren wurde neben ande-

Die Festung Kale

Blick von der Festung auf Skopje

ren Fundstücken das Fundament einer Kirche aus dem 13. Jahrhundert freigelegt. Das war der Auslöser für einen Kirchenneubau auf eben jenem Fundament, der angeblich als Museum dienen sollte. Der Bau sorgte indes für (vermutlich inszenierte) Auseinandersetzungen zwischen christlichen Mazedoniern und muslimischen Albanern und wurde vorerst gestoppt. Geplant sind weitere Baumaßnahmen in der Festung, die deshalb letzthin verschlossen blieb, demnächst aber wieder – dann vermutlich gegen Eintritt – geöffnet werden soll.

Der **Haupteingang** befindet sich gegenüber dem alten Postamt, nicht weit von der Kirche Sv. Spas. Künftig soll ein Fußweg die Festung mit der Bingo-Brücke am Eingang der Altstadt verbinden.

▶ Karte S. 79

■ Amerikanische Botschaft

Seit einigen Jahren thront auf dem Hügel neben Kale eine neue ›Festung‹: Der Bau der US-amerikanischen Botschaft geriet nicht nur wegen der dominanten Lage und ihrer gewaltigen Größe in die Kritik. Der bis dato grün bewachsene Hügel galt per Gesetz als unverkäufliche Kulturlandschaft, unter der bedeutende archäologische Fundstücke vermutet werden.

■ Museum für Gegenwartskunst

Der hochgelegene Flachbau im Norden Kales ist Skopjes sehenswertes Museum für Gegenwartskunst, das nach der Lossagung von Jugoslawien aus Mangel an Alternativen als künftiger Sitz des neuen Präsidenten verhandelt wurde. Letztlich konnte sich das Museum behaupten und lockt mit regelmäßigen Ausstellungen. Meist im Archiv, aber auf Anfrage zu sehen ist Picassos ›Frauenkopf‹ von 1963. Am Hang darunter liegt der **Französische Gedenkfriedhof** und erinnert an die 1918 beim Durchbruch der Front von Thessaloniki gefallenen Soldaten. Leider ist er häufig verschlossen. Schräg gegenüber erstreckt sich eine größere **Romasiedlung** mit quirlig bunten Straßen.

Das Erdbeben von Skopje und die Folgen

Am 26. Juli 1963 blieben um 5 Uhr 17 blieben alle Uhren stehen. Die Erde bebte, und in nur wenigen Sekunden verwandelte sich Skopje in ein Trümmerfeld mit über 100 000 Obdachlosen und mehr als 1000 Toten.

Das Beben traf den Westen der Stadt und das Zentrum am schlimmsten. Dort gab es vorher einmal schöne Häuser, den Offiziersklub, die Nationalbank, den großen Bahnhof. Der steht noch immer als Ruine und gemahnt mit seiner großen Uhr an den genauen Zeitpunkt des Erdbebens.

Am nächsten Tag kam Tito und sprach von weltweiter Solidarität. Die Hilfe kam, aus Jugoslawien und dem Rest der Welt, und so entstanden nicht nur 18 Vorortsiedlungen aus Beton, sondern auch zahlreiche Städtepartnerschaften, zum Beispiel mit Dresden und Nürnberg.

Den von den Vereinten Nationen ausgeschriebenen Designwettbewerb für ein erdbebensicheres Skopje gewann mit einem futuristischen Modell im internationalen Stil der Japaner Kenzo Tange. Von ihm ist zum Beispiel der Bahnhof, heute ein trostloser Ort, damals Hommage an die Moderne. Er soll zusammen mit dem Einkaufszentrum GTC den Eingang zum Zentrum bilden, das durch die in Reihen geordneten Hochhäuser wie von einer Stadtmauer umgeben wird. Ein weiteres Erzeugnis der internationalen Solidarität ist das Museum für Gegenwartskunst. Seiner wichtigsten Kulturdenkmäler beraubt, rief das zerstörte Skopje die Künstler Jugoslawiens zu einer Spendenaktion auf. Der Ruf fand international Gehör, und das Ergebnis war eine gewaltige Sammlung, für die Skopje den Betonflachbau hinter der Festung schuf. Weiter unten steht das Opernhaus, ganz in weiß, zumindest früher. Geformt wie ein Fächer, wirkt es trotz seiner Größe und des wenig geschmeidigen Materials beweglich und hat eine bemerkenswerte Raumvielfalt, die derzeit durch die neue Philharmonie noch erweitert wird.

Auf der anderen Flussseite schließlich entstand das Hauptpostamt, ein nahezu barocker Bau aus Stahlbeton, bei dem das grobe Material in seinen vollen Möglichkeiten ausgeschöpft wurde: Alles ist Skulptur, aber es hält und darf bleiben. Bis 2014 sollte die Sanierung abgeschlossen sein.

Das alte und das wiederaufgebaute Theater in Skopje

Straße in der Altstadt

Rund um die Altstadt

Skopjes beschauliche Altstadt Stara Čaršija erstreckt sich von der Bingo-Brücke bis zum **Bit Pazar**, Skopjes bekanntestem und buntestem Markt. Sehenswert sind in der Altstadt vor allem die zahlreichen profanen und sakralen Gebäude, die wohlhabende osmanische Feudalherren hier hinterlassen haben, aber auch die alten Marktstraßen selbst. Ihnen waren früher bestimmte Handwerke zugeordnet, so dass es etwa eine Goldschmiedestraße oder eine Schlossergasse gab. Über den Läden befanden sich kleine Wohnungen für Ladengehilfen oder Lehrlinge.

Die wirtschaftlichen Folgen der Auflösung Jugoslawiens haben dazu geführt, dass viele der Werkstätten in gastronomische Betriebe umgewandelt wurden, die sich teilweise zwar nur recht mühsam in die Architektur der kleinen Häuser einpassen, aber gute türkische Küche und ein zunehmend lebhaftes Nachtleben bieten. Obwohl sich einige der Läden inzwischen von der kostspieligen Eigenproduktion auf den Verkauf von Billigwaren aus aller Welt umgestellt haben, wird in anderen immer noch Handwerk produziert. So findet man hier zum Beispiel noch handgefertigten Schmuck, Musikinstrumente, Schneiderwerkstätten und originelle Souvenirs.

▲ Karte S. 79

■ Kirche Sv. Spas

Am Rand von Skopjes Oberstadt, Makarij Frckovski 8, liegt hinter Mauern versteckt die Kirche Sv. Spas, die einzige Klosterkirche im Stadtzentrum, die die muslimische Herrschaft überlebt hat. Im 18. Jahrhundert hauptsächlich unterirdisch angelegt, genügte sie der Bedingung, dass keine Kirche eine Moschee überragen durfte. Um den Kirchturm dennoch in der gewünschten Höhe errichten zu können, wurde die Kirche in den Boden versenkt und zudem von einer Mauer umgeben. 200 Jahre ältere Freskenfragmente an der Südseite der Kirche verraten, dass dabei die baulichen Strukturen einer anderen Kirche genutzt wurden, die es hier vorher gegeben haben muss.

Die äußerlich gezwungenermaßen bescheidene Kirche überrascht durch ihre innere Pracht, die sich besonders in der großen **Ikonostase** aus Nussbaumholz zeigt. Sechs Jahre lang arbeiteten Mazedoniens bekannteste Schnitzer, Petre und Marko Filipovski sowie Makarije Frćkovski an dem barocken Ikonenträger und brachten sich vor der Fertigstellung 1824 noch schnell selbst darin unter: Man erkennt das Selbstbildnis der drei eifrigen Schnitzer im südlichen Teil der Ikonostase zwischen Figuren in Nationaltrachten und verschiedenen Bibelszenen.

Das gleiche Künstlerteam schnitzte auch die Ikonostasen der Klöster Sv. Jovan Bigorski bei Debar und Sv. Gavril Lesnovski bei Probištip. Die vierte Ikonostase aus ihrer Werkstatt verbrannte 1903 beim Aufstand gegen die Osmanen in Kruševo.

Eine der wichtigsten Figuren dieses Aufstands und Führer der VMRO, der Innermazedonischen Revolutionären Organisation, war Goce Delčev, der im Marmorsarg im Kirchhof liegt. Seine Geschichte ist – leider nur auf mazedonisch – im angegliederten **Museum** ausgestellt (Di – Fr 9 – 17 Uhr, Sa/So 9 – 15 Uhr, 120 MKD).

Nationalmuseum

Oberhalb der Altstadt, neben der Mustafa-Pascha-Moschee, lohnt das mazedonische Nationalmuseum einen Besuch. Es beherbergt eine große Sammlung archäologischer Funde mit einigen bemerkenswerten Stücken, vor allem aus dem antiken Stobi – die allerdings in Kürze in das neue Archäologische Museum am Vardarufer überführt werden.

In der ethnologischen Abteilung sind viele Trachten, Musikinstrumente und die typischen mazedonischen Hochzeitsteppiche ausgestellt. Außerdem gibt es eine Ikonengalerie und ein Lapidarium. Führungen auf Englisch oder Deutsch kann man buchen, Beschriftungen gibt es auch auf Englisch.

Öffnungszeiten: Di – Fr 8 – 16, Sa 9 – 15, So 9 – 13 Uhr, 50 MKD.

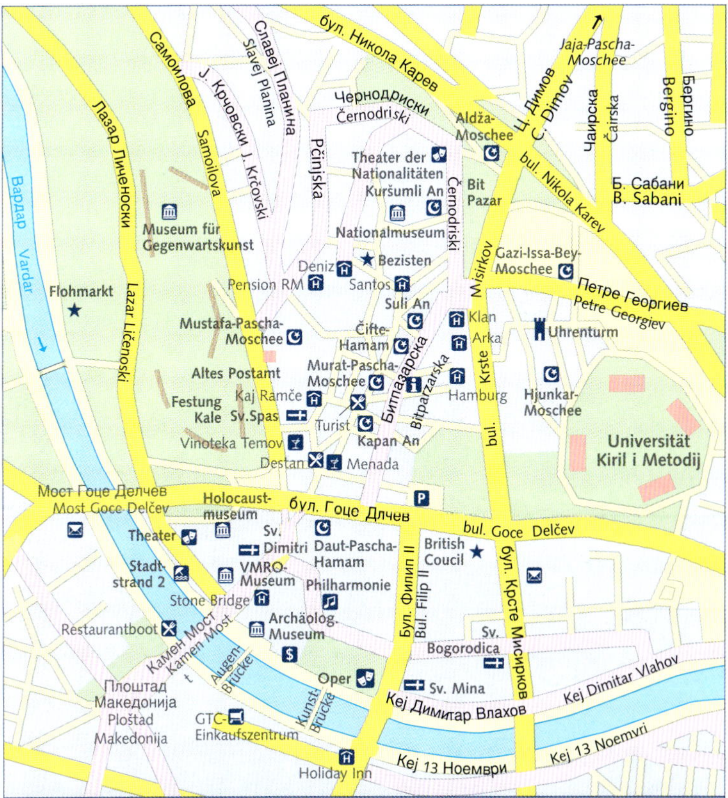

Skopje (Скопје), Altstadt

Moscheen, Hammams und Karawansereien

Die Hammams, Moscheen und Karawansereien in der Altstadt (Stara Čaršija) sind nach einem nützlichen Schema geordnet: Wenn Reisende und Kaufmänner in die Stadt kamen, brauchten sie erstens Unterkünfte und Lager für ihre Ware und zweitens Orte, an denen sie ihre religiösen Pflichten ausüben konnten. Weil letztere nur gereinigt betreten werden durften, brauchte man drittens auch Bäder. So kam es zu der typischen architektonischen Dreiheit von An (Karawanserei), Hammam und Moschee. Diese Verbindungen sind heute meist nicht mehr nachvollziehbar. Eine erkennbare Dreiheit bilden mitten in Skopjes Čaršija die Gebäude Kapan An, Čifte-Hammam und Murat-Pascha-Moschee.
Leider ist heute keines von Skopjes türkischen Bädern mehr in Betrieb. Die Gebäude einiger Hammams und Karawansereien wurden jedoch weitgehend originalgetreu saniert und beherbergen nun kulturelle Einrichtungen und Gaststätten. Sollten die Moscheen verschlossen sein, wenden Sie sich an die Nachbarschaft.

■ Moschee Mustafa Pascha

Die berühmteste und größte Moschee von Skopje ist die des Mustafa Pascha, gelegen zwischen Altstadt und Festung. Den Namen Ihres Patrons können Arabischkundige aus der Inschrift über dem Eingang entschlüsseln.
Als er die Moschee 1492 erbauen ließ, war Mustafa Pascha ein bedeutender Mann der osmanischen Administration. Die persischen Zeilen auf der Turbe (Mausoleum) links neben der Moschee loben die Schönheit seiner Tochter Umi, die dort beigesetzt wurde. Der Bau der Moschee ist streng proportional und auf der Innenseite der 45 Meter hohen Kuppel mit kunstvollen Ornamenten verziert. Darunter, zu beiden Seiten der Mihrab (Kanzel), von der aus der Hodscha den Koran liest, sind, der Rundung des Raumes folgend, die Namen Mohammeds und Allahs in Arabesken geschrieben, während südlich und nördlich die Namen der Kalifen stehen.

■ Aldža-Moschee

Hinter dem Bit Pazar versteckt liegt die hübsche Aldža-Moschee, auch ›Bunte

Blick auf Skopjes Altstadt

▲ Karte S. 79

Die Mustafa-Pascha-Moschee

Moschee‹ genannt: Früher war ihre Fassade mit bunten Kacheln geschmückt, die im Brand von 1689 jedoch zerplatzten. In der Turbe neben der Moschee aus dem frühen 15. Jahrhundert liegt angeblich der Schatzmeister des Isak Beg begraben. Früher gab es außerdem noch eine Koranschule, eine Bibliothek und ein Imaret (Volksküche).

Hjunkar-Moschee

Zu den sehenswerteren Moscheen Skopjes zählt außerdem die Hjunkar-Moschee/Sultan-Murat-Moschee. Sie wurde 1436/37 von Mehmed II. auf den Ruinen des zerstörten Klosters Gjorgji erbaut und ist die älteste Moschee in Skopje. Zweimal brannte sie in ihrer Geschichte ab und wurde zum letzten Mal 1712 wieder aufgebaut. 200 Jahre später erhielt sie das flache Holzdach mit den Rosetten.

Auf dem gleichen Gelände befindet sich Skopjes **Roter Uhrenturm** (Saat Kula), den Sultan Murat mit einer Uhr aus Ungarn bestücken ließ, wo man gerade mit weiteren Eroberungen beschäftigt war. 1904 brannte der Holzturm aus dem 15. Jahrhundert ab und wurde durch einen Ziegelsteinbau ersetzt, inklusive einer neuen Uhr, diesmal aus der Schweiz. Die ging jedoch 60 Jahre später im Erdbeben verloren und wurde erst 2011 durch eine neue ersetzt. Unter Mazedoniens vielen Uhrentürmen ist er mit knapp 40 Metern der höchste und bietet so einen guten Ausblick auf die Stadt. Für 60 Denar oder einen Euro pro Person holt der alte Wächter seinen nicht minder alten, riesengroßen Petrusschlüssel aus der Tasche und schließt den Turm auf, in dessen Innerem steile Holztreppen nach oben führen.

Gazi-Issa-Beg-Moschee

Die Gazi-Issa-Beg-Moschee ist bekannt für ihre alten Grabsteine und die Eiche im Hof, die angeblich so alt ist wie die Moschee selbst: über 500 Jahre. Früher diente die Moschee mit der doppelten Kuppel einem Derwischorden als Kloster.

Turbe der Aldža-Moschee

Murat-Pascha- und Jaja-Pascha-Moschee

Mitten in der Altstadt steht seit dem 15. Jahrhundert die kleine **Murat-Pascha-Moschee**, die 1689 beim großen Brand zerstört wurde und seit 1802 statt einer Kuppel ein viereckiges Dach trägt.
Das gleiche gilt für die 1504 erbaute **Jaja-Pascha-Moschee**, deren Minarett mit 50 Metern Skopjes höchster Turm ist. Ihre Kuppel fiel dem Erdbeben von 1963 zum Opfer.

Daut-Pascha-Hammam

Direkt am Eingang der Altstadt ließ Daut Pascha um 1500 einen großen Hammam errichten. Unter seinen 15 Kuppeln verbirgt sich ein komplexes Raumsystem, denn ursprünglich bestand das Bad aus zwei separaten Teilen für Männer und Frauen, wobei der Eingang für die Männer zur Marktstraße wies und die Frauen durch die versteckte Hintertür Eingang fanden.
Einer beliebten Legende zufolge stand hier zuvor die Kirche Sv. Demetrius, die Daut Pascha zur Errichtung seines Bades abreißen ließ. Als er jedoch mit seinem Harem das erste Bad nehmen wollte, kam aus den Hähnen kein Wasser, sondern es krochen Schlangen daraus hervor. Das änderte sich solange nicht, bis Daut Pascha die Kirche an anderer Stelle wiedererrichten ließ.
Im 19. Jahrhundert wurde das Bad ein Lager für Alkohol und Petroleum, und heute beherbergt es die **Nationalgalerie** mit Kunst vom 14. Jahrhundert bis zur Gegenwart. Neben einer Ikonensammlung gibt es hauptsächlich moderne Gemälde und Skulpturen. Im Sommer finden in den attraktiven Räumen klassische Konzerte statt.

Čifte-Hammam

Skopjes zweitgrößtes Bad, der Čifte-Hammam, wurde 1999 als Teil der **Nationalgalerie** eröffnet und stellt seither vornehmlich Fotokunst aus (Di–So 10–18 Uhr). Bei seiner Sanierung wurden einige Nischen so belassen, dass das Gemäuer aus dem 15. Jahrhundert sichtbar bleibt. Wie Skopjes anderer großer Hammam war auch dieser ursprünglich ein Doppelbad, erkennbar an den beiden Hauptkuppeln.

Murat-Pascha-Moschee und Čifte-Hammam

▲ Karte S. 79

Karawanserei Kuršumli An

Von den drei Karawansereien in Skopjes Čaršija ist Kuršumli An mit Abstand die beeindruckendste. Das große Gebäude mit Innenhof und Arkaden liegt direkt neben dem Nationalmuseum, von dem es inzwischen als **Lapidarium** genutzt wird. Seinen Namen verdankt der Bau aus dem 16. Jahrhundert dem einstigen Dach aus Blei, was auf Türkisch ›kurşum‹ heißt. Später wurde es zu Munition verarbeitet. Während die unteren Räume der Herberge als Lager für Tiere und Ware dienten, wohnten oben die Reisenden. Zum Schutz vor Kälte und Feinden gab es nur wenige Fenster. Das rentierte sich besonders im 19. Jahrhundert, als aus den Gästezimmern Gefängniszellen wurden. Allein im Jahr 1898 waren hier knapp 600 politische Gefangene inhaftiert, die gegen die osmanischen Herrscher rebelliert hatten. Heute sitzt darin unter anderem das **Zentrum für Kontemporäre Kunst** (CAC), das in Kooperation mit jungen Künstlern Ausstellungen organisiert. Ein kultureller Höhepunkt sind die sommerlichen Open-Air-Konzerte im attraktiven Innenhof.

Innenhof der Karawanserei Kuršumli An

Karawanserei Suli An

Auch im kleineren Suli An geht es inzwischen um Kunst und Kultur. Das Gebäude aus dem 15. Jahrhundert ist versteckt zwischen den anderen Fassaden ein wenig unsichtbar und macht häufig einen geschlossenen Eindruck, tatsächlich ist das Tor aber in der Woche meist offen (Eintritt frei). ›Sulu‹ heißt auf Türkisch ›wasserhabend‹, und spielt darauf an, dass neben dem An früher der Fluss Serava verlief, auf den sich die durstigen Karawanen freuten.

Beim Erdbeben von 1963 wurde das Gebäude bis auf seine Außenmauern zerstört, 1972 jedoch vollständig rekonstruiert. Im Erdgeschoss hat sich inzwischen die **Kunsthochschule** einquartiert, und man kann bei einem Besuch den Studenten im Hof bei der Arbeit zusehen. Im Obergeschoss gibt es eine sehenswerte **Ausstellung über Skopje zur Zeit der Osmanen** mit Beschriftungen auf Englisch. Der Eintritt ist frei.

Karawanserei Kapan An

Am schwierigsten zu entdecken ist der Kapan An in der südlichen Čaršija. Im 15. Jahrhundert als Karawanserei erbaut, ist er zum Restaurant geworden, was ihn in der Umgebung von zahllosen anderen Restaurants quasi unsichtbar macht.

Im Bezisten

Bezisten

Die bescheidenen Reste des Bezisten (überdachter Basar) beherbergen heute kleine Kunstgalerien und Cafés. Seine Struktur geht zurück bis ins 15. Jahrhundert, wurde aber im 20. Jahrhundert grundlegend erneuert. Lauschig und nett sitzt es sich an warmen Sommertagen vor dem schattigen **Café Yellow Submarine**.

Skanderbeg

Seit 2006 sitzt hoch zu Ross und viel diskutiert am Rande der Altstadt ein bronzener Skanderbeg. Der albanische Nationalheld war ein orthodoxer Christ und machte sich im 15. Jahrhundert einen Namen als Aufständischer gegen die Osmanen. Kein Wunder also, dass das Denkmal am Rand der Altstadt gleich mehreren Bevölkerungsgruppen ein Dorn im Auge ist: Der vornehmlich slawische Bevölkerungsteil versteht ihn als Zeichen albanischer Präsens im öffentlichen Raum, während Skanderbeg den Türken gemeinhin als historischer Feind gilt und den Muslimen wegen seiner Rekonversion zum Christentum als Verräter. Der an das Denkmal angrenzende Platz wurde erweitert und ebenfalls nach dem albanischen Helden benannt.

Das neue Zentrum

Rund um Skopjes Hauptplatz Ploštad Makedonija ist in den letzten Jahren ein gänzlich neues Stadtzentrum entstanden. Zur Zeit des Schreibens waren die Bauarbeiten noch nicht abgeschlossen, aber die wichtigsten Sehenswürdigkeiten rund um den ›ploštad‹, wie die Bewohner Skopjes das Herzstück ihrer Stadt nennen, werden im Folgenden in Form von Spaziergängen skizziert.

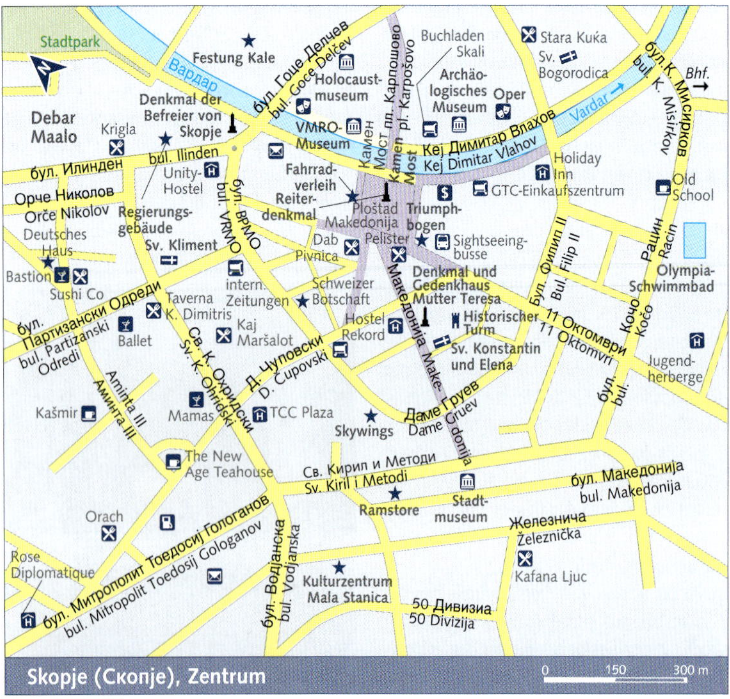

Skopje (Скопје), Zentrum

Skopje 2014

Im Jahre 2010 präsentierte die konservative Regierungspartei VMRO-DPMNE ein Städtebauprojekt, das das Zentrum von Skopje in einem architektonischen Kraftakt - idealerweise bis 2014 - komplett umgestalten sollte. Derweil sind die Bauarbeiten mit atemberaubender Geschwindigkeit im Gange. Mehr als 20 neue Gebäude im barocken und neoklassischen Stil sowie eine ganze Parade von Statuen, Denkmälern und Brunnen stülpen dem Stadtkern ein antikes Image über und verjagen den Geist der Moderne mit einer Rückbesinnung auf die klassischen Wurzeln. Das Kernstück dieses historischen Paradigmenwechsels ist der große Alexander auf dem zentralen Ploštad Makedonija. Drum herum prunken, großformatig und im antiken Look, das Nationaltheater, das Außenministerium, das Archäologische Museum, das Verfassungsgericht und das Gebäude der Finanzpolizei. Alles nagelneu, wie auch der schneeweiße Triumphbogen namens ›Porta Makedonija‹ mit ›ruhmreichen Szenen aus der Geschichte‹.

Um die jugoslawische Vergangenheit auszuradieren, werden auch Straßennamen dem neuen Kurs angepasst: Tito, Lenin und ihre Genossen haben ausgedient, die neuen Namensgeber für Plätze und Straßen sind - neben Alexander und Philipp II - Amyntas, Perdikkas und Kleopatra. Neben einer Straße für die ›Opfer des Kommunismus‹ gibt es außerdem den neuen VMRO-Bulvar und -Platz, mit dem sich die politischen Initiatoren selbst in ihr revisionistisches Projekt einschreiben.

Natürlich bleibt eine so umfassende Umgestaltung nicht frei von Kontroversen. Befürworter erhoffen sich eine Stärkung der nationalen Identität, einen Zuwachs an Touristen und ›eine richtige Hauptstadt‹ mit europäischem Antlitz. Die Kritik an ›Skopje 2014‹ ist mannigfaltig. Zum einen sind da die hohen Kosten von geschätzten 200 bis 500 Millionen Euro, die angesichts der oft maroden Infrastruktur des Landes sicherlich auch anderswo sinnvoll Verwendung gefunden hätten. Hinzu kommen zweifelhafte Planungs- und Vergabeverfahren, die nicht immer transparent und demokratisch verlaufen sind. Und auch unter ästhetischen Gesichtspunkten ist das Umstyling sicherlich streitbar. Wenn modernen und identitäststiftenden Wahr-

Skopje 2014: Die Stadt putzt sich heraus

ESSAY

zeichen der Stadt wie dem zentral gelegenen GTC-Einkaufszentrum, dem MEPSO-Gebäude oder dem Regierungsgebäude am Vardarufer – unautorisiert von den Erbauern – barocke Fassaden übergestülpt werden, sieht nicht nur die Fachwelt das als architektonischen Affront. Würde es nicht mindestens in gleichem Maße zu einer interessanten und attraktiven Stadtlandschaft beitragen, wenn neben den vielen antiken Neubauten die modernen, teilweise von namhaften Architekten wie dem japanischen Kenzo Tange entworfenen Gebäude aus der zweiten Hälfte des 20. Jahrhunderts in ihrer authentischen Form bestehen blieben?

Und inhaltlich: Eine Stärkung des patriotischen Egos auf Kosten historischer Wahrheit? Die Griechen ärgern sich über das antikisierende Projekt der nördlichen Nachbarn, und die mazedonischen Albaner sehen ihre eigene Geschichte nicht hinreichend berücksichtigt. Die sozialdemokratische Opposition bezichtigt es des ›populistischen Nationalismus‹, und der Teil der Bevölkerung, der sich gemeinhin als slawisch versteht, kommt mit der verordneten antiken Identität in punkto Selbstverortung eher ins Wanken. Immerhin zeigt das Projekt insofern eine integrierende Wirkung, als dass die ansonst politisch meist getrennt agierenden Ethnien sich in einigen Protestaktionen gegen ›Skopje 2014‹ vereinten.

Letztendlich bleibt abzuwarten, ob es dem Projekt langfristig gelingen wird, eine ruhmreiche Nationalgeschichte zu spiegeln oder nicht eher die eines politischen Erfolgs der regierenden Politiker. Derweil erweist sich zumindest eine Zielsetzung der Initiatoren als erfolgreich: Der rapide Umbau macht Skopje spannend und lebendig und beschert ihm dank der Kontroversität viel mediale Aufmerksamkeit. Es gibt übrigens Gerüchte, dass nach der Fertigstellung vom ›Vegas am Vardar‹ ein Bauboom in Bitola vorgesehen ist. Bevor möglicherweise auch dort die Antike Einzug hält, sollte man der hübschen Stadt mit ihren bislang echten historischen Fassaden also vielleicht noch schnell einen Besuch abstatten.

Das neue Archäologische Museum

Ploštad Makedonija und Karpoš-Platz

Ein Abend am Ploštad, Skopjes Hauptplatz, ist ein wahrer Sinnesrausch: Um das **Denkmal Alexanders des Großen** und die bunt beleuchtete Fontänenshow herum fährt eine elegante Kutsche, die an Wien erinnert, während vor dem neuen Arc de Triomphe namens Porta Makedonija aus China importierte Doppeldeckerbusse nach Londoner Vorbild halten. Dazu erklingen aus Lautsprechern Wagner und Tschaikowski, bisweilen übertönt vom Balkan-Pop aus den benachbarten Cafés. Dort, wo die Hotels ›Marriot‹ und ›Macedonia Square‹, die Spiegelglasfronten des ›Bankenviertels‹ und künftig wohl auch das neue Rathaus aufragen, gab es bis vor kurzem noch großzügige Grünflächen.

Der **Triumphbogen**, vor dem täglich zwei Sightseeingtouren per Bus starten, ist begehbar und bietet für 30 Denar Eintritt innen Kunst und von oben einen guten Blick über Skopje-City. Nach Einschätzung lokaler Medien kostet allein die Betreibung des neu gestalteten Ploštad Makedonija inklusive Sicherheitspersonal die Stadt jährlich 100 000 Euro.

Auf der anderen Flussseite winkt vom Karpoš-Platz, bunt beleuchtet und umgeben von neuen Brunnen und Statuen, der steinerne Philipp II. herüber. Der Name des Platzes und ein Reiterdenkmal erinnern an den gegen die Osmanen rebellierenden Petre Vojnički-Karpoš, den ›König von Kumanovo‹, der 1689 auf der Brücke Kamen Most exekutiert wurde.

Philipp II. auf dem Karpoš-Platz

Vardar-Brücken

Die **Steinerne Brücke**, Kamen most, verbindet über den Vardar hinweg die Altstadt mit dem modernen Zentrum. Sie ist eines der Wahrzeichen Skopjes und war zu osmanischen Zeiten ein beliebter Hinrichtungsplatz. Man nimmt an, dass es hier schon im 6. Jahrhundert eine Brücke gab, auf deren Fundament Sultan Murat II. im 15. Jahrhundert die heutige Brücke errichtete. Seitdem wurde sie mehrmals umgebaut, zwischenzeitlich auch für den Autoverkehr erweitert, bis sie 2008 komplett saniert und durch einen rekonstruierten Mihrab (Gebetsnische) ergänzt wurde.

Neu sind die Fontänen im Fluss und die beiden benachbarten Fußgängerbrücken: Die **Augenbrücke**, die zum Archäologischen Museum führt, ähnelt aus der Vogelperspektive gesehen einem Auge, während die **Kunstbrücke** ihren Namen den 29 Skulpturen von (nur männlichen!) Künstlern verdankt. Dazwischen wachsen mitten im Fluss die drei Bäume ›Glaube, Liebe und Hoffnung‹.

Geplant sind zwei weitere Brücken: Zwischen Rathaus und VMRO-Museum soll auf einer eigens dafür gebauten Brücke ein Riesenrad – ähnlich dem London Eye – errichtet werden. Weiter östlich ist eine Fußgängerbrücke vorgesehen, die zur Kirche Sv. Bogorodica führt.

Museumskomplex

Am bis dato recht kargen Nordufer des Vardar ist zwischen Goce-Delčev-Brücke und Kunstbrücke ein Museumskomplex entstanden. Dem Schicksal der mazedonischen Juden trägt das **Museum im Gedenkzentrum des Holocaust** Rechnung. Der großformatige, moderne Bau ragt an der Stelle des ehemaligen jüdischen Viertels empor.

Direkt am Ufer dokumentiert das **Museum des Mazedonischen Widerstands** (auch VMRO-Museum genannt) teilweise recht martialisch die Geschichte mazedonischer Freiheitskämpfer. Das benachbarte, prunkvolle **Theater** war 1963 dem Erdbeben zum Opfer gefallen und wurde originalgetreu, wenngleich auch größer, wieder aufgebaut.

Das große **Archäologische Museum** mit den repräsentativen Säulen soll künftig Fundstücke aus dem in die Jahre gekommenen Nationalmuseum beherbergen.

Der **Stadtstrand Kamen Most** vor dem Widerstandsmuseum lädt bis September zu Kaffee und kühlen Drinks, das neue Restaurantboot auf der gegenüberliegenden Flussseite zu stärkender Kost.

Spaziergang durch die ul. Makedonija

In der sich an den Ploštad anschließenden ul. Makedonija (ehemals Maršal Tito), großenteils eine von Cafés und Geschäften gesäumte Fußgängerzone, werden zunehmend Fassaden der urbanen Jahrhundertwendehäuser rekonstruiert, die einst die beliebte Straße säumten. Der auffällige **Ristič-Palast**, das Eckhaus am Platz mit der ›Skopsko‹-Werbung auf dem Dach, ist eines der wenigen Häuser, die eine tatsächlich alte Fassade haben.

Neben dem **Denkmal der Mutter Teresa**, die 1910 als Agnes Bojaxhiu in Skopje geboren wurde, ragt seit 2009 der eklektizistische Bau ihres **Gedenkhauses** auf (Mo–Fr 9–20, Sa/So 9–14 Uhr). In postmoderner Manier verbindet er Elemente eines typisch osmanischen Bürgerhauses um 1900 mit einer Kapelle und indischen Bauelementen, die an das globale Wirken der Ordensträgerin erinnern sollen. Auch eine Gedenktafel und ein Brunnen am Ploštad sowie ein Krankenhaus wurden der Wohtäterin gewidmet. Als künftiges Staatssymbol, so wünscht es sich Ministerpräsident Gruevski, wird ihr Konterfei künftig auch den mazedonischen Denar schmücken und ihr Name eine Autobahn.

Anders als die in unmittelbarer Nähe rekonstruierte Kathedrale **Sv. Konstantin und Helena** hat der benachbarte **Stadthalterturm** aus dem 17. Jahrhundert dank seiner 1,45 Meter dicken Wehrmauern das Beben weitgehend unbeschadet überstanden und kann auf Anfrage besichtigt werden.

Die ul. Makedonija endet am **alten Bahnhof**, dessen Ruine das **Stadtmuseum** beherbergt (Di–Sa 9.30–17, So bis 13 Uhr, 100 MKD). Als der große Bahnhof 1940/41 erbaut wurde, galt er als der schönste des ganzen Balkan. Im Erdbeben wurde er jedoch schwer beschädigt, und in die Reste des zerstörten Gebäudes zog ein Museum ein. Andere Teile

Das Mutter-Teresa-Haus

▲ Karte S. 84

Die Steinerne Brücke, im Hintergrund das Archäologische Museum

des Bahnhofs hat man in dem Zustand belassen, in dem sie am Morgen des 26. Juli 1963 vorgefunden wurden. Vor allem aber hat man die große Bahnhofsuhr, die noch immer den Zeitpunkt des Erdbebens anzeigt, niemals repariert. Heute ist sie im wahrsten Sinne des Wortes einer der wichtigsten Zeitzeugen des desaströsen Bebens.

Die historische Solidaritätsbekundung Titos, die die letzten 50 Jahre großformatig die linke Seitenwand zierte, ließ die konservative Regierungspartei kürzlich entfernen. Geblieben ist das nette **Café** im Westflügel. Auf der Rückseite des schönen Gemäuers soll ein großer Multiplex-Bau entstehen.

Die Vardarpromenade flussaufwärts

Läuft man vom Ploštad aus flussaufwärts, steht linkerhand vor der Goce-Delčev-Brücke mit ihren Bronzelöwen, die für 2,5 Millionen Euro in Florenz als Symbole des mazedonischen Widerstands gefertigt wurden, das originell geformte **Hauptpostamt**. Von außen aus düsterem Beton, birgt es im Innern (Eingang von der Platzseite) großartige Wandmosaiken aus der Jugoslawien-Ära, die bei der derzeitigen Sanierung des Gebäudekomplexes glücklicherweise erhalten bleiben sollen. Fotografieren ist leider untersagt.

Jenseits der Brücke ragt links das **Regierungsgebäude**, ehemals Sitz des Zentralkomitees des Bundes der mazedonischen Kommunisten, auf. Vor dem umseitigen Haupteingang kündigte schon lange eine Armada meist kopfloser antiker Steinfiguren die nun realisierte historisierende Umgestaltung des Siebziger-Jahre-Baus an, während etwas versteckt neben dem Gebäude das **Denkmal der Befreier von Skopje** leicht grimmig an die Partisanen erinnert, die am 13. November 1944 im Kampf gegen die faschistischen Besetzer fielen.

Folgt man der hübschen Promenade am Fluss, gelangt man zum weitläufigen **Stadtpark** und zum **Stadtstrand** mit Liegestühlen und Strandbar. Künftig lässt es sich sicherlich auch gut auf den Terrassen der Luxushotels erholen, die derzeit unterhalb der Festung auf der anderen Flussseite gebaut werden.

Der sich an den Stadtpark anschließende **Zoo** wurde inzwischen modernisiert und erweitert und ist seither eine nicht mehr ganz so traurige Angelegenheit wie zuvor.

Das Hauptpostamt von Skopje

Spaziergang flussabwärts

Flussabwärts führt ein Fußweg vorbei an den vielen Ufercafés vor dem GTC-Einkaufszentrum und den vielen großformatigen Prunkbauten auf der gegenüberliegenden Flussseite. Dort ist auch die goldglänzende Turmspitze der Kirche **Sv. Bogorodica** zu sehen. Einst vom Erdbeben zerstört, wurde sie 2007 wieder aufgebaut und ist im Inneren recht schlicht und freskenlos. Der Neubau blieb nicht ohne Kontroversen: ›Keine neue Kirche ohne eine neue Moschee‹, ließ die Islamische Gesellschaft (IVZ) verlauten. Wenn im Zentrum der muslimisch dominierten Flussseite eine Kirche gebaut würde, wolle man ebenso die 1925 unter dem jugoslawischen Regime abgerissene Burmali-Moschee direkt an der ul. Makedonija wieder aufbauen. Stattdessen wird nun direkt neben Sv. Bogorodica eine weitere Kirche namens **Sv. Mina** rekonstruiert und an Stelle der Burmali-Moschee ragt an der ul. Makedonija als weiterer gewaltiger Kirchenneubau seit 2013 **Sv. Konstantin und Elena** auf – wofür im Gegenzug allerdings auch schon wieder ein Moschee-Neubau angekündigt wurde.

Hat man das Hotel ›Holiday Inn‹ und den sich anschließenden Parkplatz hinter sich gelassen, taucht man, dem Kej 13 Noemvri folgend, überraschend in ein ganz anderes Skopje ein: Hier, mitten im Zentrum, wird es auf einmal zunehmend dörflich und beschaulich. Wie vergessen wirken die kleinen Straßen, die das nette **Café Old School** beherbergen und jenseits der Revolutionsbrücke in die idyllische Siedlung **Madžir Maalo** übergehen. Deren alte Häuser und Straßen blieben von Erdbeben und Stadterneuerungen bislang verschont und vermitteln mitten in Skopje ein Gefühl der Ruhe und Abgeschiedenheit. Leider ist die Siedlung akut vom Abriss bedroht, aber noch lässt sie erahnen, wie große Teile von Skopjes Innenstadt einst ausgesehen haben mögen. Einige kleine Hostels haben sich inzwischen in Madžir Maalo niedergelassen.

▲ Karte S. 84

Prometheus-Denkmal im Park der Mazedonischen Helden

Weitere Sehenswürdigkeiten

Im populären Stadtteil **Debar Maalo** locken viele Restaurants und angesagte Kneipen in unmittelbarer Nähe des Stadtparks.

Unweit davon könnte die Hauptkirche **Sv. Kliment Ohridski** an der Straße Partizanski odredi wegen ihrer weiten Kuppel aus der Ferne glatt als Moschee durchgehen. Sie wurde 1990 erbaut und innen mit sehr farbenfrohen Fresken gestaltet. Zwischen dem mit Glaskuppeln neu dekorierten Parlament und dem GTC-Einkaufszentrum erstreckt sich im Stadtteil Centar der **Park der Mazedonischen Helden**. Neben Pitu Guli und diversen VMRO-Helden findet sich dort auch ein vergoldeter Prometheus, der bei seiner Enthüllung 2012 wegen seines nackten Geschlechts für Furore sorgte. Wenige Tage später wurde ihm eine güldene Unterhose verpasst.

Skopje-Informationen

Allgemeine Informationen

Vorwahl: +389/2.

Touristeninformation I, Vasil Adzilarski b.b., Tel. +389/2/3223644; tägl. 8.30–16.30 Uhr. Unauffälliges Büro nahe dem ›Holiday Inn‹ und GTC-Einkaufszentrum. Künftig soll es dort kostenlose Internetplätze für Touristen geben.

Touristeninformation II, Bitpazarska bb (Altstadt, nahe Murat-Pascha-Moschee), Tel. +389/2/3214091; Mo–Fr 8.30–16.30 Uhr. Zimmervermittlung (ab 20 Euro/Nacht), Verkauf von Souvenirs.

Für Touristen wurden an vielen Stellen im Zentrum neue Stadtpläne und Wegweiser installiert.

Postamt Nr. 1, Orče Nikolov bb; tägl. 7–17.30, So 8–3 Uhr. Hier kann man günstig telefonieren (Karte → hintere Umschlagklappe).

City-Krankenhaus, 11 Oktomvri 53, Tel. +389/2/3130311..

Geldwechsel

Geldautomaten findet man überall in der Stadt, z.B. bei folgenden Banken:

Sparkasse, ul. Makedonija 9–11/Partizanski Odredi 17/25, Tel. +389/2/3200500.

Komercijalna Banka (EC-Automat), Kej Dimitar Vlahov 4, Tel. +389/2/3107107.

Stopanska Banka (Visa), 11 Oktomvri 7, Tel. +389/2/3115322.

Internetcafés

Seit es quasi überall W-Lan/Wifi gibt, hat sich die Zahl der Internetcafés entsprechend reduziert.

Astoria, im ›Bunjankovec‹-Einkaufszentrum am Bul. Partizanski Odredi (Karte → hintere Umschlagklappe).

An- und Abreise

Busbahnhof

Der Bahnhof für nationale und internationale Busse befindet sich direkt neben der Bahnstation und verfügt über Schließfächer. Fahrpläne gibt es auf www.sas.com.mk (Karte → hintere Umschlagklappe, Fahrplan → S. 287).

Bahnhof

Bahnhof, Jane Sandanski bb, Tel. +389/2/3164255. Die Information spricht leidlich

Touristenkutsche vor dem Archäologischen Museum

Englisch (Karte → hintere Umschlagklappe, Fahrplan → S. 284).
Skopje-Gevgelija: 3 x tägl. über Veles, Stobi und Demir Kapija.
Skopje-Bitola: 4 x tägl. über Prilep.
Skopje-Kičevo: 2 x tägl. über Tetovo und Gostivar.
Skopje-Belgrad: 2 x tägl. mit Stop in Niš.
Skopje-Priština: 1 x tägl.
Richtung Osten fahren Züge nach Štip und Kočani. Der Zugverkehr nach Thessaloniki wurde (hoffentlich nur vorübergehend) stillgelegt.

Bus in Skopje

■ Flughafen
Flughafen Alexander the Great/Aleksandar Veliki, 22 km östlich von Skopje, Tel. +389/2/3165156. Es gibt dort Wechselstuben (6-23 Uhr) mit relativ schlechten Raten, Geldautomaten und Autoverleihe wie Sixt, Hertz etc.
Busse zum Zentrum kosten 150 MKD, aktueller Fahrplan auf www.vardarexpress.com.
Taxis sollten nicht mehr als 1200 MKD/20 Euro kosten. Die ›Taxi-Mafia‹ am Flughafen nimmt ahnungslosen Touristen allerdings bis zu 40 Euro für die Fahrt in die Stadt ab. Besser ruft man sich vorher ein Naše-Taxi (Tel. +389/2/15152). Von der Stadt zum Flughafen sind die Tarife meist kein Problem. Einige Hotels holen bei Vorausbuchung Besucher kostenlos vom Flughafen ab.

Unterwegs in Skopje

■ Stadtrundfahrt
Sightseeingtour im roten Doppeldeckerbus, Tel. +389/2/3172920 (Mo-Fr 7-15 Uhr); tägl. um 11 und 17 Uhr (im Winter 11 und 13 Uhr), Start am Triumphbogen (Porta Makedonija). Neu und sehr empfehlenswert: Die Führung ist auf Englisch und führt ca. 45 Minuten lang für sehr moderate 35 MKD zu vielen Sehenswürdigkeiten der Stadt. Eine Voranmeldung ist nicht nötig, Tickets gibt es direkt im Bus.

■ Parken
Parken ist im Zentrum Skopjes fast überall kostenpflichtig und für Touristen nicht unkompliziert. Teilweise gibt es **Parkautomaten** (silber/grün), ansonsten zahlt man per SMS (Achtung, funktioniert nur mit mazedonischen Mobilnummern!): Zunächst die auf dem jeweiligen Schild angegebene Parkzone eingeben, dann das Autokennzeichen und bei einigen Plätzen auch noch die geplante Parkdauer. Das Ganze wird an die jeweils angegebene Telefonnummer (meist 144144) geschickt. Beim Verlassen des Parkplatzes an dieselbe Nummer ein ›S‹ schicken. Instruktionen auf Englisch finden sich bei den meisten Parkplätzen. In besonders zentralen Zonen ist Parken nur für eine befristete Zeitspanne erlaubt, die Preise variieren von 25 bis 100 MKD pro Stunde. Sonntags ist Parken grundsätzlich kostenlos. **Tipp**: Wenn man im neuen Parkhaus von MK-Televisia am Bul. Goce Delčev parkt, bekommt man für 2 Stunden kostenlose Leihfahrräder!

■ Tankstellen
Makpetrol, Mito Hadživasilev Jasmin 4.
AMSM, Ivo Lola Ribar 51.
Partizanska, Partizanski odredi bb.

■ Autovermietungen
Avis (Flughafen und neben ›Ramstore‹/Alter Bahnhof), ab 30 Euro/Tag, ab 180 Euro/Woche. Sv. Kiril i Metodi b.b., Tel. +389/2/3222046.
Setkom, im Hotel ›Continental‹, Aleksandar Makedonski bb, Tel. +389/2/3298392; ab

25 Euro/Tag. Eine der günstigsten Optionen in Skopje.

■ Busse

Die roten Busse innerhalb Skopjes fahren mit hoher Frequenz und sind während der Hauptverkehrszeiten oft sehr voll. Tickets im Stadtbereich kosten 25/35 MKD. Das aktuelle Streckennetz für Skopje und Umgebung sowie Infos zu Tickets und Frequenzen erhält man auf der Website des Busverbands: www.jsp.com.mk. 2014 soll mit dem Bau einer 12 Kilometer langen Straßenbahnstrecke begonnen werden, die den Busverkehr in Skopje entlasten wird.
Busbahnhof für nationale und internationale Busse, direkt neben Skopjes Hauptbahnhof, Tel. +389/2/2466011/313. Die aktuellen Abfahrtszeiten finden sich auf www.sas.com.mk. Busse gen Westen (z.B. nach Tetovo) halten auch Ecke Bul. Partizanski Odredi/Kliment Ohridski (Karte → hintere Umschlagklappe).

■ Taxi

Taxis haben einen Grundpreis von 40 MKD, danach steigt der Preis pro Kilometer. Vom Ploštad im Zentrum bis zur deutschen Botschaft zahlt man derzeit z.B. ca. 170 MKD.

Parkautomat in Skopje

Taxis findet man überall, erkennbar am ›Taksi‹-Schild auf dem Dach. Sammelstellen sind u.a. an der ul. Nikkola Vapcarov nahe Ploštad und am Stadtpark (Karte → hintere Umschlagklappe).
Vorsicht: Am Flughafen, Busbahnhof und Bahnhof lauern Taxifahrer ohne Lizenzen mit oft gesalzenen Preisen. Lizenzen erkennt man an einem entsprechenden Schild rechts an der Windschutzscheibe. Verhandlungsfreies Fahren zu fairen Tarifen bietet u.a.:
Naše-Taksi, Tel. +389/2/15152. Erkennbar an gelben Skodas.
Taxifahrer Zoran, Tel. +389/75/780542, +389/76/793920. Spricht Englisch und ist zuverlässig.
Für **Ziele außerhalb der Stadt** gibt es gelistete Preise, die jeder seriöse Fahrer mit sich führt.

■ Fahrradverleih

Bevor der ploštad im Rahmen von ›Skopje 2014‹ zur Baustelle wurde, wurden dort Leihräder für günstige 10 MKD/Stunde angeboten. Angeblich sollen die nicht geländegängigen, aber zur Stadtbesichtigung nützlichen Fahrräder nach Fertigstellung des Platzes gegen Vorlage eines Ausweises wieder verliehen werden. Weitere Stationen gibt es in den Stadtteilen Karpoš und Aerodrom.
Agentur Oxygen, Blagoj Davkov 3, Tel. +389/75/363743, www.oxygen.com.mk. Breiteres Sortiment an sportlichen Leihrädern, Verleih von geländetauglichen Rädern (Karte → hintere Umschlagklappe).

Unterkunft

Neben einigen neuen Top-Hotels gibt es zunehmend Privatpensionen und sehr empfehlenswerte Backpacker-Hostels. Die Touristeninformation vermittelt private Zimmer und Wohnungen ab 20 Euro/Tag. Hier eine Auswahl von ›luxuriös‹ bis ›äußerst bescheiden‹ im westlichen Skopje und der Altstadt:

■ Hotels und Hostels westlich des Vardar

2014 sollen am ploštad zwei neue Hotels (›Marriot‹ und ›Makedonija‹) eröffnen, und auch ›Hilton‹ und ›Ibis‹ haben sich angekündigt. Die einzigen alten Traditionshotels aus der Zeit vor dem Erdbeben, ›Bristol‹ an der ul. Makedonija und ›Jadran‹ nahe dem Ploštad, werden derzeit saniert.

Hotel Aleksandar Palace, Oktomvriska Revolucija, Tel. +389/2/3092392, +389/2/3092200, www.aleksandarpalace.com.mk; EZ 145, DZ 190 Euro. Großes Fünfsternehotel 3 km westlich vom Zentrum am Fluss, mit allen Annehmlichkeiten und leicht surrealem Flair. Karpoš-Schwimmbad und Trajkkovski-Sporthalle nebenan (Karte → hintere Umschlagklappe).

Glam, Ivan Milutinovic 14, Tel. +389/2/3296700, www.hotelglam.com; EZ ab 80 Euro, DZ ab 110 Euro. Angenehmes Viersternehotel internationalen Standards in ruhiger, mäßig zentraler Lage (20 Fußminuten ins Zentrum). An der Rezeption spricht man Englisch und ist hilfsbereit, gutes Frühstücksbuffet, Restaurant mit Terrasse, sehr empfehlenswert (Karte → hintere Umschlagklappe).

Pension Villa Vodno, Partenij Zografski 79a, Tel. +389/2/3177711, www.villavodno.com.mk; EZ 70, DZ 90 Euro. Ruhig und grün am Fuß des Berg Vodno gelegen. Familiär und nett, gut für erste Kontakte (Karte → hintere Umschlagklappe).

Leonardo, Partenij Zografski 19, Tel. +389/2/3177517, www.hotel-leonardo.com.mk; EZ 65, DZ 75 Euro inkl. Buffet-Frühstück. 9 Zimmer und kleiner Garten, sehr freundlich, 10 Fußminuten ins Zentrum (Karte → hintere Umschlagklappe).

Rose Diplomatique, ul. Roza Luksemburg 13, Tel. +389/2/3135469, http://rosediplomatique.tripod.com; EZ 55, DZ 70 Euro. Nettes kleines Hotel in zentraler Lage mit gutem Restaurant. Frühzeitig buchen! (→ Karte S. 84).

Hotel 7, Vodjanska 28, Tel. +389/2/3176905, www.hotel7.com.mk; EZ 40, DZ 55 Euro. Einfach, aber sehr beliebt, Flughafentransfer 15 Euro (Karte → hintere Umschlagklappe).

Kapištec, Mile Pop Jordanov 3, Tel.+389/2/3081424, www.hotel-kapistec.com.mk; DZ 45 Euro inkl. Frühstück und Bad. Kleines, sauberes Hotel, 20 Min. Fußweg ins Zentrum (Karte → hintere Umschlagklappe).

Hostel Rekord, Dimitrija Čupovski 7/1-1, Tel. +389/2/6149954, www.rekordhostel.mk; ab 13 Euro/Pers. Relativ neues Hostel in zentraler Lage. Zimmer trotzdem ruhig, da Fenster zum Hof. Nettes Personal, sauber, gute Atmosphäre (→ Karte S. 84).

Shanti-Hostel, R. J. Korcagin 11, Tel. +389/2/70620320, www.shantihostel.com; ab 9 Euro/Pers. inkl. Frühstück. Einfaches, aber sehr populäres und kompetentes Hostel mit zweitem Haus um die Ecke (Prespanska 18). In ruhiger, zentraler Lage zwischen (Bus-) Bahnhof und Fluss im atmosphärischen Stadtteil Madžir Maalo, mit lauschigem Hof. Freie Getränke, W-Lan, evtl. vorher buchen (Karte → hintere Umschlagklappe).

Unity-Hostel, Bul. Ilinden 1, 1. OG, Tel. +389/78/2777557, www.unityhostel.mk; ab 8 Euro/Pers. inkl. Frühstück. Bequeme Matratzen, freie Getränke, zentralste Lage, kleiner Garten, kinderfreundlich, sauber, kompetentes Personal. Sehr empfehlenswert (→ Karte S. 84).

Art-Hostel, Ante Hadžimitkov 5, Tel. +389/78236600, www.art-hostel.com.mk; 8–20 Euro im Schlafsaal/DZ inkl. Frühstück. Beste Lage im Stadtteil Madžir Maalo direkt am Vardarufer; einfache Zimmer und leider nur ein einziges Bad/WC, dafür nettes Personal, gute Atmosphäre, Billard, W-Lan, Kellerbar. Fahrradverleih ist geplant (Karte → hintere Umschlagklappe).

Hotels in der Altstadt

Stone Bridge, Kej Dimitar Vlahov 1, Tel. +389/2/3244900, www.stonebridge-hotel.com; EZ ab 140, DZ ab 160 Euro (30% günstiger am Wochenende und bei Internetbuchung). Fünfsternehotel direkt im Zentrum mit großem Wellnessbereich und grandiosem Ausblick vom ›Sky Restaurant‹ auf den Vardar und die Steinbrücke. Zimmer mit Jacuzzi-Dusche und W-Lan (→ Karte S. 79).

Arka, Bitpazarska 90, 2, Tel. +389/2/3230603, www.hotel-arka.com.mk; EZ ab 90, DZ ab 120 Euro. Fünfsternehotel im

Glasturm im Herzen der Altstadt. Tipp: Bei Marmorkuchen (*kolači*) am Rand vom kleinen Pool oder auf der oberhalb gelegenen, sehr privaten Terrasse beim Cocktail den unvergleichlichen Blick über die Altstadt genießen! (→ Karte S. 79).

Hamburg, Bul. Krste Misirkov 61, Tel. 3214288, www.hotelhamburg.mk; DZ (= Deluxe Single) ab 70 Euro. Neuer, wenig anheimelnder Bau mit Fenstern zur lauten Straße, Personal spricht deutsch (albanische Familie aus Hamburg), eigener Parkplatz, guter Service, freies W-Lan (Karte → hintere Umschlagklappe)..

Klan, Bitpazarska 76, Tel. +389/2/3296093, www.hotelklan.com; EZ 40, DZ 50 Euro inkl. Frühstück. Kleines Hotel in zentraler, aber ruhiger Altstadtlage. Geräumige Zimmer mit W-Lan, Minibar und Jacuzzi. Sehr empfehlenswert. (→ Karte S. 79).

Santos, Bitpazarska 125, Tel. +389/2/3226963, hotel.santos@live.com; EZ 20 Euro, DZ 30 Euro ohne Frühstück. Kleines Hotel mit einfachen Zimmern mit Klimaanlage, geräumiges Bad, etwas hellhörig. (→ Karte S. 79).

Pension RM, ul. Žorgandziska 12/14, Tel. +389/2/117133, Fax +389/2/131239; 15 Euro/Pers. ohne Bad, 20 Euro mit Bad. Ohne Frühstück, sehr einfach, nett und sauber (Karte → S. 79).

Kaj Ramče, Lazar Tanev 6, Tel. +389/2/5297840; 10 Euro/Pers. Von außen sehr ansprechend mit Geranien, innen sehr einfache Zimmer ohne eigenes Bad, teilweise ohne Fenster. Der Betreiber war in Österreich und spricht etwas Deutsch (→ Karte S. 79).

■ Campingplätze

Saraj, 8 km westlich von Skopje, Tel. +389/2/2047307. Auf dem Weg nach Matka, im Sommer oft sehr voll.

Belvi, Ilinden, 5 km von Skopje Richtung Veles/Kumanovo, Tel. +389/2/2751100. Bester Zeltplatz der Gegend.

Gastronomie

Essengehen ist in Skopje in der Regel erschwinglich, und viele Restaurants haben mittlerweise Speisekarten auch auf englisch. Im Gegensatz zu anderen Städten findet man in Skopje zunehmend internationale Küche und neben einigen Italienern auch chinesische, indische oder Sushi-Restaurants. In der Altstadt Čaršija wird vornehmlich türkische Kost geboten. Unbedingt probieren: Tavče gravče (Bohnenauflauf) und Burek mit Joghurt. Im Sommer finden sich überall Gelegenheiten zum Draußensitzen.

■ Nationale Küche

Makedonska Kuḱa, Teodosij Gologanov bb (gegenüber ›Alumnia‹), Tel. +389/2/3296415. Zuverlässig gute Landesküche in traditionellem Ambiente mit Live-Musik am Wochenende (reservieren!), besonders beliebt bei Ausländern. Hauptspeisen bis 350 MKD. Die Chefin Matica spricht Deutsch, und das Schnitzel auf der Speisekarte erinnert daran, dass das Restaurant früher in Berlin war. Besonders empfehlenswert: Provincial Casserole (Karte → hintere Umschlagklappe).

Kaj Maršalot, Bd. Kliment Ohridski bb., Tel. +389/2/3223829; Mo–Sa 8–1 Uhr, So 12–24 Uhr. Restaurant für Jugo-Nostalgiker: Zwischen Tito-Büsten servieren Kellner mit Pioniertüchern recht fleischlastige, aber gute Küche. Frühstück erhältlich, Kinderspielecke. (→ Karte S. 84).

Restaurant Turist, im Zentrum der Altstadt. Türkisch-balkanische Küche, u.a. gute Salate (kann man sich am Tresen zusammenstellen lassen) und Kebab zu moderaten Preisen. Man sitzt unter einer alten Platane am Springbrunnen. Das benachbarte Restaurant ›Babilon‹ ist etwas teurer, und die Portionen sind kleiner (→ Karte S. 79).

Marakana, Gradski Park bb, Tel. +389/2/3223226. Gegrilltes Fleisch und Fisch, gelegentlich Livemusik, Jazz nach 22 Uhr (Karte → hintere Umschlagklappe).

Stara Kuḱa, Pajko Maalo 14, Tel. +389/2/3131376. Traditionelle Küche in schöner Atmosphäre im typischen Altbau. Deutsch sprechende Bedienung, klimatisierter Wein, Essen sehr frisch und eher teuer (→ Karte S. 84).

Café in der Altstadt

Kafana Ljuc, Želesnica bb, Tel. +389/2/3110306. Ein Muss: Die hauchdünne gegrillte Kalbsleber (džigr), sehr populär und authentisch (→ Karte S. 84).

Lira, Nikola Tesla 11, Tel. +389/2/3064601. Bekannt für sein Pork à la Rustika und guten Wein, beste Live-Kapelle der Stadt, sehr gutes Essen zu gehobenen Preisen, Sommerterrasse (Karte → hintere Umschlagklappe)..

Destan, ul. 106 4, Eckgebäude nahe Steinbrücke, Čaršija, Tel. +389/2/3127324; Mo-Sa 8-22 Uhr. Einfach, authentisch und unumstritten das beste Kebab (*kebapči*) der Stadt! (→ Karte S. 79).

Tomče Sofka, Gradski Park bb, Tel. +389/2/3224225. Traditionelle Grillgerichte zu günstigen Preisen. Besonders gut: gegrillter Wels. Spielmöglichkeiten für Kinder, abends ab 21.30 Uhr Livemusik.

Orach, Sv. Kiril i Metodi b.b., gegenüber der bulgarischen Botschaft, Tel. +389/2/3223933. Traditionelle Balkanküche, einfach und lecker, dafür etwas laut (Karte → hintere Umschlagklappe).

Pivnica, im Kapan An, Tel. +389/2/3212111. Hervorragende Landesküche, viele vegetarische Gerichte, atmosphärisch im Hof der alten Karawanserei (→ Karte S. 79).

Dab Pivnica, Maksim Gorki/pl. Makedonija; versteckt hinter großem Holztor, exklusives Restaurant mit hervorragenden Vorspeisen und Gegrilltem für gehobene Ansprüche (→ Karte S. 84).

Krigla, Kliment Ohridski 8, Tel. +389/2/3117869. Lokale Küche in netter Atmosphäre, günstig, Spezialität ist Leber (→ Karte S. 84).

Harmonija, Skopjanka Mall 37 (hinter dem Bahnhof), Tel. +389/2/2413023; Mo-Sa. Rein vegetarisches und veganes Restaurant (Karte → hintere Umschlagklappe).

■ Internationale Küche

Pelister, direkt am ploštad Makedonija. Touristensammelpunkt mit großer Salatauswahl, Pizza und Pasta. Hotelzimmer ab 60 Euro. (→ Karte S. 84).

Sushi Co, Aminta III 29. Sehr schickes, eher teures Sushi-Restaurant. Populär, am Wochenende reservieren (→ Karte S. 84).

Taverna Kaj Dimitris, Bul. Kliment Ohridski, Tel. +389/2/3213213. Hervorragende griechische Küche, leckerer Fisch (→ Karte S. 84).

Anja, im Trgovski Centar/Vardarseite, Tel. +389/2/3120079. Bessere Pizza als im

›Pelister‹, Nudeln eher zweite Wahl (→ Karte S. 84).

Irish Pub, Trgovski Centar/Vardarufer. Currys und kontinentale Küche zum Guiness (→ Karte S. 84).

Cafés

Beliebte Cafés reihen sich entlang der ul. Makedonija, auf der Vardarseite des Trgovski Centars, im Stadtteil Debar Maalo und in der Altstadt. Fast alle verfügen über W-Lan/WiFi. Auf Höhe des Stadions und vor dem VMRO-Museum laden zwei Strandbars direkt am Vardar zu Drinks im Sonnenstuhl mit Aussicht.

The New Age Teahouse, Kosta Šahov 9. Große Auswahl an Tees und anderen Getränken im Garten (→ Karte S. 84).

Kašmir, Nicola Trimpare/Aminta III. Orientalisch angehauchtes Teehaus im Bohème-Stil, unbedingt Salep (süßes Milchgetränk) probieren (→ Karte S. 84).

Café Deus, Aminta III 22. Drinnen atmosphärisches Caféhaus, aber auch draußen nett zum Sitzen (→ Karte S. 84).

Café Old School, ul. 31 Nr. 17; tägl. 9–24 Uhr. Leckerer Kaffee in einem alten Haus abseits der Flaniermeilen. Regelmäßige Live-Gigs, W-Lan (→ Karte S. 84).

Abend am Karpoš-Platz

Bars und Clubs

Mamas, Kliment Ohridski 60; offen bis 4 Uhr. Gemütliche Bar mit Live-Jazz und -Blues, gut zu verbinden mit dem benachbarten und sehr beliebten Club ›Sector 909‹ (→ Karte S. 84).

Menada, nähe Kapan An, Eingang Stara Čaršija; tägl. 9–24 Uhr. Nette Atmosphäre, gute Musik, Filmnachmittage am Sonntag, Kunst an den Wänden und Konzerte im Keller, sehr beliebt (→ Karte S. 79).

Bastion, Pirinska 43 (nahe Stadtpark). Atmosphärische Kellerbar, sehr beliebt, eher relaxed als trendy (→ Karte S. 84.

New Orleans (Fish'n Jazz), Altstadt, nahe Restaurant ›Turist‹. Gemütlich speisen (nicht nur Fisch) bei Live-Jazz (→ Karte S. 79).

Van Gogh's, beim Stadtpark. Beliebtes Szenecafé, laute Musik, Salsatanz am Mittwoch Abend (Karte → hintere Umschlagklappe).

Vinoteka Temov und Brewery, Gradište 1a, Čaršija. Die beiden benachbarten Bars sind speziell abends sehr voll. Die Vinaria bietet ein großes Weinsortiment, die Brewery neben Bier und Snacks vom Balkon aus einen guten Blick auf die Festung Kale. Dazu oft Live-Musik (→ Karte S. 79).

Ballet, Gjuro Gjakovik, nahe Bunjankovec-Einkaufszentrum; 22–7 Uhr. Kleiner, populärer Club mit gemischten Sounds, gen Morgen zunehmend verraucht (→ Karte S. 84).

Colosseum, im Bahnhof. Vorwiegend elektronische Musik, teils von namhaften DJs. Sehr junges Publikum, beliebt auch wegen seiner toleranten Öffnungszeiten, im Sommer im Stadtpark (Karte → hintere Umschlagklappe).

Im Sommer sind auch die Clubs Sector 909 und Social Club im Stadtpark sehr beliebt.

Kultur

Museen

Mazedonisches Nationalmuseum, Čurčiska bb, Tel. +389/2/3116044; Di–Fr 8–16, Sa 9–15, So 9–13 Uhr, 50 MKD. Fotografieren ist offiziell untersagt (→ Karte S. 79).

Galerie im Daut-Pascha-Hammam, Kruševska 1a, Tel. +389/2/3133102; Di–So 10–8 Uhr, 100 MKD (→ Karte S. 79).

Die Umgebung von Skopje

Skopjes bergiges Umland ist reich an kulturellen Schätzen und Naturschönheiten und bietet somit optimale Ausflugsmöglichkeiten. Während es in der Stadt selbst seit dem Osmanischen Reich kaum noch alte Kirchen gibt, ist das Umland geradezu übersät von mittelalterlichen Kirchen und Klöstern. Neben allerlei Kletter- und Wandermöglichkeiten locken Berghütten, Kajaktouren, Höhlenabenteuer, heiße Quellen und antike Ruinen. Einige der Orte sind mit öffentlichen Verkehrsmitteln nur mühsam zu erreichen, weshalb es sich rentiert, ein Taxi zu nehmen. Fast alle Ziele sind bequem in Tagesausflügen unterzubringen.

Der Berg Vodno

Der waldbewachsene Berg Vodno (Водно) im Süden Skopjes ist die ›grüne Lunge‹ der 500 000-Einwohnerstadt und ein beliebter Ausflugsort. Der gut

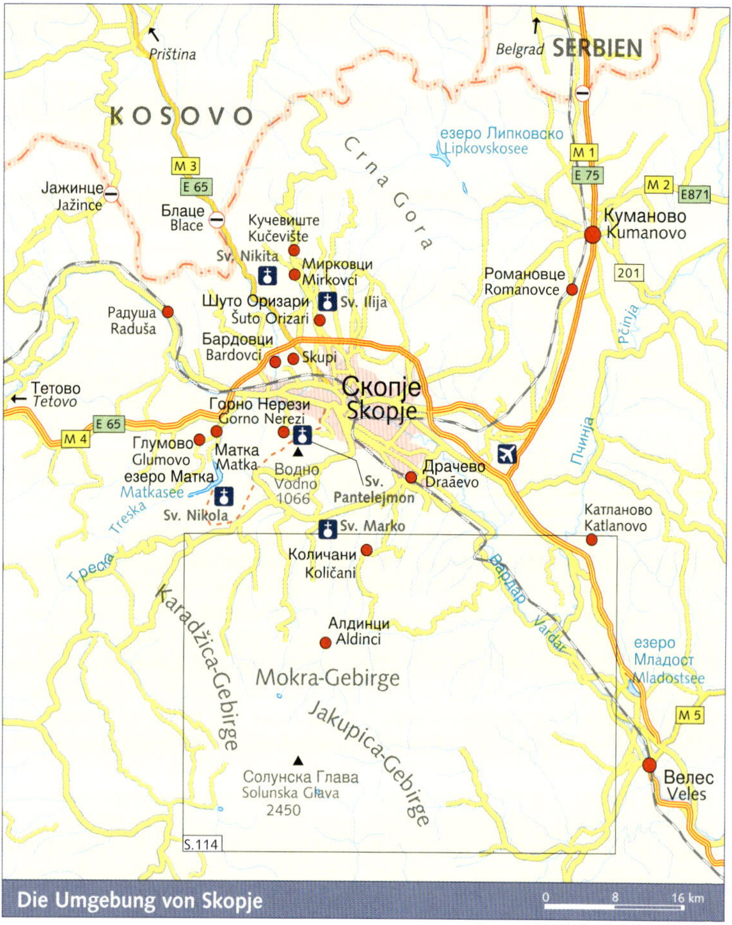

800 Meter über Skopje aufragende Gipfel **Krstovar** (1066 Meter), erkennbar am weithin sichtbaren Millenniumskreuz (mileniumski krst), bietet einen grandiosen Blick auf die Stadt. Von Skopje aus ist er in etwa zwei Stunden zu besteigen, von der per Auto oder Bus zu erreichenden Mittelstation (Sredno Vodno) in einer Stunde. Von hier aus fährt auch die Seilbahn zum Gipfel (Fahrräder mitnehmen erlaubt!). Oben angekommen, bietet die Hütte **Dare Djambaz** einfaches Essen und Bergtee (*planinski čaj*, 20 MKD) auf einer Sonnenterrasse. Wählt man vom Gipfel aus den Wanderweg Richtung Westen (rechts), erreicht man nach gut drei Stunden Matka, einen von steilen Felswänden eingeschlossenen Stausee (→ S. 105).

Millenniumskreuz

Das 76 Meter hohe Millenniumskreuz aus Stahl wurde 2002 als Symbol der Jahrtausendwende errichtet und blieb nicht ohne Kontroversen. Angesichts der 500-jährigen osmanischen Herrschaft, unter der in Skopje kaum eine Kirche stehenblieb, der religionsfeindlichen Zeit als jugoslawische Teilrepublik und des noch immer andauernden Ringens um eine international anerkannte Nationalkirche ist das Kreuz sicherlich auch ein Ausdruck von notwendiger Selbstbestätigung. Doch müssen auch die muslimischen Albaner, die seit langem darum kämpfen, ihre eigenen religiösen und nationalen Symbole aufstellen zu dürfen, das Kreuz nun ständig vor der Nase haben. Vergleichbare Kreuze wurden auch über anderen Städten wie Bitola, Prilep, Strumica und Štip errichtet. Die Architektur des Kreuzes von Skopje ist hoch symbolisch. Es wird von zwölf Säulen getragen, den Aposteln, während die vier unteren Säulen die Evangelisten repräsentieren. Die 33 Etagen schließlich stehen für die Lebensjahre Christi und sollten Besuchern eigentlich per Lift zugänglich gemacht werden. Bisher steht der Lift allerdings still, und auch das geplante Restaurant im Fuße des Kreuzes lässt noch auf sich war-

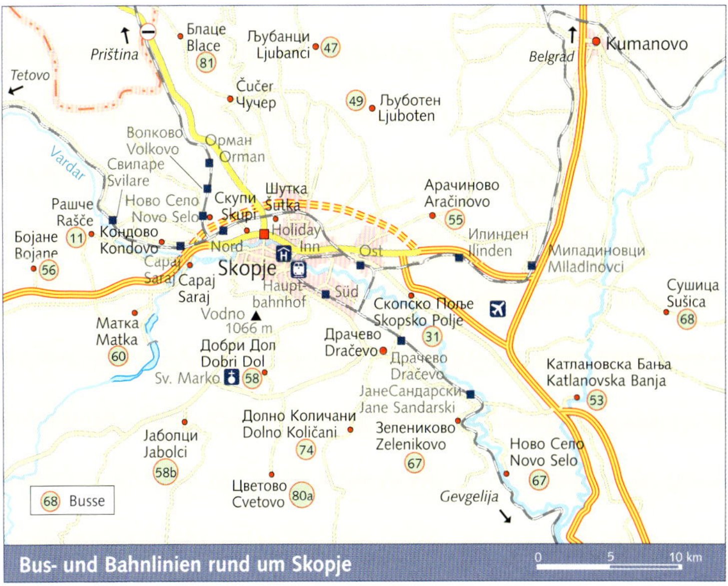

Bus- und Bahnlinien rund um Skopje

Seilbahn auf den Berg Vodno

ten. Immerhin werden Snacks verkauft, die man auf der neu angelegten Aussichtsterrasse oder auf einem der nahe gelegenen Picknickplätze verspeisen kann. In der benachbarten Wanderhütte **Dare Djambaz** zieren sehenswerte Fotos von mazedonischen Gipfelstürmern in der ganzen Welt die Wände.

Vodno

Mit dem Auto bis **Sredno Vodno**. Wanderweg/Seilbahn beginnt am Parkplatz.

Bus von Skopje-Zentrum, ab Busbahnhof und diverse Haltestellen (Aufschrift ›KP-CT‹ für Kreuz) bis Mittelvodno (Seilbahnstation); Fr–So 8.20–19.40 alle 20 Min., letzter zurück um 21.15 Uhr; Mo–Do alle 40 Min, Ticket 35 MKD.

Taxi vom Stadtzentrum bis Sredno Vodno und zurück inkl. 2 Std. Wartezeit ca. 25 Euro.

Seilbahn; tägl. außer Mo 9–16.45 Uhr, im Sommer bis 20 Uhr (Wochenende bis 21 Uhr). Ticket 100 MKD, Senioren und Kinder unter 6 Jahren fahren kostenlos.

Zu Fuß zum Gipfel: Die beste Möglichkeit ist, mit dem Bus/Auto bis Sredno Vodno/Hotel ›Vodno‹ zu fahren und von dort 1 Std. auf gut markiertem Weg laufen.

Von Skopje-Zentrum zu Fuß: Die Todor-Aleksandrov-Straße entlang vorbei an der ›Villa Vodno‹. Wenn links eine Abzweigung zum Hotel ›Panorama‹ führt, wählt man gegenüber davon die Straße direkt nach Westen, über ein paar Brücken in den Wald. Von hier dem mit roten und weißen Streifen gekennzeichneten Weg folgen, der beim Hotel ›Vodno‹ kurzzeitig mit der Straße zusammenläuft, nach etwa 200 Metern aber wieder als Wanderweg – diesmal recht steil – bergan führt. Für mehrere Abzweigungen unterwegs gilt: Alles, was nach oben führt, kommt früher oder später am Gipfel an.

Kloster Sv. Pantelejmon

Von den Klöstern rund um Skopje ist Sv. Pantelejmon das meistbesuchte. Das liegt vor allem an seinen Fresken aus dem 12. Jahrhundert, von denen gern behauptet wird, dass sie in ihrem Ausdruck die italienische Renaissance vorwegnähmen. Sv. Pantelejmon liegt im Dorf **Nerezi**, zehn Kilometer südwestlich vom Zentrum Skopjes am Hang des Bergs Vodno. Daher lässt sich ein Besuch des Klosters gut mit einem Ausflug zum Milleniumskreuz auf dem Gipfel kombinieren. Die Klosterkirche fungiert als solche nur noch zu Feiertagen oder Hochzeiten, und der Rest des Klosters wurde in ein Hotel verwandelt. Vom dazugehörigen Restaurant namens **Klet** mit der großen Terrasse hat man einen fantastischen Ausblick auf Skopje.

Das 1164 erbaute Kloster fiel wiederholt Bränden, Plünderungen und Erdbeben zum Opfer. Die heutige Kirche gehört architektonisch zum Typ der Kreuzkuppelkirche, der üblichsten Form im Mittelalter. Dreimal wurde sie mit Fresken ausgemalt, wobei man die letzte Schicht aus dem 19. Jahrhundert komplett entfernt hat, um darunter den ältesten Zyklus aus dem 12. Jahrhundert freilegen zu können. Leider hat das Erdbeben von 1963 nicht nur dem Mauerwerk, sondern auch seiner Bemalung sichtlich zugesetzt. Deren Besonderheit ist es, dass sie einen Bruch mit der traditionellen Malweise darstellt, indem sie Heilige nicht mehr als stilisierte Überwesen porträtiert, sondern als leidensfähige Figuren unterschiedlichen Ausdrucks. Ein eindringliches Beispiel dieser Malart

Das Kloster Sv. Pantelejmon

Sv. Pantelejmon

Kloster; tägl. 11.30–18 Uhr, Fotografieren verboten.

Das Kloster kann von Skopje aus über zwei verschiedene Straßen erreicht werden. Am einfachsten ist es, den Schildern nach Vodno zu folgen. Ein Weg führt über die ›Villa Vodno‹ direkt den Berg hoch, der andere, empfehlenswertere, führt über die ul. Kozle quer durch das südliche Skopje, bis links ein Schild nach Gorno Nerezi (Горно Нерези) weist. Ab hier geht es kurvenreich bergan, bis linker Hand Kloster und Parkplatz liegen.

Mit dem Taxi sollte die 10-km-Strecke vom Zentrum aus nicht mehr als 500 MKD kosten. Die Fahrt dauert ca. 20 Minuten.

Hotel Pantelejmon, Tel. +389/2/301255; ab 3000 MKD/Pers. (50 Euro). Bescheidene Zimmer im alten Klostergebäude mit Restaurant, Sonnenterrasse und Ausblick.

▶ Karte S. 100

kann man in der Mitte der Nordwand sehen, wo die **Abnahme vom Kreuz** und die **Beweinung Christi** umgesetzt sind. Besonders beliebt ist es, diese Szene mit ihrer berühmten Entsprechung bei Giotto zu vergleichen, die erst sehr viel später entstand. Zum Erhalt der Fresken dürfen Kerzen nur noch vor dem Eingang brennen, und Besucher zahlen einen Konservierungsbeitrag von 200 Denar. Auf der Straßenseite gegenüber dem Kloster ragt das Projekt **Etno Selo** auf. In dem Neubaukomplex, in dem die einzelnen Häuser traditionelle Baustile unterschiedlicher Landesteile nachahmen, sollen künftig auch Touristen wohnen können.

Kloster Sv. Marko

Südlich vom Berg Vodno, am Fuße des Gebirges Jakupica, versteckt sich beim Dorf **Sušica** das sorgfältig sanierte Marko-Kloster aus dem 14. Jahrhundert. Seine Anfänge gehen zurück auf König Volkašin, den Vater von König Marko, dessen Antlitz in den Fresken der Klosterkirche **Sv. Dimitri** verewigt wurde. Sehenswert ist außerdem die Darstellung der drei heiligen Könige bei der Huldigung des Jesuskindes. Ansonsten fehlt es dem sehr gepflegten Klostergelände allerdings an der mystischen Atmosphäre, die die oft dramatisch gelegenen Kirchen in Matka oder anderenorts umhüllt. Das Marko-Kloster wirkt sehr viel weltlicher und kann per Fahrrad über den Berg Vodno, mit Bus Nr. 80 bis Markova Sušica oder mit dem Auto über die Straßen 11 Oktomvri und Sava Kovačevič und das Dorf Sopište erreicht werden. Nach dem Dorf links nach Dobri Dol und Markova Sušica fahren (ist ausgeschildert). Hinter dem Dorf liegt das Kloster, auf dessen Gelände lange Ärmel und Beinkleider vorgeschrieben sind.

Matka

Der vielleicht beliebteste Ausflugsort in Skopjes Umgebung ist Matka (Матка), 15 Kilometer südwestlich der Stadt gelegen. Das geschützte Gebiet ist landschaftlich ausgesprochen reizvoll und bietet Möglichkeiten zum Klettern, Wandern und Kajakfahren. Während es zwischen den steil aufragenden Felsen alte Kirchen und Klöster zu entdecken gibt, ist einer der Höhepunkte eine Bootsfahrt zur Höhle **Vrelo**, die zu den größten Unterwasserhöhlen der Welt zählt.

Der See, um den herum sich Matkas Attraktionen verteilen, ist von bis zu 700 Metern hohen Felshängen umgeben. Er entstand durch einen Staudamm am Fluss Treska, der sich durch eine tiefe Schlucht hierher schlängelt. Auf dem Weg nach Matka kann man sehen, wie er an anderer Stelle als Parcours für Kanurennen genutzt wird.

Alternativ kann man in etwa vier Stunden (10,5 Kilometer) vom Vodno-Gipfel nach Matka wandern (oder andersherum). Der sehr schöne und anfänglich leichte, die letzten 800 Meter jedoch steil abfallende Weg führt an der attraktiven Kirche **Sv. Nikola** vorbei und ist rot-weiß markiert. An sonnigen Wochenenden und Feiertagen sollte man Matka meiden, da es dann voll und laut wird.

Kloster Sv. Bogorodica

Direkt vom Restaurant **Peštera** (Bärenhöhle) beim **Dorf Glumovo** führt ein kurzer Weg zum Nonnenkloster Sv. Bogorodica aus dem 14. Jahrhundert, das inzwischen saniert wurde und wieder aktiv ist. Eine Besonderheit ist in der Klosterkirche die **Ikone der weinenden Maria**: Man sagt, der Künstler (Zograf) habe sie ursprünglich ohne Tränen gemalt, bevor sie über Nacht von selbst begann zu weinen. Weibliche Besucher dürfen im Kloster kostenlos übernachten, sollten dann aber am Gottesdienst teilnehmen.

Kirche im Kloster Sv. Marko

Von der ›Bärenhöhle‹ weisen weitere Wegweiser den Hang hinauf zu den Kirchen **Sv. Nedela**, **Sv. Spas** und **Sv. Troica**, die – laut der ›minutiös‹ genauen Wegweiser – je in durchschnittlich 86 Minuten erreicht werden können.

Sv. Andreja

Folgt man dem Flussverlauf, gelangt man nach etwa einem Kilometer zur Kirche Sv. Andreja, die jenseits des Staudamms

Bootsfahrt durch die Schlucht von Matka

Paddler auf dem See von Matka

sehr hübsch am Seeufer liegt und das Zentrum von Matka bildet. Die Kirche birgt **Fresken aus dem 15. Jahrhundert**, von denen besonders sehenswert ›Das letzte Abendmahl‹, ›Die Kreuzabnahme‹ und ›Christus am Ölberg‹ sind. Der Bau wurde um 1400 errichtet und 150 Jahre später durch den Narthex ergänzt. Direkt nebenan bietet das **Hotel Matka** neben Unterkünften ein Ausflugslokal mit Terrasse am See.

Dieses kleine Plateau lag ursprünglich 20 Meter über dem heute gestauten Fluss, was nur noch schwer vorstellbar ist: Inzwischen kann man von hier aus bequem in eines der Ruderboote steigen, die dort warten, um gegen ein Trinkgeld zum dramatisch gelegenen Kloster Sv. Nikola oder zur Unterwasserhöhle Vrelo zu fahren. Die 20-minütige Fahrt durch den Canyon ist spektakulär!

Sv. Nikola

Gegenüber von Sv. Andreja verbirgt sich am Hang auf einem Hochplateau die Kirche Sv. Nikola, dank ihrer Lage der wohl schönste Ort Matkas. Im Schatten der Lindenbäume kann man aus ihrem Garten einen fantastischen Blick auf den See und Sv. Andreja genießen. Um den Erhalt der mittelalterlichen Kirche bemühen sich die Brüder Gorgjevski und hoffen, die stark beschädigten Fresken retten zu können.

Zur Kirche kommt man am besten per Boot von Sv. Andreja. Der Aufstieg vom Anleger dauert etwa 30 Minuten und ist recht steil. Zur Rückkehr mit dem Boot dient ein Hammer am Ufer, der auf ein Holz geschlagen wird, als Signal zur Abholung. Die Boote verkehren täglich etwa bis 17 Uhr und kosten 20 Denar pro Person.

Sv. Spas und Sv. Nedela

Weitere Kirchen sind bei Sv. Andreja ausgeschildert. In der Nähe der Kirche **Sv. Spas** gibt es Reste einer Festung, die während des Osmanischen Reichs bewohnt war und Aufständischen als Unterschlupf diente. Die überwucherten Ruinen liegen nordwestlich der Kirche, also rechter Hand, wenn man zu ihr aufsteigt.

Sv. Nedela ist eine Ruine, die dramatisch an einer Felswand aufragt.

Die Kirche Sv. Nikola

▲ Karte S. 100

Zur Unterwasserhöhle Vrelo

Ein Höhepunkt in Matka ist sicherlich der Besuch der Höhle Vrelo, vermutlich eine der tiefsten Unterwasserhöhlen der Welt. Seit 1992 ist sie zugänglich und wird seither von internationalen Forscherteams erkundet, die bislang bis zu 280 Meter Tiefe vorgedrungen sind. Eine Bootstour von der Anlegestelle bei Sv. Andreja dorthin kostet inklusive Höhlenführung derzeit 390 Denar pro Nase (bei weniger als drei Personen 1200 MKD für das ganze Boot) und führt 20 Minuten durch die schöne **Matka-Schlucht**.

Die Fledermäuse, die zwischen Stalagniten und Stalagtiten im überirdischen Teil der Höhle gut zu beobachten sind, zählen zu einer bedrohten Spezies und stehen auf der Roten Liste. Unter ihnen liegt der **Russenstrand**, der seinen Namen einem russischen Botschafter verdankt, der hier, wo es dunkel und kalt ist, zu baden pflegte. Wegen der feuchten Stufen, die ins Innere der Höhle führen, sind feste Schuhe zu empfehlen. Künftig soll eine Brücke vom anderen Flussufer direkt zur Höhle führen (dort, wo die Felsen bereits rot markiert wurden), damit man Vrelo auch ohne Boot erreicht. Dann wird ein Eintrittsgeld direkt am Höhleneingang fällig werden. Die Bootstour bleibt aber sicher das weitaus schönere Erlebnis.

Schlucht am Fluss Treska

Den Fluss Treska entlang

Von Sv. Andreja aus führt ein schmaler Fußweg die Treska entlang bis zum 25 Kilometer entfernten Stausee **Kozjak**. Inzwischen sind die ersten sechs Kilometer befestigt und einfach zu bewältigen, aber ein überdimensionaler Karabiner und eine Gedenktafel am Beginn dieses Wegs erinnern an jene, die einst hier abrutschten und ihr Leben verloren. Landschaftlich besonders schön ist es, per Kajak flussaufwärts durch die Schlucht zu fahren. Kajaks werden am Anleger bei Sv. Andreja vermietet.

Matka

Kurz vor dem Kloster Sv. Andreja gibt es eine kleine **Touristeninformation**.

Parken sollte man am besten bei der Bushaltestelle, später gibt es kaum Gelegenheit, sein Auto abzustellen.

Bus **Nr. 60**; 4x tägl. vom Bahnhof in Skopje über das ›Holiday Inn‹ und Partizanski odredi bis Matka und zurück, Fahrtdauer ca. 40 Minuten.

Häufiger fahren Bus **Nr. 2** und **12** von Skopje nach Saraj; von dort gibt es regelmäßig Anschlussbusse nach Matka. **Saraj–Matka**; 13x zwischen 6.20 und 21.15 Uhr. Letzter Bus zurück von Matka um 22 Uhr; Tickets 30–40 MKD.

Von der Bushaltestelle in Matka führt rechts ein Weg zu Sv. Bogorodica und Sv. Helena. Der linkere Hauptweg führt zu Sv. Andreja, zu den Booten und zum Canyon.

Hotel Matka, Tel. +389/70/271900. Gute Unterkunft direkt am See bei Sv. Andreja.

Restaurant Matka, Tel. +389/2/3052655, direkt bei Sv. Andreja. Traditionelle Küche in idyllischer Lage, im Sommer ist es oft voll. Der Service ist mäßig, an Wochenenden sollte man das Restaurant eher meiden.
Restaurant Peštera, beim Dorf Glumovo, Tel. +389/2/2052512. Traditionelle Landesküche in der Bärenhöhle.

Fußweg von Vodno nach Matka: etwa 4 Std. Anfangs gut markiert, letztes Stück bis Sv. Nikola recht steil bergab.
Kletterverein Matka, Tel. +389/2/2533877. Stellt Guides und verleiht Kletterutensilien.
Professionelle Kletterkurse sind zu buchen bei alpinisticko_drustvo_matka@yahoo.com, Tel. +389/2/2673460, mobil +389/70/636335.

Spuren der Vergangenheit

Im Norden der Stadt Skopje kann man den Spuren ihrer Vergangenheit begegnen. Nicht weit von einander entfernt liegen die Ruinen der Siedlung Skupi, Vorläufer des heutigen Skopje, und ein langgestreckter Aquädukt aus dem 6. Jahrhundert.

Skupi

Die Ruinenstadt Skupi, im Jahr 518 bei einem schweren Erdbeben zerstört, wurde teilweise wieder ausgegraben und mit einem Rundweg und Infotafeln versehen. Mit viel Phantasie kann man in den römischen Ruinen die **Überreste eines Theaters** aus dem 2. Jahrhundert erkennen, aus dem später Steinblöcke herausgeschlagen wurden, um damit die Mauer von Skopjes Festung Kale auszubessern. Neben den Ruinen des Theaters sieht man die Fundamente zweier **spätrömischer Basiliken**, Rudimente von **Wohnhäusern** und ein **hypokaustisches Heizsystem**.

Außerhalb von Skupi fand man einige **Nekropolen**, die sich entlang der einstigen Straße nach Skupi gruppieren. Die Fundstücke, die auf dem gesamten Gelände ausgegraben wurden, sind weitaus interessanter und inzwischen in Skopjes Nationalmuseum zu besichtigen.

Der römische Aquädukt bei Skopje

Karte S. 100

Aquädukt

Ebenfalls im Norden Skopjes steht ein römischer Aquädukt. Die antike Wasserleitung verläuft am Rande eines militärischen Sperrgebiets auf einer Länge von 450 Metern über 55 Bögen, die dem Verfall preisgegeben sind.
Bis heute ist man sich über die Geschichte uneins: Wurde der Aquädukt tatsächlich bereits von den Römern erbaut und später von den Osmanen lediglich ergänzt? Andere Stimmen behaupten, dass es hier niemals einen Aquädukt gegeben habe, bis ihn die muslimischen Herrscher zur Deckung des erhöhten Wasserbedarfs für ihre vielen Bäder brauchten. Um unnötige Schwierigkeiten zu vermeiden, sollte man in Richtung Militärbaracken höchstens unauffällig fotografieren.

Skupi und Aquädukt

Sollte die Ausgrabungsstätte geschlossen sein, kann man sich über ein zaunloses Stück dennoch leicht Zutritt verschaffen.

Skupi liegt ca. 6 km von Skopjes Zentrum entfernt und ist am einfachsten über die große Brücke, die beim Hotel ›Alexander Palace‹ den Vardar in Richtung Norden überquert, zu erreichen. Die Ausgrabungsstätte liegt zwischen den Siedlungen Zlokučani und Bardovci direkt am Straßenrand, kann aber wegen ihrer Unauffälligkeit und fehlender Hinweisschilder leicht übersehen werden.

Der **Aquädukt** steht unweit der Autobahn E65 Richtung Norden; die Autobahn nach etwa einem Kilometer nach rechts verlassen, dann nochmals rechts in die ungeteerte Straße einbiegen, die vorbei am Tor zum Militärgelände (auf der rechten Seite) und einigen ländlichen Häusern mit albanischer Flagge (links) direkt zum Aquädukt führt.

Bus Nr. 21 zum Dorf Bardovci fährt stündlich von Skopje (Zentrum, z.B. entlang Partizanski odredi) nach Skupi. Der Bus zurück nach Skopje hält etwa 100 Meter südlich an der Hauptstraße.

Romasiedlung Šutka

Šuto Orizari (Шуто Оризари), kurz ›Šutka‹ genannt, ist ein entlegener Stadtteil im Norden Skopjes und mit weit über 30 000 Einwohnern (85 Prozent Roma, 10 Prozent Albaner, 5 Prozent Mazedonier) die größte Romasiedlung des Balkan. Vor allem aber ist sie die am besten organisierte des Landes und verfügt als bisher einzige der Welt über eine regionale Selbstverwaltung.
Die meisten Bewohner Šutkas sind bitterarm und arbeitslos, aber ein Ausflug in den Stadtteil vermittelt trotzdem den Eindruck, dass es greifende Konzepte gibt, die es den Roma ermöglichen, zumindest besser zu leben als es in vergleichbaren Siedlungen im In- und Ausland der Fall ist.

Markt in Šutka

Skopje und Umgebung

Neben einem demokratisch gewählten Bürgermeister, Elvis Bajram, gibt es eine relativ tragfähige Infrastruktur mit einem eigenen Krankenhaus, zwei Schulen und regelmäßigem Busverkehr mit Skopje.

In Šutka lohnt auf jeden Fall ein Besuch des bunten und quirligen **Markts**, auf dem jeden Sonntag so ziemlich alles zum Kauf angeboten wird, was man sich vorstellen kann. Direkt an der Hauptstraße gelegen, ist er nur schwer zu verpassen. Beim Bummel durch die dahinterliegenden Straßen kann man sich gut ein Bild vom Leben in diesem Bezirk verschaffen, in dem die Hauptverkehrsmittel – neben Bussen – Pferdekarren und deutsche Autos sind und die Häuserfassaden der wenigen Wohlhabenden liebevoll mit Steinlöwen und Souvenirs aus dem Schwarzwald verziert werden. Bei offiziell über 80 Prozent Arbeitslosigkeit und einem maximalen Sozialhilfesatz von 50 Euro ist es nicht verwunderlich, dass viele Menschen versuchen, ihr Geld in Westeuropa verdienen. Da viele der Auslandsroma in den Sommerferien nach Šutka kommen, um ihre Kinder zu verheiraten und Hochzeiten manchmal mehrere Tage dauern, ist es nicht unwahrscheinlich, mitten in einer der lautstarken und fröhlichen Feiern zu landen. Die Hochzeit gilt als wichtigstes Fest des Lebens, auf das lange gespart wird.

Dass unter den Roma eine so verheerende Arbeitslosigkeit herrscht, hat zum einen mit Vorurteilen zu tun, mit denen der Rest der Bevölkerung ihnen begegnet (sie haben beispielsweise oft keinen Zutritt zu Bars oder Schwimmbädern), zum anderen mit ihrer häufig mangelhaften Ausbildung, die wiederum ein Resultat arbeitsloser Eltern ist, die ihren Kindern keine Schulbücher kaufen können. Das ist eines der Hauptprobleme der beiden Grundschulen Šutkas, die durch einige ehrgeizige Pilotprojekte wie Ganztagsunterricht und Unterweisung in Menschenrechten glänzen. Angesichts der mazedonischen Minderheitenpolitik, die sich momentan fast ausschließlich mit den Rechten der albanischen Bevölkerung befasst, ist das bestimmt ein sinnvolles Unterfangen.

Hochzeitsfeier in Šutka

▲ Karte S. 100

Beide Schulen sind dabei chronisch unterfinanziert und platzen aus allen Nähten, vor allem, seit im schon vorher überfüllten Šutka 1999 ein Großteil der Romaflüchtlinge aus dem Kosovo untergebracht wurde, die teilweise bis heute geblieben sind. Der Unterricht findet auf Mazedonisch statt, dazu lernen seit einigen Jahren alle Schüler ab der sechsten Klasse Deutsch. Eine erste weiterführende Schule wird gerade gebaut. Anders als in vielen anderen Teilen Mazedoniens sprechen die Roma in Šutka untereinander ihre eigene Sprache, Romani, und die meisten von ihnen einen Dialekt namens Arlikano, der sich wiederum deutlich vom Dialekt der kosovarischen Romaflüchtlinge unterscheidet. Besucher müssen sich von diesem Sprachenwirrwar zum Glück nicht unterkriegen lassen: Von weitem schon wird man in Šutka auf Deutsch begrüßt werden.

Šuto Orizari

Busse Nr. 19 und **20**; alle 10 Min. nach Šutka, 35 MKD. Haltestellen am Bul. Partizanski odredi, vor dem Postamt an der Goce-Delčev-Brücke und am Bul. Krste Misirkov, hinter dem Bit Pazar (→ Karte S. 79).

Taxis vom Zentrum sollten max. 200 MKD kosten. Am Marktplatz absetzen lassen.

Kleinere Restaurants gibt es entlang der Hauptstraße.

Konditorei, an der Kreuzung ul. Šuto Orizari/ ul. Nov Život. Ausgezeichneter Espresso und Leckereien.

Fashion Club, Nov Život bb. (Ecke ul. Šuto Orizari); Fr und Sa. Hier feiern Šutkas Bewohner Partys frei von Diskriminierung.

Internationaler Tag der Roma; 8. April. Mit Konzerten.

Frühlingsfest; 5.–8. Mai. Mit abschließendem Freiluftkonzert.

Katlanovo

Die traditionsreichen **Thermen** an der Straße nach Veles wurden saniert und bieten nun Wellness nach annähernd westlichem Standard. Ideal ist ein Bad nach einem Wandertag, wenn ab 17 Uhr die Gäste des dazugehörigen Sanatoriums die Therme verlassen haben. Die Preise reichen von 3,50 Euro für ein halbstündiges Heilbad bis zum romantischen Sinnesrausch mit Kerzen, Blüten und Sekt zu zweit für 120 Euro. Zudem gibt es alle Arten von Körperbehandlungen. Geöffnet ist täglich von 7 bis 21 Uhr.

Wer es den Kurgästen gleichtut und durch die hügeligen Wälder im Umfeld spaziert, kommt oberhalb des Bades zum kleinen Kloster **Sv. Nedela**. Der Kirchturm ist schon von weitem zu sehen. Beim Rauschen des Flusses kann man an langen Holztischen ausruhen. Wer von Skopje nach Katlanovo fährt, findet kurz vor Ankunft links am Straßenrand eine **Heilwasserquelle**, an der Vorüberfahrende gern ihren Durst stillen. Bus Nummer 53 fährt im Zweistundentakt vom Busbahnhof in Skopje nach Katlanovo.

Raduša

An der alten Straße, die sich von Skopje entlang der Bahngleise nach Tetovo schlängelt, liegt das Dorf Raduša (Радуша), von dem man sagt, dass jede Familie mindestens einen Verwandten in Berlin habe – tatsächlich sieht man während der Sommerferien auffällig viele Autos mit Berliner Kennzeichen. Die Häuser tragen noch Spuren des Konflikts von 2001 und sind benachbart mit den Ruinen eines Chromwerks, das im Zweiten Weltkrieg für Deutschland produzierte und 1998 pleiteging. Vor dieser romantisch-morbiden Kulisse serviert die **Forellenzucht Trofta** (albanisch: Forelle) in einem liebevoll angelegten Garten frischen Fisch, gezüchtet im See des ehemaligen Werks. Inzwischen hat sich der einstige Geheimtipp ›Trofta‹ etabliert und zieht nicht nur im Sommer täglich ab 17 Uhr zahlreiche Besucher an (Tel. +389/2/2034444). Folgt man der Straße ins Ortszentrum, kommt man zu einem auffällig militanten **UČK-Denkmal**.

Ideal ist Raduša als Zwischenstopp auf dem Weg nach Tetovo, in die Šarberge oder zum Kloster Lešok. Die alte Straße von Skopje, die später durch die Autobahn nach Tetovo ersetzt wurde, führt übrigens sehr attraktiv am Fluss entlang und eignet sich wunderbar als Radweg bis nach Kičevo. Mit dem Auto fährt man von Skopje bis nach Raduša etwa eine Stunde. Der Ort ist leider schlecht ausgeschildert, aber zu finden, indem man westlich von Skopje (Richtung Matka) die Ausfahrt nach Kondovo wählt und dem Flussverlauf bis Dolno Smildre folgt, wo man hinter der Brücke links abbiegt. Danach wird die Landschaft sehr schön, und es ist nicht mehr weit bis Raduša. Züge fahren mehrmals täglich.

Skopsa Crna Gora

Skopjes ›Schwarze Berge‹ ziehen sich nördlich von Skopje bis ins benachbarte Kosovo. An ihren Hängen verstecken sich einige von Touristen selten besuchte, aber durchaus sehenswerte Klöster und Kirchen aus dem Mittelalter zwischen fast vergessenen Dörfern. Bei Einheimischen ist die Gegend ein beliebtes Wochenendziel und Mountainbike-Areal. Die meisten Besucher kommen wohl aber wegen des Traditionsrestaurants **Čardak**, das im Klosterkomplex **Sv. Ilija** herzhafte Hausmannskost in einem sehr urigen Ambiente anbietet.

Das vielleicht sehenswerteste Kloster ist **Sv. Nikita** zwischen den Dörfern Gornjani und Banjani. Hinter den weißen Mauern und Mönchstrakten aus dem 19. Jahr-

Das Kloster Sv. Bogorodica in Skopjes Schwarzen Bergen

▲ Karte S. 100

hundert verbirgt sich im grünen Klostergarten eine Kirche aus dem Jahr 1307 mit nur wenig jüngeren Fresken, erbaut einst vom serbischen König Milutin. Vom beschaulichen Garten aus sieht man die Kirche Sv. Trojca im Nachbarort.

Andere besuchenswerte Heiligtümer sind die Kirchen **Sv. Spas** (1348) im Dorf Kučevište und das Kloster **Sv. Bogorodica** im Dorf Pobože unterhalb von Brodec.

Eine beliebte **Fahrradtour** durch die schöne Berglandschaft verbindet viele dieser Kirchen und führt nach insgesamt 50 teilweise recht steilen Kilometern zurück ins Zentrum Skopjes.

Skopsa Crna Gora

Das **Restaurant Čardak** liegt 5 km nördlich von Skopje. Durch den Stadtteil Butel bis Radišani, dort links nach Mirkovci abbiegen. Das Restaurant und das Kloster **Sv. Ilija** sind ausgeschildert. Die Klöster sind mehrfach unterwegs ausgewiesen, z.B. auch an der Kreuzung zwischen Čučer, Banjani und Gornjani.

Bus Nr. 71 fährt bis Banajni, Bus Nr. **61** nach Pobože und Nr. **81** über Mirkovci und Gornjani bis Blače.

Alle drei Busse fahren bis zum Abzweig Čardak, wo man sich vom Busfahrer absetzen lassen kann.

Restaurant Čardak, Sv.-Ilija-Kloster beim Dorf Mirkovci, Tel. +389/70/410919; tägl. 8–24 Uhr. Speisen im urigen Saal mit Folkloredekor oder im Garten neben der 300-jährigen Pappel und kleinem Spielplatz.

Eine beliebte **Radtour** führt vom Hotel ›Continental‹ durch den Stadtteil Butel auf die andere Seite der Autobahn bis Radišani, von dort die Nebenstraße nach Ljubanci und dann über Pobože, Kučevište, Gornjani, Čučer, Gluvo und Brazda zurück nach Skopje. Die 50 km lange Tour kann auf dem Rückweg gut mit einem Schlenker durch Šutka verbunden werden.

El Kabon

Reiten und gut speisen: Das Restaurant **Cherry Orchard** auf dem Gelände des Gestüts ›El Kabon‹ bietet traditionelle Landesküche in einem schönen Ambiente. Im Sommer wird auf einer großen Terrasse serviert, im Winter vor dem Kamin. Für die Dreharbeiten des Films ›Dust‹ von Milčo Mančevski wurde die Anlage saniert und ist nun durchaus einen Besuch wert (Tel. +389/70/349239).

El Kabon liegt nordwestlich von Skopje im Bezirk Volkovo und ist zu erreichen über die Straße Partizanski odredi (ganz bis zum westlichen Ende) und anschließend das Dorf Novo Selo. In Volkovo ist das Restaurant ausgeschildert. Bus 22 fährt vom Zentrum Skopjes (›Holiday Inn‹, Partizanski odredi) bis etwa 700 Meter vor ›Cherry Orchard‹.

Die Gebirge Karadžica, Mokra und Jakupica

Südlich von Skopje und dem Berg Vodno stoßen drei Gebirgsmassive aufeinander und bilden ein ausgedehntes Wander- und Klettergebiet mit mehreren Gipfeln über 2200 Metern Höhe. Abgesehen von Tagesausflügen an die malerischen Hänge der Bergregion kann man in drei Tagen quer über die Massive und den höchsten Gipfel **Solunska Glava** (2450 Meter) bis kurz vor die Stadt Veles wandern. Natürlich kann diese Wanderung, die durch eine herb-romantische Natur mit Gebirgsseen, Felsschluchten und üppigen Blumenwiesen führt, auch von Veles aus begonnen werden, um dann in Skopje zu enden. Für diese Wanderung gilt das gleiche wie für alle fast alle Wanderwege in Mazedonien: Sie sind schlecht gekennzeichnet und auf Karten kaum zu finden. Wer sicher sein will, sich nicht zu verlaufen, sollte im Zweifelsfall lieber einen Guide mitnehmen, den man bei einem von Mazedoniens zahlreichen Wandervereinen für maximal 2000 Denar pro Tag anmieten kann. Am besten ist es natürlich, sich unterwegs anderen Wanderern anzuschließen, die häufig nicht nur die Pfade und die besten Pilzstellen genau kennen, sondern auch abends am Lagerfeuer gern ihren Schnaps teilen.

Zur Hütte Karadžica und Solunska Glava

Von Skopje aus gibt es mehrere Wandermöglichkeiten zur Hütte Karadžica. Eine persönlich bevorzugte führt zunächst per Auto über Dračevo und Količani bis zum Dorf Aldinci, von wo ein Aufstieg zur Hütte etwa zwei Stunden dauert. Wer keinen Vierradantrieb hat, wird soweit allerdings nicht kommen, sondern gerade mal bis zum Dorf Gorno Količani – und auch das ist auf den schlechten Straßen schon schwer genug –, wo die Asphaltstraße zur Schotterpiste wird und ein separater Wanderweg beginnt. Bis hier fahren gelegentlich auch Busse aus Skopje.

Von Gorno Količani aus kann man in etwa drei Stunden bis zur Hütte **Kitka** wandern. Nach drei weiteren Stunden kommt man zu dem inzwischen unbewohnten albanischen Dörfchen **Aldinci**, das aus einer Handvoll verfallener Häuser und

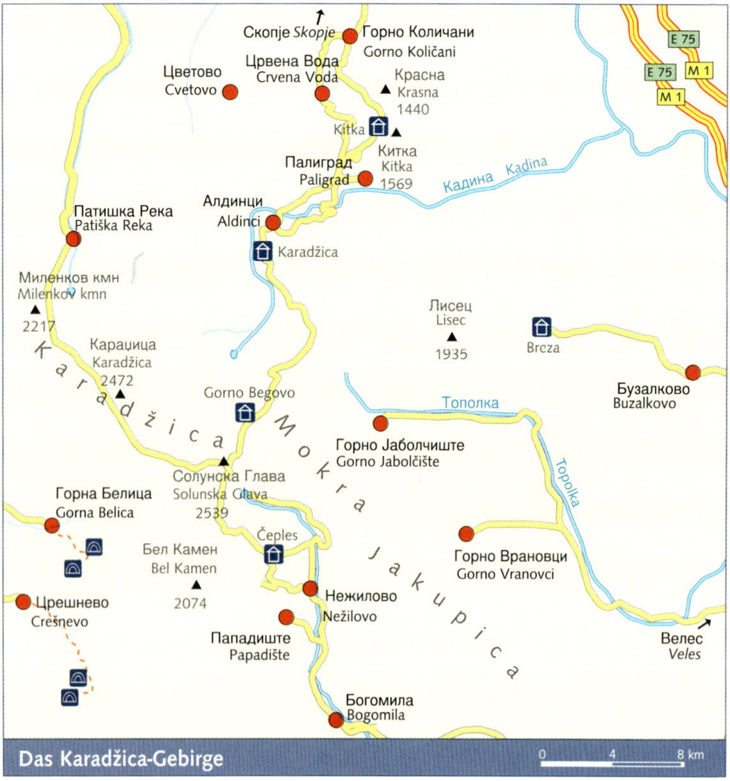

Das Karadžica-Gebirge

Hier wird Käse nach Patiška Reka gebracht

den Resten einer Moschee besteht und sehr malerisch am Hang liegt.
Nach dem Dorf hält man sich rechts und findet wenige Kilometer weiter rechts am Wegesrand das Hinweisschild zur Hütte **Karadžica**, die nach einer zweistündigen Wanderung durch Wälder und Blumenwiesen erreicht ist. Dort kann man sich auf einer großen Terrasse erholen und abends beim Lagerfeuer erwärmen, denn hier oben ist es selbst im Sommer abends frisch, was man beim Packen ebenso bedenken sollte wie die Tatsache, dass die Hütte keine Verpflegung anbietet. Es gibt eine Küche zur Selbstversorgung, unterwegs ist außer Beeren und Pilzen aber nicht viel zu holen.
Von der Hütte ›Karadžica‹ kann man auf einem schmalen und teils unsichtbaren Pfad in einer Stunde zum Fluss **Kadina** laufen, der bei Žabar (Frosch) einen eiskalten, aber sehr einladenden kleinen See bildet, oder in sechs Stunden zum Berg **Solunska Glava**. Dessen höchsten Gipfel kann man deshalb nicht erklimmen, weil er militärisches Sperrgebiet ist, was auch bedeutet, dass man ihn höchstens unauffällig fotografieren darf. Südlich vom Gipfel wartet nach dreieinhalb Stunden Abstieg und knapp neun Stunden insgesamt auf 1450 Metern die kleine Hütte **Čeples**, ein traditioneller Altbau mit schöner Aussicht.
Wem das für einen Tag zu viel erscheint, der kann nördlich von Solunska Glava einen Zwischenstop in der Hütte **Gorno Begovo** einlegen, was aber nur Hartgesottenen wirklich zu empfehlen ist, denn die Hütte gleicht einer Ruine, vor der man lieber sein Zelt aufschlagen will als darin zu übernachten. Deshalb ist es ratsamer, frühmorgens von Karadžica Richtung Solunska Glava aufzubrechen, um abends die Hütte Čeples zu erreichen. Von hier aus führen ein Wanderweg und eine Schotterstraße über das Dorf Nežilovo innerhalb von fünf Stunden nach Bogomila. Dort angekommen, hat

man das komplette Jakupicamassiv überquert und kann die letzten 43 Kilometer bis Veles mit dem Bus fahren.

Alternativ beginnt die Wanderung im Dorf **Patiška Reka**, das auf einer schmalen, aber gut geteerten Straße von Skopje aus per Auto in einer Stunde (40 Kilometer) zu erreichen ist. Vom Dorf aus kann man in etwa sieben Stunden den Gipfel **Solunska Glava** und in zwei weiteren die Hütte **Čeples** erreichen oder in zehn Stunden zur Hütte Karadžica laufen.

Das muslimische **Patiška Reka**, gelegen auf etwa 1000 Metern Höhe, hat ein sehr schönes, fast alpines Panorama und einen Dorfladen, in dem man sich mit Proviant versorgen kann. Sollte letzterer geschlossen sein, gibt es im Hof der **Blauen Moschee** direkt an der Straße zumindest Trinkwasser. Von hier aus führt wahlweise ein einfacher, breiter Weg direkt den Fluss entlang oder rechts davon eine steile Abkürzung durch den Wald (eine beliebte Strecke für Esel, die hier Käse zum Verkauf ins Dorf tragen) bis oberhalb der Baumgrenze und zum Berg **Milenkov Kamen**, der mit schönen Ausblicken belohnt. Vorsicht, unterwegs gibt es einige gut bewachte Schafherden!

Auf dem Weg von Skopje nach Patiška Reka lohnt ein Abstecher in das Dorf **Dražilovo** (links), in dem es eine sehr schöne neue Moschee gibt.

Karadžica, Mokra und Jakupica

Verein SPSM, Tel. +389/2/165540, 11 Oktomvri 42a, Skopje, SPSM@mt.net.mk. Vermittelt Guides und informiert über Routen und Hütten. Viele der Mitglieder sprechen Englisch.

Von Skopje nach Aldinci: Richtung Südosten die Stadt nach Dračevo verlassen, hinter dem Ort an der Tankstelle rechts Richtung Dolni Količani abbiegen. Ab hier führt eine Schotterstraße für Allradantrieb bis Aldinci, 35 km von Skopje. Die Teerstraße vorher ist nicht besser, weshalb man sie im Dunkeln und mit tiefergelegten Wagen meiden sollte: Es drohen metergroße Schlaglöcher.

Anfahrt von Veles: 43 km gerade nach Osten bis Bogomila oder 7 km weiter nach Nežilovo, dahinter gibt es keinen Asphalt mehr. Mit geländegängigem Fahrzeug kann man auch noch die nächsten 14 km bis Čeples fahren.

Von Skopje: Bus Nr. 74 fährt nach Dolno Količani und zurück.

Von Veles: Busse nach Bogomila und zurück.

Alle Hütten sind nur während der Sommersaison geöffnet. Schlafsäcke braucht man nicht, aber eigene Verpflegung. Die sanitären Anlagen sind in der Regel sehr bescheiden. Die Preise für Übernachtungen liegen zwischen 250 und 600 MKD/Pers.

Hütte Kitka, Tel. +389/2/3117100. Die Hütte brannte im Jahr 2000 aus und wurde danach komplett wiederaufgebaut. Liegt auf 1350 Metern beim Dorf Crvena Voda.

Karadžica, Tel. +389/70/246419. Gepflegte Räumlichkeiten mit großer Küche und Feuerstelle, liegt auf 1450 Metern beim Dorf Aldinci.

Čeples, Tel. +389/43/228622. Einfache Hütte mit Ausblick, auf 1445 Metern beim Dorf Nežilovo am Südhang des Solunska Glava.

Campingplätze gibt es nicht, und wildes Campen ist offiziell nicht erwünscht. Wer trotzdem zelten möchte, schlägt sein Lager entweder direkt bei einer Hütte auf oder lässt sich nicht erwischen, was eine beliebte Variante ist.

▲ Karte S. 114

Blick auf das Dorf Patiška Reka

Ich spreche zweimal jährlich – wenn weiß werden die Berge von Prespa und auf Thassos die Oliven blühen.

Mile Nedelkovski, Der Verrückte von Prespa

DER SÜDWESTEN

Die Kirche Sv. Jovan Kaneo am Ohridsee

Im Sommer zieht es die Mazedonier in den Südwesten ihres Landes, am liebsten an ihre ›Küste‹, die Ufer des Ohridsees. Aber auch der ruhigere See Prespa und der Nationalpark Galičica sind an heißen Sommertagen einen Ausflug wert. Generell ist das Klima hier wesentlich milder als in Skopje, und die beiden Seen laden mit mehreren Stränden zum Baden ein. Der von sanften Hügeln umschlossene **Ohridsee**, den sich Mazedonien mit Albanien teilt, ist nicht nur der größte See Mazedoniens, sondern auch der tiefste des Balkan und einer der ältesten Binnenseen weltweit. Im Jahr 2013 haben Sedimentbohrungen die Annahme bestätigt, dass der See in seiner heutigen Form bereits weit über eine Million Jahre exitiert. In seinem klaren Wasser leben endemische Tierformen, die anderswo nur noch als Fossilien existieren. Deshalb steht der See seit 1980 unter dem Schutz der UNESCO. Bei Urlaubern ist er vor allem wegen seiner vielen Kieselstrände beliebt und wegen der zahlreichen kulturellen Veranstaltungen, die in der Stadt Ohrid den ganzen Sommer über stattfinden.

Während in den Orten Ohrid und Struga im Sommer das wilde Leben tobt, geht es am benachbarten **Prespasee** sehr viel beschaulicher zu. Der See, der

Ohrid- und Prespasee

anteilig auch Griechenland und Albanien gehört, lockt weit weniger Besucher an seine Ufer, dafür aber um so mehr seltene Flora und Fauna. Durch die geringe Tiefe von 50 Metern erwärmt sich das Wasser im Sommer schnell auf 25 Grad, und im Gegensatz zu Ohrids Kieselstränden gibt es hier richtige Sandstrände. Für Badeurlauber ist Prespa eine günstige Alternative, wenn es am Ohridsee voll wird.

Naturliebhaber haben es von beiden Seen aus nicht weit bis zum **Nationalpark Galičica**. Außer Wölfen, Adlern und vielen verschiedenen Pflanzenarten gibt es dort neu markierte Wanderwege mit teilweise dramatischen Ausblicken hinunter auf die beiden Gewässer.

Ohrid

Die alte Stadt Ohrid (Охрид), malerisch gelegen am gleichnamigen See, ist für viele die schönste des Landes und ein populärer Urlaubsort. Sie ist bekannt für ihre attraktive Architektur, die weitläufige Altstadt und die angeblich 365 Kirchen in der Region: für jeden Tag im Jahr eine. Neben den Fresken der zweifelsohne sehr zahlreichen Kirchen und einer umfangreichen Ikonengalerie bietet Ohrid auch moderne Kunst und Kultur, denn die Altstadt namens **Varoš** hat viele Künstler angelockt, deren Ateliers und Galerien in den sich endlos windenden Gassen liegen. Zudem finden in der Stadt den ganzen Sommer über Festivals und Kulturveranstaltungen aller Art statt. Von der UNESCO wurden die Stadt und der See zum Weltkulturerbe erklärt und locken auch internationale Touristen an. Das führt dazu, dass das Touristenmekka der Mazedonier in der Hauptsaison von Juli bis August besonders an den Wochenenden sehr voll wird, während sich immer mehr Boote in dem kleinen Yachthafen drängen und in heißen Sommernächten Technobeats ans Ufer schwappen. Maßnahmen zum Schutz der Anwohner wurden getroffen, aber bisher nur lax umgesetzt. Zumindest das Jet-Skiing ist in der Bucht nun weitgehend untersagt, doch trotz verbindlicher Bauauflagen sieht man immer neue, zu hohe Häuser in der Altstadt aufragen.

Im touristenverwöhnten Ohrid verlangt man bei den meisten Kirchen und anderen Kulturdenkmälern um die 100 Denar Eintritt.

Ausflugsboot vor Ohrid

Altstadthaus in Ohrid

Geschichte

Erst vor wenigen Jahren wurde im Zentrum des alten Ohrid eine Gruft aus dem 5. Jahrhundert vor Christus entdeckt, in der man neben einigen wertvollen Gegenständen aus Gold, Bronze und Keramik eine goldene Totenmaske fand. Offenbar gab es damals an diesem Ort schon eine Hochkultur. Im Jahr 200 vor Christus kamen die Römer und bauten in Ohrid, damals Lihnid, ein antikes Theater, das heute wieder für Aufführungen genutzt wird. Außerdem machten sie Lihnid zur wichtigen Station an der Via Egnatia, so dass mit den vielen Reisenden am Ende des 4. Jahrhunderts das Christentum hierher kam. Zeugen der Christianisierung sind Basiliken aus dem 5. und 6. Jahrhundert, von denen noch Fußböden und Fragmente von Mosaiken erhalten sind. Ein beeindruckendes Beispiel sind die inzwischen sehr aufwendig restaurierten Ruinen der alten Basilika von Plaošnik in Ohrids Altstadt. Unter Byzanz wurde Lihnid zu Ohrid und zum wichtigsten episkopalen Zentrum Mazedoniens. Dafür waren in erster Linie die Missionare Kliment und Naum, zwei Schüler der Brüder Kiril und Metodij, verantwortlich, die 885 in die Stadt gekommen waren. Kliment wurde Bischof von Ohrid, gründete die erste slawische Hochschule und machte Ohrid zum Zentrum slawischer Literatur, Kultur und Bildung. Sein Kollege Naum erbaute inzwischen das nach ihm benannte Kloster am südlichen Ende des Sees.

Als 100 Jahre später Samuil zum König gekrönt wurde, machte er Ohrid zur Hauptstadt seines neugegründeten Reichs. Aus dieser Zeit stammt die Festung oberhalb der Altstadt, in der sich Samuil vor Angreifern schützte, bis Ohrid 1018 wieder Teil von Byzanz wurde. Als später die Osmanen eintrafen, konnte sich die Stadt zwar zunächst als Bischofssitz behaupten, aber 1767 wurde auf griechisches Drängen das Zentrum der Kirche nach Durrës im heutigen Albanien verlegt und Ohrid seine Autokephalie aberkannt. In den Folgejahren wuchs der griechische Einfluss auf Ohrid, in dessen Klöstern nun auf griechisch gelehrt und gebetet wurde.

Zur Zeit Jugoslawiens erlebte Ohrid einen Touristenboom, und selbst Tito hatte eine Sommerresidenz am See, die man von weitem sehen, aber nicht besuchen kann, denn heute ist sie für den mazedonischen Präsidenten reserviert.

Altstadt

Die herausragendsten Sehenswürdigkeiten Ohrids sind unbestreitbar die vielen mittelalterlichen Kirchen. In einigen von ihnen kann man für 150 bis 200 Denar kleine Heftchen auf englisch und/oder deutsch erwerben, die detailliert über Geschichte und Architektur informieren.

Sv. Sofija

Die große Kirche im Zentrum der Altstadt heißt Sv. Sofija und war die Kathedrale

▲ Karte S. 123

des alten Ohrider Bischofssitzes. Besonders auffällig ist ihr doppelstöckiger, arkadenartiger **Narthex** auf der Westseite. Er wurde 1314 an die damals schon 300 Jahre alte Kirche angebaut und wird als Meisterwerk mittelalterlicher Baukunst gewürdigt. Als die Osmanen Ohrid eroberten, übertünchten sie die Fresken im Inneren der Kirche und verwandelten das Gebäude in eine Moschee. Beim Entfernen der weißen Wandfarbe am Ende der Fremdherrschaft entdeckte man darunter wertvolle **Wandgemälde aus dem 11. Jahrhundert**. Weltweit, heißt es, hat sonst nur die Sophienkathedrale in Kiew so viele gut erhaltene Fresken aus die-

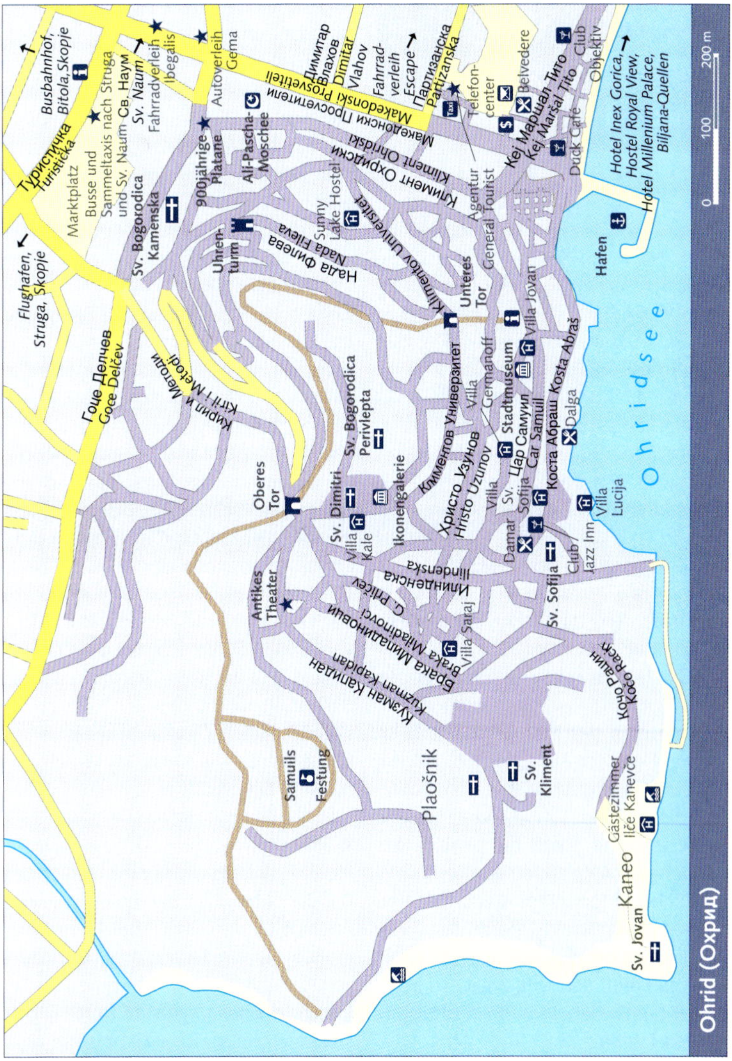

Die Kirche Sv. Sofija

ser Zeit. Am besten kann man sie bei einem der vielen Konzerte auf sich wirken lassen, die wegen der hervorragenden Akustik im Sommer regelmäßig in der Kirche veranstaltet werden. Reguläre Öffnungszeiten sind täglich von 9 bis 12 und von 17 bis 20 Uhr, was allerdings recht locker gehandhabt wird. Das Äußere der Kathedrale wirkt nachts besonders beeindruckend, wenn es von Scheinwerfern dramatisch beleuchtet wird.

Sv. Bogorodica Perivlepta

Die Kirche Sv. Bogorodica Perivlepta liegt im höheren Teil der Altstadt auf dem Hügel und hat eine etwas verwirrende Geschichte. Nachdem Sv. Sofija unter den Osmanen zur Moschee geworden war, verlegte man den Sitz des Bischofs ersatzweise hierhin. Auch sämtliche Ikonen, rituellen Gegenstände und alten Schriften, die heute in Ohrids Ikonengalerie ausgestellt sind, sowie die Gebeine des heiligen Kliment fanden damals in dieser Kirche Unterschlupf und überlebten so die muslimischen Übergriffe. In der Folge wurde die provisorische Kathedrale zu Ehren des Schutzheiligen in Sv. Kliment umbenannt und hieß so bis vor einigen Jahren. Als beschlossen wurde, in Plaošnik die ursprüngliche, von den Osmanen zerstörte Kirche Sv. Kliment wieder aufzubauen und die Überreste des entsprechenden Heiligen dorthin zurückzubringen, wo sie einst gefunden worden waren, erhielt Sv. Bogorodica Perivlepta wieder ihren ursprünglichen Namen. Die eigentümliche Architektur der Kirche ergibt sich hauptsächlich durch den im 19. Jahrhundert angebauten **Narthex**. Dahinter verbirgt sich eine für das Mittelalter ganz normale kreuzförmige Kirche. Besonders sind allerdings die **Fresken von 1295**, die nach dem Zweiten Weltkrieg freigelegt wurden. Sie zählen zu den ältesten Fresken der sogenannten ›Renaissance der Paläologen‹, dem letzten großen Zeitalter der byzantinischen Kunst. Kennzeichen dafür sind die Räumlichkeit der Bilder und die Individualisierung der dargestellten Personen. Ein gutes Beispiel hierfür ist die Szene der **Beweinung Christi**, die an die sehr ähnliche Darstellung in der Kirche Sv. Pantelejmon bei Skopje erinnert. Im Gegensatz dazu wirkt das Bild von Marias Himmelfahrt über dem Eingang geradezu uninspiriert; offenbar wurde es von einem anderen Maler gestaltet. Wenn man an die bewegte Geschichte der Ohrider Kirchen denkt, ist es nicht verwunderlich, dass sich in den Darstellungen des Jüngsten Gerichts und der Bestrafung der Sünder in der Eingangshalle so mancher osmanische Herrscher wiederfindet. Die Kirche ist täglich von 9 bis 17 Uhr geöffnet.

▲ Karte S. 123

Plaošnik

Plaošnik war bis vor wenigen Jahren ein beschaulicher Ort der Ruhe über der Altstadt Ohrids. 2002 wurde dort mit großem Aufwand die von den Osmanen zerstörte Kirche Sv. Pantelejmon als **Sv. Kliment** wieder aufgebaut. Durch in den Fußboden eingelassene Glasplatten kann man die Fundamente einer alten Basilika sehen, auf der Kliment im 9. Jahrhundert seine Kirche erbaut hatte. Unter einer anderen Glasplatte rechts neben der Altarapsis befindet sich das Grab von Kliment, das man 1943 entdeckte und in dem er heute wieder ruht.

Im eingezäunten Areal rund um die Kirche finden umfangreiche **Ausgrabungsarbeiten** statt. Deutlich sichtbar sind unter anderem die kreuzförmigen Fundamente zweier Taufkapellen sowie zahlreiche erhaltene Mosaiken. Derzeit wird auf dem Gelände zudem die Universität von Sv. Kliment aus dem 9. Jahrhundert rekonstruiert, weshalb es mit der einstigen Ruhe fortan vorbei sein wird. Richtung Wasser kann man sich im **Café Plaošnik** vom Aufstieg erholen. Der Eintritt zum Gelände, das durch einen ausgeschilderten Fußweg mit Samuils Festung und Kaneo verbunden ist, kostet derzeit 100 Denar.

Kaneo und Strand

In dem beschaulichen Fischerdorf Kaneo gibt es zwei Restaurants direkt am Ufer mit vorzüglichem Fisch und schönem Seeblick. Daneben schwebt auf einem Felsen die Kirche Sv. Jovan Kaneo, das beliebteste Postkartenmotiv Mazedoniens

Bucht bei Kaneo

Die Kirche Sv. Kliment in Plaošnik

und wirkungsvolle Szenerie in Milčo Mančevskis Film ›Vor dem Regen‹.

Unterhalb von Sv. Jovan schmiegt sich die Kapelle **Sv. Bogorodica** an den Felsen. Ihr Brunnenwasser heilt angeblich Augenleiden. Daneben erstreckt sich ein Kieselstrand mit Beachbar, den man direkt vom Herzen der Altstadt erreicht: Unweit von Sv. Sofija führt ein von Sternzeichentafeln gesäumter Holzsteg über das Wasser zum Strand. Wirft man beim eigenen Sternzeichen eine Münze in den See, erfüllen sich Wünsche, heißt es. Alternativ fahren von hier Boottaxis für 300 Denar zwischen Kaneo und Ohrids Hafen.

Antikes Theater

Nicht weit vom oberen Tor der Stadtmauer entfernt liegt Ohrids über 2000 Jahre altes antikes Theater. Verglichen mit den großen Theatern von Heraklea und Stobi ist es weit weniger beeindruckend, und der einst freie Seeblick wurde mittlerweile weitgehend zugebaut. Man kann ihn noch erahnen, wenn man sich auf eine der obersten Sitzreihen des Theaters stellt. Im Sommer finden in dem atmosphärischen Ambiente regelmäßig Kulturveranstaltungen statt.

Samuils Festung

Oberhalb der Altstadt thront die Festung des Zaren Samuil. Wie das Theater gibt sie im Sommer eine sehr stimmungsvolle Open Air Bühne für die vielen Konzerte des Festivalprogramms ab und bietet ansonsten einen weiten Ausblick auf See und Stadt. Als Samuil Ohrid im 10. Jahrhundert zur Hauptstadt machte, baute er die römische Festung aus dem 3. Jahrhundert für seine Zwecke aus und ergänzte sie um eine drei Kilometer lange Stadtmauer. Während der osmanischen Zeit lebte hinter dieser Mauer ein Großteil der christlichen Bewohner der Stadt, während die Türken die untere Stadt mit dem Basar und den Moscheen erbauten. Der Eintritt zur Festung (Kale) beträgt derzeit 30 Denar, geöffnet ist sie von 9–19 Uhr. Vom Eingang der Festung führt ein Fußweg nach Plaošnik und Kaneo, unterwegs bietet das Terrassenrestaurant **Antica** Stärkung.

Osmanisches Erbe

Im 17. Jahrhundert nahm der Basar den größten Platz im Zentrum ein. Damals, berichtet der türkische Reiseschreiber Evliya Çelebi, gab es über 150 Läden, in denen Ohrids geschickte Handwerker vor allem Perlen- und Silberschmuck herstellten. Inzwischen hat die Basargegend namens **Mesokastro** deutlich an Charme verloren. Beeindruckend ist nach wie vor die 900-jährige Platane, die an ihrem Eingang wächst. Ihr hohler Stamm soll einmal einen kleinen Friseursalon beherbergt haben und danach sogar ein Miniaturcafé. Nicht weit von hier befinden sich Ohrids zwei Moscheen, die **Zeynel-Abedin-Moschee** und die **Ali-Pascha-Moschee**. Auch der **Uhrenturm** oberhalb des Marktplatzes ist ein architektonisches Souvenir der Osmanen. Oft gut und günstig sind die kleinen Restaurants, die Mesokastros Marktstraße säumen.

▲ Karte S. 123

Samuils Festung über der Altstadt

Museen und Galerien

Ohrids **Stadtmuseum** ist ein schön sanierter Bau aus dem 19. Jahrhundert, mitten im Zentrum der Altstadt. Das Haus gehörte einst den Robevs, einer reichen Kaufmannsfamilie. Nach dem Balkankrieg von 1913 bezogen es serbische Soldaten, denen der kunstvoll geschnitzte Holzstuck angeblich so gut gefiel, dass sie ihn mitnahmen in ihre Heimatstadt Niš. 1952 wurde das Haus renoviert, die Holzverkleidung rekonstruiert, und das Museum zog ein.

Das Interessante an der Innenarchitektur sind die vielen typischen Details, besonders die eingebauten Kamine, Wandschränke und holzgetäfelten Decken. In den oberen Etagen befinden sich noch Reste des Originalmobiliars der Robev-Familie und Holzschnitzereien, in die die serbischen Bewohner angeblich so verliebt waren. In den unteren Stockwerken stellt das Museum archäologische Funde aus. Bemerkenswert sind die Sammlung filigraner antiker Figurinen im ersten Stock und der Steintorso der antiken Göttin Isida.

In unmittelbarer Nachbarschaft des Stadtmuseums befindet sich ein kleines

Druckereimuseum mit einer Werkstatt für handgefertigtes Papier, in dem unter anderem eine alte Gutenberg-Presse ausgestellt ist. Neben dem manuell produzierten Papier kann man dort allerlei Souvenirs erwerben.

Unweit von Plaošnik liegt Ohrids **Ikonengalerie**, in der viele beachtliche Ikonen aus dem 11. bis 19 Jahrhundert ausgestellt sind. Besonders bemerkenswert ist ›Die Verkündung‹, eine Prozessionsikone aus dem 14. Jahrhundert. Prozessionsikonen sind beidseitig bemalt, da sie getragen wurden. Beeindruckend sind die silbernen Rahmen der Ikonen, die später hinzugefügt und in filigraner Feinarbeit mit Bildern und Inschriften versehen wurden.

In der ul. Kliment Ohridski 72 präsentiert und verkauft die **Galerie Emanuela** Gemälde von Ohrid und Umgebung.

Biljana-Quellen

Läuft man entlang der Seepromenade namens Maršal Tito vom Kliment-und-Naum-Denkmal etwa zwei Kilometer gen Osten, so kommt man zu den Quellen der Biljana, die hier in den Ohridsee strömt. Die Quelle selbst ist nicht spektakulär, aber nebenan lockt das schön gelegene Restaurant **Biljanini Izvori** mit guter Küche im Garten mit Teich und Klaviermusik vom schneeweißen Flügel. Der unauffällige Bau auf der anderen Seite der Biljana ist das **Hydrobiologische Institut**. Hier sind in allen Größen Millionen kleiner Zuchtforellen zu sehen, die der Biologe Zoran Spirkovski alljährlich im Dezember in den See entlässt. Wegen Überfischung war die für Ohrid typische Letnica-Forelle vormals vom Aussterben bedroht und durfte jahrelang nicht gefangen werden. Vor dem Institut illustrieren Infotafeln auf Englisch Maßnahmen zum Schutz der Fauna im See. Wer sich mit einem Boot zu den Quellen bringen lässt, passiert unterwegs den kleinen **Hafen** von Biljanini Izvori, in dem neben beeindruckenden Yachten auch das Wrack des bald 100-jährigen deutschen Schiffes liegt, das 2009 im See kenterte und 15 Touristen in den Tod riss.

i Ohrid

Vorwahl: +389/46.

Internet: www.ohrid.com.mk.

Touristeninformation, Tel. +389/46/230455; Mo–Sa 8–20 Uhr. Die einzige und wenig enthusiastische Touristeninformation befindet sich derzeit in einem Container am dezentralen Busbahnhof und verkauft einfache **Stadtpläne** für 100 MKD. Gute Stadtpläne zum gleichen Preis sind auch problemlos in Supermärkten, Buchläden und an Straßenständen erhältlich.

Ohrid hat aber ein schier endloses Angebot von privaten Tourismusagenturen, die Ausflüge, Unterkünfte etc. organisieren, z.B. **General Tourist** in der ul. Partizanska 6, Tel. +389/46/262071.

Free Pass Ohrid, Kontakt: Ivana Hristovska, Tel. +389/71/906616. Das nette Familienunternehmen ist besonders zu empfehlen und bietet Services aller Art.

Kliment Naumov, Tel. +389/70/212117. Ein hervorragender Guide mit enzyklopädischem Wissen und exzellentem Englisch.

Dzingis Patel, Tel. +389/70/331232, dzingispatel@gmail.com. Der zertifizierte Guide bietet über 20 Jahre Erfahrung und Touren durch Ohrid und Umgebung auf Englisch.

Post, Makedonski Posvetiteli bb, Tel. +389/46/263011.

Es gibt Pläne für einen Autobahnabzweig nach Ohrid. Derweil braucht man von Skopje mit dem Auto ca. 2,5 Stunden. Weitaus attraktiver ist allerdings die gut dreistündige Strecke über den Nationalpark Mavrovo und Debar, die durch steile Felsschluchten hindurch dem Fluss Radika folgt.

Mietwagen: **Agentur Gema**, Dame Gruev 39, Tel. +389/46/266411, www.gematravel.com; ab 40 Euro/Tag (190 Euro/Woche). Betreiber Rumen spricht fließend Englisch, seine Frau Tamara Deutsch.

Parkgebühren im Zentrum: Für die ersten beiden Stunden je 50 MKD, danach 40 MKD/Std., zu zahlen in 10- bzw. 50-MKD-Noten (kein Wechselgeld).

Busbahnhof, Tel. +389/46/260339. Leider recht dezentral nordöstlich vom Zentrum. Busse zwischen Altstadt und Busbahnhof verkehren nicht, Taxis ins Zentrum kosten derzeit 150 MKD. Über längere Wartezeiten bis zum nächsten Bus helfen das nahegelegene gute Restaurant ›Zlateno Jajce‹ oder die Bäckerei ›Žito Leb‹ hinweg.

Zum **Nationalpark Galičica** gibt es keinen Busverkehr. Man kann aber den Bus nach Sv. Naum nehmen und sich bei Trpejca oder Peštani absetzen lassen, wo markierte Wege in den Park führen.

Ohrid – Skopje: 9x tägl. zwischen 5.30 und 19 Uhr, ca. 500 MKD/Pers. Achtung: Die Strecke über Bitola ist länger und teurer als die über Kičevo. In der Ferienzeit fahren zusätzlich private Minibusse.

Ohrid – Bitola: 11x tägl., 6–18 Uhr, gut 1 Std. Fahrtzeit.

Ohrid – Struga: alle 10 Min. Minibusse ab Bd. Turističiska vor dem TIM-Markt bei der Sv. Naum-Schule, gegenüber Marktplatz. Letzter Bus um 22.30 Uhr.

Ohrid – Sv. Naum: regelmäßig vom Busbahnhof oder Bd. Turističiska, links vom Markt.

Ohrid – Strumica; nur im Sommer tägl. 12.30, 11 Uhr zurück.

Ohrid – Sofia: tägl. 19 Uhr.

Ohrid – Belgrad: 15.30 und 17.45 Uhr.

Nach Albanien: Der Bus nach Sv. Naum fährt einen Bogen bis zur Grenze. Dort warten auf der anderen Seite Taxis.

Nach Griechenland: Bus nach Bitola, von dort Taxi nach Florina (ca. 20 Euro), dann z. B. Zug/Bus nach Thessaloniki.

Flughafen Sv. Apostel Paul, Tel. +389/46/252820, ohd.airports.com.mk. 14 km nördlich von Ohrid, einziger internationaler Flughafen des Landes außer Skopje.

Flüge: Im Sommer fliegt ›Skywings‹ gelegentlich Düsseldorf–Ohrid. ›Adria Airways‹ bietet Flüge nach Ljubljana, ›Edelweiss‹ 1x wöchentlich nach Zürich, und ›Austrian‹ fliegt nach Wien.

Direktflüge von/nach Amsterdam. Kein Flugverkehr nach Skopje.

Taxi: Tel. +389/46/1588.

Taxis nach **Struga** kosten 50 MKD.

Taxifahrer Ljupčo, Tel. +389/71/790708. Spricht Deutsch, sehr freundlich und hilfsbereit.

Zoran, Tel. +389/70/501252. Freundlich, fair und zuverlässig, spricht gut Englisch.

Man kann kleine **Motorboote mit Fahrern** mieten, wobei die Preise hart verhandelt werden müssen (ab 10 Euro). Bietet sich an für Touren nach Kaneo, zu den Biljana-Quellen, nach Kališta, Radožda.

Taxifahrer Dragan, Tel. +389/70/304025. Spricht gut Englisch und ist meist in seinem Boot beim Hafen zu finden.

Dimitar Karovski, Tel. +389/77/587340. Wartet mit seinem Boot in Kaneo und nimmt 300 MKD für die Fahrt zum Hafen.

Fähren nach Sv. Naum; im Sommer zwischen 10 und 15 Uhr; Hin- und Rückfahrt 600 MKD. Infos zu den genauen Abfahrtszeiten hängen am Hafen aus.

Private Charterboote werden z. B. beim Hotel ›Aleksandrija‹ vermietet, Kosta Abraš bb., Tel. +389/78/339377.

Nächtliche Boottrips, Kontakt: Tel. +389/75/629571; 3–5 Euro/2 Std. Die legendären Bootstouren werden vom ›Sunny Lake Hostel‹ organisiert.

In Ohrid richten sich die Zimmerpreise deutlich nach der Saison. **Privatzimmer** für 600 bis 800 MKD/Person werden überall in der Altstadt angeboten und sind eine gute Alternative zu den teureren Hotels – allerdings werden sie speziell im Sommer oft ungern an Alleinreisende vergeben, da andere Belegungen lukrativer sind. Am Busbahnhof wird man bereits mit Zimmerangeboten erwartet, aber wer sicher sein will, zentral zu wohnen, sollte sich lieber selbst umsehen.

Große Hotels mit Seeblick reihen sich am Kej Maršal Tito östlich des Zentrums. Besonders idyllisch, wenn auch einfach, sind Unterkünfte im ruhigen Fischerort **Kaneo**.

Besonders empfehlenswerte Unterkünfte gibt es einige Kilometer außerhalb Ohrids am **östlichen Seeufer** (→ S. 134).

Gästezimmer bei Ilče Kanevče, Kočo Racin 47, Kaneo, Tel. +389/46/262928; 600 MKD/Pers. Die einfachen Zimmer liegen direkt am Wasser, haben kein eigenes Bad, dafür einen Badesteg. 2013 gab es Pläne für einen Ausbau.

Altstadt:

Villa Sv. Sofija, Kosta Abraš 64, Tel. +389/46/254368; DZ 60–80, einziges EZ 35, Suite 120 Euro. Elegant und exklusiv im alten Ohridhaus in der Altstadt.

Villa Germanoff, Car Samuil 57, Tel. +389/46/266831, germanoff@visitohrid.com.mk; Apartments 30–60 Euro ohne Frühstück. Zum Teil mit Balkon zum See, ruhig, zentral, angenehmes Ambiente. Hausherr Zoran Tunev ist sehr freundlich und bietet kompetente Führungen an.

Villa Kale, Klimentov Univerzitet bb. (nahe oberes Altstadttor), Tel. +389/46/262208; ab 25 Euro/Pers. Neues Hotel mit Dachterrasse, Parkplatz, Fahrradverleih, hellen, geräumigen Zimmern mit Blick auf See/Amphitheater. Ruhige, aber stufenreiche Lage, leider bislang kein Frühstück, doch derzeit sicherlich eine der besten Optionen in Ohrid mit auskunftsfreudiger und freundlicher Wirtin Gordana. Sehr zu empfehlen.

Villa Jovan, Car Samuil 44; 20 Euro/Pers. ganzjährig inkl. Frühstück. Sehr stilvoll und gepflegt im historischen Gebäude, bisweilen hinkt der Service etwas hinterher. Das beste Zimmer ist das unterm Dach. Vier Sterne und W-Lan.

Villa Lucija, Kosta Abraš 29, Tel. +389/46/265608, www.vilalucija.com.mk; DZ je nach Saison 25/30 Euro, Apartment für max. 4 Pers. 40 Euro, Frühstück 4 Euro. Direkt am Wasser (Seebalkon!) und sehr beliebt, deshalb möglichst vorher buchen. Aufgrund der zentralen Lage bisweilen laut.

Villa Saraij, Marija und Risto Bošalevi, Sv. Grigor Prličev 19/Braka Miladinovci 54a, direkt oberhalb Kirche Sv. Sofija, Tel. +389/46/265640, nadicabosaleva@yahoo.com; 600 MKD/Pers. 6 schlichte Zimmer mit Dusche und Seeblick bei sehr herzlicher Familie. Marija spricht fließend Englisch. Frühstück mit haus- und garteneigenen Zutaten auf einer Terrasse mit Aussicht (ca. 4 Euro), Wäscheservice, W-Lan. Sehr empfehlenswert.

Sunny Lake Hostel, 11 Oktobri 15, Tel. +389/75/629571, www.sunnylakehostel.com; 12 Euro/Pers. im DZ oder 10 Euro im Schlafsaal inkl. Frühstück. Kompetente und sehr beliebte Backpacker-Unterkunft mit Fahrradverleih (ab 3 Euro/Tag), Wäscheservice und Garten zum Grillen.

An der Seepromenade (Kej M. Tito):

Inex Gorica, Tel. +389/46/277522, www.inexgorica.com; DZ 100 Euro. Große, schöne Zimmer, mehrere kleine Strände, einziges 5-Sterne-Hotel in Ohrid.

Millenium Palace, Kej Maršal Tito 110, Tel. +389/46/263361, www.millenium-palace.com.mk; EZ 50, DZ 70 Euro. Großes, etwas protziges Hotel mit Glasfront in ruhiger Seelage. W-Lan, Pool, gutes Restaurant mit empfehlenswertem Frühstücksbuffet.

Royal View, Jane Sandanski bb, Tel. +389/46/46263072, www.royalview.com.mk; DZ ca. 4000 MKD. Schöne Zimmer mit Seeblick und Balkon direkt an der Promenade. Rezeptionisten und Kellner sprechen teilweise Deutsch, der Koch war jahrelang in Deutschland und hat zahlreiche Auszeichnungen.

Camping in Gradište, 14 km südlich von Ohrid, Tel. +389/46/285945; Mai–Mitte Sept., Zelt mit 2 Pers. 720 MKD. Schön gelegener, sehr großer Platz mit Kieselstrand, Sportplätzen, Shops und Restaurant.

Fisch steht ganz oben auf den Speisekarten von Ohrid. Die legendäre **Ohridforelle** wird traditionell mit Zwiebeln und Walnüssen serviert.

Fischrestaurant Kaneo, Kočo Racin 43. Köstlicher Fisch in einfachem Ambiente. Dauert etwas länger, aber man sitzt abseits des Lärms direkt am Wasser, und das Essen ist frisch. Fischsuppe für 120 MKD.

Restaurant Dalga, Kosta Abraš bb, Tel. +389/46/255999. Direkt im Zentrum der Altstadt, am Seeufer. Nicht ganz billig, aber die Aussicht und die hervorragenden Forellen sind es allemal wert.

Damar, Ecke Car Samuil/Kosta Abra, Tel. +389/46/255554. Eine der besten Optionen in Ohrid mit gutem Service, angenehmem Ambiente und leckeren Menüs inclusive Forelle ab 700 MKD.

Belvedere (neben dem Hotel ›Riviera‹), Kej M. Tito nahe Hafen, Tel. +389/46/231520. Großes Restaurant am Ufer mit guter Küche (Fisch!) und allabendlicher Live-Musik.

Restaurant des Millenium Palace. Angeblich das beste Essen Ohrids, serviert von erstklassigen Kellnern (Speisen 350–400 MKD).

Zlateno Jajce, nahe Busbahnhof. Farmhausähnlicher Ziegelbau im Industriegebiet, bekannt für hervorragende Pastrmajlija (ähnlich Pizza mit Fleisch; kleine Portion reicht für den durchschnittlichen Magen) und gutes Grillfleisch.

Es ist schwer, dem sommerlichen Nachtleben von Ohrid zu entkommen. Es gibt unzählige Bars, Clubs und Partys.

Jazz Inn, Kosta Abraš; 22.30–1 Uhr. Empfehlenswerter Jazzclub, in dem gelegentlich Livemusik gespielt wird. Von Sv. Sofija aus Richtung See.

Duck Café, Kej M. Tito/Ecke Makedonski Prosvetiteli; tägl. 20–4 Uhr. Derzeit sehr populär, Jazz und Blues live.

Objektiv, Kej M. Tito (nahe Hotel ›Riviera‹); Live-Musik am Wochenende, sehr beliebt.

Kadmo Yacht Club, Kosta Abraš. Cooler und schicker Club mit elektronischer Musik direkt am Altstadtufer.

Stadtmuseum, Car Samuil 62, Tel. +389/46/267173; tägl. 9–13, 19–22 Uhr, 100 MKD.

Links daneben ist das Lapidarium mit Büchern, archäologischen Funden und Skulpturen.

Ikonengalerie, am Ende der ul. Klimentov Univerzitet; tägl. 9–15 Uhr.

Galerie Barok, Car Samuil 24, Tel. +389/46/263151, barokohrid@yahoo.com. Atelier für Holzschnitzerei.

Galerie Bukefal, Kliment Ohridski 54, www.bukefal.com.mk.

Werkstatt für handgemachtes Papier, Sv. Kliment Ohridski, Car Samuil 60 (direkt neben dem Stadtmuseum), Tel. +389/46/253610; Eintritt frei. Ljupčo Panevski weist Besucher in die Kunst der Papierherstellung ein und präsentiert eine alte Gutenberg-Presse.

Balkan-Folklore-Festspiele; Anfang Juli, fünftägig. Volkstänze aller Balkanländer, Open-Air-Bühne über Sv. Sofija, bei schlechtem Wetter im Kulturzentrum.

Ohrid-Sommer; Mitte Juli–Mitte Aug., www.ohridsummer.com.mk. Mit Theateraufführungen (folkloristisch) und Konzerten (klassisch). Besonders beeindruckende Lokalität für Sommernachtskonzerte ist die Open-Air-Bühne. Andere Aufführungsorte sind Sv. Sofija, Samuils Festung und das antike Theater.

Internationaler Schwimmmarathon; letztes Augustwochenende. Seit 1962, geschwommen werden 30 km von Sv. Naum bis Ohrid.

Vodici; 19. Januar. Zu Ehren von Johannes dem Täufer werfen Priester ein Kreuz ins Wasser, und junge Leute springen hinterher. Wer es findet, wird das Jahr über Glück haben.

Sunny Lake Hostel; Fahrräder für 3 bzw. 7 Euro/Tag.

Agentur Ibegalis, in der Nähe vom Markt (Bd. Makedonski Prosvetiteli, Ecke Bd. Turistička), Tel. +389/78/444074; tägl. 9–16 Uhr, Fahrräder ab 5 Euro/Tag.

Besonders geeignet für Touren ist die Strecke westwärts über Struga und Radožda bis zur albanischen Grenze (mit stetig zunehmender Attraktivität).

Badestellen gibt es überall, wenn auch keine breiten Sandstrände. Direkt in Ohrid schwimmt man am besten in **Kaneo** oder am **Stadtstrand** (Gradska Plaža) westlich von der Festung.

Schönere Strände gibt es Richtung Sv. Naum: Bei den **Biljana-Quellen** ist ein Sandstrand mit Spielplatz und wenig südlich davon die schicke **Strandbar Cuba-Libre** (Boottaxis dürfen hier leider nicht anlegen, aber man kann von den Biljana-Quellen aus gut laufen).

Auch bei den wenig südlich gelegenen **Strandbars Kadmo** und **Bella Vista** gibt es Bademöglichkeiten.

Am beliebten **Slavija-Strand** (hinter der Tito-Villa) kann man Kajaks leihen.

Auf dem Grund des Ohridsees sind unweit von Gradište die **Reste der versunkenen Stadt Mihovgrad** aus der Bronzezeit zu entdecken, und bei Struga liegen **Schiffe aus dem Ersten und Zweiten Weltkrieg**. Tauchgänge kosten 20–30 Euro inkl. Equipment. Mit einer Sichtweite von über 20 Metern sind Mai und September die besten Tauchmonate.

Amfora-Tauch-Zentrum, im Hotel ›Granit‹, Tel. +389/46/207100, www.amfora.com.mk. Verleih von Ausrüstungen, Kurse auf Anfrage.

Gut erreichbare Wandermöglichkeiten bestehen bei Openica, Kališta, Vevčani und in Galičica (→ S. 135, 141, 144, 146).

Silberfiligrane sind in Ohrid sehr viel günstiger als in Skopje. Schmuckgeschäfte findet man z.B. entlang der ul. Car Samuil. Schmuck aus den landesweit berühmten **Ohridperlen** sind ein beliebtes Souvenir. Die Perlen werden aus Fischschuppen gepresst; erhältlich z.B. bei Filevi, Car Samuil 20, einem über 80 Jahre alten Familienunternehmen.

Metallwerkstatt, ul. Kosta Abraš 44; tägl. 10–14 und 17–20 Uhr, freier Eintritt. Fertigt und verkauft seit über 100 Jahren Messingschilder und Schmuck.

Anastas Dudan, Jane Sandanski 14, Tel. +389/70/501573. Bietet besonders filigran gearbeitete Metallarbeiten an. Seine Ikonen und Silberkunstwerke wurden mehrfach ausgezeichnet. Individuelle Aufträge fertigt er in 2–3 Tagen.

Werkstatt und Galerie Tron, ul. Car Samuil bb. In seiner winzigen Werkstatt verkauft Dragan Nelovski Hozschnitzereien.

Jasmina verkauft am Ufer der Altstadt ihre bunten Hüte und Mützen.

Kloster Sv. Naum

Das Kloster Sv. Naum (Св. Наум) liegt 30 Kilometer südöstlich von Ohrid am Ufer des Sees und in unmittelbarer Nähe der albanischen Grenze. Der heilige Naum war zu seinen Lebzeiten nicht nur Lehrer und Missionar, sondern auch Wunderheiler. Im Jahr 900 erbaute er sein Kloster, von dem es heißt, er habe darin Geisteskranke geheilt und Besessene von Dämonen befreit.

Feststeht, dass das Kloster bis zum 19. Jahrhundert als Sanatorium für psychische Erkrankungen genutzt wurde. Zwischendurch wurde es von den Osmanen niedergerissen und im 16. Jahrhundert wieder aufgebaut. Etwa 100 Jahre später wurde in die neue Klosterkirche die reichverzierte **Ikonostase** eingesetzt, und um 1800 entstanden die Fresken. Die Umrisse der ursprünglich von Naum erbauten Kirche sind auf dem Marmorboden der heutigen markiert und so noch nachvollziehbar. In einer seitlichen Kammer befindet sich der steinerne **Sarg des Wunderheilers**, in dem angeblich immer noch sein Herz schlägt. Berührt man den Stein, erfüllen sich Wünsche, heißt es außerdem.

In der gepflegten Klosteranlage gibt es inzwischen ein schickes **Hotel**, herumstolzierende Pfauen und Händler, die Souvenirs verkaufen. Nach Sv. Naum fahren regelmäßig Busse von Ohrid. Idyllischer ist die Anfahrt allerdings per Fähre, abenteuerlicher per Fahrrad. Je weiter man sich von Ohrid gen Süden entfernt, desto seltener werden die klotzigen Hotelanlagen, die schließlich von kleinen Dörfern abgelöst werden.

Bootstouren vom Kloster

Vor den Klostertoren werden Bootsfahrten zu verschiedenen Zielen angeboten. Lohnenswert und wirklich idyllisch ist eine Fahrt zu den **Quellen des Flusses Crni Drim**, die dem Galičicamassiv entspringen. Im Quellwasser gibt es Algenarten, die im August rot blühen und weltweit einzigartig sind. Die halbstündige Tour zu den Quellen und zurück kostet 150 Denar pro Person.

Das Kloster Sv. Naum

▲ Karte S. 120

Eine andere Tour führt zu der entlegenen und nur per Boot zu erreichenden Kirche **Sv. Zaum**, in der es als besondere Rarität das Abbild einer stillenden Gottesmutter zu sehen gibt. Der Fahrpreis muss ausgehandelt werden.

Sv. Naum

Vorwahl: +389/46.

Busse fahren regelmäßig zwischen Ohrid und Sv. Naum und machen einen Schlenker zur albanischen Grenze. Letzter Bus nach Ohrid um 19 Uhr.

Boote von Ohrid nach Sv. Naum fahren vom Hauptanleger im Zentrum von Ohrid; ca. 600 MKD/Pers. Das letzte Boot fährt um 17 Uhr.

Organisierte Bootstouren auf dem See, angeboten vom Hotel ›Sv. Naum‹; 600 MKD/Std. (10 Euro).

Hotel Sv. Naum, Tel. +389/46/283244, www.hotel-stnaum.com.mk; EZ ab 50 Euro, DZ ab 75 Euro (Seeblick ist teurer). Das Hotel liegt sehr schön und ruhig im Klosterkomplex, vor allem, wenn der letzte Bus nach Ohrid abgefahren ist. Es gibt einen Pool, ein großes Restaurant und alle Annehmlichkeiten.

Restaurant Otrovo, auf einer kleinen Insel beim Kloster, Tel. +389/46/283090. Auf einer Sommerterrasse traditionelle Speisen und Fischspezialitäten Probieren: gebackene Forelle (*tresena pastrmka*).

Es gibt keinen Radweg von Ohrid nach Naum, und teilweise ist die Straße recht steil. Belohnung: Die letzten 8 der insgesamt 30 km geht es nur bergab. Gegen ein Trinkgeld kann man sein Rad im Bus mit zurücknehmen, wenn er nicht zu voll ist.

Das östliche Seeufer

Sehenswert ist **Michov Grad**, das ›Museum auf dem Wasser‹, vor der Halbinsel Gradište beim Ort Peštani. Dort entdeckte ein Taucher 1997 in einer Tiefe von bis zu drei Metern die Reste einer prähistorischen Pfahlsiedlung. Nach mehrjähriger archäologischer Unterwasserforschung wurde nun aufgrund der mannigfaltigen Fundstücke und der 6000 Pfahlreste die einstige Siedlung rekonstruiert. Ein Dorf mit originalgetreu ausgestatteten Lehmhütten auf einer Holzplattform im See illustriert seither sehr anschaulich, wie die Bewohner der späten Bronze- und frühen Eisenzeit (12.–7. Jahrhundert vor Christus) dort gelebt haben mögen. Zum Areal gehören außerdem eine Galerie mit weiteren Fundstücken und ein Café mit Sonnenterrasse. Ein kurzer Spaziergang führt von der Pfahlsiedlung zu den Resten der einstigen Festung **Gradište**. Das Museum ist gut sichtbar ausgeschildert (Di–So 9–16.30 Uhr, Eintritt 100 Denar).

Der Ort **Sv. Stefan** (Свети Стефан) ist ein Paradebeispiel jugoslawischer Schauerarchitektur, aber ein Weg gegenüber dem Hotel mit dem treffenden Namen ›Beton‹ führt zu einer 500 Meter oberhalb der Straße gelegenen **Felsenkirche** mit Fresken aus dem 15. Jahrhundert. Übrigens verdanken die Hotels der ›Beton‹-Kette ihren Namen nicht der baulichen Substanz, sondern der gleichnamigen Firma, die hier ihre Arbeiter im Urlaub unterbrachte. Das gleiche gilt auch für die ›Granit‹-Hotels.

Im weiteren Verlaufe des Seeufers findet man zahlreiche Strände und malerische Buchten, und überall werden Gästezimmer angeboten. Mit der Idylle könnte es allerdings speziell im Umfeld des

Michov Grad, das ›Museum auf dem Wasser‹

südlich gelegenen Örtchens **Ljubaništa** bald vorbei sein. Hier plant der indische Milliardär Subrata Roy unter dem Projektnamen ›Saharayan Macedonia‹ ein 240 Hektar großes Luxusresort mit vorgelagerten künstlichen Inseln im Dubai-Stil, Hotels, Casinos, Golfplatz und möglicherweise gar einem Flughafen auf dem Wasser. Angeblich sollen damit vor allem reiche Inder, Russen und Chinesen an den Ohridsee gelockt werden. Inwiefern dieses Projekt mit dem UNESCO-Status des Sees vereinbar ist und ob es jemals umgesetzt werden wird oder nur eine Luftblase der Regierung war, um Wählerstimmen zu gewinnen, bleibt abzuwarten. Angeblich beginnen die Bauarbeiten 2014.

Östliches Seeufer

Robinson Sunset House, oberhalb von ›Granit‹ und ›Beton‹, Lagadin, Tel. +389/75/727252 (Kontakt Andon Misevski), www.ohridhotel.org; 10 Euro/Pers. Gemütliche Atmosphäre, mit urigem Garten. Einfach, rustikal, mit Hollywoodschaukel, Hängematte, Grill, Bar, Gemeinschaftsküche, liebevoll bepflanzten Blumentöpfen und Seeblick. Schön: mit anderen Gästen am langen Holztisch hausgemachten Raki trinken. Sehr empfehlenswert! Kostenloser Transport zum unterhalb gelegenen Strand. Transfer vom Busbahnhof 200 MKD oder vom Bus nach Sv. Naum bei Legadin-Markt absetzen lassen.

Risto's Guest House, Dorf Elšani, Haus Nr. 23, Tel. +389/75/977930, http://ristosgueshouse.4t.com; EZ 20, DZ 30 Euro inkl. gutem Frühstück. Einfache, saubere Zimmer mit Balkon und schönem Blick auf den 1,5 km unterhalb gelegenen See. Der warmherzige Risto und seine Frau Anita bereiten abends Hausmannskost für 8 Euro inkl. Wein. Sehr hilfsbereit und kinderfreundlich. Fußläufig guter Strand und Wandermöglichkeiten im Nationalpark Galičica. Besonders zu empfehlen.

Weitere gute Hotels mit Strand und Seeblick gibt es u.a. in **Lagadin** (›Villa Nova‹, www.villanovaohrid.com und ›Dva Bisera‹, www.hoteldvabisera.com.mk) **Elšani** und **Peštani**. **Privatunterkünfte** rund um den See ab ca. 300 MKD ohne Frühstück.

Hotel Granit. Das große Ex-Jugo-Hotel in Sv. Stefan hat einen Pool direkt am See, ist sonst aber nur mäßig empfehlenswert.

▶ Karte S. 120

Campingplatz Ljubaništa, Tel. +389/46/283240. Kleiner Platz nicht weit von der Bushaltestelle Sv. Naum, direkt am Wasser gelegen.
Gradište, 17 km vom Ohrid entfernt, Tel. +389/46/285945; 400 Stellplätze.

Restaurant Ribar, im Fischerdorf Trpejca; tägl. 9-24 Uhr, Fisch 300-600 MKD/Pers. Bestes Fischrestaurant am See mit schöner Aussichtsterrasse, Bademöglichkeit am weißen Kieselstrand mit angeblich sauberstem Wasser.

Openica

Etwa zwölf Kilometer nordöstlich von Ohrid liegt verborgen zwischen Hügeln Openica, ein kleiner Ort mit einer **Forellenzucht** und einem Hotel im Landhausstil (ul. 7 Noemvri, Tel. +389/70/212610). Der Inhaber Risto Momir ist bemüht, sein Gasthaus möglichst ökologisch auszurichten und bietet Ausflüge per Esel in die Nachbardörfer. Sein Restaurant ist exzellent!
Nach Openica fährt man von Ohrid vorbei am Busbahnhof und dem anschließenden Kreisverkehr, links vorbei an der ›Okta‹-Tankstelle und durch die Orte Kosel und Leskovec. Beim Ortsschild Openica erhebt sich rechter Hand die Kirche **Sv. Nikola** über dem Ort. Das hochpreisige Hotel ist ausgeschildert und liegt, erkennbar am grünen Dach, dort, wo der Asphalt endet.
Alternativ besteigt man einen Bus nach Bitola und lässt sich entsprechend absetzen.

Velgošti

An der Straße nach Bitola liegt der Ort Velgošti mit dem Kirchenkomplex **Sv. Petka**. Für fünf Euro kann man in einem der zwölf Gästezimmer übernachten und einen herrlichen Blick auf den Ohridsee genießen. Von dort führt ein guter Wanderweg bis zu den Biljana-Quellen am Stadtrand von Ohrid (→ S. 127).

Blick auf den Ohridsee

Struga

Struga (Струга, albanisch Strugë) ist mit gut 16000 Einwohnern und zwei privaten Unis die zweitgrößte Stadt am Ohridsee und nur 14 Kilometer von Ohrid entfernt. An Attraktivität kann Struga mit seiner Nachbarstadt bei weitem nicht mithalten und hat auch nicht deren historische Relevanz. Vielmehr scheint Struga auf den ersten Blick hauptsächlich aus großen Hotels zu bestehen, die die neu angelegte lange Uferpromenade säumen. Trotzdem bietet Struga einige Vorteile, nicht zuletzt seine drei breiten **Strände**, von denen der weitläufigste direkt im Zentrum liegt. Strugas Altstadt ist weit weniger malerisch als die verwinkelten Gassen von Ohrid, hat aber durchaus ein paar Sehenswürdigkeiten zu bieten. Vor allem ist jedoch die Umgebung von Struga reizvoll, weshalb sich der Ort als Basis für Ausflüge eignet, nicht zuletzt auch ins benachbarte Albanien. Hinzu kommt, dass Struga im Sommer weniger überfüllt und preisgünstiger ist als Ohrid. Wegen der unmittelbaren Nähe zur albanischen Grenze ist Struga vor allem bei albanischen Urlaubern beliebt. Zimmer heißen deshalb häufig nicht wie gewohnt ›soba‹, sondern albanisch ›dhoma‹.

Am Strand von Struga

▲ Karte S. 137

Nett ist ein Spaziergang an den **Promenaden des Flusses Crni Drim**, der die Stadt in zwei Hälften teilt und dort, wo er aus dem Ohridsee herausfließt, viele Angler an seine Ufer zieht.

Geschichte

In den 1960er Jahren fand man bei einer Erweiterung des Flussbetts des Crni Drim Werkzeuge und Waffen aus der frühen Steinzeit. Offenbar gab es hier einmal eine panneolithische Siedlung, deren Einwohner vom Fischfang lebten und in Pfahlbauten am Ufer wohnten. Ein Miniaturmodell einer solchen Pfahlhütte gibt es im Naturkundemuseum von Struga zu sehen, ein lebensgroßes beim Ort Gradište (Michov Grad, → S. 133). In der Antike wuchs der Ort zu einer Stadt namens Enhalon heran, was übersetzt ›Aal‹ bedeutet. Dieser Name kam nicht von ungefähr, denn mit den Aalen von Struga verbindet sich ein faszinierendes Phänomen. Noch bis vor kurzem schwammen durch den Fluss Crni Drim junge Aale von der Saragossasee im Atlantik über die Adria bis in den Ohridsee. Dort verweilten sie die nächsten 20 Jahre, bis sie geschlechtsreif, aber blind waren. Zusammen mit ihren Partnern emigrierten sie sodann durch den Crni Drim nach Amerika, bis vor die karibischen Inseln. Dort endete die anstrengende Hochzeitsreise, indem die Aale auf den Meeresboden sanken und eng umschlungen starben. Vorher legte das Weibchen noch schnell seine Eier ab. Waren die jungen Aale kräftig genug, versammelten sich zu großen Schwärmen und schwammen vereint zurück in den Ohridsee.

Populärerweise wird behauptet, dass das heute immer noch so ist, aber de facto wurde durch den Bau des Globolica-Staudamms 1965 den Aalen das Reisen unmöglich gemacht. Die Aale, die es heute im See gibt, werden künstlich zugeführt.

Kunst und Kultur

Dass Struga auch ›Stadt der Poesie‹ genannt wird, verdankt es seinen beiden prominentesten Bürgern, den **Brüdern Miladinov**. Das **Denkmal** der Philologen steht vor dem Kulturzentrum, daneben der Text des berühmtesten Gedichts von

Konstantin Miladinov, ›Sehnsucht nach dem Süden‹ (T'ga za jug). Er schrieb es im 19. Jahrhundert in Moskau als Ode an seine Heimat Struga. Heute werden mit diesem Gedicht die alljährlich stattfindenden Poesieabende in Struga eröffnet.

Nicht weit vom Denkmal gibt es ein **Gedenkhaus** für die Brüder. Konstantin und Dimitar machten sich vor allem dadurch einen Namen, dass sie sich zur Zeit der erzwungenen griechischen Kulturvorherrschaft im 19. Jahrhundert für den Gebrauch der slawischen Sprache einsetzten. Beide starben 1862 in türkischen Gefängnissen und werden seitdem als patriotische Aufklärer verehrt.

Ein anderer Prominenter aus Struga war der Maler Vangel Kodžoman, einer der bekanntesten zeitgenössischen Maler Mazedoniens. Die ihm gewidmete Galerie liegt direkt neben dem Haus der Miladinovs und stellt einige seiner Städteporträts aus. Der Name der Dauerausstellung heißt ›Struga in der Vergangenheit‹ und vermittelt einen Eindruck davon, wie schön es hier einmal vor dem touristischen Bauboom gewesen sein muss. Kodžoman wurde 1904 in Struga geboren und starb dort genau 90 Jahre später.

Osmanisches Erbe

Zu den osmanischen Hinterlassenschaften in Struga gehören die **Halveti Teke** aus dem 18. Jahrhundert, die **Mustafa-Pascha-Moschee** und ein alter **Hammam**. Alle drei Gebäude liegen im Zentrum, in der Nähe des Ploštad Revolucija mit seinem eigenwilligen Denkmal.

Sv. Gjorgji

Die große Kirche, die 1835 erbaut wurde und leider oft verschlossen ist, befindet sich direkt neben dem Marktplatz. Darin gibt es einige Fresken vom Ende des 19. Jahrhunderts, aber wirklich lohnenswert machen einen Besuch die **Ikonen** aus dem 13. und 14. Jahrhundert. Besonders bedeutend ist die Ikone von Sv. Gjorgji von 1267.

Angler am Crni Drim

Karte S. 137

Struga

Vorwahl: +389/46.
Internet: www.struga.org.

Post, ul. Turistička, nah am ploštad Revolucija.

Autoverleih KMP, Tel. +389/46/784715.

Busbahnhof, Tel. +389/46/782770, 1,5 km nördlich vom Zentrum. Bei der Anreise am besten im Zentrum aussteigen, bevor der Bus zum entlegenen Busbahnhof fährt.
Struga-Debar und Ohrid: Regelmäßige Busse (weniger als 30 Min. Fahrt). Busse und Sammeltaxis nach Ohrid fahren bis 22 Uhr alle 15 Min. an der Promenade beim Hotel ›Drim‹ ab.
Struga-Skopje: über Tetovo um 6, 8.30, 10.30 und 17.30 Uhr, im Sommer öfter.
Busse von Skopje nach Ohrid halten außerhalb von Struga an der ›Okta‹-Tankstelle. Von dort fährt ein Minibus für 50 MKD ins Zentrum.
Struga-Bitola: 7, 10 Uhr.
Struga-Vevčani: 5–20 Uhr stündlich.
Struga-Labuništa: 5–20 Uhr alle 30 Min.
Struga-Radožda: um 6.15, 9, 13, 15 und 19 Uhr.
Struga-Tirana (Albanien): 1x tägl.

Unterkünfte sind reichlich und günstig. **Privatzimmer** ab 5 Euro/Pers. ohne Frühstück kann man gegen Kommission bei zahlreichen Agenturen buchen. Einfacher ist es, auf die ›soba‹-/›coба‹- und ›dhoma‹-Zeichen zu achten.
Ruhiger und schöner wohnt man außerhalb Strugas am westlichen Seeufer.
Hotel Beograd, Maršal Tito bb, Tel. +389/46/781342, hotelbeograd@mt.net.mk, www.hoteldrim.com.mk; DZ 80–105 Euro/Pers. inkl. Frühstück (Preise variieren nach Saison, HP und VP jeweils 5/10 Euro Aufschlag – auf jeden Fall zu teuer!). Großes Traditionshotel am Eingang zur Altstadt mit Sommerterrasse am Fluss, auf der es eine große Auswahl an Grillgerichten und Livemusik gibt. Der Rezeptionist kennt die Gegend bestens und spricht gut Englisch. Speziell im Sommer muss man mit nächtlichem Lärm von der ul. Maršal Tito rechnen.
Hotel Drim, Tel. +389/46/782611, www.drim.com.mk; ab 60 Euro. Der große Komplex mit 200 Zimmern, Pool, W-Lan, eigenem Strand und zentralster Lage wurde 2010 komplett renoviert und trägt nun fünf Sterne.
Hotel Makpetrol, Elen Kamen (am Hang hinter Hotel ›Biser‹), Tel. +389/71/267760; EZ 35, DZ 50 Euro. Sehr schöne Anlage mit Pool, alle Zimmer mit Seeblick, nettes Personal, gute Landesküche mit großen Portionen, ausbaufähiger Sandstrand. Beliebt bei holländischen Pauschaltouristen, kinderfreundlich.
Hotel Biser, 5 km von Struga neben altem Klostergelände direkt am Seeufer, Tel. +389/46/785799, www.hotelbiser.com.mk; EZ 25, DZ 45 Euro, Apartment 75 Euro. Alle 86 Zimmer haben einen Balkon mit Seeblick. Mit eigener Badestelle und großer Terrasse, ruhig im Klosterkomplex gelegen. Per Auto/Taxi zu erreichen.

Autocamp AS-Struga, 3,5 Km östlich vom Ort nahe ›Eurotel‹, Tel. +389/46/780877; 100 MKD/Zelt, 50 MKD/Pers. Mit Sommerterrasse, Restaurant und Sportmöglichkeiten.

Spezialitäten in Struga: **Aal** und **Forelle**. Speziell entlang der ul. Maršal Tito reiht sich ein Pizzalokal an das nächste. Viele Restaurants liegen außerdem an den Ufern des Drim.
Pizzeria Angela, Dimitar Vlahov 2, Tel. +389/46/786242. Rustikal und gemütlich im Backsteinambiente direkt am Fluss, Pizza und Einheimisches bei Jazz und Blues.

Restaurant Drinia, Maršal Tito bb, Tel. +389/46/781208. Auf dem Einkaufszentrum ›Coma‹, das ist der wuchtige Beton- und Glasklotz am Eingang der Altstadt. Von der Dachterrasse hat man den besten Ausblick auf Stadt und See.
Antika, Dimitar Vlahov bb. Landesküche zu moderaten Preisen, nett.
Klimetica. Gute Landesküche zu moderaten Preisen, besonders empfehlenswert sind die Vorspeisen.
Geneva. Nettes Fischrestaurant im traditionellen Stil.
Razme, Seestraße ca. 4 km gen Westen, Tel. +389/71/970990. Fischrestaurant mit exzellenter Küche. Der albanische Betreiber spricht ein wenig Deutsch und vermietet günstige Zimmer.

Die neu angelegte Promenade ist gesäumt von zahlreichen schicken Strandbars.
Café Paris, Maršal Tito. Beliebter Treffpunkt, bietet auch Speisen.

Art Caffee, Kej Boris Kirdrič bb, Tel. +389/70/897789. Das Kulturprogramm (Konzerte, Theater, DJs) des sehr netten und populären Art Caffees findet man auf www.shtepia-art.com, leider nur auf Albanisch. Oberhalb werden einfache Gästezimmer angeboten.
Clubs Glamour und **Oaza**. Internationale Diskomusik und Partys am Fr und Sa (jeweils 100 MKD Eintritt).

Museum Struga, Bore Hadžieski 69, Tel. +389/46/786644; tägl. 8–13 und 15–19 Uhr. Das 1928 von dem russischen Wissenschaftler Nikola Nezlobinski gegründete Museum in einem hübschen Altbau stellt Verschiedenes aus der örtlichen Flora und Fauna aus. Beeindruckend ist vor allem die Insektensammlung. Die Beschriftungen sind leider nur auf mazedonisch. Außerdem gibt es eine archäologische Sammlung und eine Ausstellung des Malers Vangel Kodžoman namens ›Struga in der Vergangenheit‹.
Galerie Bukefal, kej Boris Kidrič 36, Tel. +389/46/787385.
Miladinov-Haus, Tel. +389/46/786270.

Kengo jeho; Anfang Aug. Festival regionaler albanischer Lieder und Tänze.
Poesieabende; 25.–29. Aug. Treffen internationaler Dichter in Struga, die ihre Gedichte auf den Brücken des Crni Drim vortragen. Vergeben wird dabei der ›Goldene Kranz‹, und der Sieger muss einen Baum im Garten der Poesie pflanzen. Dort stehen unter anderem schon Bäume von Pablo Neruda, Allan Ginsberg, Hans Magnus Enzensberger und Seamus Heanney.
Trachtenausstellung; 1. Wochenende nach dem 2. August.

Ein Radweg führt von Struga aus am westlichen Seeufer entlang. Eigentlich eine gute Idee – aber leider wurde er ohne viel Rücksicht auf Flora und Fauna quer durch den teilweise abgefackelten Schilfgürtel gelegt, der inzwischen streckenweise von wilden Müllkippen gesäumt ist.

Das westliche Seeufer

Die meisten Felsenkirchen der Region lassen sich auf einem Ausflug von Struga aus am See entlang Richtung Radožda (Радожда), dem letzten Dorf vor der albanischen Grenze, besichtigen. Da die Strecke am Seeufer nicht sehr lang und außerdem verkehrs- und steigungsarm ist, bietet sie sich besonders gut für eine Radtour an. Alternativ kann man den Ausflug auch per Taxiboot machen. Für Badefans und Fotografen empfiehlt es sich, nicht erst nachmittags zu starten, denn dann liegen Strände und Kirchen am westlichen Seeufer bald im Schatten der Berge.

▶ Karte S. 141

Kališta

Nur fünf Kilometer von Struga liegt direkt am See das Kloster **Sv. Bogorodica** beim Dorf Kališta (Калишта). Das Klostergelände, in dem sich auch das sehr schön gelegene Hotel ›Biser‹ befindet, erkennt man von Struga kommend an der großen Toreinfahrt, die auf das weite Gelände mit Seeblick und Bergpanorama führt. Im Sommer dient Kališta als Sommerresidenz des Erzbischofs Naum, dem Oberhaupt der mazedonisch-orthodoxen Kirche. Ganzjährig leben dort drei Nonnen, die in der relativ neuen Kirche, die den Hof dominiert, regelmäßige Gottesdienste abhalten und nebenbei für 300 bis 600 Denar (teuer!) hausgebrannten Schnaps verkaufen.

Viel spannender ist allerdings die kleine, hoch am Hang versteckte **Felsenkirche** mit mehreren Mönchszellen (nach dem Schlüssel in der Hofkirche oder im Hotel fragen). Hinter einer winzigen Tür führt eine vom Felsen umschlossene, steile Holztreppe vorbei an einigen höhlenartigen Kammern hinauf bis in die kleine

Die Umgebung von Struga

Kirche, deren Wände mit Fresken aus dem 15. Jahrhundert bemalt sind. Für den Besuch ist eine Gebühr von einem Euro zu entrichten.

Felsenkirche Sv. Atanas

Winzig klein ist die Kirche Sv. Atanas, die nur 100 Meter südlich des Klosters Sv. Bogorodica an einer steilen Felswand hängt. Direkt am Seeufer führt eine Treppe zu dem kleinen Andachtsraum, der eine eher bescheidene Ikonostase hat, dafür aber sehr farbenfrohe Fresken aus dem späten 14. Jahrhundert. Nach 17 Uhr wird die Kirche verschlossen.
Zwischen Kloster und Sv. Atanas gibt es einen einladenden **Badestrand**.

Felsenkirche Sv. Mihail

Oberhalb des Dorfes Radožda erhebt sich eine weitere, relativ große Felsenkirche, diesmal dem Erzengel Mihail gewidmet. Sie ist mit ihren über 700 Jahren eine der ältesten unter den vielen Felsenkirchen am Ohridsee und ein hervorragendes Studienobjekt für ›Freskenkunde‹. Ihre leider stark beschädigten Wandgemälde sind deshalb interessant, weil man bei genauerem Hinsehen sehr gut die verschiedenen Schichten erkennen und vergleichen kann. Am deutlichsten wird das am Porträt des Erzengels Mihail, bei dem sich die alte Schicht aus dem 13. Jahrhundert und die erstaunlich ähnliche neuere Darstellung sichtlich überschneiden. Ein Großteil des Raumes wird von der neueren Schicht aus dem 15. oder 16. Jahrhundert bedeckt. Wenn die Kirche verschlossen ist, sollte man im nahegelegenen Restaurant ›Dva Bisera‹ nach dem Schlüssel fragen. Achtung: Der Aufstieg zur Kirche ist recht steil.

Fresken an der Felsenkirche Sv. Mihail

Die Felsenkirche Sv. Atanas

Radožda

Der beschauliche Ort Radožda ist der letzte vor der Grenze zu Albanien und gewinnt als ruhige und günstige Alternative zu Ohrid und Struga zunehmend an Popularität. Neben kleinen Badestränden bietet er die wohl besten Fischrestaurants der Region, einen besonders attraktiven Seeblick und eine ständig wachsende Zahl privater Unterkünfte direkt am Ufer. Zu empfehlen ist ein Nachmittagsausflug mit Besichtigung der Felsenkirche und anschließendem Fischessen am See.

▲ Karte S. 141

Westliches Seeufer

Vorwahl: +389/46.

Struga – Kališta und Radožda: Abfahrt ca. 50 m rechts vom Hotel ›Plaža‹ beim Akazienbaum; in unregelmäßigen Abständen (alle 30–120 Min.), 20–30 MKD. Letzter Bus von Radožda nach Struga angeblich je nach Saison um 17.30 Uhr oder 21.30 Uhr.
Vorschlag für einen schönen Ausflug: Mit dem Bus bis Kališta, dann bis Radožda laufen und von dort mit dem Bus zurück nach Struga.

Idyllisch ist die Fahrt von Struga oder Ohrid per **Boot-Taxi**. Von Ohrid nach Radožda und zurück ca. 30 Euro.

Radožda:
Dva Bisera, Tel. +389/46/787118, Kontakt Gradimir Nestoroski; 300–400 MKD/ Pers., abhängig von der Länge des Aufenthalts, Frühstück 80 MKD. 3 einfache Zimmer mit Seeblick, Kühlschrank und Balkon. Kein eigenes Bad. Am besten vorher reservieren.
Lebed, Kontakt Stojna und Jovan Skrčeski, Tel. +389/46/787077; 250 MKD /Pers. Mit kleiner Küche, ohne Seeblick, zentral.
Albatros, an der Uferstraße. Neue, elegantere Pension mit Restaurant.
Zimmer bei Krste Slavovski, Tel. +389/46/ 787056, +389/70/752706; 300 MKD/ Pers. mit Frühstück, Balkon und Seeblick. Grill und Strandbar.

Livadišta, vor Radožda (7 km von Struga), Tel. +389/46/796008. Großer Campingplatz mit akzeptablen Sanitäranlagen, Restaurant, Supermarkt, Strand, Spielplatz, Minigolf und Tretbooten. Bungalows und Wohnwagen saisonabhängig ab 300 MKD/Tag zur Miete. Im Sommer sehr voll.
Treska. Bescheidener kleiner Campingplatz hinter Radožda direkt an der Grenze (ca. 12 km von Struga). Ruhig.

Radožda:
Letnica, Tel. 7+389/46/82819; Kilo Belica 800 MKD, Kilo Letnica 1300 MKD. Hervorragende Küche, Sitzen direkt am See, leckeres Knoblauchbrot und guter Service, nicht billig, eventuell vorbestellen.
Restaurant Dva Bisera, am Ortseingang, Tel. +389/46/787118. Bekanntes Fischrestaurant mit Seeterrasse. Zweite Wahl direkt nach dem teureren ›Letnica‹.
Ezerski Raj, am hinteren Dorfende, Tel. +389/70/212918 (Kontakt: Boge Nestoroski). Sommerrestaurant mit großer Terrasse und Seeblick, serviert traditionelle Landesküche.

Von Kališta führt ein schmaler, neu markierter Wanderweg weit oberhalb der Straße am Hang entlang bis Radožda.

Višni, Vranište und Oktisi

Ein gemütlicher Nachmittagsausflug führt in den bergigen Nordwesten Strugas. Westlich von Struga führt eine wunderbare kurze Wanderung vom Dorf **Višni** zur drei Kilometer nördlich aufragenden Felsenkirche **Sv. Spas**. Der Weg ist im Ort mehrfach ausgewiesen und folgt dem Bach durch den Wald bis zu den Treppen, die den Fels hinauf zur Kirche führen. Innen gibt es einige sehr beschädigte Fresken aus dem 14. Jahrhundert, außen einen Blick bis zum Ohridsee.

Fünf Kilometer nördlich von Struga liegt der Ort **Vranište** mit der Kirche Sv. Bogorodica. Angeblich hat in dieser Kirche aus dem 14. Jahrhundert der serbische König Milutin seine vierte Frau Simonida geheiratet.

Biegt man in Vranište links von der Hauptstraße ab, gelangt man nach **Oktisi**, einem hübschen Dorf mit zahl-

Der Südwesten

reichen alten Häusern. Darüber liegt der Picknickplatz **Vajtos** mit großartigem Panoramablick auf den See und langer Tradition: Angeblich diente Vajtos schon zu römischen Zeiten als Rastplatz für Karawanen, die auf dem Weg zwischen Adria und Schwarzem Meer hier zum letzten Mal pausierten, bevor sie in Ohrid eintrafen. Folgt man der Straße über die Brücke weiter Richtung Nordosten, erreicht man schon bald das Dorf Vevčani.

Vevčani

Der kleine Ort Vevčani (Вевчани) ist zweifelsohne einer der interessanteren Mazedoniens. Steil am Hang der Jablanica-Berge gelegen, ist Vevčani nicht nur bekannt für seine alten Steinhäuser und die Quellen, deren Rauschen den ganzen Ort erfüllt, sondern vor allem für die Eigensinnigkeit seiner Bewohner. Bereits zu jugoslawischen Zeiten lehnten sie sich erfolgreich gegen Belgrad auf, als man dort plante, Vevčanis Quellen zugunsten der Wasserversorgung des Umlands umzuleiten. Jetzt dient ein System von kleinen Brücken und Pfaden zum beschaulichen Spazieren im baumüberwucherten Quellgebiet. Nach der Lösung von Jugoslawien entschied man sich in Vevčani per Referendum, eine eigene Republik zu gründen. Obwohl das attraktive 3000-Seelen-Dorf seine Unabhängigkeit bis heute nicht erreicht hat, nennt es sich seither ›Republik‹. Im Gegensatz zu vielen anderen mazedonischen Dörfern im Westen wurde Vevčani während des Dezentralisierungsprozesses 2004 von keiner albanischen Kommune geschluckt, sondern hat sich als eigenständige Entität behauptet. Der wohl kurioseste Ausdruck von Vevčanis Selbstbestimmung sind der eigene **Pass**, für Touristen erhältlich für 100 Denar, sowie die eigene Währung – die allerdings nur symbolischen Wert hat. Besonders pikant ist der 1000-Ličnici-Schein: Auf der einen Seite zieren ihn zwei barbusige Tänzerinnen, auf der Rückseite ein gekreuzigter Jesus. Anders als andere Dörfer leidet Vevčani keineswegs unter Landflucht, sondern hat eine stabile Bevölkerung, die das Dorf sichtlich hegt und pflegt, dessen Babas sich gern in traditioneller Tracht zeigen. Die sicherlich berühmteste Besonderheit Vevčanis ist sein legendärer **Karneval**, der bereits seit 5000 Jahren jährlich am 13. und 14. Januar zur Abschreckung böser Geister gefeiert wird und mehrere tausend Gäste ins Dorf lockt. Das ganze Jahr über laden liebevoll gestaltete **Gaststätten** zu hauseigenem Wein und traditioneller Hausmannskost im dörflichen Ambiente.

Dorfbewohnerin in Vevčani

▲ Karte S. 141

■ Gorna Belica

Von Vevčani aus führt ein fünf Kilometer langer Wanderweg Richtung Osten durch einen Kastanienwald zum Ort Gorna Belica (Горна Белица). Der beliebte Ferienort, in dem ganzjährig nur noch zwei betagte Frauen leben, hat eine Wlachenkirche aus dem 19. Jahrhundert namens **Sv. Petka** und einen **Gletschersee** in der Nähe zu bieten und ist alternativ per Auto oder Fahrrad von Struga aus zu erreichen. Jeweils am ersten Juni-Wochenende kann man sich einer gemeinsamen Wanderung von Vevčani nach Gorna Belica anschließen. Außerdem bietet die Agentur ›Ibegalis‹ **Tagestouren per Esel** nach Gorna Belica und Višni an (Tel. +389/46/279878, www.ibegalis.com, ansässig in Struga und Ohrid).

Vevčani

Vorwahl: +389/46.

Im Ort gibt es mehrere Infotafeln und Umgebungspläne. Die Touristeninformation am überdachten Marktplatz im Zentrum bleibt zumindest vorerst geschlossen.

Von und nach Struga: stündliche Busse, letzter um 20 Uhr. In Struga hält der orangene Bus an der wenig offensichtlichen Haltestelle ul. Partizanska, nahe Haus Nr. 21.

Ab Skopje: tägl. 9.30, 15 und 16.30 Uhr, Dauer ca. 3 Std.

Domaćinska Kuḱa, 100 m von den Quellen entfernt, Tel. +389/46/790505; DZ 40 Euro. Haus mit rustikaler Einrichtung und unglaublich viel Deko-Kitsch im Hof. Es lohnt ein Blick in den hauseigenen Weinkeller!

Pension Kutmičevica, Tel. +389/46/798399, kutmicevica@yahoo.com.mk; DZ 50 Euro. Stilecht übernachten in traditionellem Dorfhaus über dem gleichnamigen Restaurant. Schön gestaltete Zimmer mit Kamin.

Pupin House, südöstlich von Sv. Nikola, Tel. +389/70/870292; DZ 30 Euro. Im einstigen Elternhaus des serbischen Physikers Mihaijlo Pupin (1858–1935) gibt es drei wohlgestaltete Doppelzimmer mit Bad. Dazu gehört ein sehr gutes Restaurant.

Gorna Belica:

Berghaus, Tel. +389/70/274560, mitten im Dorf. Moderner, eher charmeloser Bau mit einfachen Zimmern und Terrasse, nur im Sommer geöffnet.

Restaurant im Domaćinska Kuḱa. Serviert wird exzellente (angeblich ökologische) lokale Küche, im kitschigen Dekor, sehr zu empfehlen.

Karneval in Vevčani, 13./14. Januar. Maskenumzug als Höhepunkt des orthodoxen Neujahrsfests.

Folgende Wanderungen starten bei Vevčanis Quellen (901 m Höhe) und sind dort aus ausgeschildert:

22 km langer, sehr schöner Rundweg zum Dorf **Gorna Belica**. Von dort weiter zum Gipfel **Crn Kamen** (2258 m) mit grandiosem Ausblick und zum **See Lokva** (oder andersherum). Nach insgesamt etwa 8 Std. ist man wieder in Vevčani. Sehr empfehlenswert.

Eine andere Tagestour (ca. 9 Std./23,4 km) führt über **Crn Kamen** in den Ort **Labunište**, der Übernachtungsmöglichkeiten bietet. Da Crn Kamen unmittelbar an der albanischen Grenze liegt, ist hier Achtsamkeit geboten. Andere Wege in dieser Region sind aus diesem Grund ohne Begleitung eines Ortskundigen nicht zu empfehlen.

Ausflug nach Albanien

Für einen Ausflug nach Albanien sollte man ausreichend Zeit einplanen. Zwar ist der Grenzübergang **Kafasan** bei Struga recht unkompliziert, und man wird in der Regel zügig abgefertigt, aber die meisten Straßen in Albanien sind ausgesprochen schlecht, und die offizielle Geschwindigkeitsbegrenzung beträgt häufig 40 Kilometer pro Stunde, so dass ein

Rund um den Prespasee

Da es an den ruhigen Ufern des Sees Prespa (Преспанско езеро) nur ein paar kleine Dörfer, Hotels und Strände gibt, ist die Infrastruktur bislang recht bescheiden. Wer trotzdem zum See findet, kann sich einer umso ursprünglicheren Natur erfreuen, die mit Unterstützung internationaler Organisationen zunehmend unter Schutz gestellt wird und Teil des grenzübergreifenden Naturschutzgebiets **Prespa-Park** ist, zu dem auch der kleine Prespasee in Griechenland gehört. In unmittelbarer Nachbarschaft locken die bergigen Nationalparks Galičica und Pelister zu Wanderungen, während der See selbst mit seinen Sandstränden und einer sommerlichen Temperatur von 20 bis 26 Grad zum Baden lädt.

Im Prespasee, durch den die Grenzen mit Griechenland und Albanien verlaufen, liegen mehrere Inseln. Zu Mazedonien gehört die Insel **Golem Grad**, die Teil des Nationalparks Galičica ist. Hier lassen sich besonders gut die vielen unterschiedlichen Land- und Wasservögel, vor allem Kormorane und die seltenen Krauskopfpelikane beobachten, die in Massen den See und seine Ufer bevölkern. Angeblich beherbergt der Prespa-Park die weltweit größte Population dieser Pelikanart. Aktuell arbeitet das UNDP (United Nations Development Programme) an einem umfangreichen Reinigungsprogramm des Sees, dessen tiefer Wasserspiegel in den letzten Jahren durch geringe Niederschläge und verstärkte Wasserentnahme für die Landwirtschaft deutlich gesunken ist. Derzeit beträgt die Wassertiefe noch 54 Meter. Der See speist den 500 Meter tiefer liegenden Ohridsee durch das Galičica-Massiv hindurch, dessen Kalkstein Schadstoffe gleich einem Filter zurückhält.

Hübsche Legenden ranken sich um die Entstehung des Sees. Während die einen sagen, dass dort das gewaltige Pferd von König Marko durch einen einzigen großen Schritt den See schuf, erzählen andere die Geschichte vom Königssohn aus einer prächtigen Stadt, die an der Stelle des heutigen Prespasees lag. Als der Prinz im Wald spazieren ging, heißt es, verliebte er sich in die Nymphe Nerida und entschloss sich, sie zu heiraten. Nerida aber lehnte seinen Antrag ab, denn eine Hochzeit mit ihm würde ein großes Unglück über die Stadt bringen. Der verliebte Prinz schenkte ihren Worten keine Beachtung und überredete sie zur Heirat, woraufhin der Himmel sich

Auf dem Weg zur Insel Golem Grad

▲ Karte S. 120

öffnete und ein gewaltiger Regen herabstürzte. Der Regen hörte erst auf, als die ganze Stadt überschwemmt war und sich dort ein großer See gebildet hatte. Die Seerosen auf dem Prespasee, sagt man, sind die Seelen der Ertrunkenen, die auf den Wellen schaukeln.

Strände am Prespasee

Größere Strände, die sich im Sommer füllen, gibt es in **Oteševo**, **Pretor** und beim desolaten **Campingplatz Krani**. Dort findet man teilweise auch Strandbars und Imbisse. Außerhalb der Saison sind diese Strände schlagartig wie ausgestorben. Ganzjährig ruhig badet es sich bei **Konjsko** oder am breiteren Strand beim attraktiven Dorf **Nakolec** beziehungsweise **Dolni Dupeni** und **Stenje**.

Insel Golem Grad

Ein besonderes Naturereignis bietet die Insel Golem Grad, mit 700 Metern Länge und insgesamt 18 Hektar die größte der drei Prespainseln, deren steile Ufer sich hoch aus dem See erheben und die zur Schutzzone des Nationalparks Galičica gehört. Ironischerweise heißt ihr Name übersetzt ›Große Stadt‹, dabei ist auf der unbewohnten Insel außer zwei Kirchen aus dem 14. Jahrhundert nichts Urbanes zu finden.

Im Gegenteil: Dank ihrer Isolation gedeihen auf der Insel neben Zypressen, wilden Mandelbäumen und griechischem Wacholder rund 160 verschiedene Farnsorten. Vor allem aber nutzen Prespas Vögel die Abgeschiedenheit und haben sich auf der Insel zu tausenden niedergelassen. Die ufernahen Bäume, die von weitem wie abgestorben aussehen, sind gezeichnet vom sauren Kot der etwa 1000 Kormorane, die hier nisten. Da sie sich jedes Jahr neue Nistplätze suchen, werden die Bäume sich wieder erholen.

Historische Funde belegen, dass Golem Grad bis ins 6. Jahrhundert besiedelt war. Im Mittelalter entstand dort ein Klosterkomplex, der wohl bis ins frühe 20. Jahrhundert von Mönchen bewohnt wurde, nun allerdings nur noch aus zwei Kirchen besteht. Während **Sv. Dimitrij** heute in Ruinen liegt, wurde **Sv. Petar** vor einigen Jahren sorgsam restauriert. Ihr Inneres birgt einige bemerkenswerte Fresken und – Vorsicht! – beim letzten Besuch eine Schlange, die direkt über der Tür wohnte. Von 1941 bis 1944 diente Golem Grad als Unterschlupf für Partisanen, und zu jugoslawischen Zeiten gab es einen Fährbetrieb für Inseltouristen, doch der ist schon lange eingeschlafen. Wer heute nach Golem Grad will, muss sich am Ufer des Prespasees seinen eigenen Bootsmann suchen. Am besten fragt man im Dorf Konjsko am westlichen Seeufer und lässt sich an einer der drei Anlegestellen der Insel absetzen. Der ›Hafen‹ Sv. Petar ist am einfachsten zu erreichen und liegt in unmittelbarer Nähe der gleichnamigen Kirche.

Auf der Insel angekommen, wird klar, warum Golem Grad im Volksmund auch Schlangeninsel genannt wird: Am Ufer wohnen zahlreiche grau-schwarze Würfelnattern. Die bedrohte Art verbringt die meiste Zeit im Wasser, ist ungiftig und harmlos. Achtung: Da sich die Insel im sonst sehr ruhigen Grenzgebiet befindet, sollte man unterwegs nicht nur mit Scharen von Kormoranen und Pelikanen, sondern auch mit Patrouillen der albanischen Polizei rechnen. Wegen Waldbrandgefahr ist Rauchen auf Golem Grad verboten.

Von Konjsko aus bietet **Goce Stankoski** (Tel. +389/75240691, Hotel ›Rot‹) die Überfahrt zur vier Kilometer entfernten Insel für 1000 Denar pro Boot (max. sechs Personen) inklusive Wartezeit und Rückfahrt an.

Konjsko und Stenje

Das traditionelle Fischerdorf **Konjsko** (Коњско) in der Nähe der albanischen Grenze ist der ideale Ausgangspunkt für Bootstouren zur Insel Golem Grad. Nachdem die Insel und das winzige Dorf Jahre lang im Dornröschenschlaf lagen, hat die seit wenigen Jahren steigende Besucherzahl den Architekten Goce Stankoski dazu bewegt, ein erstes Hotel in Konjsko zu eröffnen. Auf der Restaurantterrasse des Hotels ›Rot‹ lässt es sich beim schönen Blick auf den kleinen Badestrand und den See gut von der Anfahrt in den entlegenen Ort erholen: Busse aus Resen fahren nur bis in den kleinen Ferienort Stenje (Стење), und die weiterführende Straße ist ohne geländegängiges Fahrzeug bislang nur schwer zu bewältigen. Auf Anfrage holt Goce Stankoski Besucher per Auto aus dem acht Kilometer entfernten Stenje ab (Tel. +38975/240691). Das Hotel ist von Mai bis Oktober geöffnet und verlangt 20 Euro pro Person für Übernachtung mit Frühstück.

In **Stenje** gibt es einen recht breiten, meist ruhigen Strand und Privatzimmer mit Blick auf den See. In beiden Orten wird viel getrockneter Fisch zum Verkauf geboten.

Kirche Sv. Gjorgji

Auf der anderen Seite des Prespasees befindet sich, versteckt hinter dem kleinen Dorf **Kurbinovo** (Курбиново), die Kirche Sv. Gjorgji aus dem späten 12. Jahrhundert. Als die äußerlich unscheinbare Kirche 1958 restauriert werden sollte, entdeckte man zufällig unter den Wandbemalungen aus dem 16. Jahrhundert einige erstaunlich gut erhaltene Fresken aus der Entstehungszeit der Kirche. Dabei tauchte auch das Bildnis des Erzengels Mihail auf, dessen Kopie man auf der mazedonischen 50-Denar-Note wiederfinden kann. Das Original schwebt links oben über der Altarapsis. Man nimmt an, dass die Fresken, die das Leben und die Wunder Jesu, die zwölf orthodoxen Feiertage und das Leben des heiligen Gjorgji darstellen, von drei verschiedenen Künstlern gemalt wurden. Dass ihre Figuren so leicht und dynamisch wirken, liegt wohl an der außergewöhnlichen Ausarbeitung der geschwungenen und faltenreichen Gewänder.

Zur Kirche fährt man bis zur Dorfmitte von Kurbinovo, wo ein handgemaltes Schild auf das Haus weist, bei dem der Schlüssel (ključ) abzuholen ist. Dann biegt man bei der Gabelung rechts ab und folgt dem Weg, bis er nach 1,5 Kilometern in einen Parkplatz mündet und der Asphalt endet. Die Kirche ist im Innern recht dunkel und war beim letzten Besuch von lästigen Klebefliegen belagert.

▲ Karte S. 120

Podmočani

In Podmočani gibt es ein **ethnologisches Privatmuseum**, in dem der Sammler Jone Eftimovski Münzen, Schmuck, Waffen und über 180 mazedonische Trachten ausstellt. Neben den Originaltrachten verkauft Eftimovski handgefertigte Souvenirs und hochwertige Kataloge für zehn Euro. Angemeldete Besuchergruppen empfängt er zu traditionellen Speisen. Ist die Tür verschlossen, findet sich meist im Garten jemand, der Besucher für 100 Denar durch die Räume führt. Ein Hinweisschild an der Hauptstraße weist zum Gebäude, das am nördlichen Dorfrand liegt.

Der Sammler selbst spricht nur Mazedonisch, aber seine Kinder helfen gern mit Englisch aus. Tel. +389/47/489260.

Vogelschutzgebiet Ezerani

Große Teile des Sees stehen unter Naturschutz. Besonders schützenswert sind die vielen seltenen Vogelarten, darunter auch Kormorane und verschiedene Pelikane, die im Schilf und auf den Inseln des Prespasees leben. Im Vogelschutzgebiet Ezerani, am Nordufer des Sees, sind angeblich 115 Arten anzutreffen. Da sich die Vögel am besten in der Dämmerung oder am frühen Morgen beobachten lassen, ist es sehr bequem, eine der einfachen Übernachtungsmöglichkeiten der Universität wahrzunehmen, die in Ezerani für 15 Euro angeboten werden.

Resen

Gut zehn Kilometer vom See entfernt liegt Resen (Ресен), die verschlafene Hauptstadt des Prespagebiets, von der aus täglich drei bis vier Busse zu den meisten Dörfern rings um den See fahren. Resen ist einen Zwischenstop wert, wenn dort am Samstag die Bauern aus der Gegend ihre berühmten Prespa-Äpfel verkaufen. Die Prespa-Region gilt nach wie vor als größter Apfelproduzent des Balkan. Ansonsten bietet die 10 000-Einwohnerstadt einige attraktive Häuserfassaden aus dem späten 19. Jahrhundert, eine Handvoll **Moscheen** und eine Fußgängerzone. Beeindruckend ob seiner Größe ist das **Saraj** (Kulturhaus, im Ort ausgeschildert), in dem sich das lokale **Museum** befindet: Angeblich ließ der osmanische Erbauer Ahmed Nyazi Beg sich 1905 vom Château de Chenonceau im Loire-Tal in Frankreich inspirieren, während der Bau dem Volksmund als ›Versailles von Mazedonien‹ gilt.

Prespasee

Vorwahl: +389/47.
Internet: www.resen.gov.mk.

Busbahnhof Resen, Leninova bb, Tel. +389/47/451756. Die Busse halten nicht nur am dezentral gelegenen Busbahnhof, sondern auch an einer unmarkierten Stelle im Zentrum.
Resen–Ohrid: 10x tägl. zwischen 10.10 und 20.10 Uhr.
Resen–Stenje: über Ezerani, um 6.20, 12.20, 14.30 und 18 Uhr.
Resen–Brajčino: 6, 9, 11.30, 14.30, 18 Uhr.
Resen–Skopje: über Bitola, Prilep und Resen, 11 x tägl. (letzter Bus um 16 Uhr).
Resen–Bitola: stündlich zwischen 5 und 18.45 Uhr (120 MKD).

Resen:
Hotel Dior, Maršal Tito 66, Tel. +389/47/454550; 600 MKD/Pers. ohne Frühstück. Zentrale Lage, etwas hellhörig. Die Zimmer sind bescheiden, ohne Klimaanlage, aber mit TV, Heizung und 24 Stunden heißem Wasser.
Am See:
Am Seeufer gibt es neben einigen größeren Touristenorten kleine Dörfer mit breiten Stränden, in denen man für 300 bis 400 MKD pro Person privat unterkommen kann (auf ›соба‹-Zeichen achten). Die Unterkünfte sind günstiger als in Ohrid und außerhalb der Saison sehr ruhig.
Stenje:
Zimmer vermittelt **Svetlana Lazarevska**, +389/70/772276, toni_krstanovski@yahoo.com.

Vom Besuch des **Campingplatzes Krani** ist bis zu seiner Sanierung abzuraten.

Das Pendant zur Ohridforelle ist der **Prespakarpfen**, am besten zu genießen ist er in einem der Fischerdörfer am See.
Resen:
Restaurant Star Sokak, in der Fußgängerzone. Die Küche ist einfach, authentisch und lecker.

Resen:
Museum Dragi Tozija, im Saraj (Kulturhaus); Mo–Fr 7–15 Uhr. Das Museum beherbergt unter anderem Mazedoniens einzige Galerie für moderne Keramik.

Wenn er diese Straße führe, ganz gerade, ohne Aufenthalt, gelangte er wahrscheinlich zu irgendwelchen römischen Resten mit erwiesener historischer Bedeutung und von großem touristischem Interesse, und weiter: zu den hängenden Gärten irgendeiner Prinzessin ...

Jovan Pavlovski, Autobahn

Die Festung von König Marko bei Prilep

PELAGONIJA

Die Pelagonija-Ebene ist eine der größten mazedonischen Beckenlandschaften. Das Tal ist berühmt für seinen Tabakanbau, der sich um die Stadt Prilep zentriert, wo man auch die Festung des König Marko und die wuchtigsten Felslandschaften findet. Andere Höhepunkte Pelagonijas sind der Nationalpark Pelister, die schönen Häuser Bitolas und Kruševos und das Denkmal des Ilindenaufstands von 1903. Da quer durch die Ebene die berühmte Via Egnatia verlief, gibt es hier zudem besonders viele Spuren des Römischen Reichs zu entdecken.

Bitola

Nur wenige Kilometer von der griechischen Grenze entfernt, am Fuße des Bergs Pelister und am Rand der fruchtbaren Ebene Pelagonija, liegt Bitola (Битола). Unverkennbar hat die Stadt eine große Vergangenheit hinter sich, und ihre stolzen Einwohner empfinden sie gern als heimliche Hauptstadt. Die vielen urbanen Neo-Barock- und Renaissancefassaden, die großen Moscheen, die prunkvollen ehemaligen Konsulatsgebäude – ein Spaziergang durch Bitola erzählt viel über die Stadt, die einmal nach Thessaloniki die wichtigste der Region Mazedonien war und unter den Osmanen mazedonische Hauptstadt.

Bitolas Hauptstraße, die ulica Širok Sokak

Geschichte

Nur wenige Kilometer von der antiken Stadt Heraklea entfernt siedelten sich im 7. Jahrhundert Slawen an und gründeten Obitel, das heutige Bitola. Die Stadt blühte schnell auf und wurde zur drittgrößten des Balkan nach Konstantinopel und Thessaloniki. Gleichzeitig verbreitete sich das Christentum und hinterließ viele Klöster rund um die Stadt, weshalb die Osmanen sie nach ihrer Ankunft im 14. Jahrhundert Manastir (Kloster) nannten.

Manastir wuchs heran und wurde zu einem bedeutenden administrativen, militärischen und kulturellen Zentrum, und schon bald entstanden hier die ersten europäischen Konsulate, deren schmucke Gebäude in Bitola noch immer zu sehen sind. Auch heute haben zehn Länder konsularische Vertretungen in Bitola, darunter Frankreich, Russland und die Türkei. Zu Beginn des 19. Jahrhunderts wurde die Eisenbahnlinie gebaut, die Manastir mit Belgrad verbindet. Hinter Manastirs vornehmen Fassaden wurde damals die europäische Politik auf französisch diskutiert, und die Kinder schickte man auf internationale Schulen. In dem großen Bezisten, der noch fast im Original erhalten ist, wurden Waren aus Paris, London und Wien verkauft. Der türkische Reformer Kemal Atatürk besuchte die Militärakademie in Manastir, und im Theater traten Stars wie Sarah Bernhardt auf. Angeblich besaß damals jeder zweite Haushalt der Stadt ein Klavier. Einige der alten Instrumente, damals importiert aus Wien, München und Berlin, sind heute im Stadtmuseum zu besichtigen. Inzwischen, so schätzt man, gibt es in ganz Bitola noch etwa 20 Haushalte mit Klavier.

Als die Balkankriege von 1912/13 zum Untergang des Osmanischen Reichs und zur Teilung Mazedoniens führten, wurde Bitola zur Grenzstadt und verlor zunehmend an Einfluss.

Während des Ersten Weltkriegs wurde die Stadt heftig bombardiert, denn hier verlief die Mazedonische Front (auch Front von Thessaloniki), bei der unter der Führung des Generals August von Mackensen auch viele Deutsche ihr Le-

Das Konzerthaus Dom na Armija

ben ließen. Daran erinnert der Deutsche Friedhof, den Robert Tischler im Auftrag des Volksbundes deutscher Kriegsgräberfürsorge entworfen hat: Die beklemmende Totenburg, in der auf engem Raum über 2000 nicht identifizierte Gefallene ruhen, gleicht einer feindlichen Festung und thront mit ihren monströsen Mauern auf einem Hügel am nördlichen Stadtrand.

Im März 1943 wurden unter den Nazis über 3000 Juden aus Bitola nach Treblinka deportiert, und 1945 wurde das bis dahin provinzielle Skopje zur Hauptstadt der frischgegründeten Teilrepublik des sozialistischen Jugoslawiens.

Bitola ist mit über 80 000 Einwohnern heute immerhin noch die zweitgrößte Stadt Mazedoniens und als kulturelles Zentrum weiterhin von Bedeutung. Wie Skopje hat Bitola eine eigene staatliche Hochschule, die Sv.-Kliment-Ohridski-Universität, und das jährlich im September stattfindende internationale Filmfestival zieht zahlreiche Besucher an. Außerdem werden sogar die Skopjaner zugeben müssen, dass ein Bummel durch Bitola einfach schöner ist als ein Spaziergang durch Skopje.

▲ Karte S. 157

Stadtrundgang

Der Fluss Dragor teilt Bitola in zwei Hälften. Im südlicheren Teil liegt die Hauptstraße Širok Sokak, die Fußgängerzone mit ihren europäisch anmutenden Fassaden, während nördlich des Dragors das türkische Basarviertel Čaršija liegt. Kommt man vom Busbahnhof oder von Heraklea, durchquert man zunächst den Stadtpark, bevor man sich am Südende der ulica Širok Sokak (›Weite Straße‹, vormals Maršal Tito) wiederfindet.

Dort liegt rechter Hand das Konzerthaus **Dom na Armija**, und links das große **Museum** von Bitola, das neben einigen bemerkenswerten archäologischen Funden aus der Steinzeit bis zum Mittelalter Mobiliar aus dem 19. Jahrhundert ausstellt. Außerdem erinnert ein Gedenkzimmer mit Fotografien, Dokumenten und persönlichen Besitzgegenständen an den Reformer Kemal Atatürk. Im 19. Jahrhundert wurde er in eben diesem Gebäude, das die Osmanen 1848 als Militärakademie errichtet hatten, ausgebildet. Seit 1983 fungiert das Gebäude als Museum. Empfehlenswert ist es, eines der Open-Air-Konzerte zu besuchen, die im Sommer im Hof des eleganten Gebäudes stattfinden.

Goce-Delčev-Platz

In der Mitte der Straße Širok Sokak, am Goce-Delčev-Platz, stehen vor dem Kulturzentrum **Skulpturen von Milton und Janaki Manaki**. Milton gibt es jetzt quasi doppelt, denn er steht noch einmal – diesmal aus Bronze – ein paar Meter weiter rechts. 1905 schickte ihm sein Bruder Janaki eine Filmkamera aus London, und noch im selben Jahr startete Milton seine Karriere als Kameramann. Von historischer Relevanz sind für die Nachwelt vor allem seine Dokumentationen, in denen er die letzten Jahre der osmanischen Herrschaft aufzeichnete. Am bekanntesten wurde der Film über den Einzug des Sultans Rešad V., der 1911 nach Bitola kam. Viele der historischen Fotografien, die man in Museen quer durch die Republik findet, wurden von den beiden Brüdern geschossen, die ihr gemeinsames Studio in Bitola hatten.

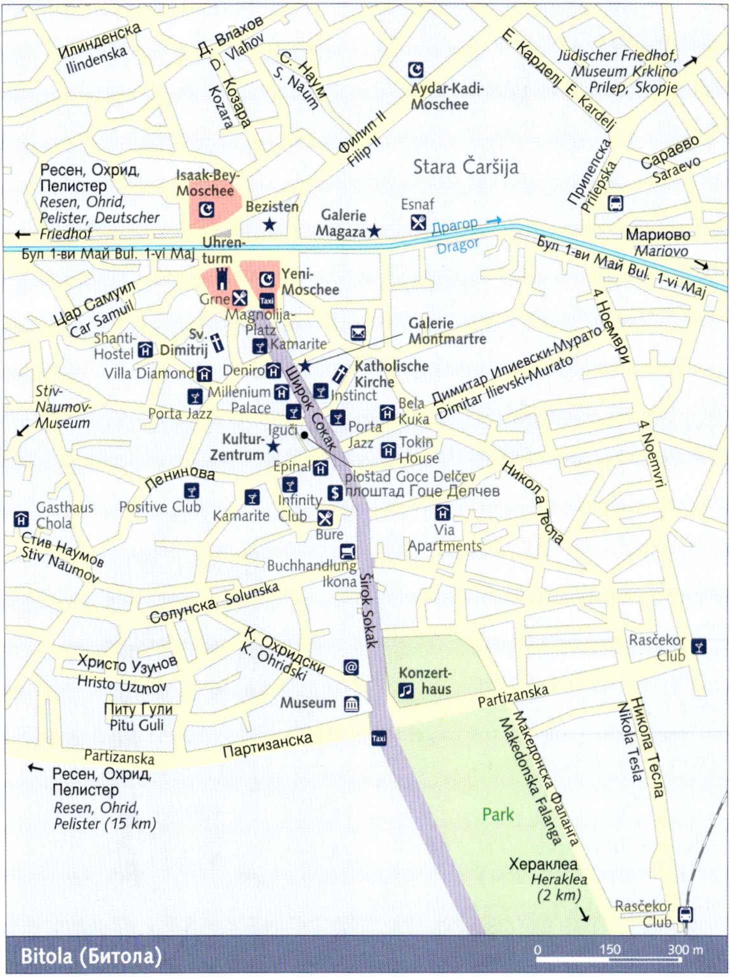

Von außen eher unscheinbar: die Kirche Sv. Dimitrij

Magnolija-Platz

Auf dem einst weiten Platz am nördlichen Ende der Fußgängerzone macht sich seit 2010 ein klotziger **Springbrunnen** zu Füßen eines steinernen **Philipp II.** hoch zu Ross breit. Jeden Abend um 21 Uhr gibt es hier eine Fontänenshow mit Licht und Musik.

Weitaus eleganter ist der Uhrenturm **Saat Kula** aus dem 17. Jahrhundert, der schräg dahinter 32 Meter hoch in den Himmel ragt. Es heißt, die osmanischen Herrscher ließen damals von den Dörfern um Bitola 60 000 Eier einsammeln, die, dem Mörtel beigemischt, die Wände widerstandsfähiger machten. Wer genau hinsieht, kann an der abgeschrägten Ecke, die zum Denkmal Philipps II. weist, im obersten Segment auf dem achten Stein einen eingemeißelten Vogel entdecken. Der Legende nach wurde er als Symbol der Freiheit eingefügt. Um 6, 12, 18 und 24 Uhr läuten die Turmglocken mit jeweils unterschiedlichen Melodien. Der benachbarte **Bronzeengel** auf dem Marmorsockel erinnert an die Opfer des Konflikts im Jahre 2001.

▲ Karte S. 157

Sv. Dimitrij

Biegt man vor dem Uhrenturm links ab, steht man nach ein paar Metern vor der Kirche Sv. Dimitrij, der bedeutendsten Kirche von Bitola. Was man ihr von außen gar nicht ansieht: Sie war lange eine der größten Kirchen des Balkan. Heute steht die balkanweit größte orthodoxe Kirche übrigens in Belgrad, die Kathedrale des heiligen Sava.

Das unauffällige Aussehen der Kirche Sv. Dimitrij rührt daher, dass sie in einer Zeit erbaut wurde, als die Osmanen noch sehr streng darüber wachten, dass kein orthodoxer Bau eine Moschee in den Schatten stellte – was bei Bitolas großen Moscheen allerdings ohnehin nicht einfach gewesen sein dürfte.

Umso opulenter ist das Innere der sehr gut erhaltenen Kirche von 1830, besonders ihre große, doppelstöckige **Ikonostase** und die inzwischen renovierten **Deckenfresken**.

Osmanisches Erbe

Die auffälligsten Baudenkmäler der Osmanen sind in Bitola die Moscheen. Früher gab es einmal 60 Stück davon, aber

Häuser am Magnolija-Platz

40 wurden direkt nach dem Ende des osmanischen Imperiums abgerissen, und andere verfielen nach und nach.

Yeni-Moschee

Direkt neben dem Uhrenturm steht die Yeni-Moschee, deren Minarett den Turm um genau zehn Meter überragt. Die 1559 erbaute und sichtlich in die Jahre gekommene Moschee lohnt wegen ihres weitgehend intakten Inneren einen Besuch. Unter dem Gebäude hat man die **Reste einer alten Basilika** gefunden, die nun freigelegt werden sollen. Derweil befindet sich im Inneren der Moschee angeblich eine Kunstgalerie, die aber meist verschlossen ist.

Verfallen und verwüstet: die Aydar-Kadi-Moschee

Isaak-Bey-Moschee

50 Jahre vor dem Bau der Yeni-Moschee hatten die Osmanen genau gegenüber, auf der anderen Flussseite, die große Isaak-Bey-Moschee errichtet. Der anmutige Sandsteinbau ist weitaus besser erhalten und wird nach wie vor als Gotteshaus genutzt. Touristen werden darin nicht gern gesehen, aber ein Blick auf den zugehörigen **Friedhof** vermittelt zumindest einen Eindruck von der kunstvollen Gestaltung der alten muslimischen Grabsteine. 2013 wurde die Moschee mit türkischer Hilfe saniert.

Aydar-Kadi-Moschee

Ein äußerst trauriger Zeitzeuge ist die große Aydar-Kadi-Moschee. In den Reisebeschreibungen Evliya Çelebis als eine der schönsten Bauten Bitolas gepriesen, ist sie heute gezeichnet von Verfall und Vandalismus. Tatsächlich muss die mächtige Moschee, erbaut im Jahr 1562, einmal sehr repräsentativ gewesen sein und besaß als einzige der Stadt gleich zwei Minarette. Wirft man durch die vernagelten Fenster einen Blick ins Innere, entdeckt man Reste dekorativer Wandbemalungen über dutzenden von Grabsteinen, die auf dem Boden verstreut sind. Es ist zu hoffen, dass sich ein Investor dieses einst so eleganten Baus erbarmt, bevor er nicht mehr zu retten ist.

Von der Hauptstraße Filip IV Makedonski aus entdeckt man gegenüber vom sanierten **Deboj-Hammam** aus dem 17. Jahrhundert zunächst die düstere Rückseite der Aydar-Kadi-Moschee mit ihrer rostigen Kuppel. Ihr einst schönes Portal weist zur ul. Cane Vasilev.

Bezisten

Schräg gegenüber der Aydar-Kadi-Moschee liegt Bitolas alter Bezisten, der überdachte Markt. Früher gab es hier 86 Läden, inzwischen herrscht viel Leerstand. In einem der Läden ist ein **Internetcafé** mit kostenloser Nutzung. Das Vorhaben, den Basar zu sanieren und neu zu beleben, liegt derweil leider brach.

Stara Čaršija

Gleich hinter dem Bezisten beginnt die Stara Čaršija, Bitolas türkische Altstadt. In der osmanischen Zeit brachten die vielen Einwanderer, vor allem Türken,

In der türkischen Altstadt

Juden und Griechen, Waren und Handwerk mit, so dass es im 19. Jahrhundert in den kleinen Läden über 100 verschiedene Werkstätten gab, neben denen Bitolas Wohlstandsbürgern chinesische Seide und persische Teppiche verkauft wurden. Anders als Skopjes türkische Altstadt ist die Bitolas abends wie ausgestorben, aber am Tag vermittelt ein Bummel durch das Labyrinth der Gassen einen lebhaften Eindruck vom einstigen Treiben.

Erholen kann man sich gut im schattigen Hof des **Restaurants Esnaf** oder auf einem Spaziergang am Fluss Dragor, an dessen Ufern die prächtigen Gebäude der ausländischen Konsulate liegen.

Bitola

Vorwahl: +389/47.

Bitola hat derzeit leider keine Touristeninformation mehr, und die Info-Touchscreens sind vermutlich noch außer Betrieb. Immerhin hat man Wegweiser zu Sehenswürdigkeiten und einige Texttafeln montiert. Informativ ist auch die Website www.bitolatourist.info.

Alternative Tour of Bitola, Tel. +389/70/519199, goran_diy@yahoo.com, www.facebook.com/AlternativeTourBitola; Treffpunkt ist um 12 Uhr beim Uhrenturm, auf Wunsch auch Abholung vom Hotel. Goran führt Besucher gratis (gerne gegen ein Trinkgeld) 2–3 Stunden durch die Stadt. ›Alternativ‹ sind dabei weniger die besuchten Sehenwürdigkeiten als sein freies Konzept und seine erfrischend kritische Art.

Postamt, Ruzveltova bb, Tel. +389/47/212501.

Freies **W-Lan** gibt es entlang der ganzen Hauptstraße Širok Sokak.

Autoverleih Hertz, Grcki Pat bb., Tel. +389/47/237087; Mo–Fr 8–20 Uhr, Sa 8–17 Uhr.

Entfernungen: 16 km bis zur griechischen Grenzstation Medžitlija, 175 km bis Skopje, 180 km bis Thessaloniki.

Busbahnhof, Nikola Tesla bb, Tel. +389/47/231420, www.transkop-bitola.com.mk; Fahrpläne gibt es neuerdings online (auf Mazedonisch). Regelmäßig Busse nach Prilep und Resen, Ticket 100 MKD.

Bitola–Skopje: 10x tägl. zwischen 5 und 19 Uhr, Fahrtzeit 3–4 Std., 450 MKD.

Bitola–Ohrid: im Sommer tägl. bis zu 18x zwischen 6.30 und 19.45 Uhr, Fahrtzeit 1¾ Std., 200 MKD.

Bitola–Kruševo: 12.20, 13 und 18.30 Uhr. Fahrtzeit gut 1 Std.

Kein Bus ins nahegelegene Griechenland, Taxi nach Thessaloniki 85 Euro.

Busse Richtung Skopje, Veles und Prilep halten 10 Min. später auch am zentralen Dorf-Busbahnhof (Selska avtobuska) neben der türkischen Altstadt, an dem auch Innenstadtbusse (Nr. 1 bis 6, Tickets 15 MKD) und die Dorfbusse 11 und 12 halten.

Bahnhof, Nikola Tesla bb, direkt neben dem Busbahnhof, Tel. +389/47/237110. Von Bitola keine Weiterfahrt nach Griechenland.

Karte S. 157

Bitola–Skopje: tägl. 3.10, 5.30, 12.45, 18.35 Uhr über Prilep und Veles, Fahrtdauer 3,5 Std., Returnticket 370 MKD.
Skopje–Bitola: 6.48, 14.30, 17.10, 19.38 Uhr.

Taxiruf, Tel. +389/47/1592 (zuverlässig); im Zentrum 60–80 MKD (Grundgebür 40 MKD, dann 30 MKD/km).

In Bitola gibt es zahlreiche neue, gute Hotels und Hostels. Eine Alternative sind Unterkünfte in einem der Dörfer am Fuße des nahegelegenen Pelistermassivs (→ S. 171).
Epinal, Širok Sokak/Ecke Leninova, Tel. +389/47/224777, www.hotelepinal.com; EZ 65, DZ 85 Euro. Großes modernisiertes Traditionshotel mit nettem Personal, Fitnesscenter, Pool, Sauna, Casino und bewachtem Parkplatz. Schön sitzt man auf der glasüberdachten Terrasse des zugehörigen Restaurants ›Gradska Kafana‹, das hervorragende Küche bietet: sehr frische Salate, gute Weinauswahl.
Millenium Palace, Širok Sokak 48, Tel. +389/47/241001, www.milleniumpalace.com.mk; EZ 35, DZ 60 Euro, inkl. Frühstück. Schickes Hotel direkt im Zentrum mit 25 äußerst geschmackvoll eingerichteten Zimmern mit W-Lan, Parkettböden und Flachbild-TV.
Bela Kuḱa, Dimitar Ilievski-Murato (Boris Kidrič) 20, Tel. +389/47/225225, www.belakuka.mk; EZ 25, DZ 45 Euro. Neues Hotel mit elegantem Flair, stilvoll, sauber, hervorragende Küche, schöne Terrasse, guter Service. Sehr empfehlenswert.
Deniro, Tel. +389/47/229656, Kiril i Metodij 5, www.hotel-deniro.com; EZ ab 25, DZ 40 Euro. Klein, gepflegt und sehr zentral, leider etwas laut. Individuell gestaltete Zimmer und Suiten mit Wasserbetten.
Tokin House, Marks i Engels 7, Tel. +389/47/232309, www.tokin-house.com; EZ 25, DZ 40 Euro inkl. Frühstück. Kleines Hotel im edlen Altbau, in dem früher eine österreichische Bank residierte. Zimmer mit gutem Bad, Internet, Klimaanlage. Sehr netter Eigentümer (Kiril).
Villa Diamond, 11 Oktomvri 4, Tel. +389/47/251632, villadajmond@yahoo.com; 15 Euro/Pers, Frühstück 3 Euro. Etwas plüschige, mäßig saubere, geräumige Zimmer. Zi. 301 hat ein schimmliges Bad ohne Fenster. Morgens um 7 Uhr laute Kirchenglocken. Kaum Englisch, sehr zentral.
Gasthaus Chola, Stiv Naumov 80, Tel. +389/47/224919, www.chola.mk; 13 Euro/Pers. Schöne, saubere Gästezimmer mit eigenem Bad im gepflegten Altbau. Sehr empfehlenswert.
Shanti-Hostel, Slavko Lumbarko 15, Tel. +389/47/552034, www.shantihostel.com; ab 12 Euro/Pers. inkl. Frühstück, W-Lan und Getränke-Flatrate. Ideale Backpacker-Unterkunft mit Etagenbetten, im Zentrum. Fließendes Englisch, junges, kompetentes Personal, Reisende aus aller Welt.
Via Appartments, Elpida Karamandi 4, Tel. +389/75/246261, www.via.mk; 12 Euro/Pers. Mit Küche und Waschmaschine, zentralste Lage im rosa Neubau.

Entlang der ul. Širok Sokak gibt es unzählige Restaurants und Cafés, die wegen der teuren Mieten oft ihre Besitzer wechseln. Einfach, aber dafür günstig und sehr authentisch isst man in den kleinen Restaurants in Stara Čaršija.
Bure (Fass), Širok Sokak 88, Tel. +389/47/225522; tägl. 11–24 Uhr. Lieblingslokal mit tischgroßer Pizza für 100–170 MKD und nettem Ambiente. Unbedingt probieren: geschmolzenen Käse (*sirenje vo furna*). Zu erkennen an dem großen Holzfass vor der Tür und den antiquarischen Fahrrädern.
Grne, am Magnolija-Platz. Gute Landesküche, z.B. Fisch um 200 MKD, leckere Beilagen. Personal manchmal etwas muffelig.
Pizzeria Deniro, im gleichnamigen Hotel, Kiril i Metodij 5. Gut für Pizza und mit schönem Wintergarten.
Sendvičara Čili, nahe Uhrenturm (erkennbar an der grünen Chilischote am Schau-

fenster). Verkauft die besten Hamburger und Pommes.

Esnaf, Dunav 1, Stara Čaršija; tägl. 7–23 Uhr. Versteckt hinter einem großen Holztor verbirgt sich in einem Hinterhof der türkischen Altstadt der Biergarten ›Esnaf‹. Idealer Rastplatz bei Streifzügen durch das Basarviertel und für einen Snack auf einer der schattigen Holzbänke. Direkt hinter der Hadji-Mahmut-Beg-Moschee, erkennbar am aufragenden Minarett.

Beliebte Bars:

Porta Jazz, Kiril und Metodij 12, Tel. +389/47/208033; tägl. 8–24 Uhr, Fr/Sa bis 1 Uhr. Beliebte Kneipe mit Live-Jazz.

Instinct, Širok Sokak 44; tägl. 9–24/1 Uhr. Nettes Flair.

Millenium Café, beim gleichnamigen Hotel. Bekannt für gute Musik.

Kamarite, Leninova 19 (nahe Kulturzentrum). Atmosphärische Kneipe im Hinterhof eines alten Hauses, guten Mojito unter Lampions genießen.

Igući, Širok Sokak 56. Beliebte Bar mit Livemusik und besonders leckerem Kaffee.

Clubs:

Positive Club, Eintritt 100 MKD. Der kleine Club zählt zu den besten im ganzen Land.

Infinity Club, Eintritt 100 MKD, teurer bei populärem DJ. Groß und eher cool als gemütlich, mit elektronischer Musik, aktuelles Programm unter www.infinityclub.com.mk.

Rasčekor Club, Eintritt 100 MKD, Partizanska bb. Ältester Club mit einer langen Tradition, nett.

Museum von Bitola, Sv. Kliment Ohridski bb, Tel. +389/47/233187, www.muzejbt.org.mk; Di–Fr 8–16, Sa/So/Mo 10–16 Uhr, Eintritt 100 MKD. Sehr sehenswert.

Deutscher Soldatenfriedhof Erster Weltkrieg, direkt unter dem Millenniumskreuz. Taxi ab Saat Kula (Magnolija-Platz) 100–120 MKD hin und zurück. Fragen nach ›germanski grabište‹.

Jüdischer Friedhof, linker Hand an der Straße Richtung Demir Hisar beim Kreisverkehr. Das imposante weiße Eingangstor wurde 2009 saniert, aber vom einstigen Friedhof (1497–1929) der großen jüdischen Gemeinde Bitolas ist bis auf eine Handvoll zerbrochener Grabsteine nicht mehr viel zu sehen.

Auto-Ethno-Museum Filip, Dorf Krklino (5 km von Bitola), Tel. +389/70/312146, www.muzejkrklino.mk. 20 Jahre hat Familie Tanevski neben alten Autos und Motorrädern allerlei antiquarische Sehenswürdigkeiten gesammelt, die sie nun ausstellt, um Dorftourismus zu etablieren (Bild → S. 294). Die Website ist auch auf Englisch, die Führung leider nur auf Mazedonisch. Geplant sind auch Gästezimmer und Verköstigung mit hausgemachtem Wein und Rakija. Eines der interessantesten Museen Mazedoniens, äußerst unterstützens- und sehenswert! Besuch nach Voranmeldung oder spontan (die Familie wohnt nebenan). Taxi vom Zentrum Bitola 150 MKD, mit Rückfahrt und überschaubarer Wartezeit 250 MKD. Mit eigenem Auto Ausfallstraße vorbei am Jüdischen Friedhof Richtung Demir Hisar, linker Hand abbiegen zur gut sichtbaren weißen Kirche Sv. Ilija. Nach der Ausschilderung im Ort (Auto Etno Museum) dem Schotterweg 900 Meter bis zum Museum folgen.

Angeblich beherbergt die Yeni-Mosche am Magnolija-Platz eine **Gemäldegalerie**, allerdings wurde die Moschee bislang immer geschlossen vorgefunden.

Bit Fest; Juli und Aug. Sommerfestival mit vielen kulturellen Darbietungen in verschiedenen Locations. Das Programm findet sich auf www.bitola.gov.mk.

Manaki-Filmfestival; meist letzte Septemberwoche. Internationale Spiel-, Dokumentar- und Kurzfilme.

Interfest; 10 Tage lang Anfang Okt. Internationales Festival für klassische Musik.

Ilinden-Folklorefest; 30. Juli–2. Aug. Darbietungen von Volkstänzen und -musik.

▲ Karte S. 157

Heraklea Lyncestis

Von den unzähligen Ausgrabungsstätten Mazedoniens ist die antike Stadt Heraklea (auch Herakleia) Lyncestis bei Bitola die bislang am besten erforschte und die am häufigsten besuchte. Letzteres liegt vor allem an den äußerst bemerkenswerten römischen und byzantinischen Mosaiken, die die Ausgrabungsarbeiten ans Licht gebracht haben.

Heraklea (Хераклеа) wurde im 4. Jahrhundert vor Christus von Philipp II., dem Vater von Alexander von Mazedonien, gegründet. Nachdem die Stadt etwa 150 Jahre später an die Römer gefallen war, wurde sie zur wichtigen Station an der Via Egnatia und entwickelte eine Hochkultur, die ihre Blüte im 4. und 5. Jahrhundert erlebte. In dieser Zeit wurde Heraklea zum Bischofssitz, wodurch das große antike Theater, das in vorchristlichen Zeiten zu szenischen Darbietungen und Gladiatorenkämpfen geladen hatte, an Bedeutung verlor. Stattdessen entstanden nun neue, sakrale Gebäude. Die beiden Basiliken, deren Fundamente noch gut sichtbar sind, waren die bedeutendsten unter ihnen.

Mit dem Zerfall des Römischen Reichs im 5. Jahrhundert nahmen jedoch die Überfälle von Hunnen, Awaren und Goten zu, und durch das schwere Erdbeben von 518 wurde Heraklea schließlich zerstört und bald darauf verlassen.

Sehenswertes in Heraklea

Heute beeindruckt vor allem das über 100 Quadratmeter große **Mosaik im Narthex der großen Basilika**. Es zählt zu den am besten erhaltenen frühchristlichen Mosaiken überhaupt. Die sehr elaborierten und lebendigen Tier- und Pflanzendarstellung kann man als eine Abbildung des christlichen Kosmos lesen. Im frühen Christentum unter den Römern war die künstlerische Darstellung Christi verboten, weshalb man auf symbolgeladene Naturdarstellungen auswich. Der christlichen Ikonographie zufolge stellt das zentrale Motiv der Rehe, die Wein von einem Brunnen trinken, die Stillung der durstigen Gläubigen dar. Christus

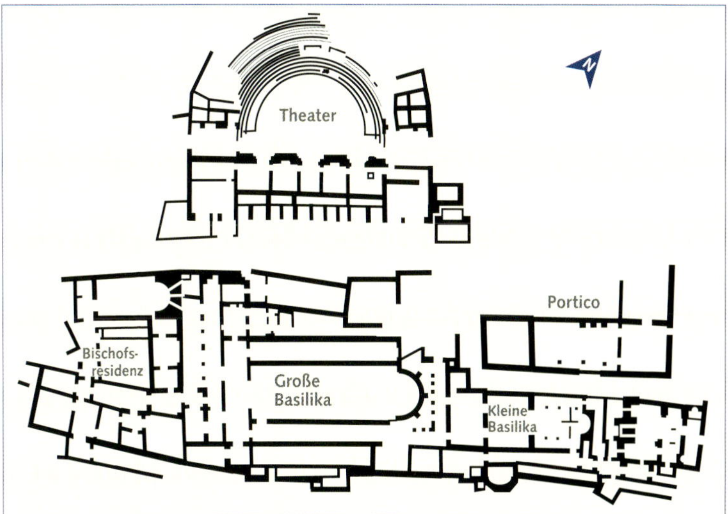

Heraklea

Mosaiken in Heraklea

wäre also der weinspendende Brunnen, die Quelle des Glaubens. Weiterhin steht der Pfau für die Auferstehung und die Taube für die Seele im paradiesischen Zustand. Das Paradies wiederum ist dargestellt durch die vielen Obstbäume und Blumen, zwischen denen Löwe und Stier beziehungsweise Gepard und Antilope ihre Kämpfe austragen. Die Meerestiere schließlich, die die Darstellung einrahmen, ergänzen das Bild um das Wasser, das die Erde umschließende Meer. Um die Mosaiken zu schützen, werden sie im Winter mit Sand bedeckt und auch im Sommer (ab Mai) nur teilweise ausgegraben.

Dem Gelände angegliedert ist ein **Museum**, das einige Ausgrabungsfunde ausstellt und demnächst modernisiert und vergrößert werden soll. Die bedeutenderen Funde aus Heraklea findet man jedoch im Museum von Bitola und im Nationalmuseum in Skopje. Das wertvollste Stück, ein prächtiger Steinkopf von Aeschines aus dem 4. Jahrhundert vor Christus, ist im Britischen Museum in London zu sehen. Im Gegensatz zu anderen Ausgrabungsstätten hat sich Heraklea sichtlich auf Tourismus eingestellt, und es gibt Hinweisschilder auf Englisch. Kinderwagen- oder rollstuhlgerecht ist die Anlage jedoch keineswegs, und Besuchern wird gutes Schuhwerk empfohlen. Heraklea ist nur zwei Kilometer von Bitola entfernt und ist von dort aus leicht mit dem Taxi (10 Minuten) oder zu Fuß (30 Minuten) zu erreichen. Im Sommer finden im historischen Theater regelmäßig Konzert- und Theateraufführungen statt.

▶ Karte S. 163

Heraklea

Vorwahl: +389/47.

Ausgrabungsstätte, Tel. +389/47/235329; im Sommer tägl. 8–18, Okt.–März 9–16 Uhr, Eintritt 100 MKD, Fotografieren 300 MKD. Die Mosaiken sind vom 1. Mai bis 15. Oktober zu sehen. Der kleine Souvenirladen ist nicht immer offen.

Ein Taxi vom Zentrum Bitolas nach Heraklea kostet ca. 150 MKD, evtl. die Rückfahrt gleich mitbuchen.

Heraklea-Abende; Juni–Aug. Sommerliche Open-Air-Veranstaltungen im antiken Theater von Heraklea. Konzerte, antike Komödien und Tragödien.

Nationalpark Pelister

Ein Ausflug zum Nationalpark Pelister (Пелистер) ist ein landschaftlicher Höhepunkt. Von seinen über 2000 Meter hohen Bergen hat man geradezu atemberaubende Aussichten auf den benachbarten Prespasee und die Pelagonija-Ebene, und überall blühen, je nach Saison, die verschiedensten Heil- und Gewürzpflanzen. Der 2601 Meter hohe **Berg Pelister** ist der Gipfel der Baba-Berge, die ihrerseits Teil der bulgarischen Rhodopen sind. An seinen Hängen laden zwei Gletscherseen, genannt **Pelisteraugen** (Pelisterski oči), zum Baden im kalten, klaren Wasser ein, und in den Wäldern gibt es neben vielen anderen Tierarten Luchse, Wölfe und Adler.

Nebenbei unterstützt man mit einem Besuch den sich behutsam entwickelnden Ökotourismus in Mazedonien, denn im Pelistergebiet schließen sich immer mehr Dörfer und Nichtregierungsorganisationen (NGOs) mit dem Ziel zusammen, den Fortbestand des Landlebens und den Erhalt einer sauberen Umwelt durch ein Angebot an privaten Unterkünften und ökologisch produzierter Hausmannskost zu fördern (→ S. 168).

Geschichte

Historisch interessant ist der Nationalpark, weil die Front von Thessaloniki im Ersten Weltkrieg hier deutliche Spuren hinterlassen hat. Auf einigen Erhöhungen findet man noch Reste von Schützengräben, anderswo die Ruinen eines bulgarischen Lazaretts. Die heftigsten Kämpfe fanden bei den Roten Felsen (Crveni Steni) statt, denen das viele hier vergossene Blut ihren Namen eingehandelt hat. Ein gut angelegter und mit historischen Postkar-

Der Nationalpark Pelister (Пелистер)

ten und Fotos der Front illustrierter Weg folgt vom Infozentrum aus den Spuren der Zerstörung vorbei an ehemaligen Artilleriestützpunkten und Bunkern bis zu einer Aussichtsplattform. Eine Wanderkarte für diesen **Historical Trail** ist im Infozentrum erhältlich.

Schon 1948 wurden der Berg Pelister und seine Umgebung wegen der reichen Natur, aber vor allem wegen einer sehr seltenen Kiefernart zum Nationalpark erklärt. 1839 hatte August Grisebach die fünfnadlige Molikakiefer auf den Pelisterhängen entdeckt. An den österreichischen Botaniker erinnert eine Gedenktafel links am Hauptweg zum Gipfel, etwa acht Minuten vom Hotel ›Molika‹ entfernt. Das Infozentrum des Parks verkauft Samen des Nadelbaums an interessierte Besucher.

Wandern im Nationalpark

In nur wenigen Gebieten Mazedoniens sind die Wanderwege so gut ausgewiesen wie in der Pelisterregion. Aus Bitola kommend, ist der Park am besten vom **Hotel Molika**, vom nahe gelegenen **Infozentrum** oder vom Dorf **Nižepole** erreichbar, von wo aus Wanderwege zu den Seen, Hütten und dem Gipfel Pelister führen. Keiner dieser Ausgangspunkte ist mit öffentlichen Verkehrsmitteln erreichbar. Bevor man sich auf den Weg macht, sollte man bedenken, dass es dort aufgrund der Höhe auch im Sommer abends sehr frisch werden kann und ein Pullover mehr keinesfalls schaden kann. Wer plant, im Park zu übernachten, sollte sich zudem rechtzeitig bei einer der Hütten oder im Infozentrum anmelden, um im Zweifelsfall nicht vor verschlossenen Türen zu stehen.

Historischer Brunnen im Nationalpark

▲ Karte S. 165

Das Hotel ›Molika‹ liegt an der unteren Station eines Sessellifts, an dessen oberen Ende die inzwischen leider abgebrannte Hütte ›Kopanki‹ liegt. Man erreicht sie auf einem etwas verzweigten Wanderweg, der links neben dem Hotel ›Molika‹ beginnt, nach wenigen Kilometern durch den Wald. Von hier aus kann man in etwa vier Stunden auf dem **Rocky Trail** den **Gipfel Pelister** erklimmen und dann in knapp zwei Stunden weiter zum Großen See, dem **Golemo ezero**, laufen, an dessen Ufer eine weitere Hütte liegt. Wählt man den breiteren Schotterweg, der östlich am Gipfel Pelister Richtung Crveni Steni führt, erreicht man Hütte und See in sieben Stunden. Beide Wege führen am Kleinen See vorbei, dem **Malo ezero**, und etwa zwei Kilometer vor dem Großen See hat man einen fantastischen Ausblick auf den Prespasee und die Insel Golem Grad.

Die bescheidene **Hütte Golemo ezero** liegt auf einer Höhe von über 2200 Metern direkt am glasklaren Gletschersee, der zum erfrischenden Bad lädt. Von hier aus ist der 400 Meter höher gelegene Gipfel Pelister in gut zwei Stunden zu erklimmen. Der Weg dorthin führt zunächst steil bergan, bis man an der ersten Abzweigung den kleineren Pfad nach rechts wählt. Vorbei am Malo zero

Wanderhütte am Golemo ezero

(nach etwa zwei Kilometern) und einem Quellbrunnen mit Stern wird der Gipfel bald erkennbar am dort aufragenden Funkmast.

Absteigen kann man vom Golemo ezero in etwa zweieinhalb Stunden bis zum Dorf **Nižepole** (Richtung Bitola) oder in entgegengesetzter Richtung – was weitaus attraktiver ist – Richtung **Prespasee**. Dort gibt es eine atmosphärische Übernachtungsmöglichkeit im **Kloster Sv. Bogorodica** oberhalb des Orts Slivnica, der wiederum mit einem Sandstrand am Prespasee lockt. Oder man steigt in etwa fünf Stunden zum pittoresken Dorf **Brajčino** (→ S. 168) ab. Tipp: Bereits von unterwegs aus in Brajčino Abendessen bestellen, das die Dorfbewohner für Besucher bereiten. Auch dort gibt es gute Übernachtungsmöglichkeiten.

Wenn man sechs Kilometer westlich von Brajčino am Prespasee ankommt, hat man das gesamte Pelistermassiv einmal überquert.

Nationalpark Pelister

Vorwahl: +389/47.

Pelister-Nationalpark, Tel. +389/47/233464.

Infozentrum, von Bitola/Magarevo kommend kurz vor dem Hotel ›Molika‹, Tel. +389/47/237010, www.park-pelister.com; tägl. 9–15.30 Uhr. Prospekte, Wanderkarten und Vermittlung von Guides. Das Zentrum ist mit einem Holzschild ausgewiesen, vor dem Eingang steht eine Bärenskulptur.

Ein Taxi von Bitola bis zum Hotel ›Molika‹/Infozentrum kostet 5 Euro.

Übernachtungsmöglichkeiten in den benachbarten Dörfern finden sich im nächsten Infokasten (→ S. 171).

Die beliebte und gerade sanierte Hütte ›Kopanki‹ an der oberen Sesselliftstation ist 2013 leider abgebrannt. Wann sie wieder nutzbar sein wird, ist derweil nicht abzusehen.

Hütte Neolica, zu Fuß 3 Std. von Bitola, 5 Std. von Golemo ezero. Gute Ausstattung, aber häufig geschlossen (geöffnet meist Sa/So).

Hütte Golemo ezero; Übernachtung 600 MKD/Pers. im Schlafsaal, Plumpsklo und Brunnen draußen. Geöffnet am Wochenende und auf Anfrage bei Zlatko Sterjov (Tel. +389/47/221605) oder nach Anmeldung im Infozentrum. Kleine Küche zum Selbstkochen, Waschgelegenheiten und Toilette im Freien. Beste Lage direkt am See.

Trnovo:

Hotel Šumski Feneri, Tel./Fax +389/47/293030, www.sumskifeneri.com.mk; DZ 40 Euro inkl. Frühstück. Speisekarte mäßig, hat einfache Wanderkarten. Benachbart liegt das neuere und teurere **Hotel Šator** mit gutem Restaurant und Terrasse, Tel. +389/47/293409.

Hotel Molika, im Nationalpark Pelister, Tel. +389/47/229406, www.hotelmolika.com.mk; ca. 20 Euro/Pers. Größeres, empfehlenswertes Hotel nahe Infozentrum und Wanderwege, im Winter voll mit Skiurlaubern, Zimmer mit allen Annehmlichkeiten. Die Einrichtung mit künstlichem Wasserfall und Kunstledersesseln ist eher Geschmackssache. Liegt 1420 m hoch, 15 km von Bitola.

Kloster Sv. Bogorodica, Dorf Slivnica. Das schöne Kloster von 1607 gehört nicht der Kirche, sondern der Kommune, die dort kostenlose Übernachtungen im eigenen Schlafsack inklusive Nutzung der neuen Küche ermöglicht. Eine Heilwasserquelle gibt es im Hof, sonst aber keine Verpflegung. Der Schlüssel zum Kloster ist im Dorf abzuholen.

Der steinerne **Rocky Trail** vom Hotel ›Molika‹ bis zur Hütte ›Golemo ezero‹ ist ca. 14 km lang und macht seinem Namen Ehre, indem er in der Tat oft sehr felsig ist und stabiles Schuhwerk mit dicken Sohlen verlangt.

Andere ausgewiesene Wanderungen:

Historical Trail: Auf den Spuren des Ersten Weltkriegs.

Children's Educational Trail: Lehrpfad für Kinder am unteren Rand des Parks.

Monastery Trail: Wanderungen zu Klöstern (u.a. Malovište).

Karten für diese und weitere Wanderungen gibt es im Nationalparkzentrum.

Ökotourismus in umliegenden Dörfern

Immer mehr Dörfer im Umfeld von Bitola und dem Pelister-Nationalpark versuchen ihr Überleben durch Angebote eines sanften und naturnahen Dorftourismus zu sichern. Oftmals werden mit Hilfe lokaler und international operierender NGOs alte Häuser vor dem Verfall gerettet, Gästezimmer geschaffen, Wanderwege angelegt und für eine Verköstiung mit hausgemachten Bioprodukten gesorgt. Die meisten dieser Dörfer liegen am Fuße des Pelistermassivs und eignen sich somit gut als Basis für Aufstiege in den Nationalpark.

▲ Karte S. 165

■ Brajčino

In dem hübschen alten Dorf Brajčino (Брајчино), dessen Steinhäuser und geschwungene Straßen mit internationaler Hilfe sorgfältig saniert wurden, startete die Schweizer NGO ProNatura vor einigen Jahren ein Pilotprojekt. Wanderwege, Naturschönheiten und kulturelle Besonderheiten wurden hier in vorbildlicher Weise ausgewiesen, und die mit Englisch- und Computerkursen versorgten Dorfbewohner bieten Gästen private Unterkunft. Wer seinen Besuch rechtzeitig ankündigt, wird bei der Ankunft mit hausgemachten Speisen im Kreise der Familie begrüßt – so sieht es zumindest das Projekt vor. In der Realität funktioniert diese Idee am besten bei größeren Besuchergruppen, während Individualreisende sich bisweilen schlicht in **Milkas Dorfkneipe** am oberen Dorfrand wiederfinden. Dort ist das Essen lecker, aber mit etwas Pech besteht der dritte Gang des angebotenen Menüs lediglich aus einer Tasse Kaffee. Klare Absprachen (etwa: ist der Wein zum Menü inklusive?) sind also geboten. Kosten: je nach Menü 350 bis 600 Denar pro Nase. In den hübschen Gassen verbirgt sich das **Haus des letzten örtlichen Begs** (Begot Kuḱa), in dem der osmanische Statthalter am Ende des 19. Jahrhunderts lebte (Schlüssel in der Nachbarschaft oder im Dorfladen erfragen). Auch andere Häuser tragen Tafeln mit Informationen zu ihrer Geschichte.

In Brajčino werden zehn Prozent aller Einkünfte durch den Tourismus reinvestiert in den Erhalt und die Infrastruktur des Orts und seiner Umgebung. Die einst gut beschilderten, inzwischen aber leider vernachlässigten Wanderwege führen in den Nationalpark Pelister sowie in Brajčinos Nachbarschaft.

In der Nähe des Dorfes liegen sechs mittelalterliche Kirchen. Am 8. August wird in der Klosterkirche **Sv. Petka** der Tag ihres Schutzheiligen gefeiert, weshalb sich die Dorfbewohner der Gegend dort zum ausgedehnten Tanzen und Trinken treffen. Die Feier fängt frühmorgens an und geht bis spät in die Nacht.

Der Wanderweg von Brajčino zum **Golemo ezero** (Pelister-Nationalpark) ist gut markiert und leicht zu finden. Hoch dauert die Wanderung etwa sechs Stunden, zurück vier. Das erste Stück wird auf einem Schotterweg gelaufen, dann geht es links steil den Berg hoch durch Laubwald. Bei der Baumgrenze ist eine Trinkwasserquelle ausgeschildert. Am schönsten sind die letzten Kilometer mit atemberaubendem Blick auf den Prespasee.

Fast attraktiver als Brajčino, da nicht so sorgsam saniert, ist das Nachbardorf **Ljubojno** (Љубојно), gelegen an der Straße zum Prespasee. Es gibt neben einigen imposanten alten Häusern eine atmosphärische Piazza, eine Gaststätte und immerhin ganze acht Kirchen, und sicherlich wird das Dorf, das 2007 zum ›Dorf des Jahres‹ gewählt wurde, demnächst auch für Tourismus erschlossen werden.

Dihovo

Auch im sieben Kilometer von Bitola entfernten Dihovo (Дихово) gibt es Bemühungen, einen naturnahen Dorftourismus zu etablieren. In der liebevoll eingerichteten **Villa Dihovo** von 1928 bietet der enthusiastische Pece Cvetkovski vier

Garten in Dihovo

Wegweiser im Pelister-Nationalpark

typische Landhauszimmer. Das Bioessen kommt aus dem eigenen Garten, das Bier wird selbst gebraut, und Pece freut sich, Besucher auf Ausflüge mit in den Nationalpark zu nehmen.
Ähnlich schläft es sich in der von außen unscheinbaren, aber innen rustikal sanierten **Villa Ilinden**, einem Landhaus von 1903 (daher der Name Ilinden), das inzwischen im traditionellen Dekor Gästebetten und Hausmannskost anbietet. In Dihovo gibt es zudem ein **Dorfrestaurant**.

Malovište

Eine andere Tour führt zum Dorf Malovište (Маловиште), einem einst wohlhabenden Wlachendorf, dessen alte Häuser unter Denkmalschutz gestellt wurden. Es gibt dort die Kirche **Sv. Petka** und knapp drei Kilometer oberhalb das Kloster **Sv. Ana**, das man in einer halben Stunde zu Fuß auf einem gut markierten Waldweg erreicht, der bei der Kirche beginnt. Den Schlüssel kann man in dem Haus erfragen, bei dem die Asphaltstraße in Malovište in Schotter übergeht. Im Kloster kann man übernachten, da es im Dorf aber weder einen Laden noch ein Café gibt, sollte man sich gut mit Proviant eindecken. Die Klosterkirche Sv. Ana steht etwa 500 Meter entfernt vom Kloster. Vorsicht: Die Wasserquelle beim Kloster besitzt angeblich Heilkräfte, hat bei einigen Besuchern aber eher das Gegenteil bewirkt und schwere Durchfälle bereitet.

Dörflicher Ökotourismus

Brajčino Ökotourismus, Tel. +389/70/497751, +389/2/2227834, prodem@mt.net.mk; Guides ca. 40 Euro/Tag.

Brajčino: Busse von/nach Resen, kein direkter Busverkehr mit Bitola. Taxi Bitola–Brajčino: 1200 MKD (60 km).
Dihovo: Von Bitola aus per Taxi für 140 Denar zu erreichen. Wer selbst fährt, nimmt die Straße nach Trnovo, von der ein Holzschild nach Dihovo weist.
Malovište: Am einfachsten erreicht man Malovište von Bitola aus mit dem Auto. Nachdem man 20 Kilometer in Richtung Resen gefahren ist, biegt man Richtung Kažani (Кажани) ab. An der nächsten Kreuzung links abbiegen und beim Dorfladen noch einmal links. Nach weiteren fünf Kilometern erreicht man Malovište. Taxi Bitola–Malovište: 600 MKD.

Brajčino:
Übernachten für ca. 900 MKD z.B. bei **Divna Kostovska,** Tel. +389/47/482321. Saubere Zimmer mit mäßigen Betten und leckerem Frühstück inkl., eines der letzten Häuser flussaufwärts.
Kloster Sv. Petka, Tel. +389/70/497751; Im Sommer kann man im Kloster, das in eine Art Jugendherberge umgebaut wurde, mit phantastischem Blick übernachten. Letzthin war dort aber niemand mehr anzutreffen.
Dihovo:
Villa Dihovo, Tel. +389/47/293040, www.villadihovo.com. Einfache, aber angenehme Zimmer mit Gemeinschaftsbad, familienfreundlich, ländliches Ambiente. Übernachtungspreise bestimmt der Gast.
Villa Ilinden, Tel. +389/76/697909, bozidar_v@hotmail.com; Übernachtung 10 Euro, Frühstück 2 Euro. Küche zur Gemeinschaftsnutzung. Deutsch und Englisch werden gesprochen.

In **Brajčino** kostet ein einfaches Essen (3 Gänge) 350 MKD, Standardessen (4 Gänge) 450 MKD, Luxusessen 600 MKD. Zu bestellen unter Tel. +389/70/497751 oder +389/47/482444.
Ansonsten bleibt die Einkehr in **Milkas Restaurant**.

Mariovo

Mariovo (Мариово) ist die wohl ursprünglichste, sauberste und zugleich rückständigste Gegend Mazedoniens. Das weite Areal liegt direkt an der Grenze zu Griechenland zwischen den Städten Bitola, Prilep und Kavadarci und ist nur sehr spärlich besiedelt. Inmitten einer harschen, wild-romantischen Landschaft liegen wenige Dörfer, teils noch ohne Wasser- und Stromversorgung, oft nur mit einem geländegängigen Fahrzeug zu erreichen. Die meisten von ihnen sind inzwischen verwunschene Geisterdörfer und dem Verfall preisgegeben. In anderen lebt noch eine Handvoll alter Leute, fernab von jeglicher medizinischen Versorgung und Infrastruktur. Von den 30 000 Bewohnern in den 60er Jahren sind gerade mal gut 500 übriggeblieben. Für Abenteuerlustige kann eine Entdeckungstour per Jeep durch Mariovo zum Höhepunkt einer Mazedonienreise werden – aber Achtung, es gibt dort keine Tankstelle! Es gibt auch keine Restaurants, kein Funknetz und vermutlich kaum jemanden, der etwas anderes als Mazedonisch spricht.

Alter Ofen in einem Dorf in Mariovo

▲ Karte S. 154

Inzwischen zeichnet sich sehr zaghaft der Trend ab, dass junge Leute aus Bitola und Prilep die Häuser ihrer Ahnen im urigen Mariovo wiederentdecken und als Feriendomizile nutzen. Auch gibt es erste Ansätze, hier einen naturnahen Ökotourismus zu etablieren und einige der verlassenen Häuser unweit von Bitola zu sanieren. Der Plan, das Gebiet durch eine weitere Stauung des Crna Reka (Schwarzer Fluss) zu bewässern, was eine grundsätzliche strukturelle Veränderung der Region bedeuten würde, liegt vorerst auf Eis.

Sehenswertes in Mariovo

Irgendwo hier wohnt Itar Pejo, sagt man, der mazedonische Till Eulenspiegel, über den man sich unzählige Anekdoten erzählt und dessen bronzene Skulptur in Prilep steht. Was es hier noch gibt, sind viele Schafherden und hervorragender Käse, außerdem seltene Insektenarten, zahlreiche Schildkröten und eine sehr malerische und niederschlagsarme Natur, die sich rasant die spärlichen Reste der Zivilisation einverleibt. Von ihrer schönsten Seite zeigt sie sich im Frühling, wenn die sanften Hügel übersät sind mit aromatischen Heilpflanzen und farbenprächtigen Blumen. Dazwischen stehen alte Steinhäuser mit gemauerten Öfen im Garten.

Dass sich eine solche Gegend anbietet für alternative Arten von Tourismus auf ökologischer Basis, liegt nahe. Besonders sehenswert ist die von urigen Felsen gesäumte **Steinbrücke** bei **Zovič**, die Milčo Mančevski in seinem Film ›Dust‹ als wirkungsvolle Kulisse diente. Seit 1955 ersetzt sie eine einstige Holzbrücke der Osmanen. Gut fünf Kilometer von Zovič (1,5 Fußstunden, immer am Fluss entlang) stehen die Reste des einst sehr reichen und großen Klosters **Čebren**, zu dem am St.-Georgstag (5.–

Historische Brücke bei Zovič

6. Mai) jährlich noch immer etwa 200 Besucher kommen.
Auch das pittoreske Dorf **Stavica** nutzte Mančevski als Drehort, diesmal für den Film ›Before the Rain‹. Durch den Ort verläuft ein noch immer gut sichtbarer Schützengraben aus dem Ersten Weltkrieg.
Sehenswerte mittelalterliche Kirchen gibt es am Dorfeingang von **Gradešnica** (Sv. Dimitrij, vollständige Fresken aus dem 14. und 15. Jahrhundert), beim Dorf **Manastir** (die große Kirche Sv. Nikola von 1266) und in **Melnica** (sehr bunte Fresken, saniert, schöne Lage).
Im Ort **Staravina** gibt es Reste einer römischen Festung, während der Nachbarort **Gradešnica** mit einem noch relativ lebendigen Dorfleben lockt.

Kriegsspuren

Spuren der Front von Thessaloniki, an der unter General Mackensen auch viele Deutsche kämpften, begegnet man in der wenig berührten Natur Mariovos immer wieder – häufig in Form von Stahlhelmen, die 1917 die bis dahin üblichen Pickelhauben der deutschen Soldaten abgelöst hatten und inzwischen in Blumentöpfe, Schüsseln oder anderes friedliches Gerät verwandelt wurden.
Der Gipfel **Kajmakčalan** (2521 m) an der Grenze zu Griechenland war eine der strategischen Schlüsselpositionen der Front und wurde im September 1916 hart umkämpft, bis die Serben die bulgarischen Kontrahenten schließlich in die Niederungen von Mariovo drängen konnten. Eine kleine Kirche auf dem Gipfel erinnert an die große Zahl der Opfer, deren Gebeine und Schädel bis heute dort verwahrt werden. Auch das Herz des Deutschen Rudolph Archibald Reiss hatte hier einst, verpackt in Gold, seine letzte Ruhe gefunden. Angeblich wurde es während des Zweiten Weltkriegs jedoch von bulgarischen Soldaten geraubt und ward seither nicht mehr gesehen. Rudolph Reiss, lokal erinnert und gelobt als ›Dr. Reiss‹, hatte 1916 als Freiwilliger in der serbischen Armee gekämpft und Frontberichte in die Heimat geschickt.

Mariovo

Internet: www.mariovo.mk.

Dimče Palenzo, Brakja Mingovi 18, Bitola, Tel. +389/47/203900. Organisiert Touren mit Verpflegung und Unterkunft in Mariovo und informiert über die jährlich stattfindende Jeeptour Ende Juni/Anfang Juli.

Wer mit dem Auto nach **Staravina** unterwegs ist, fährt über Novaci und Makovo und sollte sich ab dem Ort Rapeš auf 10 km ungeteerte Straße einstellen. In die Nähe von **Manastir** führt eine relativ gute Straße, die westlich von Prilep beginnt. Die letzten Kilometer muss man laufen.

Wer ein geländegängigs Taxi findet, zahlt laut Listenpreis für die ca. 50 km von Bitola nach Mariovo (Dörfer Staravina, Budimirci oder Vitolište) 1500 MKD (Stand 2013).

Čebren: Im ehemaligen Klosterkomplex nicht weit Zovič gibt es nach Anmeldung einfache Übernachtungsmöglichkeiten mit Küche. Im Dorf selbst sollen künftig stilgerechte Gästezimmer in einigen der leerstehenden Häuser eingerichtet werden. Kontakt: itarpejo.org@gmail.com.

Staravina: Zwei sehr einfache Gästezimmer (Mende Trajkovski in Bitola, Tel. +389/70/577906) und eine Wanderhütte, die nach Voranmeldung genutzt werden kann (info@mkdmount.org, Tel. +389/77/572297).

Eine erste Strecke für geländegängige Fahrräder sollte inzwischen markiert worden sein. Die **Rundtour von Vitolište** ist 28 km lang und führt von einer Höhe von 800 Metern auf 1700 Meter. Unterwegs gibt es eine Trinkwasserquelle.

Zwischen Juni und September erreicht man den Gipfel **Kajmakčalan** per Jeep bis kurz unterhalb der Kapelle. Zu Fuß startet man im Dorf Skočivir, von wo aus der Gipfel in fünf Stunden zu erreichen ist. Achtung, hier ist es im Sommer sehr heiß und trocken, es gibt weder Schatten noch Wasser unterwegs.

In Mariovo scheint die Zeit stehengeblieben zu sein

Karte S. 154

Prilep

Im nördlichen Pelagonija, umrahmt von dramatischen Felslandschaften, liegt Mazedoniens Marmor- und Tabakhauptstadt Prilep (Прилеп). Tatsächlich duftet es in den entlegeneren Straßen der 70 000 Einwohnerstadt nach dem schweren mazedonischen Tabak, der rund um Prilep angebaut wird und in langen Girlanden an den Häuserwänden in der Sonne trocknet. Und das immerhin schon seit 400 Jahren. Das andere wirtschaftliche Standbein der Stadt ist ihr Marmor, der aus den malerischen Bergen im Umland geschlagen wird.

Das Zentrum von Prilep gruppiert sich um eine kleine **türkische Altstadt**, und im historischen Stadtteil **Varoš** schmiegen sich mittelalterliche Kirchen zwischen die Felsen. Mutige mit robusten Mägen können in den Altstadtkneipen die lokale Spezialität, den Prilep Širden, probieren: Lammeingeweide gefüllt mit Kalb, Hammel und Schwein.

Kulturell gibt es vor allem in Prileps Umgebung viel Sehenswertes. Besonders empfiehlt sich ein Besuch der **Festung des legendären König Marko**, die in einer skurrilen Felsenlandschaft hoch über der Stadt thront. Am beeindruckendsten sind jedoch die Klöster im Nordosten Prileps, von denen das atmosphärischste wohl das **Kloster Treskavec** ist.

Geschichte

Im Stadtteil Varoš begann die Geschichte der Stadt Prilep. Dort fand man in einer Nekropolis drei über 2000 Jahre alte Terrakottaskulpturen der von den Römern verehrten Göttin Kobela. Nach 700 siedelten Slawen in derselben Gegend. Während sich die heutige Stadt in der Pelagonischen Ebene ausdehnt, lag sie im Mittelalter ziemlich beengt auf dem felsigen Berg, auf dem noch

Am Hang der Marko-Festung

die Reste von König Markos Festung sichtbar sind. Vor Marko war es König Samuil, der hier oben Schutz suchte. Als letzterer im Jahr 1014 nach der tragischen Schlacht gegen Basilius seine besiegten Soldaten empfing, starb er kurz darauf hier oben vor Kummer über deren ausgestochene Augen. 380 Jahre später fand in derselben Festung König Marko Unterschlupf. Da er sie erheblich erweiterte, um sie möglichst effektiv gegen die osmanischen Eroberer schützen zu können, ist sie heute nach ihm benannt (Markovı Kulı).

Von hier aus kämpfte Marko gegen die türkischen Truppen, die zwei Jahre zuvor schon Skopje eingenommen hatten und 1394 schließlich auch Prilep unterwarfen. Während die Stadt unter den Osmanen florierte, lebt sie nun hauptsächlich vom Tabak. Die Geschichte der aromatischen Pflanze und ihres Anbaus kann man im lokalen Tabakmuseum nachvollziehen, zu dessen 2200 Exponaten hübsche Pfeifen, Schnupfdosen sowie Elfen-

Im Zentrum von Prilep

bein- und Goldtabakdosen zählen. 1941 war Prilep zusammen mit Kumanovo die erste Stadt, in der der landesweite Aufstand gegen die Faschisten begann, und zwar mit einem Überfall auf das örtliche Polizeipräsidium (das kleine gelbe Haus neben dem Einkaufszentrum). Das kürzlich sanierte Denkmal ›Grab der Unbesiegten‹ im Stadtpark ehrt die 650 Soldaten, die dabei ihr Leben ließen.

Stadtrundgang

Wer mit dem Bus oder Zug anreist und Richtung Zentrum läuft, kommt unweigerlich an Prileps großem **Kulturzentrum** vorbei. Davor sitzt, aus Stein, **Marko Cepenkov**, ein Poet aus dem 19. Jahrhundert. Seine Karriere begann er in Prilep als Schneider: Während der Arbeit erzählten seine Kunden ihm Märchen, und er schrieb sie auf.

Folgt man der ul. Goce Delčev, findet sich rechter Hand die wenig hilfreiche **Touristeninformation**. Links stehen zwischen dem Postamt und dem Denkmal von Alexander dem Großen die traurigen **Ruinen eines türkischen Bads**, die nachts dramatisch beleuchtet werden.

▲ Karte S. 177

Folgt man vom Busbahnhof aus der Straße stadtauswärts (Richtung Bitola), weist nach wenigen hundert Metern linker Hand ein braunes Schild – auf Deutsch! – zum **deutschen Soldatenfriedhof**. Auf einer kleinen Anhöhe am Rande des städtischen Friedhofs liegen hier Gefallene aus den beiden Weltkriegen, darunter auch der Sohn von Friedrich Ebert.

Rund um die Altstadt

Dem großen Hauptplatz im Zentrum schließen sich die Gassen der sehr überschaubaren türkischen Altstadt an. Bis vor gut 30 Jahren waren hier noch Prileps alte Handwerke untergebracht, heute sind es vor allem Cafés und Geschäfte.

Der knapp 40 Meter hohe **Uhrenturm** aus dem 19. Jahrhundert gilt als einer der schönsten im Land und ist ein beliebter Treffpunkt. Direkt daneben stehen die spärlichen, aber farbenfrohen Reste von Prileps einziger **Moschee**: Der Bau aus dem 15. Jahrhundert wurde 2001 im Zuge der ethnischen Auseinandersetzungen in Brand gesteckt.

Lässt man den Basar hinter sich und überquert den Prilep-Fluss, ragen am anderen Ufer zwei große Kirchen aus dem 19. Jahrhundert auf. Direkt hinter

Tabakverarbeitung in Prilep

der Kirche **Sv. Xram Preobraženije** von 1871 steht, mit isoliertem Glockenturm, die große und weitaus bedeutendere **Sv. Blagobeštenije** aus dem Jahre 1838. Beachtenswert ist die monumentale und kunstvoll ausgearbeitete Ikonostase.

Varoš

Von Prileps Fußgängerzone aus kann man in nordöstlicher Richtung ein Gipfelkreuz sehen. Am Fuße dieses Berges liegt der historische Stadtteil Varoš, die Wiege des heutigen Prilep. Hier gab es einmal 77 Kirchen, von denen die wenigen erhaltenen inzwischen teilweise sorgsam saniert und durch einen Rundweg verbunden wurden. Die winzige **Sv. Nikola** ist die älteste unter ihnen und ganz offensichtlich auf dem Fundament einer historischen Basilika erbaut. Sollte das Eingangstor verschlossen sein, erhält man den Schlüssel im benachbar-

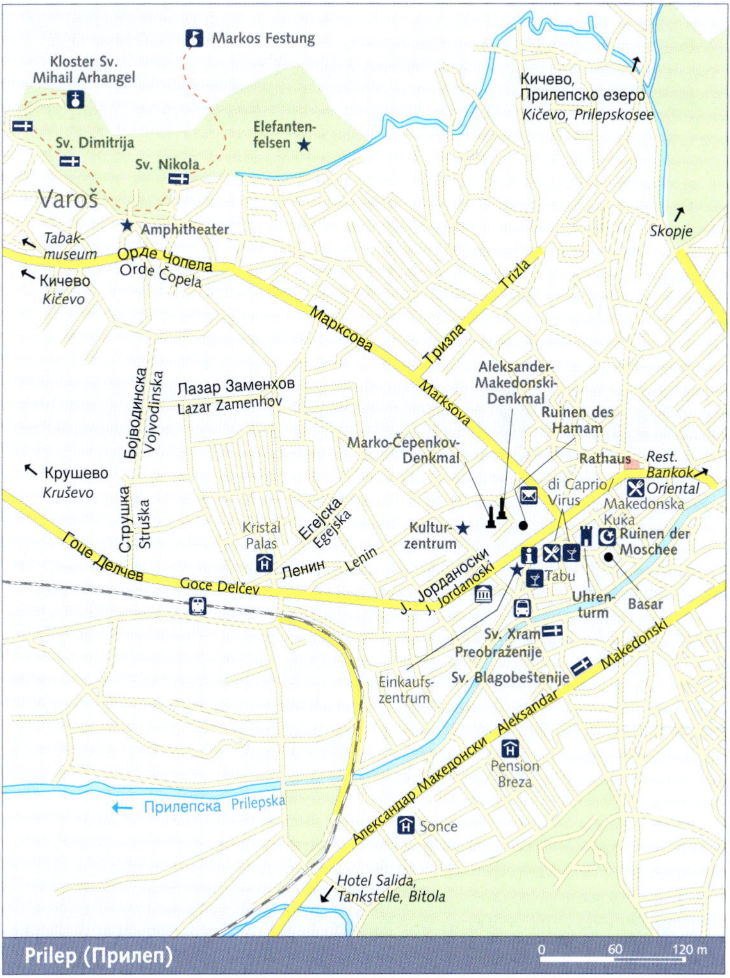

Prilep (Прилеп)

Das Kloster Sv. Mihail Arhangel

ten weißen Haus. Verborgen hinter der wenig schönen Eingangstür findet man Fresken aus dem Jahr 1299, die sich bis heute durch ihre besonders intensiven Farben auszeichnen. Herausragend sind die Szenen des Abendmahls und der Bergpredigt.

Rund 100 Jahre jünger sind die Fresken von **Sv. Dimitrija** aus dem 14. Jahrhundert, in deren stimmungsvollem Interieur manchmal Konzerte stattfinden. Konzerte gibt es im Sommer auch in dem neuen **Amphitheater**, das sich vor der Kulisse von Felsen und Kirchen an den Hang schmiegt.

Das Kloster Sv. Mihail Arhangel

An den westlichen Hängen des Bergs hängt oberhalb von Varoš das Kloster Sv. Mihail Arhangel, zu dem ein gut markierter Fußweg führt. Im Hof des Klosters wurde vor vielen Jahren eine antike Säule mit einer kyrillischen Inschrift aus dem Jahr 996 gefunden. Da die Schrift nur wenige Jahre zuvor von den Brüdern Kiril und Metodij entwickelt worden war, ist dies eins der ältesten kyrillischen Zeugnisse Mazedoniens. Die Säule steht nun im Exonarthex der **Klosterkirche**, die vermutlich am Ende des 12. Jahrhunderts gebaut wurde. Später wurde sie baulich verändert, und die ursprünglichen Fresken sind nur noch fragmentarisch erhalten. Die anderen Gebäude des Komplexes wurden in verschiedenen Phasen vom 13. bis zum 19. Jahrhundert errichtet und vor einigen Jahren vollständig saniert, weshalb sie nun ein wenig glatt wirken.

Heute ist das Nonnenkloster wieder voll in Betrieb, und im Sommer findet hier jährlich eine Künstlerkolonie statt. Im Klosterhof sind zwei interessante Kuriositäten zu entdecken: Steigt man auf Richtung Klosterkirche, kann man linker Hand durch eine Felsspalte in eine **Höhle** klettern, in der sich eine versteckte, halb eingefallene Kirche befindet. An den Wänden sind noch die Reste einst imposanter Fresken zu sehen (am besten mit Taschenlampe). Zudem gibt es gegenüber dem Klostertor einen **Brunnen** mit Trinkwasser: Er ist versteckt hinter der winzigen Tür im Hof und muss mit einer langstieligen Kelle bedient werden.

▲ Karte S. 177

Markovi Kuli

Im historischen Ortsteil Varoš beginnt ein Fußweg, der sich – vorbei am isoliert stehenden **Elefantenfelsen** (könnte mit etwas Phantasie auch ein Vogel sein) – den Hügel hinauf zur Festung König Markos, Markovi Kuli, windet. Von hier aus kann man es entweder den früheren Angreifern nachmachen und sich der Festung frontal über den steilen Abhang nähern, oder man wählt den sich kurvenreich schlängelnden Weg, der über die Rückseite des Bergs auf Splittern des Prileper Marmors zur Festung führt. Deren Reste wurden um einen rekonstruierten **Wachturm** aus Beton bereichert, der entschieden gegen die malerischen Ruinen abfällt. König Marko, der diese einstige Stadt gegen die Osmanen schützte, soll einen großen schwarzen Rappen gehabt haben, der von hier aus mit einem Schritt den Prespasee verursachte. Am höchsten Punkt steht auch hier ein großes **Kreuz**, von dem aus man den besten Blick auf Prilep hat.

Ausflug zum Stausee

Sechs Kilometer nordöstlich der Stadt liegt Prileps Stausee. Am schönsten ist es auf der Nordseite des Sees, wo auf waldumsäumten Wiesen die Pferde der nicht weit entfernt lebenden Roma grasen. Dort könnte es nahezu paradiesisch sein, würden nicht auch hier sorglos verstreute Abfälle die schöne Landschaft verunstalten. Zum Glück ist das Ufer weitläufig genug, so dass sich bestimmt ein unverschmutzter Badeplatz finden lässt.

Prilep

Vorwahl: +389/48.

Internet: www.prilepinfo.mk.

Touristeninformation, J. Jordanovski, am Hauptplatz; Mo–Fr 8–12 und 17–21, Sa 10–14 Uhr. Die einst gute Touristeninformation beschränkt sich inzwischen auf den Verkauf von Souvenirs und gibt nur auf zähe Nachfrage Auskunft.

Prilep–Skopje: mind. stündlich Busse zwischen 5.30 und 18 Uhr, 330–390 MKD, Fahrt gut 2 Std.

Prilep–Bitola: etwa stündlich Busse zwischen 6 und 23 Uhr, Fahrt 45–60 Min.

Prilep–Ohrid: 6.05, 8.46, 9.45, 16.46, 17.50, 19.05, 20.10, 20.30 Uhr.

Prilep–Strumica: 6, 7.45, 14.10 und 15.15 Uhr.

Tägl. 4 Züge von und nach Skopje (etwa 2 Std. Fahrt) und Bitola. Der Busbahnhof liegt zentraler, aber die Bahnstrecke zwischen Prilep und Skopje führt zumindest anfänglich durch dramatische Landschaften.

Prilep–Skopje: 3.49, 6.10, 13.35, 19.24 Uhr.

Prilep–Bitola: 9.39, 17.12, 19.26, 22.25 Uhr.

Der Schalter öffnet ca. 1 Std. vor jeder Abfahrt.

Taxiruf, Tel. +389/48/1595; 50 MKD im Zentrum.

Hotel Sonce, ul. A. Makedonski 4/3a (neben der Tankstelle), Tel. +389/48/401800; EZ 1040, DZ 1170 MKD inkl. eilastigem Frühstück. In mäßiger Zentrumsnähe, Rezeption spricht kein Englisch. Die 17 leicht abgewohnten Zimmer haben W-Lan, Klimaanlage und Minibar. Richtung Straße schläft man laut.

Pension Breza, Moša Pjade 24a, Tel. +389/48/423683; EZ 600, DZ 1200 MKD ohne Frühstück, kein eigenes Bad. Zimmer sind sauber, zur Straße aber laut. Kein Englisch, aber charmantes junges Personal.

Kristal Palas, Lenin 184, Tel. +389/48/418000, www.kp.mk; EZ 25 Euro, DZ 60 Euro inkl. Frühstück. In Bahnhofsnähe. Plüschige Zimmer mit Klimaanlage, dazu ein Schwimmbad auf dem Dach - dennoch zu teuer und als beliebte Hochzeitslokalität am Wochenende oft laut.

Salida, Tel. +389/48/400333, www.hotelsalida.com.mk; 20–30 Euro/Pers. (je nach Etage). Vier-Sterne-Hotel in Stadtrandlage mit angenehmen Zimmern inkl. Frühstück nach Wahl. Nachts manchmal kläffende Hunde im Hof.

Makedonska Kuќa, Joska Jordanovski 4, Tel. +389/48/433419. Beliebtes Restaurant mit guter Landesküche im traditionellen Ambiente. Abends Live-Musik und gelegentlich Volkstänze.

Pizzaria di Caprio, bul. Goce Delčev. Große Terrasse, von der aus man das Zentrum überblickt.

Bankok Oriental, Joska Jordanoski 27, Tel. +389/48/425027. Hervorragende Speisen vom Küchenchef aus Thailand, eher hochpreisig.

Andere Gelegenheiten findet man in der Altstadt und rund um den Uhrenturm.

Einige populäre Bars und Clubs befinden sich im zentralen Einkaufszentrum gegenüber dem Alexander-Denkmal, dazu zählt die gemütliche **Bar Tabu**.

Beliebt ist auch das **Café Virus** gegenüber dem Eingang der Altstadt.

Tabakmuseum, im Tutun-Tabakinstitut, Kičevski Pat bb, 4 km außerhalb in Richtung Kičevo; wochentags nach Anmeldung unter Tel. +389/75/461945. Leider keine Beschriftungen auf Englisch, aber mit Glück kann Aleksandar Tretkoski mit Informationen aushelfen.

Stadtmuseum, Moša Pijade 138 (Altbau neben dem Einkaufszentrum), erinnert an den Angriff der Partisanen auf das 1941 dort ansässige Polizeirevier.

Konzerte finden im **Kulturzentrum** und im benachbarten **Dom na Armija** statt.

Bierfest (Пивофест); Aug. Mit rund 150 000 Besuchern und viel Gegrilltem.

Großes Festival der Volksmusik, Ende Mai/Anfang Juni. In Dolneni, 12 km von Prilep. Mehrere hundert Musiker treffen sich, wobei besonders prominent die Dudelsackspieler sind. Das Festival beginnt mit einem Umzug durch Prilep.

Der Fußweg vom Zentrum bis Markovi Kuli dauert etwa 2 Std. In Varoš verbindet ein Rundweg die alten Kirchen und Klöster.

Kloster Treskavec

Karte S. 154

Von allen Klöstern in der Umgebung Prileps ist Treskavec das geheimnisvollste. Zehn Kilometer nordwestlich von Prilep liegt es auf einem Hochplateau von gewaltigen Felsen umgeben am Hang des Berges **Zlatovrv**, dem ›Goldberg‹, 1100 Meter über dem Meeresspiegel. Diese Landschaft ist so ausdrucksstark, dass Milčo Mančevski sie 1995 als Hauptdrehort für seinen bekannten Film ›Vor dem Regen‹ (→ S. 183) wählte, während andere Szenen im Kloster selbst spielen. Bereits im 13. Jahrhundert wurde es auf dem Fundament einer Festung errichtet, von der vermutet wird, dass es sich um die römische Stadt Kolobaisa handelt, die im 7. Jahrhundert unterging. Heute zählt das in den 90er Jahren reaktivierte Kloster zu den 100 gefährdetsten Kulturstätten der Welt. Glücklicherweise hat ein Feuer, das 2013 den kompletten Wohntrakt zerstört hat, den historisch wertvollen Speisesaal und die beeindruckende Klosterkirche **Sv. Bogorodica** verschont, die im 14. Jahrhundert auf den Fundamenten einer 800 Jahre älteren Basilika gebaut wurde. Die ältere Kirche hat sichtbare Spuren in Form von Marmorkreuzen und -ornamenten hinterlassen, die in den

Die Klosterkirche Sv. Bogorodica

jetzigen Bau integriert wurden. So zum Beispiel die Marmorstufe, über die man den Narthex betritt. Im Inneren der Kirche sind einige Schätze verborgen, wie eine mehrere hundert Jahre alte **Bibel**, die noch in Gebrauch ist, und, in der linken Kapelle versteckt, das **Taufbecken** aus dem 6. Jahrhundert. Die Schädel, die davor ausliegen, gehörten von Osmanen ermorderten Mönchen. Sehr ungewöhnlich ist außerdem der **schwarze Jesus** in der Hauptkuppel.

Rechter Hand der Kirche liegt der alte **Speisesaal**, in dem römische Keramikfunde verwahrt werden. Die Steinbänke sind Esstische, in deren Einhöhlungen im unteren Teil man die Füße stellte. Am Kopfende des Raums gibt es einige stark beschädigte Fresken. Die Einkerbungen wurden in die Gemälde geschlagen, um Gips für neuere Fresken auftragen zu können. Die sind aber entweder nie entstanden oder schon lange wieder abgefallen. In Folge des Brands wurde nun endlich die lang versprochene Straße zum Kloster gebaut, das zuvor quasi nur zu Fuß zu erreichen war. Weitaus schöner ist allerdings weiterhin der Wanderweg zum Kloster, wenn die Zeit es zulässt. Besucher können gern eine Spende zum Erhalt des gefährdeten Klosters hinterlassen und sollten darauf achten, dass die Kleidung die Arme und Beine bedeckt. Sonntags um 11 Uhr gibt es einen Gottesdienst.

Treskavec

Taxi von Prilep-Zentrum ca. 500 MKD, z.B. mit Fahrer Milo, Tel. +389/75/378950. Nach vielen Jahren wurde die Straße 2013 endlich asphaltiert und ist jetzt mit dem Auto befahrbar.

Per Auto verlässt man Prilep über Varoš Richtung Kočani, biegt aber bei nächster Gelegenheit hinter dem Friedhof rechts nach Mažučište ab. Ab dem Friedhof ist das Kloster ausgeschildert.

Nach Rekonstruktion der Schlafsäle zum Übernachten bei **Pater Kalist** anmelden, Tel. +389/48/800160 oder +389/70/918339, treskavec@gmail.com.

Zum Kloster führt eine anstrengende, aber lohnende Wanderung, die etwa 4 Std. dauert. Los geht es entweder von **Markovi Kuli** (gut markierter Weg, ca. 10 km) oder von

Dabnica (4,5 km). Man kann auch von Prilep ein Taxi bis **Dupjačani** nehmen (ca. 200 MKD) und dann dem Fußweg zum Kloster folgen, das ist weit schöner als die Anfahrt mit dem Auto. Der Fußweg beginnt in Dupjačani hinter dem Dorfbrunnen mit dem roten Stern. Da es auf dem Weg zum Kloster keine Quellen gibt, sind der Brunnen und der gegenüberliegende Lebensmittelladen die letzte Chance, sich mit Wasser zu versorgen, das man dringend benötigen wird. Wenn man Glück hat, wird man von einem der Männer, die vor dem Laden sitzen, auf den richtigen Weg gebracht, der sich den Berg heraufwindet. Wählt man die offensichtlichen Abkürzungen, sollte man auf Schlangen achten, die sich gern am Berg sonnen und auf Mönchszellen und Gräber, die man in den umliegenden Felsen entdecken kann. Bei der Orientierung hilft der Antennenmast, der direkt neben dem Kloster aufragt.

Zrze

Nicht ganz so mystisch, aber gleich einer Oase erhebt sich das Kloster Zrze hoch am Berg über Prileps Tabakfeldern. In den dramatisch aufragenden Felsen sieht man zahlreiche **Mönchszellen** aus dem 9. Jahrhundert und weiter oben, beim Friedhof, die **Reste einer alten Basilika**, auf deren Areal das Kloster gebaut wurde. Unter den Osmanen war das Kloster teilweise zerstört, und zu Zeiten Jugoslawiens wurde die Klosterkirche **Sv. Petar und Pavle** mit ihren schönen Fresken aus dem 14. Jahrhundert als Schweinestall genutzt. Nachdem es einst ein Frauenkloster war, leben im sanierten Zrze heute neun Mönche. Legendenumwoben ist die **Ikone**, die Maria im Profil zeigt und zudem unüblicherweise rechts von Jesus hängt. Angeblich wurde das mehrfach korrigiert, aber da Maria ihren Sohn ansehen möchte, hing sie am nächsten Morgen immer wieder am alten Platz ... Derzeit ist das Kloster nur mit einem Jeep zu erreichen. Alternativ lässt man das Auto spätestens beim Dorf Zrze stehen und läuft die letzten zwei Kilometer zu Fuß. Der Asphalt endet in Kostinci, wo das Kloster ausgeschildert ist. Wenig später sieht man es bereits in der Ferne aufragen. Die letzte Tankstelle ist in Ropotovo.

▲ Karte S. 154

Das Kloster Zrze

Vor dem Regen

Einer der Drehorte: Die Kirche Sv. Jovan Kaneo in Ohrid

Obwohl schon etwas in die Jahre gekommen, ist Milčo Mančevskis Film ›Vor dem Regen‹ immer noch eine gute Vor- und Nachbereitung einer Mazedonienreise. Der bislang wohl international bekannteste mazedonische Film wurde 1994 gedreht und ist eine erstaunliche Vision dessen, was sich fünf Jahre später tatsächlich zwischen Mazedoniern und Albanern zugetragen hat.

Neben der Thematik machen vor allem die Landschaftsaufnahmen neugierig auf Mazedonien. Sternklare Nachthimmel, imposante Felsformationen, mystische Klöster, weltentrückte Dörfer und immer wieder Berge bis zum Horizont – es fällt nicht schwer, sich in diese Landschaft zu verlieben. Und sie wiederzufinden: Mančevski drehte viel in der Gegend von Prilep, speziell im Kloster Treskavec, in Mariovo und am Ohridsee, bei der Kirche Sv. Jovan Kaneo.

In drei miteinander verwobenen Liebesgeschichten thematisiert der Film verschiedene Aspekte des Lebens auf dem Balkan: Der Reporter Aleksandar erlebt den Zwiespalt derer, die im Ausland leben und die politischen Konflikte in der Heimat aus der Ferne durchleiden. Aus der westlichen Wohlstandswelt reist er zurück in sein Dorf in den Bergen Mazedoniens. Dort hat sich inzwischen viel verändert. Die einst friedlichen Nachbarn sind zu erbitterten Feinden geworden, und ein harmlos gemeinter Besuch bei seiner Jugendliebe Hannah, einer Albanerin, wird für Aleksandar zum waghalsigen Unternehmen: Im ethnisch gesäuberten Nachbardorf sind Mazedonier nicht mehr gern gesehen, und als Verehrer albanischer Frauen schon gar nicht. Hannahs Tochter Zamira steht in dem Verdacht, einen Mazedonier getötet zu haben und wird deshalb von dessen rachsüchtiger Sippe gesucht. Ausgerechnet in einem orthodoxen Kloster sucht sie Unterschlupf und findet ihn beim jungen Mönch Kiril. Auch Aleksandar wird von Hannah instruiert, ihrer Tochter zu helfen, und so wird die Situation für beide, Aleksandar und Kiril, zur existentiellen Gewissensfrage: Solidarität mit den eigenen Leuten und der orthodoxen Kirche oder ein Verrat aus Menschlichkeit und Liebe? Beide werden zum Opfer der ethnischen Streitigkeiten und der damit verbundenen Gewalt, die sich im Film eindrücklich als Mittel der Konfliktlösung disqualifiziert.

Die Frage bleibt: Wie kann man in einer von Gewalt dominierten Umwelt pazifistischen Idealen treu bleiben, ohne selbst zum Opfer zu werden? Eine Frage, die sich nicht nur in Mazedonien stellt. Unterlegt ist Mančevskis Film mit Musik der Gruppe ›Anastasia‹, einer der bekanntesten Bands des Landes. Auch deshalb ist der Film, der inzwischen mit vielen Preisen ausgezeichnet wurde, für Mazedonieninteressierte ein Muss.

Kruševo

Kruševo (Крушево) ist die höchstgelegene Stadt des Landes und steht in erster Linie für den landesweiten Aufstand gegen die Osmanen im Jahr 1903. Damals schaffte es Kruševo kurzfristig, sich von der Fremdherrschaft zu befreien und eine eigene Republik auszurufen. Seither dient Kruševo als Symbol der nationalen Identität, und in keiner anderen Stadt der Größe Kruševos gibt es so viele Museen und Denkmäler, die daran erinnern sollen. Zudem ist Kruševo landesweit eine der Städte mit den meisten erhaltenen **alten Häusern**, weshalb es sehr idyllisch ist, durch die schmalen, steilen und labyrinthartigen Gassen zu laufen. Anders als in Ohrid sind die Villen oft freistehend und bunt verziert. Ihr früherer Reichtum wurde der hauptsächlich von Wlachen bewohnten Stadt zum Verhängnis, als nach dem Zweiten Weltkrieg Titos Partisanen im Namen von ›Brüderlichkeit und Gleichheit‹ Kruševo mehr als andere Städte zur Kasse baten.

In den letzten 100 Jahren ist die Bevölkerung um mehr als die Hälfte geschrumpft, und die schönen Villen stehen überall zum Verkauf. Einige wurden zu Pensionen umgestaltet, aber die erhofften Touristen bleiben bisher leider aus. Zudem sorgt die fehlende Industrie in der Höhe von 1350 Metern zwar für gute Luft, aber auch für ein Abwandern der jungen Leute, die höchstens zum jährlichen Ilinden-Fest, zum Paragliding oder im Winter zum Skilaufen wieder anreisen. Im Herbst 2007 stand der ansonsten ruhige Bergort für ein paar Monate im Rampenlicht, als einer der beliebtesten mazedonischen Popstars, **Toše Proeski**, mit 26 Jahren bei einem Verkehrsunfall ums Leben kam. Sein Geburtsort Kruševo wurde zum Pilgerort verzweifelter Teenager und beehrte den verstorbenen Sänger mit einem eigenen **Museum** in der Nähe seines Grabs auf dem Hügel Gumenje. Interessanter für westliche Besucher sind vielleicht die vielen alten Automodelle, die in Kruševos Gassen parken und den Ort ungewollt zu einer Art Automuseum machen.

Die asphaltierte Straße nach Prilep ist angeblich Tito zu verdanken: Sie wurde in den frühen 70ern nach einem Ilinden-Besuch gebaut. Als die Leute bei seiner Abfahrt riefen: »Tito, komm wieder!«, soll er geantwortet haben: »Erst, wenn ihr eine bessere Straße gebaut habt.«

Blick über die Dächer von Kruševo

▲ Karte S. 185

Пуста Река
Pusta Reka
Kruševo-See
Museum des Zweiten Weltkriegs
Make-donium
Gumenje
Toše-Gedenkhaus
Denkmal Nikola Karev
Nikola-Karev-Haus
Маршал Тито
Maršal Tito
Никола Карев
Nikola Karev
8 Септември
8 Septemvri
Киро Фетак
Kiro Fetak
Sv. Bogorodica
Planet
Sv. Jovan
Никола Гурковиќ
Nikola Gurkovik
Прилеп
Prilep
Museum des Ilinden-Aufstands
Basar
Нико Доага
Niko Doaga
Casa La Kola
Galerie Nikola Martinoski
Sv. Nikola
Underground
Илинденска
Ilindenska
Beneton
Šape
Berg Korija
Bel Ami
Партизанска
Partizanska
Коча Миленку
Kola Milenku
Питу Гули
Pitu Guli
Sv. Trojca
Kole Milenkovski
Коле Миленковски
Pitu-Guli-Denkmal
Villa Gora
Montana Palas
Мечкин Камен, Битола
Mečkin Kamen, Bitola
Wanderweg nach Mečkin Kamen
Kruševo (Крушево)
0 150 300 m
Pelagonija

Das Makedonium

Das ungewöhnlichste Bauwerk Kruševos und vermutlich des ganzen Landes ist das Ilinden-Denkmal namens Makedoni um. Wie ein Ufo steht es auf dem Hügel **Gumenje** über der Stadt und ist wegen seiner architektonischen Eigenartigkeit unbedingt einen Besuch wert. Wie der Name ankündigt und die futuristische Ausstrahlung bestätigt: Es ging den Erbauern Jordan und Iskra Grabul 1974 weniger darum, an ein bestimmtes historisches Ereignis zu erinnern, sondern Geschichte und Gegenwart mit einer neuen jugoslawischen Zukunft zu verbinden. Unter anderem deshalb sind Ästhetik und Aussage des Denkmals damals wie heute umstritten.

Die Gedenkhalle erreicht man über einen weiten, asphaltierten Platz (für Autofahrer: ein idealer Parkplatz), von dem aus ein Weg vorbei an mehreren Betonbügeln führt. Diese **Skulpturen** symbolisieren als ›zerrissene Fesseln‹ den ersten Schritt auf dem Weg zur Freiheit.

Als nächstes kommt man zur **Krypta**, die im Gegensatz zu der weit sichtbaren **Gedenkhalle** eine Art verstecktes Denkmal im Denkmal ist: ein in den Boden eingelassenes Rondell, aus dessen Wänden Zylinder mit Metallplatten ragen. Die darauf verzeichneten Daten, Personen, Orte und Buchtitel erzählen gegen den Uhrzeigersinn gelesen die Höhepunkte der mazedonischen Geschichte zwischen 1860 und 1918. So ist die Krypta praktisch als eine Art Geschichtsstunde konzipiert, die die Historie eines gemeinsamen Freiheitskampfes erzählt.

Nicht viel weniger patriotisch geht es im ›Ufo‹, der Gedenkhalle, selbst weiter, dessen vier Fenster einen Ausblick auf die Teile des damals zwischen Bulgarien, Albanien, Griechenland und Jugoslawien geteilten Mazedoniens geben. Die darüber gelegenen bunten Fenster sollen an die traditionellen mazedonischen Teppiche, die Jambolij, erinnern.

Bei den vier abstrakten Reliefs kommt dann auch die jugoslawische Geschichte ins Spiel: Sie stellen nacheinander das Erwachen eines nationalen Bewusstseins im 19. Jahrhunderts dar, den daraus folgenden Aufstand 1903, den nationalen Freiheitskampf von 1941 bis 1944 und schließlich die dadurch erreichte Freiheit unter Tito.

In der Mitte von allem liegt **Nikola Karev** begraben, der Präsident der kurzlebigen Kruševo-Republik von 1903. Sein ehemaliges **Wohnhaus** ganz in der Nähe erinnert mit einer Gedenktafel an ihn.

Das Makedonium

Karte S. 185

Die Kruševo-Republik

Am 2. August feiert ganz Mazedonien Ilinden. Für die orthodoxe Kirche ist es der Tag des heiligen Ilija, also eigentlich Ilijaden (›den‹ heißt Tag), für die Roma das Fest zwischen Verlassen und Wiederbezug der Winterquartiere.
Seit 1903 heißt Ilinden aber noch etwas ganz anderes, denn an jenem Tag fand ein landesweiter Aufstand gegen die Osmanen statt, bei dem in Kruševo kurzweilig eine unabhängige Republik ausgerufen werden konnte. Auch die Gründung der ASNOM (Antifaschistische Versammlung zur Volksbefreiung Mazedoniens) im Jahr 1944, bei der im Kloster Prohor Pčinski ein befreites Mazedonien proklamiert wurde, fiel auf einen 2. August. Seitdem ist Ilinden in Mazedonien zum Inbegriff nationaler Befreiung geworden.

Am 2. August 1903 wurden Kruševos Bewohner nachts von Maschinengewehren aus dem Schlaf gerissen. Pitu Guli und vier andere Anführer erstürmten mit ihren Leuten überraschend die Stadt, vertrieben die osmanischen Besetzer, brannten deren Kasernen nieder und erschossen all jene, die nicht schnell genug fliehen konnten. Befreit von den Muslimen, setzten die Bürger am nächsten Morgen ihre Feze ab und wählten eine provisorische Regierung.

Nikola Karev, einer der Anführer des nationalen Aufstands, kam nach Kruševo, rief die Republik aus und ließ sich zu ihrem Präsidenten wählen. Die Kruševo-Republik, in deren Regierung Mitglieder aller ethnischen Minderheiten der Stadt vertreten waren, wurde so zur ersten demokratischen Regierung des Balkan. Zunächst blieb es einige Tage ruhig in Kruševo, doch durch die Abgeschlossenheit herrschte Lebensmittelnot und eine ständige Angst vor einem Rückschlag der Besetzer. Die ließen auch nicht lange auf sich warten. Zehn Tage nach dem Aufstand umzingelten sie mit 3000 Soldaten und 18 Kanonen die kleine Stadt. Die Handvoll hölzerner Kanonen, mit denen sich Kruševos Bürger schützen wollten, erwies sich angesichts dessen als wenig effektiv.

Als der Ansturm der Osmanen begann, flohen viele der Aufständischen in die umliegenden Wälder, andere fielen im Kampf. Pitu Guli erschoss sich, nachdem er die Straße bei Mečkin Kamen fünf Stunden lang gehalten hatte, mit seiner letzten Kugel selbst. Wie einige andere hatte er geschworen, eher zu sterben als die Stadt aufzugeben, deshalb auch der Schlachtruf ›sloboda ili smrt‹, ›Freiheit oder Tod‹.

Nach der Rückeroberung durch die Muslime wurde Kruševo geplündert, und über 500 Häuser wurden niedergebrannt. Die Bürger setzten ihre Feze wieder auf und lebten noch zehn weitere Jahre unter den Osmanen.

In der Rezeption der Geschichte wurde die Kruševo-Republik nicht nur als mazedonisch, sondern auch als jugoslawisch gefeiert, was sich durch die egalitären Ideale ihrer Anführer gut anbot. Ein Resultat dieses Syntheseprozesses ist das Makedonium-Denkmal von 1974.

Nikola Karev, der ehemalige Präsident der Republik, wurde später von den bulgarischen Kommunisten für sich beansprucht und 1990 im Makedonium in Kruševo beigesetzt, wo er unter einem weißen Marmorwürfel ruht.

Kruševos Kirchen

In Kruševo gibt es vier Kirchen, von denen drei im Zentrum liegen. Die bedeutendste ist die Kirche **Sv. Nikola** am Marktplatz in der Stadtmitte. Sie wurde mehrmals um- und neugebaut, bis sie 1905 ihre jetzige Form erhielt. Eine der berühmtesten Ikonostasen Mazedoniens, von denen die anderen drei in Skopje, Sv. Jovan Bigorski und Sv. Lesnovski stehen, hatte sich zuvor in der Kirche befunden. Die Ikonostase von Kruševo verbrannte im Ilindenaufstand, als die Kirche zusammen mit einem Großteil des Zentrums in Brand gesteckt wurde.

Im Gegensatz zur Kirche Sv. Nikola, die immer offen steht, ist die zeitgleich gebaute Kirche **Sv. Jovan** häufig verschlossen. Das ist schade, denn sie birgt eine sehenswerte Ikonengalerie. Die beiden Öfen in den Seitenschiffen sind typisch für die Architektur von Kruševo und finden sich in allen alten Häusern wieder.

Die älteste Kirche ist **Sv. Bogorodica**. 1867 erbaut, sind noch einige der Fresken in ihrem großen Narthex erhalten. Sollte sie verschlossen sein, weiß die Frau im Kiosk gegenüber meist, wann der Pfarrer kommt und aufschließt.

Die Kirche **Sv. Trojca** schließlich ist 15 Jahre jünger und liegt etwas entlegen am südlichen Ende der Stadt. Wie alle Kirchen Kruševos brannte auch diese nach dem Ilindenaufstand, wurde aber bald wieder aufgebaut.

Mečkin Kamen

Die Konkurrenz zum Makedonium-Denkmal steht fünf Kilometer von Kruševo im Wald, auf einem Hügel namens Mečkin Kamen (Bärenfelsen) an der Straße Richtung Bitola: Als Gegenentwurf zur abstrakten Gedenkanlage initiierten Kruševos Einwohner 1983 den Bau einer Figur, die die konkreten Geschehnisse von 1903 möglichst direkt wiedergibt.

▲ Karte S. 185

So entstand der **Steinmensch**, der daran erinnert, dass an dieser Stelle Pitu Guli, einer der zähesten Kämpfer des Aufstands, erbittert gegen die Osmanen gekämpft hatte. Während vor dem Makedonium-Denkmal am Vorabend des 2. Augusts die alljährlichen Feierlichkeiten stattfinden, wird bei Mečkin Kamen am nächsten Tag ein Volksfest gefeiert. Auf dem Weg zum Denkmal ist einer der beliebtesten **Paragliding-Hänge** Mazedoniens, wo an Wochenenden regelmäßig Gleitschirm- und Drachenflieger auf ihrem Weg ins Tal zu beobachten sind. Alternativ erreicht man Mečkin Kamen, indem man vom Hotel ›Montana Palas‹ etwa eine Stunde den Berg aufsteigt.

Das wenig beeindruckende **Aufstandsdenkmal Sliva** liegt drei Kilometer nordwestlich von Kruševo, an der Straße Richtung Arilevo. An dieser Stelle erlagen Todor Hristov und seine Männer der osmanischen Armee.

Die Kirche Sv. Jovan in Kruševo

Kruševo

Vorwahl: +389/48.
Internet: www.lovekrusevo.com.
Die ehemalige Touristeninformation nahe dem Busbahnhof (ein EU-Projekt) ist leider verwaist. Eine **Infobox** mit Souvenirs und unzuverlässigen Öffnungszeiten befindet sich nun direkt unterhalb des Makedoniums. Mäßig hilfreiche **Info-Touchscreens** gibt es in der Kirche Sv. Nikola und im Hotel ›Montana Palas‹. Einige Sehenswürdigkeiten wurden im Ort ausgeschildert.

Busbahnhof, Ilindenska bb, Tel. +389/48/477102 oder +389/48/477010.
Minibusse Prilep-Kruševo (oft sehr voll, rechtzeitig einsteigen): 6.40, 6.50, 11, 15, 16.40, 18.45 Uhr.
Kruševo-Prilep: 5.30, 6, 6.45, 8.15, 9, 12, 17 Uhr, 80 MKD (100 MKD Return).
Skopje-Kruševo: 7.45, 16.45.
Kruševo-Skopje: 5.30, 15 Uhr.
Zusätzlich wenige Busse von/nach Bitola. Die Straße führt vorbei an vielen Storchennestern und 12 km vor Kruševo am malerisch am Hang gelegenen Kloster Sv. Spas.

Privatunterkünfte werden überall in der Stadt angeboten.
Montana Palas, Pitu Guli, Tel. +389/48/477121, www.montanapalas.com.mk; EZ 35 Euro, DZ 55 Euro, mit Frühstück. Saniertes, aber wenig besuchtes Hotel der Jugo-Ära mit 200 Betten und Pool in der ›Hotelska zona‹ am waldigen Hang über Kruševo. Alle Zimmer haben Balkone mit Aussicht.
Pension Vila Gora, Pitu Guli 53a (direkt unterhalb vom ›Montana Palas‹), Tel. +389/75/841253, www.vilagora.com.mk; 25 Euro/Pers. inkl. Aussicht, Internet, Balkon und Parkplatz.
Casa La Kola, Sv. Niko Doaga 70 (gelbes Haus unweit der Kirche Sv. Jovan), Tel. +389/75/318778, www.lakola.com.mk; EZ 15/DZ 22 Euro in schönen Zimmern mit Panoramablick, liebevoll bereitetes Frühstück auf der Terrasse für 2 Euro, mit W-Lan. Beste Lage, ausgeschildert im Ort. Mit Abstand die empfehlenswerteste Unterkunft im Ort, allerdings wird nur Mazedonisch gesprochen.
Stavre und Vera Zdraveski vermieten ein günstiges 2-Zimmer-Apartment mit Küche und Bad im Zentrum nahe Sv. Nikola, Tel. +389/48/477559, mobil +389/70/259635.

Restaurant Šape, Ilindenska 39, Tel. +389/48/477809 Unweit vom Busbahnhof serviert das beliebte Restaurant gute, traditionelle Landesküche. Unbedingt den gebackenen Käse für 150 MKD probieren! Das benachbarte **Restaurant Roma** serviert gute Pizza auf dem Balkon, mit freiem W-Lan.
Idyllischer sitzt man im überschaubaren Zentrum Kruševos unter den Lindenbäumen vor dem **Restaurant Beneton**, Ilindenska bb.

Kruševos Nachtleben findet im netten, kleinen **Café Planet** an der Maršal Tito und in der **Bar Bel Ami** in der Ilindenska statt.
Café Bar Ljubov, Ilindenska bb; 8-24 Uhr. Live-Bands, DJs und Cocktails.

Leider sind die Öffnungszeiten der Museen nicht immer zuverlässig. Im Zweifelsfall kann es hilfreich sein, in der Galerie Nikola Martinoski nachzufragen.
Makedonium, Nikola Karev 62, +389/48/477098; tägl. 9-16 Uhr, 60 MKD.
Museum des Zweiten Weltkriegs, unmittelbar neben dem Makedonium. Petar, der im Makedonium arbeitet und wenige Brocken Englisch spricht, öffnet das wenig spektakuläre Museum auf Anfrage. Sehenswert ist das große, sozialistisch anmutende Wandgemälde.
Museum des Ilinden-Aufstandes und der Kruševo-Republik, Tača Berber 44. In dem Haus, in dem 1903 die Republik ausgeru-

fen wurde, dokumentieren Fotos, Trachten und Waffen des Aufstand; das Museum wird nur noch am 2. August geöffnet.
Kunstgalerie Nikola Martinoski, Niko Doaga 65a, Tel. +389/48/477197; Di–So 10–14 Uhr. Hier wird Englisch gesprochen, und man kann alles über den Ort Kruševo erfahren. Ein Besuch lohnt sich wegen des schönen Gebäudes, das neben Ölgemälden und Zeichnungen des Künstlers auch eine Ausstellung über Kruševo im 19. Jahrhundert beherbergt.
Toše-Memorial-Haus, Gumenje, Tel. +389/48/477888; Di–So 9–16 Uhr. Erinnerungen an den Popstar inklusive lebensgroßem Wachs-Toše am Keyboard.

Ilinden; 2. Aug. Besonderer Beliebtheit erfreut sich der nachgestellte Aufstand.
Kruševo Etno Town; Ende Juli–Anfang Aug. Jährliches Trachtenspektakel, mehrtägige Folklorefeier mit türkischen, wlachischen und Roma-Abenden.

Oberhalb vom Hotel ›Montana‹ sind **Wanderwege** und drei 6–20 km lange **Mountainbike-Pfade** ausgewiesen.
Weitere Wege, z.B. nach **Sliva**, starten beim Museum des Zweiten Weltkriegs und sind durch ein Holzschild gekennzeichnet. Ein 30 km langer Wanderweg führt von Gumenje zum 1788 m hohen Gipefel **Mušica**, wo es eine Hütte mit 15 Betten gibt.
Nikola Barakovski, Tel. +389/71/244000, skyordie@hotmail.com (ansässig in Ohrid). Tandemflüge und Schulungen mit Paraglider/Drachen bei Mečkin Kamen.
Igor Todevski, Tel. +389/70/333859, www.macedonia-sky.com. Der Weltklasse-Paraglider bietet geführte Touren, Tandemflüge und Kurse in Kruševo nebst Unterkunft und Versorgung.

Höhlen um Makedonski Brod

Die Gegend um Makedonski Brod (Македонски Брод) im Südwesten Mazedoniens ist bekannt für ihre vielen Höhlen. Einige von ihnen zieren gewaltige Stalaktiten oder vielfarbige Mineralschichten, in anderen kann man die Reste mittelalterlicher Behausungen einstiger Höhlenbewohner entdecken. Dies sind einige der bekanntesten: In der Höhle **Pešna** gibt es außer Fledermäusen Ruinen einer Festung aus dem Mittelalter. Ihr Eingang befindet sich relativ gut sichtbar am Weg nach Lokvica, und sie ist die einzige, die ohne Führung begehbar ist. Weiter östlich zwischen Gostivar und Kičevo liegt die Höhle **Gonovica**, die mit 1200 Metern die längste Höhle Mazedoniens ist und einen unterirdischen Wasserfall hat. Nördlich von Makedonski Brod, in der Nähe des Dorfes Gorna Belica, findet man die **Golubarnikhöhle**, deren Kalkablagerungen abenteuerliche Formen hinterlassen haben.

▶ Karte S. 154

Am Berg Bukovikj, an der Straße zwischen Makedonski Brod und Gostivar, liegt die Höhle **Ubavica**, die einen knappen Kilometer lang ist, Karstornamente und einen unterirdischen Wasserfall hat. Die schönste Höhle des Landes heißt **Griška** und liegt weiter östlich, in der Nähe von Kavadarci. In ihr gibt es einen unterirdischen Wasserfall und einen See. Andere höhlenreiche Gegenden sind der Nationalpark Galičica und die Berge bei Lesnovo.

Höhlen um Makedonski Brod

Fast alle Höhlen sind sehr schwer zu finden, und man fragt am besten die Bewohner der Umgebung nach dem Weg. Oder man schließt sich einer organisierten Höhlentour an, wie sie zum Beispiel die Agentur **Holiday Company** in Skopje anbietet, Tel. +389/2/3151740, tahollyday@hotmail.com.
SD Peoni, Smilevska bb, Skopje. Tel./Fax +389/2/341206. Informationen und Höhlenführungen.

Die Höhle Pešna

Ein kleines Kaffeehaus am Markt, Treffpunkt der Männer – hagere, hochgewachsene, dunkel gekleidete Gestalten. An jedem der Tische wird lebhaft diskutiert, viel geraucht und wenig getrunken.

Irene Schmidt

Blick auf den Mavrovosee

DER NORDWESTEN

Westmazedonien besticht landschaftlich durch besonders hohe Gipfel und spektakuläre Gebirgsketten. Allen voran die **Šar Planina**, das Massiv im Nordwesten Tetovos, das zu den schönsten Mazedoniens zählt, und der Berg Korab an der Grenze zu Albanien. Mit 2753 Metern hat er den landesweit höchsten Gipfel. Durch die gebirgige Landschaft schlängelt sich eine Straße am Radikafluss entlang einmal quer durch Mazedoniens Westen und verbindet die Stadt Tetovo mit dem Nationalpark Mavrovo und dem Ohridsee. Diese Strecke ist wegen ihrer steilen Felshänge landschaftlich besonders reizvoll und zudem der beste Weg von Skopje nach Ohrid. Auf der Strecke liegt das Mönchskloster **Sv. Jovan Bigorski**, in dem man sehr eindrücklich die wiedererwachte Klosterkultur erleben kann. Der Westen Mazedoniens ist großenteils von Albanern bewohnt, und man kommt hier manchmal mit Deutsch weiter als mit Mazedonisch.

Tetovo

Das nordmazedonische Tetovo (Тетово, albanisch Tetovë/Tetova) ist das Tor zu den Šarbergen und zum Skigebiet Popova Šapka. Mit rund 60 000 Einwohnern ist sie zudem die sechstgrößte Stadt Mazedoniens und die ›Hauptstadt‹ der mazedonischen Albaner, die hier mit 70 Prozent die Mehrheit der Bevölkerung bilden. Als politisches Zentrum ist Tetovo Sitz der beiden albanischen Parteien DUI und DPA und stand im Konflikt von 2001 im Mittelpunkt der interethnischen Auseinandersetzungen. Nicht nur vom Rathaus winkt hier neben der mazedonischen auch die albanische Flagge, und ein Besuch in Tetovo gehört auf jeden Fall zum Pflichtprogramm, wenn man die Debatte über interethnische Probleme in Mazedonien verstehen möchte.

Kaffeepause am Flussufer in Tetovo

▲ Karte S. 197

Die Stadt selbst ist vornehmlich wegen ihrer Lage am Fuß des Šargebirges attraktiv und über die Autobahn in nur 40 Minuten von Skopje aus zu erreichen. Einen Besuch wert sind die buntbemalte **Šarena-Moschee** und die **Arabati-Baba-Teke**, das landesweit letzte aktive Derwischkloster. Mit etwas mehr Zeit lohnen zudem ein Abstecher zur oberhalb der Stadt gelegenen Festung **Bal Tepe**, der großen Kirche Sv. Kiril und Metodij oder dem kleinen, liebevoll geführten **Ethnografischen Museum** im Gedenkhaus der einstigen Kommunistischen Partei. Der Weg dorthin führt durch die Altstadt, in deren Schaufenstern reichbestickte Feiertagsgewänder glitzern. Die Kleider aus dunkelrotem oder blauem Samt sind die traditionellen Hochzeitsgewänder albanischer Frauen.

Dass Tetovo eine junge und lebendige Stadt ist, verdankt es vornehmlich seinen beiden Hochschulen, an denen insgesamt 20 000 Studierende eingeschrieben sind. Die 2001 gegründete Südosteuropa-Universität (SEEU) vor den Toren der Stadt genießt dank ihrer internationalen Ausrichtung einen sehr guten Ruf. Die andere Universität, die State University of Tetovo, wurde 1994 zunächst gegen heftigen Widerstand von mazedonischer Seite gegründet und ist seit 2004 eine der vier staatlichen Universitäten Mazedoniens. Beide Hochschulen lehren auf Albanisch, Mazedonisch und Englisch.

Auf dem Weg zu einem modernen Bildungsstandort durchläuft die vormals hauptsächlich auf Textilproduktion und Landwirtschaft ausgerichtete Stadt einen spürbaren Strukturwandel. Besuchern wird zudem die rege Bautätigkeit auffallen: Florierende Geschäfte und mangelnde Regulierung durch die Regierung führen sichtbar zu unkontrolliertem Bauen, bisweilen quer über Gehwege hinweg und mit wenig Augenmerk für das historische Erbe der Stadt.
Viele der hier lebenden Albaner haben im deutschsprachigen Ausland gearbeitet und zeigen Besuchern aus Deutschland gern ihre Heimat.

Geschichte

Die Situation des heutigen Tetovo lässt sich allein aufgrund seiner bewegten Geschichte verstehen. Zunächst fing alles ganz harmlos an: Ein Mann namens Hteto war unterwegs in eine kleine Siedlung, unterhalb der Šarberge gelegen, als ihm eine furchterregende Schlange begegnete. Mutig zog er sein Schwert und tötete das gefährliche Tier, vor dem sich alle Leute der Gegend schon lange gefürchtet hatten. Erleichtert, nun endlich wieder ungehindert ihres Weges gehen zu können, benannten sie die Stadt nach dem alsbald dort eintreffenden Helden Htetovo, ›Htetos Ort‹, woraus später Tetovo wurde.

Im Museum von Tetovo

▲ Karte S. 197

Jenseits aller Legenden wurde bei Ausgrabungen im Stadtgebiet die berühmte Bronzefigur der Tänzerin Menada aus dem 6. Jahrhundert vor Christus gefunden, die im Wappen von Tetovo prangt und ansonsten im Nationalmuseum in Skopje zu finden ist. Offensichtlich war die Gegend schon lange vor der römischen Eroberung im 2. Jahrhundert vor unserer Zeitrechnung besiedelt gewesen.
Zur Zeit des Osmanischen Reichs gehörte Tetovo zum Vilayet (Verwaltungseinheit) Kosovo und kämpfte zusammen mit den dort lebenden Albanern um Unabhängigkeit. Kaum waren die Osmanen im Balkankrieg von 1912 verjagt, fiel das gesamte Vilayet an das orthodoxe Königreich Serbien, das bestrebt war, den Islam zu unterdrücken und viele der muslimischen Albaner zur Flucht zwang. Entsprechend wurden die hier nun angesiedelten Serben zum Bau neuer Kirchen ermutigt.
Im Zweiten Weltkrieg wurde Tetovo Teil des faschistischen Albanien. Als Reaktion gründete sich 1943 die Kommunistische Partei Mazedoniens (KPM), deren Haus heute ein Museum ist und die Andenken an die slawischen Widerstandskämpfer archiviert. Nach dem Sieg Titos und seiner Partisanen gehörte Tetovo zur Sozialistischen Republik Mazedonien. Das bedeutete für die Albaner in Mazedoni-

en ebenso wie im benachbarten Kosovo eine erneute Unterdrückung durch Jugoslawien. Wieder wanderten viele aus, und die, die blieben, riefen zu regelmäßigen Protesten gegen das Regime auf. Als Jugoslawien 1990 ins Wanken geriet, nutzten die Albaner die Gunst der Stunde und forderten erneut ihre Autonomie. Das Gegenteil trat ein: Weil sie das Referendum zur Unabhängigkeit Mazedoniens boykottierten, wurden sie von der neuen Regierung quasi ausgeschlossen. Also gründeten die Albaner ihre eigenen Parteien, die laut mazedonischer Verfassung nicht zulässig waren, und machten Tetovo zu ihrem politischen Hauptquartier. Seitdem gibt es Spannungen, die Ausdruck in Protestaktionen fanden und von Rebellen aus dem Kosovo zusätzlich angeheizt wurden. Schon vor dem offenen Konflikt im Jahr 2001 sorgte Tetovo in der mazedonischen Presse immer wieder für Negativschlagzeilen: 1992 wurde dort ein ›autonomes Territorium Ilirida‹ proklamiert, kurz darauf die Entstehung einer albanischen Untergrundarmee. 1995 sorgte der nicht genehmigte Bau der albanischen Universität für Aufregung, und 1997 wurde Tetovos Bürgermeister verhaftet, als er statt der mazedonischen die Flagge Albaniens auf dem Rathaus gehisst hatte. Das ist die rote Fahne mit dem schwarzen Doppeladler, die auch heute aus einigen Fenstern Tetovos weht und auf dem Markt in Form von T-Shirts und Mützen verkauft wird. 2000/01 eskalierte die Situation schließlich, und es kam zur bewaffneten Auseinandersetzung. Heute wird das Verhältnis der ethnischen Gruppen in der Regel auf verbaler Ebene kommuniziert, und Tetovo ist ein sicheres Pflaster.

Tetovo (Тетово)

Cajtnot

Das ist schon komisch: Da ist man endlich raus aus Deutschland, und schon holt es einen wieder ein. Und das mitten in Tetovo. Dort kann man, in der Straße Jane Sandanski 100, im Restaurant ›Berlin‹ speisen, während einige Straßen weiter jemand eine ganze Hauswand mit der Hamburger Skyline bemalt hat, und nichts fehlt: Rathaus rechts, Michel links, alles ist an seinem Platz. Hamburg gibt's aber auch in Skopje, wo ein Albaner sein neues Hotel nach der Hansestadt benannt hat. Und warum nennt jemand seine Wechselstube in Kumanovo ›Karstadt‹? In Prilep wird indes beim ›Oktoberfest‹ (pivo fest) auf die guten alten Zeiten an der Isar angestoßen, und geradezu überall in Mazedonien kann man von der Schönheit Düsseldorfs und der Unübertrefflichkeit Stuttgarts hören. Das Phänomen der Gastarbeit hinterlässt sonderbare Spuren.

In den frühen 60er Jahren öffnete Deutschland seine Grenzen und holte tausende von Jugoslawen ins Land – was keineswegs heißt, dass sie nicht vorher auch schon kamen, aber nun war es legal und dringend erwünscht. Die fehlten dann allerdings im eigenen Land, denn es gingen überwiegend gut ausgebildete Fachkräfte – wie heute immer noch: ›brain drain‹ ist auf dem Balkan nichts Neues. Immerhin trugen sie mit dem Westgeld acht Prozent zum Gesamteinkommen des Heimatlands – damals Jugoslawien – bei. Angeworben wurde durch Zeitungen und lokale Arbeitsämter, dann ging's zum Gesundheitscheck und ab in den Westen.

In Deutschland waren damals über die Hälfte aller Gastarbeiter Jugoslawen, die hauptsächlich in Düsseldorf, Stuttgart, Frankfurt, Nürnberg, Köln und Dortmund unterkamen. Besonders für die Mazedonier war das eine lukrative Gelegenheit, denn trotz einer an Vollbeschäftigung orientierten Politik hatten sie eine regionale Arbeitslosenquote von über 20 Prozent. Darüber würden sie heute in einen Freudentaumel ausbrechen, aber damals wie heute war in (Ex-)Jugoslawien nur das benachbarte Kosovo noch schlimmer dran. Viele planten, nur ein paar Jahre in Deutschland zu bleiben, die meisten blieben über zehn.

1973 war Schluss: Anwerberstop. Ein Großteil ging dann doch zurück, weil es ihnen in Deutschland zu kalt war, klimatisch und menschlich gesehen. Aber man trifft sich wieder. Ganz unvermutet tauchen sie in jedem Winkel Mazedoniens auf, die alten Kollegen aus Stuttgart und Düsseldorf, und freuen sich, das schon fast vergessene Deutsch herauskramen zu können. Das ist zum Teil gar nicht so schwer, denn so einiges findet sich unvermutet in der anderen Sprache wieder, manches noch aus den Tagen Österreich-Ungarns. Vor allem natürlich das Wort gastrbajter (гастрбајтер), aber auch der tišler (тишлер) und der hausmajstor (хаусмајстор) sind vertreten. Pause heißt pauza (пауза), escajg (есцајг) Besteck, und rajsferšlus (рајсфершлус) ist auch eine praktische Entlehnung. Besonders hübsch ist brušalter für BH, aber der Favorit ist unumstritten das Wort cajtnot (цајтнот). Das kann nur deutsch sein!

Gut zu wissen für Autofahrer: Selbst ohne Mazedonischkenntnisse wird das Wichtigste verstanden. Zum Beispiel rikverc, dihtung und auspuh. Leerlauf heißt ler und Schraubenzieher šrafciger. So oder so wird man sich also verstehen, am besten mit Albanern und Roma, denn die waren aus der Not heraus am häufigsten im deutschsprachigen Ausland.

Die Bunte Moschee

Die berühmte Bunte Moschee in einer Grünanlage im Zentrum der Stadt, die Šarena-Moschee (bei den Einheimischen auch Pascha-Moschee), wurde 1459 errichtet, später umgebaut und ist heute das erklärte Wahrzeichen Tetovos. Man sagt, dass für ihr buntes Äußeres 30 000 Eier zu Tempera verarbeitet wurden – und dabei nimmt sich die Fassade geradezu blass gegen das opulente Innere aus. Das ist reich verziert, farbenfroh und behängt mit barocken Balkonen. Bei soviel ornamentaler Malerei fällt der Kontrast zu den vielen Heiligendarstellungen orthodoxer Fresken und Ikonen besonders auf: Hier finden sich ausschließlich florale und geometrische Ornamente, weil der sunnitische Islam die Abbildung menschlicher Figuren verbietet. Früher war die Moschee Teil einer der typischen Komplexe, die aus Hammam, Karawanserei und Moschee bestanden, heute ist sie Tetovos meistbesuchte Touristenattraktion.

Historischer Hammam

Von der einstigen architektonischen Trias aus Gotteshaus, Bad und Herberge ist neben der Moschee noch der Hammam

Vor der Bunten Moschee

Hammam in Tetovo

geblieben, der nur wenige Meter entfernt auf der anderen Flussseite steht. In dem einfachen Gebäude haben Männer und Frauen früher zu unterschiedlichen Tageszeiten gebadet, nimmt man an. Inzwischen ist in das einstige Bad eine **Gemäldegalerie** eingezogen, nachdem es zuvor als Restaurant gedient hatte (Di–So 10–18 Uhr, im Sommer bis 21 Uhr, Eintritt frei).

Die **Steinbrücke (**Pascha-Brücke), die wenig südlich vom Hammam über die Pena führt, ist ebenfalls aus osmanischer Zeit und die letzte von einst fünf solcher Brücken aus dem 16. bis 18. Jahrhundert.

Die Arabati-Baba-Teke

Am unteren Ende der Seilbahn nach Popova Šapka befindet sich die Arabati-Baba-Teke, ein Derwischkloster des Bektaşi-Ordens. Obgleich das Gelände sichtlich in die Tage gekommen ist, handelt es sich doch immerhin um die größe und am besten erhaltene Teke des westlichen Balkans. Die Ruhe des Klostergartens ist eine Wohltat nach den belebten Straßen Tetovos und lockt zur Rast auf einer überdachten Meditationsplattform.

Der derzeitige Leiter des Ordens kommt aus Albanien und hat vor, in den traditionellen Bauten bald wieder Gästezimmer für Reisende einzurichten. Man findet den bärtigen Baba meist im Hof seines Hauses, vom Eingang der Teke aus rechts hinten. Er spricht nur Mazedonisch und Albanisch, führt einen aber gern durch das Gelände.

Seit der Unabhängigkeit Mazedoniens lebt der in der Jugo-Ära untersagte Sufi-Orden wieder in den alten Gebäuden, die er zu seinem Unbehagen nun allerdings mit sunnitischen Muslimen teilen muss. Eines der Gebäude haben die Sunniten zu ihrer Moschee gemacht. Die restlichen Häuser, in denen es früher Restaurants und ein Museum gab, stehen leer und warten auf eine dringend notwendige Sanierung, vor allem seit die Teke 2002 von albanischen Extremisten ausgeraubt und beschädigt wurde.

Die **Turbe** (Mausoleum) der Babas ist ein zentraler Teil des Komplexes. Auf den Grabsteinen und neben den Särgen findet man in Stein gehauen den weißen Turban wieder, die typische Kopfbedeckung der Bektaşis. Die Grabkammer des Gründers Arabati ist gleichzeitig der Andachtsraum des Klosters, und seine letzte Ruhestätte wird mit Votiv- und Opfergaben geehrt.

In der **Bibliothek** des Klosters wurden islamische Werke abgeschrieben und reich verziert, mit denen man Heiden und Aleviten missionieren wollte. 1948 legten Partisanen in der Bibliothek Feuer und zerstörten große Teile des wertvollen Fundus.

Gegenüber dem Eingang der Teke bietet das kleine **Restaurant Arabati** einfache Kost zur Stärkung.

Altstadt

Die Altstadt beginnt jenseits des zentralen Platzes und der ul. Ilindenska und versteckt ihre hübschesten Häuser in der Umgebung der ul. Goce Delčev am Fuß der Šarberge. Dazu zählt auch das in einer Seitenstraße gelegene **Gedenkmuseum des Zentralkomitees der Kommunistischen Partei** im traditionellen Altbau mit Rosengarten. Auf den kleinen Marmorhockern im Hof wurden früher die Schulkinder, zu deren Pflichtprogramm das Museum gehörte, im Kommunismus unterrichtet. Leider spricht niemand Englisch, doch das kleine Museum ist sehr gepflegt und sehenswert.

Nahebei steht Tetovos Hauptkirche, **Sv. Kiril und Metodij**, die nicht sonderlich schön, aber sehr groß ist und eine Ikonengalerie beherbergt.

Auch die anderen Kirchen Tetovos, **Sv. Bogorodica** und **Sv. Nikola**, sind bei weitem nicht so sehenswert wie die mittelalterlichen Klosterkirchen in Tetovos Umgebung, die die Osmanenherrschaft überlebt haben.

Den Fluss Pena entlang

Folgt man dem Fluss Pena entgegen seiner Fließrichtung aus der Stadt heraus, führt ein etwas ausgedehnterer Spaziergang zu Tetovos **Mineralwasserquellen**. Dieser Ausflug eignet sich am besten für die frühen Morgenstunden, wenn die Luft noch klar ist und die beiden kleinen Cafés bei den Quellen gerade erst öffnen. Hier, wo das Flussbett der Pena noch nicht einer Müllhalde gleicht, ist eine beliebte Badestelle, wobei Frauen diskret hinter Plastikplanen ins Wasser steigen.

Das Mineralwasser fließt direkt neben dem Fluss aus schmalen Rohren und ist angeblich sehr gesund. Besser schmeckt allerdings ein Kaffee vor dem liebevoll bepflanzten oberen Café. Wenn es gelänge, den Fluss künftig vom Müll zu befreien, könnte es hier ausgesprochen idyllisch sein.

▲ Karte S. 197

Der Bektaşi-Orden

Der Bektaşi-Orden ist einer der größten und einflussreichsten Orden des Balkan und wurde im 14. Jahrhundert von dem Perser Hadschi Bektasch Veli gegründet. Einer seiner Angehörigen namens Ali Baba machte sich auf den langen Weg vom Hauptquartier der Bektaşi in Anatolien bis an den Fuß der Šarberge im Nordwesten Mazedoniens, wo er sich niederließ und einen kleinen Kreis von Anhängern um sich sammelte. Als der alte Ali Baba 1538 starb, wurde er von seinem Schüler Arabati begraben, der kurz darauf an dieser Stelle das Kloster gründete. Von den damaligen Gebäuden ist leider nichts erhalten geblieben, und die heutigen stammen aus der Zeit um 1890. Bis ins frühe 19. Jahrhundert blühte der Orden auf und zog viele Derwische heran, bis er 1925 in Anatolien von Atatürk verboten wurde und sein Hauptquartier nach Tirana verlegen musste. Als sich Albanien 1968 zum ›ersten atheistischen Staat‹ erklärte, verloren die Bektaşi-Derwische auch dort an Boden. Ebenso in Mazedonien: Nach dem Ende des Osmanischen Reichs 1912 wurde der muslimische Orden nicht mehr geduldet, und seine Anhänger flohen ins Ausland. Die Arabati-Baba-Teke in Tetovo wurde von Jugoslawien zum Volkseigentum erklärt, und in die Gebäude zogen ein Museum, ein Hotel und eine Gaststätte ein.

Der berühmte Tanz der Derwische, der auch im Bektaşi-Kloster getanzt wurde, beruht auf der Idee, dass sich Körper und Geist hingeben, um eine Vereinigung mit Gott zu finden. Das kann durch wilde Bewegungen und fortwährendes Anrufen Allahs geschehen, was den Tänzer in einen tranceähnlichen Zustand versetzt.

Die Arabati-Baba-Teke

ESSAY

Die Festung Bal Tepe

Weit über Tetovo, sichtbar vom Hauptplatz aus, versteckt sich im Wald beim Dorf **Lavce** eine imposante osmanische Festung, die einst durch ein elaboriertes Tunnelsystem mit den wichtigsten Häusern der Stadt und den umliegenden Dörfern verbunden war. Nachdem ein Großteil der Festung bereits in den Balkankriegen 1912 und 1913 zerstört worden war, stürzte der letzte Tunnel in den 60er Jahren ein. In den Auseinandersetzungen von 2001 wurde Bal Tepe zunächst von albanischen Rebellen, später von mazedonischen Soldaten genutzt.

Auf der Festung Bal Tepe

Derzeit finden extensive Sanierungsarbeiten statt, doch auch jetzt macht es Spaß, auf den Mauern der großen Anlage zu spazieren und die grandiosen Ausblicke auf die Stadt zu genießen. Vorbei an der kleinen Kirche führt ein Trampelpfad ins Gebüsch zu einem der Tunnel, der vermutlich zu den Quellen der Pena führt. Zwei weitere Tunnel zu den Dörfern Selce und Lavce hat man schon früher gefunden. Neben einem Restaurant soll es hier oben künftig auch ein Museum geben. Zur Festung kommt man per Taxi für 200 Denar, mit Rückfahrt für 300 Denar, oder mit dem Auto die Straße bei Sv. Nikola hoch, vorbei an der Müllhalde, um sich bei der Abzweigung rechts zu halten. Von dort schlängelt sich die Straße direkt bis zur Festung.

Tetovo

Vorwahl: +389/44.

Künftig soll es eine **Touristeninformation im Rathaus** geben: ul. Derviš Cara bb. Bis dahin können Anfragen per e-mail an das Tourismusdepartment gerichtet werden: led@tetova.gov.mk.

Nikola Trajkovski, Tel. +389/70/895012. Für 10 Euro/Pers. führt der zertifizierte Guide Besucher auf Englisch zu allen Sehenswürdigkeiten der Stadt.

Taxifahrer Jack, Tel. +389/71/715858. Besonders zuverlässig, spricht fließend Englisch.

Busbahnhof, Boris Kidrič bb, Tel. +389/44/336331. Tickets von/nach Skopje kosten 120 MKD für 1 Std. Fahrtzeit. Der Busbahnhof liegt am Rande des Zentrums unweit der Autobahn nach Skopje. Busse aus und nach Skopje sowie Sammeltaxis (gleicher Fahrpreis wie Bus) halten deshalb meist auch an der Hauptstraße Ilirija (vormals Maršal Tito), in die die Autobahn übergeht. Dort fahren auch Minibusse nach Gostivar, Debar usw. ab. Lokale Busse zu den umliegenden Dörfern halten vor dem Markt am Bd. Ilirija.

Tetovo–Skopje: ca. stündlich.

Tetovo–Struga: 5x tägl.

Außerdem tägl. nach Belgrad, Deutschland und Österreich.

Bahnhof, Boris Kidrič bb, Tel. +389/44/336660. Der Bahnhof liegt direkt hinter der Busstation.

Züge von/nach Tetovo: 3x tägl. nach Skopje bzw. Gostivar/Kičevo.

▶ Karte S. 197

Hotel Tivoli, Bd. Ilirija 19, Tel. +389/44/352370, www.tivoli.com.mk; EZ 45, DZ 60 Euro inkl. Frühstück. Bestes Hotel der Stadt mit allen Annehmlichkeiten außer einem Parkplatz. Das Personal spricht Deutsch.

Hotel Lirak (früher ›Makedonija‹), Bd. Ilirija 10, Tel./Fax +389/44/338578; EZ 20, DZ 30 Euro inkl. Frühstück. Sehr zentral und etwas laut, ältestes Hotel der Stadt in saniertem Bau der Jugo-Ära. W-Lan und Klimaanlage, Vladimir an der Rezeption spricht wenig Deutsch.

Emka, Ilindenska bb., Tel. +389/44/331145, www.emka.com.mk; 1000 MKD/Pers. mit TV und Bad, ohne Frühstück. Wenig zentral neben einer Tankstelle an der lauten Ausfallstraße nach Albanien, aber sauber.

Ruhiger als in der Stadt schläft es sich in naher Berglage in **Popova Šapka**, → S. 204.

Viele Restaurants, darunter einige der besten, säumen den Bulvar Ilirija. Alternativen ohne Straßenlärm und mit Ausblick sind die **Dachterrasse des Iliria Center** am Hauptplatz oder die Pizzeria **Cufi Li** mit Terrasse direkt am Flussufer (Bd. Ilindenska bb, Tel. +389/70/556555, nahe Bunter Moschee und Hammam). Dort gibt es neben Pizza viele andere Gerichte, aber kein englischsprechendes Personal.

Bela Mia, Ivo Ribar Lola bb. Sehr empfehlenswert, serbische Küche in traditionellem Ambiente mit Innenhof, besonders gut ist das Rindfleisch. Wohl das beste Restaurant der Stadt.

Restaurant Delfin, Bd. Ilirija. Guter Fisch und Meeresfrüchte.

Tivoli, Bd. Ilirija 19, im gleichnamigen Hotel. Vielfältiges Angebot im angenehmen Ambiente. Heimische, internationale und vegetarische Küche 300–600 MKD, Personal spricht Englisch. Bisweilen fallen die Portionen recht klein aus.

Berlin, Jane Sandanski 100, Tel. +389/44/339658. Pizzeria mit besonders gutem Hühnerfleisch in heller Sauce und gutem Service. Beliebt bei lokalen Politikern und Künstlern.

Sole, Jane Sandanski 98, Tel. +389/44/333238, gegenüber dem Kulturzentrum, neben Restaurant ›Berlin‹.

Etno Kuḱa, Dorf Čelopek südlich von Tetovo, Tel. +389/75/544555. Traditionelle Kost im rustikalen Dorfhaus, serviert von Damen in Tracht. Nettes Ambiente.

Alternativ gibt es Restaurants im nahen Skiort Popova Šapka, → S. 204.

Beliebte Kneipen und Clubs wie das **Ata-Café** liegen entlang des Bd. Ilirija.

Tantra Lounge und **Barcode**, Derviš Cara bb; 8–24 Uhr. Viele Studenten, sehr populär, am Wochenende Live-Musik.

Image, Jane Sandarski. Tendenziell ethnisch mazedonisch, nette Atmosphäre, aber nicht mehr so beliebt wie früher.

Gedenkmuseum des Zentralkomitees der KP, Goce Delčev (tatsächlich in einer kleinen Seitenstraße davon, die schräg gegenüber der Kirche Kiril und Metodij in Richtung Berge abgeht). Auf die angegebenen Öffnungszeiten von täglich 9–18 Uhr ist nicht unbedingt Verlass.

Museum von Tetovo, Radovan Conič 92, Tel. +389/44/338902; tägl. 9–18 Uhr. Bevor das Museum in das kleine weiße Haus zog, befand es sich im Derwischkloster. Trachten und archäologische Funde aus der Region, gelegentlich Kunstausstellungen.

Mini-Ethnomuseum, im Haus des Architekten Simeon Zlatev, nahe der Moschee im Dorf Džepčište, 5 km nordöstlich von Tetovo, Tel. +389/70/555165; tägl. 10–18 Uhr, Eintritt frei, Spende gern gesehen. 1150 Ausstellungsstücke, meist traditionelle Haushaltsgegenstände, aus ganz Mazedonien auf ca. 7 m^2, laut Sammler das kleinste Ethno-Museum der Welt. Das Museum ist im Dorf ausgeschildert, ansonsten nach Besitzer ›Mone‹ fragen. Seine Tochter Ivona spricht Englisch.

Popova Šapka und Šarberge

Auf einer Höhe von 1780 Metern direkt über Tetovo gelegen, ist Popova Šapka ein beliebter Ausflugs- und Ferienort. Während die meisten Besucher im Winter zum Skilaufen kommen, lässt es sich im Sommer auf den weitläufigen Wiesen gut picknicken und die frische Bergluft genießen. Hier ist die Ausgangsbasis für mehrere, bisweilen sparsam gekennzeichnete, aber landschaftlich reizvolle Wanderwege in die Šarberge, zu Gletscherseen, Berghütten und zum Gipfel Titov Vrv. Nach Popova Šapka kommt man entweder per Auto auf einer gut asphaltierten, sich endlos windenden Straße (Taxi von Tetovo 500 Denar), oder man läuft von Tetovo auf einem Wanderweg quer durch den Wald, wofür man etwa vier Stunden einplanen sollte. Die Seilbahn, die einst Tetovo mit Popova Šapka verband, wurde im Konflikt von 2001 zerstört und nicht wieder aufgebaut. Obwohl das in Folge des Konflikts zunächst verwaiste Bergidyll langsam wieder an Popularität gewinnt, sind dessen Potenziale bei Weitem nicht ausgeschöpft, und die Infrastruktur ist insgesamt noch mangelhaft.

Die Šarberge

Titov Vrv

Von der Berghütte **Smreka** in Popova Šapka führt ein leider nicht gekennzeichneter Wanderpfad nach 14 Kilometern zum Gipfel Tito Vrv, dem mit 2747 Metern zweithöchsten Berg des Landes. Der Aufstieg dauert gut fünf Stunden und ist bis auf die letzten paar Kilometer landschaftlich sehr attraktiv, mit spektakulären Ausblicken auf die umliegenden Bergketten. Der **Turm** auf dem Gipfel, eine ausgezeichnete Orientierungshilfe, war ursprünglich eine Wetterstation, bevor die Polizei und später eine Herberge einzogen. Seit den 70er Jahren steht der Turm leer.

Wandern in den Šarbergen

Attraktiv ist die Route zur Hütte **Jelak**, die während der Auseinandersetzungen 2001 leider abgebrannt und bisher nicht wieder aufgebaut wurde. Von Popova Šapka ist sie in gut einer Stunde zu erreichen. Von dort aus führt ein Wanderweg nach gut drei Stunden nach **Lešnica** (Лешница), dem wohl schönsten Tal des gesamten Massivs mit zahlreichen kleinen Wasserfällen und Quellen.

Im nördlichen Teil des Šarmassivs liegt die Hütte **Ljuboten**, die man in etwa drei Stunden vom Dorf **Vratnica** aus erreichen kann, um von dort aus den 2500 Meter hohen Gipfel Ljuboten zu erklimmen. Von dieser Hütte aus können gut ausgerüstete und ausdauernde Šar-Planina-Fans in acht bis zehn Tagen den gesamten Gebirgszug bis zum Nationalpark Mavrovo überqueren. Diese Strecke ist die landschaftlich spektakulärste: Sie führt auf einem 80 Kilometer langen Hochplateau über den Gipfel Titov Vrv bis zum Berg Korab und unterschreitet dabei kein einziges Mal die 2000-Meter-Marke. Leider gibt es kaum Übernachtungsmöglichkeiten, und die Route verläuft fast ausschließlich direkt entlang der kosovarischen Grenze, wo es nach wie vor nicht unbedingt ratsam ist, sein Zelt aufzuschlagen.

Wem Bergabenteuer in der Šarregion auf eigene Faust zu riskant erscheinen, kann sich entweder einen Guide mitnehmen oder sich der jährlich am ersten Sonntag nach dem 2. August stattfindenden Gruppenwanderung zum Lešnica-Tal anschließen. Am 25. Mai (Titos Geburtstag) zieht es ganze Hundertschaften von Bergsteigern auf den Gipfel Titov Vrv, während man sich am 11. Oktober einer gemeinsamen Besteigung des Berg Ljuboten anschließen kann.

Pause auf dem Weg zum Gipfel Titov Vrv

Popova Šapka und Šarberge

Vorwahl: +389/44.

Ljuboten Planinarski Klub, Tel. +389/75/649393, www.sharmountainguide.com.mk. Wanderverein in Tetovo mit Infos zu Wanderungen, Hütten und Guides. Hat gute Karten!

Hütte Smreka, Tel. +389/2/3225958. Die große Hütte mit 100 Betten liegt direkt bei Popova Šapka (pinkes Haus hinter Hotel ›Slavija‹). Dort gibt es zahlreiche weitere Hotels.

Casa Leone, Popova Šapka, Tel. +389/72/515240, www.casaleone.com.mk. Italienisches Restaurant mit Aussichtsterrasse und zwei gepflegten Gästeapartments mit Balkon und Bergblick für günstige 15 Euro/Pers. Betrieben von einem netten Münchener Ehepaar. Vorsicht vor deren Hunden. Ganzjährig offen, im Winter reservieren!

Hotel Bora, Tel. +389/44/361106, Popova Šapka. Nettes, inzwischen saniertes Jugo-Hotel mit sauberen Zimmern, heißen Duschen, sonnigem Restaurant, Ausblick, Bar und Massage. Basis der Cat-Ski-Station.

Noli's Konak, Tel. +389/71/888445, www.noliskonak.com, DZ ab 70 Euro. Mit Abstand teuerste Unterkunft mit winzigen, aber exklusiv ausgestatteten Zimmern, französischer Küche und vom Schweizer Betreiber importiertem (etwas kitschigem) Interieur. Ski und Stiefel kann man hier leihen; bislang nur im Winter geöffnet.

Tri Vodi, Tel. +389/44(397680. Hütte nördlich von Tetovo bei Tearce.

Hütte Ljuboten, beim Dorf Vratnica.

Auf einer Höhe von schneesicheren 1708–2510 Metern gibt es 10 km Piste mit 6 betagten Liften, 2 neue sind geplant. Der längste Lift fährt zwar bislang nur am Wochenende, dafür gibt es Nachtskilaufen, ein großes Off-Pisten-Areal und Cat-Skiing. Entlang der Pisten bietet bislang nur die **Hütte am Pionir-Lift** die Möglichkeit zur Einkehr. Skier und Ausrüstung sind in den Hotels zu leihen, ein Skipass kostet günstige 800 MKD/Tag.

Kontakt für Cat-Skiing: Eskimo Freeride, Hotel Bora, Tel. +389/71/951287, www.eskimo-freeride.com. Tagestouren mit der Schneekatze zu ausgewählten Off-Pisten kosten inklusive Verpflegung und Unterkunft ca. 170 Euro. Guides und geeignete Skier/Snowboards erhältlich.

Kloster Lešok

▸ Karte S. 195

Etwa acht Kilometer nordöstlich von Tetovo liegt im Ort Lešok das gleichnamige Kloster mit zwei Kirchen. Einzig sehenswert ist davon die bereits 1326 errichtete **Sv. Bogorodica** mit sehr schönen Fresken aus dem 14., 17. und 19. Jahrhundert. Der für die osmanische Zeit typische Bau ist niedrig gebaut und insgesamt erstaunlich gut erhalten.

Mitten im Hof steht weitaus stolzer die Kirche **Sv. Atanas**, einst getragen von reichverzierten Säulen und ausgestattet mit einer großen Steinikonostase. Im Konflikt 2001 wurde sie schwer beschädigt und 2006 mit EU-Geldern wieder aufgebaut. Allein im Eingangsbereich

Kloster Lešok

konnten dabei einige Heiligendarstellungen aus den 60er und 70er Jahren erhalten werden, während der Rest der Kirche nun mit neuen, sehr farbenfrohen und gröberen Fresken ausgemalt wurde. Im Hof des Klosters liegt sein Erbauer, der mazedonische Aufklärer Kiril Pejčinovič, begraben. Zu Lebzeiten richtete er hier eine Schule ein, in der er auch selbst unterrichtete.

Die ursprüngliche Kirche Sv. Atanas, heißt es, liegt oberhalb des Klosters in den Bergen und ist auf eigene Faust kaum zu finden. Am 31. Januar, dem Tag des heiligen Atanas, pilgern die Dorfbewohner dort hinauf und feiern.

Unbedingt lohnt ein Besuch des oberhalb von Lešok gelegenen Dorfes **Varvara**: Die alten Häuser an der sich steil bergan schlängelnden Straße sind weitaus sehenswerter als die in Lešok, und oberhalb des Dorfs führt ein Wanderpfad in die Wälder.

In der Klosterkirche Sv. Bogorodica des Klosters Lešok

Lešok

Lešok ist an der Autobahn Tetovo–Skopje ausgeschildert. Von Skopje kommend direkt hinter der 3. Mautstelle abfahren. Per Taxi sollte man für die einfache Fahrt von Tetovo nicht mehr als 250 Denar zahlen.

Restaurant Zürich, an der Straße nach Lešok. Bietet beste Ausblicke auf die Umgebung.

Pizzeria, im Nachbardorf Proševce.

Restaurant mit lokaler Küche, direkt auf dem Klostergelände. Mit Blick auf Sv. Atanas.

Ein 12 km langer Wanderweg führt von Lešok nach **Tearce**; eine 14 km lange Wanderung führt zur **Festung** (kale) über Tetovo. Bei beiden Wanderungen bleibt man unter 1000 Höhenmetern, einzuplanen sind ca. 5 Stunden.

Gostivar

Gostivar (Гостивар, albanisch: Gostivari), arm an Sehenswertem und bis dato höchstens wegen seine multikulturellen Bevölkerung einen Besuch wert, gewinnt zusehends an Attraktivität. Lange wirkte Gostivar ein wenig verwahrlost und führte, seit dem Konflikt 2001 abgeschnitten vom Schienenverkehr, eine traurige Randexistenz. Inzwischen rollen die Züge wieder nach Tetovo und Skopje, und Gostivars Bürgermeister Nežvat Beja hat den bis dahin trostlosen Stadtpark erneuern und die Ufer des Flusses Vardar in attraktive Spazierwege verwandeln lassen. Sein Vorgänger, weit weniger eifrig in diesen Belangen, hatte in Gostivar zunächst die türkische Sprache verboten und kam anschließend in Konflikt mit der Regierung, als er auf dem Rathaus die albanische Flagge gehisst hatte. Die Auseinandersetzung endete in einer Schießerei mit den staatlichen Sicherheitskräften.

Gostivar ist traditionell eine Handelsstadt mit vielen Geschäften und einem lebhaften **Basar** an jedem Dienstag. Im Zentrum steht neben dem massiven **Uhrenturm** von 1566 seit über 300 Jahren die **Beg-Mahala-Moschee**. Ein Spaziergang am Vardar lohnt, weil der Fluss hier, nur fünf Kilometer von seiner Quelle im Dorf Vrutok entfernt, noch glasklar ist und mit der bräunlichen Brühe in Skopje wenig gemein hat. Die Einwohner, scheint es, sammeln sich am liebsten um den Zentralplatz **Maršal Tito** und beobachten dort das bunte Treiben.

Gostivar

Vorwahl: +389/42.
Busbahnhof, Tel. +389/42/217344.
Gostivar – Tetovo: 6.20–20.25 Uhr ca. stündl.; 100 MKD.
Gostivar – Skopje: alle 30 Min. bis 19.45 Uhr; ca. 140 MKD.
Gostivar–Debar: nur 2 Busse tägl., 6.30 und 15.30 Uhr.

Green Center Hilton, Goce Delčev 14, Tel. +389/42/222600, www.gchilton.com.mk; EZ ab 25, DZ ab 35 Euro. Viersternehotel mit verspiegelter Glasfront direkt im Zentrum, mäßig geschmackvoll eingerichtete Zimmer mit W-Lan und Jacuzzi-Bad.
Balkan, Ilindenska 165, Tel. +389/42/214401. Akzeptable Zimmer in zentraler Lage.

Restaurant des Hotels Hilton. Bekannt für seine Küche, außer lokalen Spezialitäten bietet es Pizza und Kontinentales.

Der Uhrenturm von Gostivar

▲ Karte S. 195

Der Nationalpark Mavrovo

Zwischen Gostivar und Debar erstreckt sich gen Westen Mazedoniens größter Nationalpark, ein gebirgiges und weitläufiges Areal, in dessen Mitte ein großer Stausee liegt. Der Park umschließt das **Bistra-Plateau**, das **Tal des Radika-Flusses** und zieht sich über die **Dešat-Berge** bis zur albanischen Grenze. In den letzten Jahren wurde einiges dafür getan, das Potenzial des Parks für Besucher nutzbarer zu machen, und so gibt es in Mavrovo (Маврово) neben einem kompetenten Informationszentrum gut gekennzeichnete Wanderwege, Karten, Leihfahrräder und Gebirgstouren per Pferd. Ausflüge führen zu attraktiven Mijak-Dörfern wie **Galičnik**, **Lazaropole** oder **Gari**, und der See lädt im Sommer zum erfrischenden Bad. Entsprechend stellen sich immer mehr Bergdörfer auf Besucher ein, und es ist ein breites Netz an Unterkünften quer durch den Park entstanden.

Da Mavrovo um einiges höher liegt als Skopje und im Sommer angenehm kühl ist, ist der Park ein willkommener Fluchtort, wenn die Temperaturen andernorts auf 40 Grad steigen. Im Winter verwandeln sich die Hänge von Mavrovo, die von Oktober bis Mai mit Schnee bedeckt sind, in ein beliebtes Skigebiet. Ab Frühling laden sie zum Wandern.

Wanderungen im Nationalpark

Die Wandermöglichkeiten im Park sind vielfältig, wenn auch bisweilen noch spärlich ausgewiesen. Wanderkarten für 100 Denar und Guides ab 40 Euro pro Tag sind im Infozentrum im Dorf Mavrovi Anovi erhältlich. Im Folgenden einige Empfehlungen zu Wanderungen vom Ort Mavrovo aus. Wanderungen im Umfeld von Galičnik, Lazaropole, Gari und zum Berg Korab finden sich in den jeweiligen Kapiteln (→ S. 214, 217, 218).

Wanderweg in Gari

■ Wanderung nach Galičnik

Eine relativ anspruchsvolle, insgesamt 20 Kilometer lange Wanderung führt über den **Medenica**, den mit 2163 Metern höchsten Gipfel des Bistramassivs, zum Dorf Galičnik. Den ersten Teil des spärlich markierten Pfads könnte man ideal mit dem Sessellift zurücklegen, der früher an den Sommerwochenenden geöffnet war. Derzeit wird die Anlage jedoch nur nach Anmeldung für größere Gruppen in Betrieb genommen (Anfrage im Hotel oder bei der Touristeninformation). Ohne Lift erreicht man nach etwa fünf Stunden den Gipfel, von dem der Abstieg nach Galičnik etwa weitere zwei Stunden dauert. Unterwegs gibt es wenig Wald, viele Ausblicke auf den See und den Fluss Radika, sowie wenig Trinkwasser, das man unbedingt hinreichend mitnehmen sollte.

■ Wanderung zum Gipfel Nikiforovo

Einfacher und weit besser markiert ist der Weg von **Sandaktaš** (gegenüberliegendes Seeufer) zum Gipfel Nikiforovo. Die acht Kilometer lange Wanderung führt innerhalb von drei Stunden auf knapp

Wanderer in den Stogovo-Bergen

2000 Meter Höhe und belohnt mit besonders schönen Aussichten. Der Weg beginnt mitten im Dorf und führt entlang dem Petilepska-Bach. Bis zur Trinkwasserquelle **Peti Leb** (eine der besten des Parks) geht es durch den Wald, danach über Wiesen. Am 9. August lässt sich diese Wanderung gut mit dem Fest des St. Pantelejmon verbinden, das in Nikiforovo gefeiert wird.

Wanderung nach Vrben

Ein elf Kilometer langer Rundweg beginnt am Infozentrum in **Mavrovi Anovi** und führt über den 1743 Meter hohen Gipfel **Koža** in etwa vier Stunden nach Vrben und zurück. Unterwegs gibt es nur unbeständige Wasserquellen, deshalb lieber vorher die Flaschen füllen.

Andere Aktivitäten im Park

Eine steigungsarme **Fahrradtour** auf Asphalt führt auf 34 Kilometern um den See herum. Bis auf ein kurzes Stück zwischen Staudamm und Abzweigung zur Autobahn ist die Straße sehr wenig befahren und führt durch einige Dörfer hindurch zur Badestelle Crn Kamen (Schwarzer Stein), bei der es sich von großen Steinen gut ins klare (und kalte!) Wasser springen lässt. Die Tour führt weiter durch das Dorf Nikiforovo, in dessen Süden direkt am Ufer eine kleine byzantinische Basilika liegt. Kürzlich wurde sie saniert und ist in der Regel verschlossen, doch ist das Areal ein idyllischer Picknickplatz. Den Weg zur Basilika markieren zwei weiße Kugellaternen an der Seestraße.

Sehr empfehlenswert ist auch die 49 Kilometer lange Rundtour Mavrovi Anovi (Start bei der Grundschule)-Vrben-Krakornica-Brodec-Strezimir-Mičpur-Trnica-Mavrovi Anovi. Neben schönen Ausblicken und einer wunderbaren Natur bietet jedes der Dörfer eine hübsche Kirche und oft sehr attraktive Dorfarchitektur.

Mehrere ausgewiesene Pfade für **Mountainbiker** beginnen am oberen Ende der Sesselliftstation. Zwei davon sind Rundtouren, die mit 15 Kilometern längste führt ins Tal bis zum Hotel ›Bistra‹. Wer lieber per Pferd als mit dem Drahtesel unterwegs ist, kann sich an die **Reitstation** im Dorf Galičnik wenden, die geführte Ausritte im Parkareal anbietet (→ S. 215). Bei rechtzeitiger Anfrage (1 bis 2 Tage im Voraus) organisiert die Touristeninformation in Mavrovi Anovi eine **Jeep-Safari** durch den Park.

Badende am Mavrovosee

▲ Karte S. 211

Der Nationalpark Mavrovo

Höhlen

Unterhalb der Sesselliftstation, neben dem großen Parkplatz, liegt der Eingang zur Höhle **Šarkova Dupka**. Dank der Beschilderung auf Englisch ist der Eingang leicht zu finden, hinter dem eine Treppe 20 Meter in die Tiefe und zu zwei großen Kammern mit zahlreichen Stalagtiten und Stalagtiten führt. Zur Besichtigung die Touristeninformation in Mavrovo Anovi oder das ›Stone Café‹ (Tel. +389/70/860360) anrufen, dann wird die Höhle geöffnet.

Die große Höhle **Alilica** liegt vier Kilometer östlich vom Dorf Tresonče auf einer Höhe von 1450 Metern. Es ist ratsam, die Höhle, in der man sich leicht verlieren kann, in Begleitung eines Speläologen zu besuchen, den im Zweifelsfall die Touristeninformation in Mavrovi Anovi

Die versunkene Kirche Sv. Nikola

organisieren kann. Mindestens aber ist eine Ausrüstung in Form von Lampen, langen Hosen, festem Schuhwerk und eventuell einem Seil vonnöten. Die Straße nach Tresonče ist schmal, aber asphaltiert. Hat man an der Kirche geparkt, ist der schmale Waldweg zur Höhle, der dem Fluss Tresonče folgt, ausgewiesen. Vorbei an einem Wasserwerk erreicht man nach etwa einer Stunde einen Wasserfall, hinter dem der etwa zwei Meter hohe und gut fünf Meter breite Eingang zur Höhle aufragt. Hat man die ersten niedrigen Meter auf Knien überwunden, öffnet sich die Höhle mit zahlreichen Stalagtiten, vielen Kammern und einem unterirdischen Fluss im unteren Bereich.

Der Fluss **Radika** ist bekannt für seine Forellen. Die Angelsaison ist vom 1. Februar bis 30. Oktober, die Touristeninformation in Mavrovi Anovi und das Hotel ›Bistra‹ stellen Genehmigungen aus.

Dorf Mavrovo und Mavrovi Anovi

Die Siedlung Mavrovo am Südufer des Sees ist nicht viel mehr als eine Ansammlung von Ferienhäusern und Hotels, im Winter vornehmlich ein Skiort und sommers eine gute Basis für Ausflüge in die grüne Umgebung.

Ein besonderes Kuriosum Mavrovos ist die kleine Kirche **Sv. Nikola**, deren Turm in Ufernähe recht malerisch aus dem Wasser ragt. Sie erinnert daran, dass auf dem Grund des Sees das Dorf Mavrovi Anovi liegt, das seit dem Bau des Staudamms am Fluss Mavrovska 1953 langsam überschwemmt wurde. Ihr Ersatz ist die große Kirche am Ortseingang von Mavrovo, die im Jahr 2005 fertiggebaut und mit sehr farbenfrohen Fresken bemalt wurde. Das ›neue‹ **Mavrovi Anovi** entstand auf einer Anhöhe nördlich des Stauwerks und besteht vornehmlich aus Ferienhäusern, einigen Läden, Kneipen und einer Tankstelle.

▶ Karte S. 211

i Mavrovo

Vorwahl: +389/42.

Infozentrum, Mavrovi Anovi, direkt an der Hauptstraße nahe dem Stauwerk, Tel. +389/42/489425, www.npmavrovo.org.mk; im Sommer tägl. 8–18, im Winter 8–16 Uhr. Sehr hilfsbereit, fließendes Englisch, Wanderkarten und Infotafeln.

Mavrovo: ca. 90 km von Skopje, einfach erreichbar über die Autobahn.

Busse von Skopje über Tetovo nach Debar fahren regelmäßig und halten in Mavrovi Anovi. Von dort sind es etwa 7 km am See entlang über die Brücke am Stauwerk bis Mavrovo; leider nur Asphaltstraße, kein Fußweg, per Taxi kostet die Strecke ca. 450 MKD. Sollte man bei der Abfahrt aus Mavrovo keinen Bus erwischen, ein Taxi zum Busbahnhof in Gostivar nehmen (ca. 15 Euro). Von dort fahren Busse in alle Richtungen. Zur Skisaison fahren Busse direkt bis nach Mavrovo zum Hotel ›Bistra‹. Die Fahrt von Skopje dauert ca. 3 Stunden, Tickets kosten knapp 400 MKD.

Hotel Bistra, Tel. +389/42/489027, www.bistra.com; EZ 95, DZ 130 Euro. Mit Abstand das beste Hotel am Ort und sein Geld wert. Englischsprechendes Personal, Pool, Sauna, Kaminfeuer und W-Lan.
Alpina, Tel. +389/42/388025, www.hotelalpinamavrovo.com; ab 20 Euro Pers./DZ inkl. gutem Frühstück, im Winter teurer. Freundlicher Familienbetrieb im hohen Bau der Tito-Ära direkt bei den Liften. Gute Küche, saubere, geräumige Zimmer, teilweise mit Seeblick. Sauna, Bar, Skiverleih, freies W-Lan. Ideale Lage für Wanderungen nach Galičnik und zum Skilaufen. Sehr empfehlenswert.
Hotel Srna, Tel. +389/42/388083; 25 Euro/Pers. im DZ (20 Euro ohne Frühstück). Ordentliches und nettes Durchschnittshotel.
Rooms for Rent, Tel. +389/42/388160; 600 MKD/Pers. ohne Frühstück. Der Preis richtet sich nach der Zahl der Übernachtungen. Zwei geräumige DZ von privat, am Ortseingang, mit Seeblick, Wannenbad, Küche und Gartennutzung.
Zimmer über Café Stone, direkt beim großen Parkplatz, Tel. +389/42/388165, +389/70/219534; 250–300 MKD/Pers, im Winter 500–600, Reservierung nötig.
Hotel Radika, Ort Leunovo, östliches Seeufer, Tel. +389/42/223300, www.radika.com.mk; EZ ab 60 Euro, DZ ab 70 Euro (teurer am Wochenende). Wellnessresort, sehr ruhige Seelage mit allem Komfort, Pools, Massage, Sauna.

Derzeit gibt es zwei bescheidene **Campingplätze am See** zwischen Mavrovo-Ort und Mavrovi Anovi. Bis auf einen kleinen Imbiss sind sie bar jeder Infrastruktur, dafür bisher kostenlos. Ein neuer, besser ausgestatteter Campingplatz ist in **Trnica** gepant. Um den See und in den Bergen gibt es ideale Möglichkeiten zum **Wildcampen**.

Alle Hotels haben eigene Restaurants, von denen die der Hotels ›Glamour‹ und ›Bistra‹ besonders empfehlenswert sind.
Gostiniza Kristijan, Tel. +389/70/851988, am Seeufer. gegenüber vom ›Rooms for Rent‹. Recht günstig, einfache Kost wie Riesendöner und Šopska-Salat.
Fischrestaurant Glamour, Tel. +389/42/388577, nahe Skilifte und ›Bistra‹-Hotel. Frische Forelle serviert auf der Sommerterrasse, bodenständiges Ambiente und englischkundiges Personal. Im Winter abends Disko. Auch Zimmer für 18 Euro/Pers.
Restaurant Trnica, 5 km hinter Mavrovi Anovi an der Straße nach Debar. Berühmt für seinen Kačmak (Polenta mit Joghurt, sehr sättigend). Man erkennt das Restaurant von weitem am roten Dach, innen ist es etwas ramponiert.
Restaurant Vučko, in Rostuše (→ S. 219). Wer bereit ist, einen längeren Weg auf sich zu nehmen, speist hier besonders gut, authentisch und günstig.

Fahrräder verleihen die Hotels ›Bistra‹, ›Alpina‹ und ›Srna‹ im Dorf Mavrovo. Mit 5 Euro/Tag sind sie im Srna am günstigsten.
Tourenvorschlag: ca. 30 km rund um den See; von Mavrovi Anovi nach Galičnik oder Selce (halb Asphalt und Schotter).

Skiläufer finden in Mavrovo mehrere Sessel- und Schlepplifte, die zu roten, blauen und schwarzen Pisten führen. Das Skigebiet ist nicht groß, aber für ein paar Tage ergiebig, und die Liftkarten sind mit 1100 MKD/Tag bzw. 6000 MKD/Woche relativ erschwinglich (wenn auch teurer als in Popova Šapka). Dazu gibt es auf den populären Strecken Beschallung mit Popmusik und zwei Hütten, die Glühwein, Snacks und Sonnenstühle anbieten. Skier und Ausrüstung kann man am unteren Ende der Sesselliftstation neben dem Hotel ›Lodge‹ leihen. **Tipp**: Nach dem Skilaufen in die Sauna oder vor den offenen Kamin ins Hotel ›Bistra‹.

Galičnik

Einst ein Dorf mit etwa 5000 Bewohnern, ist Galičnik (Галичник) nun ganzjährig nur noch von einer einzigen Familie bewohnt. Die anderen Häuser füllen sich nur im Sommer. Dann findet dort auch die Galičnik-Hochzeit statt, die alljährlich über 1000 Besucher in das kleine Dorf bringt. Wer die berühmte Hochzeit am Wochenende nach dem 12. Juli (Petrovden) von Samstag Abend bis Sonntag Nachmittag live erleben will, muss sich auf volle Hotels und wenige Parkplätze gefasst machen.

Der Ort windet sich gleich einem Amphitheater steil an einem Hang und besitzt einige attraktive alte Bauten. Die 15 Kilometer lange Straße nach Galičnik beginnt kurz vor dem Ortseingang von Mavrovo und führt nach einem steilen Anstieg über das weite Bistra-Plateau. Im Winter ist die Straße nicht passierbar.

Wanderungen bei Galičnik

Ein teils steiler, schwer zu findender Fußweg führt von den Skiliften in Mavrovo nach 20 Kilometern nach Galičnik. Viel empfehlenswerter ist der einfache und besser markierte Wanderweg von Galičnik zum Dorf **Janče**. Auf 700 Metern geht es fast kontinuierlich bergab, bis man nach etwa fünf Kilometern (etwa eine Stunde) Janče erreicht. Unterwegs gibt es eine Wasserquelle und besonders schöne Ausblicke auf das Radika-Tal und den Berg Korab. Startet man in Janče, sollte man für den Aufstieg etwa zwei Stunden einplanen. Wer mit dem Bus kommt, kann sich an der Hauptstraße Richtung Debar an der Haltestellt Janče absetzen lassen, wo der Wanderweg unmittelbar beginnt. Gut markiert und einfach zu bewältigen ist auch der zehn Kilometer lange Weg über das Dorf Suvo Pole bis nach **Selce**. Der Aufstieg bis Suvo Pole ist moderat,

Der Bräutigam wird rasiert: ein fester Bestandteil der Galičnik-Hochzeit

▲ Karte S. 211

Die Braut auf dem Weg zu ihren Schwiegereltern

von dort geht es bergab bis zum Fluss Jadovska oberhalb von Selce. Startet man in Selce, sollte man darauf achten, sich nach der ersten Lichtung hinter dem Fluss links zu halten, um nach Suvo Pole zu kommen. Dort gibt es Trinkwasser, aber am besten füllt man seine Flaschen in Selce oder Galičnik, wo es angeblich das beste Wasser des Parks gibt. Der Weg zwischen Selce und Tresonče ist übrigens nicht zu empfehlen, da er sehr schlecht markiert und kaum zu finden ist.

Galičnik

Hotel Neda, am hinteren Dorfende, Tel. +389/70/260168, +389/70/246399; 700 MKD/Pers. inkl. Frühstück; geöffnet Mai–Sept. Große Sonnenterrasse mit Ausblick, bescheidenes Flair. Wenn man zur Galičnik-Hochzeit kommt, unbedingt lange im voraus buchen!

Angeblich soll 2014 ein weiteres Hotel im Ort eröffnen. Ansonsten:

Hotel Tutto, im Nachbarort Janče, Tel. +389/42/470999, www.tutto.com.mk; EZ 30 Euro, DZ 50 Euro inkl. Frühstück, Kinder bis 10 kostenlos. Das neue Hotel im rustikalen Look schmiegt sich mit 7 Zimmern mit Balkon und Panoramablick an den Berg und fungiert dabei mit einem bunten Zastava im Speisesaal und viel Dekoration als kleines Museum. Für Kinder gibt es Platz zum Spielen, außerdem Leihfahrräder und ein gutes, teures Restaurant, besonders empfehlenswert ist das langsam gegarte Lamm (mind. 5 Std. vorher bestellen). Menü bisher nur auf Mazedonisch. Auf der Rückseite führt ein Wanderweg in 25 Minuten zum Kloster Sv. Jovan Bigorski (3 km Wald, dann 4 km entlang der Straße).

Reitclub Bistra-Galičnik, direkt gegenüber Fußballplatz/Parkplatz ca. 1 km vor der Ortschaft, Kontakt Vasko Veličovski, Tel. +389/78/248679, hcbistragalicnik@gmail.com. Touren per Pferd in den Bistra-Bergen. Verschiedene Ziele, Ausflüge 1,5 Stunden bis 3 Tage, nur im Sommer. Auch für Anfänger geeignet, Instruktionen werden gegeben.

ESSAY

Die Hochzeit von Galičnik

Das kleine Dorf Galičnik schläft das ganze Jahr über. Am 12. Juli jedoch lockt es tausende von Besuchern zur berühmten Galičnik-Hochzeit, die traditionell am Tag des Apostels Peter gehalten wird. Schon vor vielen Jahren zogen Galičniks Männer aus, um anderswo ihr Brot zu verdienen. Einmal jährlich kehrten sie zurück nach Hause, und dann wurde geheiratet, was das Zeug hielt. Diese Hochzeit ist heute zum Großereignis geworden, über das Gerd Ruge berichtete und das für die UNESCO-Liste als immaterielles Weltkulturerbe nominiert ist.

Das Event: Ein von einer Jury ausgewähltes Pärchen wird nach den traditionellen Riten und in den alten Volkstrachten verheiratet. Da die reichverzierten Gewänder nicht gerade Fliegengewichte sind, sucht die Jury, so sagt man, unter den Bewerberinnen bevorzugt eine kräftige Braut aus, denn die Festivitäten gehen über zwei volle Tage und bestehen aus einer langen Abfolge von Ritualen, Bräuchen und Tänzen.

Das Ganze beginnt zunächst noch privat am Samstagmorgen: Ein unverheiratetes Mädchen mit noch lebenden Eltern bäckt die sogenannte Svakya, das heilige Brot für die Hochzeit. Den ganzen Tag über treffen Gäste unter der vom Bräutigam gehissten Hochzeitsflagge ein, bis um 18 Uhr der offizielle Festakt von lautstarken Trommlern eröffnet wird. Sie und die Brautjungfern begleiten die Braut zu den drei Brunnen, aus denen sie an jenem Abend Wasser schöpfen muss.

Am Sonntag findet der Hauptakt statt. Zunächst kleidet sich der Bräutigam festlich und geht zum Friedhof, um die toten Ahnen um ihre Zustimmung zu bitten und sie zum Fest einzuladen. Wieder zu Hause, bittet er alle Mitglieder seines Haushalts um Vergebung und lässt sich – als Zeichen der Reife und Lossagung vom Elternhaus – rasieren. Eingesammelt in ein Tuch soll das abrasierte Haar zusammen mit einer Münze und einer Wurzel für Gesundheit und Fruchtbarkeit der Frischvermählten sorgen.

Dann macht sich die versammelte Gesellschaft auf zum Haus der Braut. Die Väter tauschen die Svakya aus, und die Mutter des Bräutigams beehrt ihre neue Schwiegertochter mit praktischen Geschenken für Haushalt und Schönheit. Während die Braut das Haus verlässt, wird sie mit Süßigkeiten beworfen und auf ein Pferd gesetzt, von dem sie auf keinen Fall herunterfallen darf, will sie kein Unglück beschwören. Bevor sie das Haus ihrer Schwiegereltern betritt, muss sie ihrem Gatten und seiner Mutter Gehorsam schwören. Anschließend muss sie sich mit dem Haus ›verheiraten‹, indem sie dort ein Brot bäckt. Während sie die Gäste mit Wein bewirtet, wird sie vom Bräutigam damit bespuckt, um schöne rote Wangen zu bekommen.

Zumindest bleibt ihr erspart, was früher Teil der Zeremonie war: Das zusammen mit Zucker vorgekaute Brot der Schwiegermutter musste geschluckt werden, was eine versüßende Wirkung haben sollte. Bevor die Braut nun endlich mit ihrem Mann allein sein darf, wird sie von ihren Schwestern noch in die Regeln der Liebe eingewiesen. Nachdem sie den ganzen Tag Gehorsam und Demut üben musste, setzt sie sich nun den Hut des Mannes auf, denn beim Liebesakt muss er gefügig sein. Alle Rituale werden von Gesängen, Tänzen und Trommeln begleitet, worin ein großer Teil der Attraktivität des Fests besteht. Die Feier endet am Sonntag um 15 Uhr mit der Abreise der Gäste.

Lazaropole

Das hochgelegene Dorf Lazaropole (Лазаропопе) hat sich in den letzten Jahren vom verschlafenen Nest zum Geheimtipp gemausert. Der angeblich beste Luftkurort der Balkanhalbinsel liegt malerisch auf einem 1350 Meter hohen Plateau und verfügt inzwischen über ein schickes Hotel und mehrere Wanderwege in die Umgebung.

Wie im nahegelegenen Galičnik wurde in Lazaropole einst am 2. August in großem Umfang geheiratet, aber inzwischen hat der Nachbarort Lazaropole den Rang abgelaufen. An das einst bedeutende Vermählungsritual erinnern die drei antiken Hochzeitstruhen in der Dorfkirche **Sv. Gjorgij**. Die erstaunlichen Ausmaße des Baus lassen ahnen, dass der Ort früher einmal bedeutender gewesen sein muss. Die Kirche mit dem isolierten Glockenturm wurde 1841 hinter einer vier Meter hohen Schutzmauer erbaut und ist innen geschmückt mit den Malereien des Künstlers Dimitri Perkoski aus dem benachbarten Tresonče. Umgeben

Haus in Lazaropole

von sehr schönen Ikonen und teilweise recht beschädigten Fresken findet man ganz rechts in der Ikonostase den Schutzheiligen der Kirche, Georg, erkennbar an dem silbernen Heiligenschein, einer Votivgabe. An der rechten Seitenwand verbirgt sich – angeblich seit der Zeit der Erbauung – der Stern von Vergina. Der Pferdefußabdruck vor dem Eingang bringt Glück, sagt man.

Lazaropole

Von der Straße Richtung Debar kurz hinter der Einfahrt zum Kloster Sv. Jovan Bigorski an der Kreuzung Boškov Most rechts abbiegen. Nach ca. fünf Kilometer windet sich die neu asphaltierte Straße das Bistramassiv empor, um nach über 1300 Metern das Plateau von Lazaropole zu erreichen. Am Abzweig nach Gari ist Lazaropole ausgeschildert.

Kein öffentlicher Verkehr zum Dorf, einzige Möglichkeit ist, sich vom Debar-Bus an der Hauptstraße (bei Boškov Most) absetzen zu lassen, um die verbleibenden 10 km zu laufen.

Kalin Hotel, Tel. +389/46/846222, www.kalinhotel.com.mk. 50 Euro/Pers. im DZ, Fr und Sa 40 Euro. Exklusives Hotel mit 16 schönen Zimmern im traditionellen Dorfhaus. Dazu gehört ein Restaurant mit guter lokaler und internationaler Küche. Leihfahrräder 5 Euro/24 Std.

Günstigere Privatunterkünfte und Hausmannskost organisieren **Arso Gligurovski** (Tel. +389/70/451007) und das einfache **Restaurant Furna** (Tel. +389/70/740055) am Dorfende, das ganzjährig zwei Zimmer anbietet.

Im Juli und August verkauft der **Imbiss hinter dem Furna-Restaurant** kostengünstig leckeres Börek.

Nur 3 km auf leichtem Terrain sind es bis zum 1471 m hohen Gipfel **Sokolica**, den man in ca. 45 Min. bezwingen kann.

Eine andere, ebenfalls leichte Wanderung führt nach 7 km (ca. 2,5 Stunden) ins tie-

Das Kloster Sv. Jovan Bigorski

im 11. Jahrhundert nur noch die Ikone des heiligen Jovan erhalten ist, die sich in der Klosterkirche befindet. Die heutigen Klostergebäude stammen aus dem 19. Jahrhundert und wurden nach einem Brand im Jahr 2009 teilweise ersetzt und deutlich erweitert.

Berühmt ist Sv. Jovan Bigorski vor allem für seine kunstvolle **Ikonostase**, in die angeblich mehr als 500 Figuren geschnitzt wurden und zwar von Makarije Frćkovski aus Galičnik und den Brüdern Filipovski aus Gari, die auch die Ikonostasen von Sv. Spas in Skopje und dem Kloster des heiligen Lesnovski in Ostmazedonien fertigten. Man sagt, ein wohlhabender Reisender habe den Mönchen einmal einen Blankoscheck zum Kauf der Ikonostase angeboten, der aber dankend abgelehnt wurde.

Der ehemalige **Speisesaal** der Mönche ist dekoriert mit einer kunstvoll geschnitzten Holzdecke und Heiligendarstellungen. Zur Zeit der türkischen Eroberungen wurde der Saal deshalb nicht zerstört, weil über seinem Eingang ein Schutzbrief des Sultans hing. Der darunter liegende Frauenspeisesaal wurde in eine **Galerie** umgewandelt und enthält Ikonen aus dem 14. bis 20. Jahrhundert.

Übernachtungsgäste zahlen 600 MKD und sollten an einem der Gottesdienste (tägl. um 6, 16 und 19 Uhr) teilnehmen. Die Liturgie beruft sich hier auf die alte byzantinische Tradition und ist sehr melodisch, der Gottesdienst dadurch ein besonders sinnliches Erlebnis. CD-Aufnahmen sind im **Klosterladen** erhältlich.

Zum Kloster Sv. Jovan Bigorski kommt man mit dem Tetovo-Debar-Bus. Die Fahrt führt entlang am Fluss Radika und ist landschaftlich sehr schön. Der Bus setzt Fahrgäste auf Anfrage am gelben Hinweisschild (Св. Јован Бигорски) ab, von dem es zu Fuß noch etwa 15 Minuten bis zum Kloster sind. Alternativ führt ein etwa halbstündiger Wanderweg auf sieben Kilometern zunächst an der Straße entlang, dann durch den Wald vom Dorf Janče zum Kloster. Dort angekommen, werden am Tor lange Röcke und Tücher für ein angemessenes Auftreten verliehen.

Debar

Die kleine Stadt Debar (Дебар, albanisch: Dibra) liegt im westlichsten Zipfel Mazedoniens an einem großen Stausee und nur wenige Kilometer von der albanischen Grenze entfernt. Kein Wunder also, dass die überwältigende Mehrheit der knapp 15 000 Einwohner Albaner sind und Albanisch die gängige Verkehrssprache ist. Das heutige Debar kann sich keiner großen Attraktionen rühmen, dafür aber einer landschaftlich reizvollen Umgebung sowie einer sehr bewegten Geschichte. Daran erinnert vor allem das Denkmal des albanischen Nationalhelden Gjorgji Kastrioti Skanderbeg, auf das man unweigerlich im Zentrum der Stadt stößt.

▶ Karte S. 211

Skanderbeg schaffte es im Jahre 1444, Debar von den osmanischen Herrschern zu befreien, und kämpfte fünf weitere Jahre gegen die Türken, bis sie die Stadt zurückeroberten. Er kehrte heim nach Albanien, in seine Heimatstadt Kruja, wo er erstmalig die rote Fahne mit dem Doppeladler hisste, die noch heute die Flagge Albaniens ist und gern in den albanisch dominierten Gebieten Mazedoniens ausgehängt wird. In den Balkankriegen 1912 und 1913 und im Zweiten Weltkrieg wurde Debar wiederholt zum Tauschgegenstand zwischen Serben und Albanern, und nach dem Ersten Weltkrieg begann die Bevölkerung, die vielumkämpfte Stadt zu verlassen.

Kloster Sv. Gjorgji Probedonoset

Am Ufer des Debarsees, zwei Kilometer nördlich der Stadt in Richtung Mavrovo, thront in malerischer Lage ein weißes Nonnenkloster. Mitten in einem fast nur von muslimischen Albanern bewohnten Gebiet gelegen, steht es unter dem Schutz des Mönchsklosters Sv. Jovan Bigorski.

In der kleinen, gepflegten Anlage von Sv. Gjorgji leben mehrere junge Nonnen, die gut Englisch sprechen und gern über das Kloster erzählen. Wenn sie nicht gerade beten, nähen sie geistliche Gewänder und verzieren Mitras, die Kopfbedeckungen der orthodoxen Metropoliten, mit aufwendigen Stickereien. Die Mitras werden später nach Bulgarien, Russland und Griechenland verkauft.

Die **Klosterkirche**, auf dem Fundament einer Kirche aus dem 16. Jahrhundert, besitzt gut erhaltene Fresken aus ihrer Gründungszeit um 1835. Im Kloster kann man kostenlos übernachten, sollte aber eine Spende in der Kirche hinterlassen.

Thermalbäder

Debar ist bekannt für seine traditionsreichen Thermalbäder. Das sehr mineralhaltige Heilwasser hat eine Temperatur von 38 bis 40 Grad Celsius, weshalb es nicht, wie in vielen anderen Bädern üblich, ge-

Das Kloster Sv. Gjorgji Probedonoset

Moschee in Debar

kühlt oder erhitzt werden muss. Zudem werden verschiedene Heilbehandlungen und Massagen angeboten.

Das Bad **Dolni Kosovrasti**, dessen sulfidhaltiges Quellwasser unter anderem gegen Rheuma hilft, liegt sieben Kilometer nördlich von Debar, an der Straße nach Mavrovo. Hat man die Brücke über den Fluss Radika überquert, links halten, bis man vor einem großen Backsteinbau landet. Eine Stunde baden, getrennt nach Geschlecht, kostet schlappe 50 Denar.

Das andere Bad, **Banjište**, befindet sich fünf Kilometer westlich von Debar, kurz vor der albanischen Grenze und heilt Frauenleiden und Hauterkrankungen. Täglich von 15 bis 21 Uhr lädt es getrennt nach Geschlechtern zum Baden ein. Danach empfiehlt sich ein Kaffee im Garten mit Bergpanorama.

Beide Bäder wurden letzthin komplett saniert und von ihrem charmelosen Muff der Jugo-Ära befreit, entsprechen aber nicht unbedingt den landläufigen Vorstellungen moderner Spas. Informationen sind auf der Website http://bdcapa.com erhältlich.

▶ Karte S. 211

Kemal-Atatürk-Haus

Das kleine Dorf **Kodžadžik** (Коџаџик) südöstlich des Debarsees war einst die Heimat der Familie Kemal Atatürks und ist heute ein Paradebeispiel der Erneuerung osmanischer Kulturdenkmäler durch die Türkei. Zwar war der in Thessaloniki geborene und in Bitola ausgebildete Kemal selbst nie in Kodžadžik gewesen, aber sein Großvater Kizil Hafiz Ahmed, ein Yörük-Türke, der als als anatolischer Soldat mit dem Osmanischen Reich nach Mazedonien gekommen war, hatte hier im 19. Jahrhundert einen eleganten Familiensitz errichtet.

Mithilfe eines Fotos aus dem Besitz der letzten lebenden Nachfolgerin Atatürks in Debar wurde das Haus nun im traditionellen Stil und mit historischem Mobiliar rekonstruiert. Ein **Ethnologisches Museum** erzählt die Geschichte des Dorfs und der Atatürks, während die Berglage (1200 Meter) schöne Ausblicke auf das unterhalb gelegene Dorf und dessen Umgebung gewährt. Vielleicht ist das schwierige Verhältnis beider Staaten zu Griechenland einer der Gründe, warum Mazedonier und Türken sich gerade so gern ihrer gemeinsamen Geschichte erinnern. Vergessen scheint die Klage über das ›osmanische Joch‹, wenn derzeit überall im Land osmanophile Denkmalpflege betrieben wird und Präsident Ivanov offenkundig mit dem türkischen Ministerpräsidenten Recep Erdoğan sympathisiert. Die Asphaltstraße zum entlegenen Kodžadžik wurde eigens für Besucher asphaltiert, Öffnungszeiten waren zur Zeit des Schreibens noch nicht bekannt. Mehr über Kemal Atatürk und sein Leben in Mazedonien erfährt man im Museum von Bitola.

Debar

Vorwahl: +389/46.

Eine Grenzstation ist etwa zwei Kilometer von Debar entfernt. Von dort führt eine Straße nach Peshkopia und durch die Berge über Burrel nach Tirana. Empfehlenswerter ist allerdings der Grenzübergang bei Struga.

Der **Busbahnhof** liegt dezentral am südlichen Ende des Orts. Deshalb steigt man am besten direkt im Zentrum aus und ein, wo der Bus vor dem Skanderbeg-Denkmal hält.

Debar-Skopje: 6x tägl.; 370 MKD, über Gostivar und Tetovo.

Debar-Struga: 5x tägl.

Debar-Albanien: Über die Grenze fährt kein Bus, aber es gibt Sammeltaxis. Einfacher ist die Einreise über Struga, von wo regelmäßige Minibusse fahren.

Hotel Venec, 8 Septemvri 9, Tel. +389/46/831424; ab 45 Euro. Komplett modernisiertes Hotel direkt im Zentrum. Beliebt für Hochzeiten, mit Sonnenterrasse und komfortablen Zimmern.

Cara Dolni Kosovrasti und **Cara Banjište**, Tel. +389/46/831092 bzw. +389/46/842222, http://bdcapa.com. Die beiden Bäder sind mit großen Hotels versehen, die kürzlich modernisiert wurden. Knapp 30 Euro/Pers. inkl. Verpflegung, Baden und Wellnessangebot. Massagen gibt es für 5 Euro.

Kloster Sv. Jovan Bigorski, Tel.+389/42/478675; 600 MKD/Pers. im Schlafsaal. 17 km Richtung Mavrovo.

Taverna Cami, am Ortsausgang Richtung Struga, Tel. +389/46/833721; tägl. 11–23 Uhr. Direkt am See hinter dem Damm, spezialisiert auf Fisch. Etwas teurer, aber mit sehr schönem Blick.

Am Golem Korab

Nicht eingezäunt ist der Weingarten, an seiner Grenze wachsen Wolfsmilch und niedrige Brombeeren, etwas höher erhebt sich der Steinboden bis zum Fuß eines grauen Hügels, und oberhalb des Hügels spannt sich der blassblaue Himmel, vor dem jeder stärkere Gedanke verblasst.

Blaže Koneski, Der Weingarten

Landschaft in Ostmazedonien

DER OSTEN

Der Nordosten

Der Osten Mazedoniens wird weit seltener besucht als der Westen und ist auch insgesamt viel weniger erschlossen. Das macht ihn besonders reizvoll, wenngleich die ökonomische Rückständigkeit der Region für ihre Bewohner alles andere als romantisch ist. In Ostmazedonien spielen Wein- und Tabakanbau eine wichtige Rolle, während sich in der Gegend um Kočani Reisfelder ausdehnen. Im nördlichen Teil Ostmazedoniens liegen die sehr schönen und bedeutenden Klöster **Osogovski** und **Lesnovski**, und unweit der hübschen kleinen Bergbaustadt

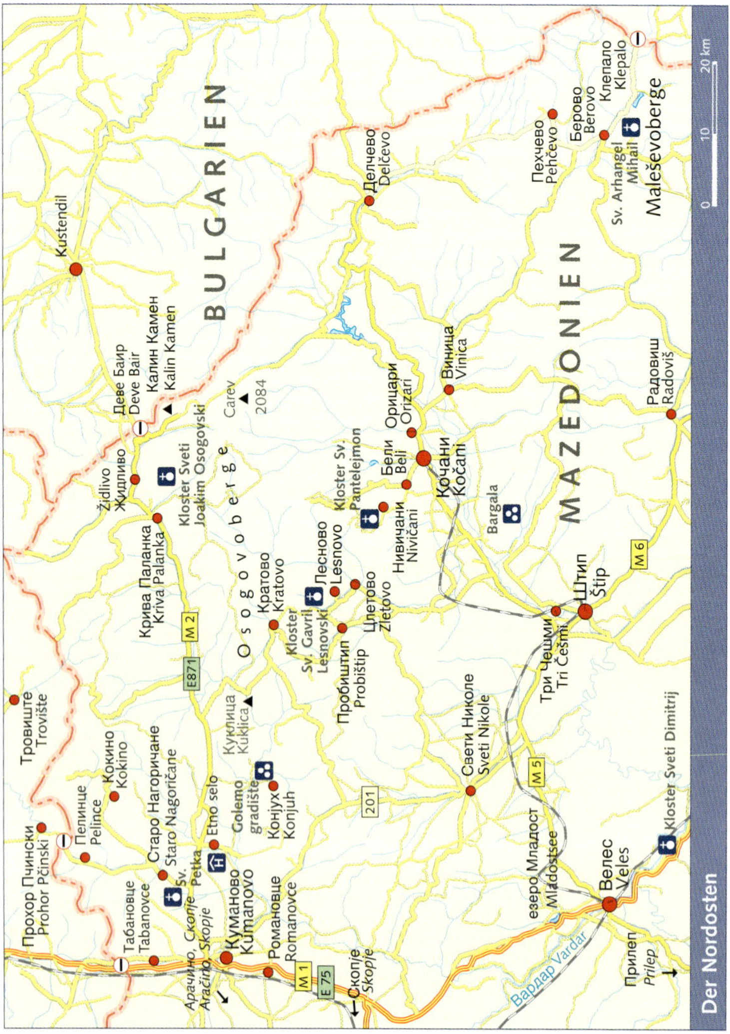

Kratovo gibt es interessante Felslandschaften. In der südlichen Weinregion lohnt ein Besuch von **Stobi**, der bisher größten historischen Ausgrabunsgsstätte Mazedoniens. Weinliebhabern und Klettersportlern ist **Demir Kapija** zu empfehlen, während Wanderer besonders in den Maleševobergen rund um **Berovo** auf ihre Kosten kommen.

Kumanovo

Mit knapp 80 000 Einwohnern ist Kumanovo (Куманово, albanisch: Kumanova) die drittgrößte Stadt Mazedoniens. Von ihrer Architektur aus dem 19. Jahrhundert ist wenig übriggeblieben, und die einstige Altstadt besteht nun großenteils aus Beton. Dennoch ist Kumanovo eine lebendige Stadt, in der es dank einer Fakultät für Wirtschaft und Technik zahlreiche Studenten gibt, die abends die Cafés füllen. Nicht weit von Kumanovo entfernt, im Dorf Staro Nagoričane, steht die sehr sehenwerte Klosterkirche **Sv. Gjorgji**. Einen Besuch wert ist auch das **prähistorische Observatorium** beim Dorf Kokino.

Kumanovo ist von Skopje schnell und einfach über die E75 zu erreichen. Wer sich die Maut sparen will, kann auch über Aračinovo fahren: Der Ort war einer der Hauptaustragungsplätze des Konflikts von 2001, was einigen Häusern noch immer anzusehen ist. Dass nach den ethnischen Säuberungsaktionen hier nun nur noch Albaner leben, erkennt man an den roten Flaggen mit dem Doppeladler, die allerorten aushängen.

Geschichte

Als 1689 der Aufständische Petre Vojnički-Karpoš von Kriva Palanka kommend gegen die Osmanen ins Feld zog, gelangte er bis Kumanovo und wurde daraufhin von Leopold I. von Österreich zum ›König von Kumanovo‹ ernannt. Vielleicht ein kleiner Trost vor seinem tragischen Ende, denn wenig später wurde er von den Türken geköpft und sein Haupt auf der Steinbrücke in Skopje ausgestellt.

Während des Kosovokrieges in den Jahren 1998 und 1999 war die Stadt wegen ihrer nördlichen Lage eines der wichtigsten Auffangbecken für tausende von Kosovaren, die nach Tetovo und dessen nähere Umgebung flohen. Seit dem Konflikt von 2001 rät das Auswärtige Amt auf grenznahen Strecken abseits der Hauptverkehrsverbindungen weiterhin zu besonderer Vorsicht (Stand Februar 2014).

Sehenswürdigkeiten

Verlässt man den Busbahnhof Kumanovos, führt rechter Hand die Straße nach einem Kilometer ins Zentrum. Die große Kirche **Sv. Nikola** verfügt über eine große Ikonostase und eine Ikonengalerie, in der unter anderem zwei Bibeln aus dem 18. und 19. Jahrhundert ausliegen. Imposant sind die großen Öfen im Exonarthex, mit denen das Gebäude im Winter beheizt wird. Die kleinere Kirche **Sv. Troica** ist weit weniger interessant.

Für Archäologieinteressierte mag ein Besuch des örtlichen **Museums** lohnen, in dessen unterer Etage die Archäologin Lenka Trajkovska Scherben antiker Funde sortiert und zusammensetzt. Oben gibt es eine ethnologische Abteilung mit Trachten, beschriftet nur auf Mazedonisch.

Am südöstlichen Stadtrand, in unmittelbarer Nähe des Stadtparks, liegen Kumanovos **heiße Quellen** mit dem bislang nicht modernisierten Thermalbad ›Stara Banja‹. Außerhalb des Badehauses kann man seine Füße in das 34 Grad warme, angeblich heilende Wasser tauchen. Zudem ist es sehr beliebt, Mineralwasser an den Quellen in Flaschen abzufüllen. Das Wasser soll gegen Nierenleiden helfen.

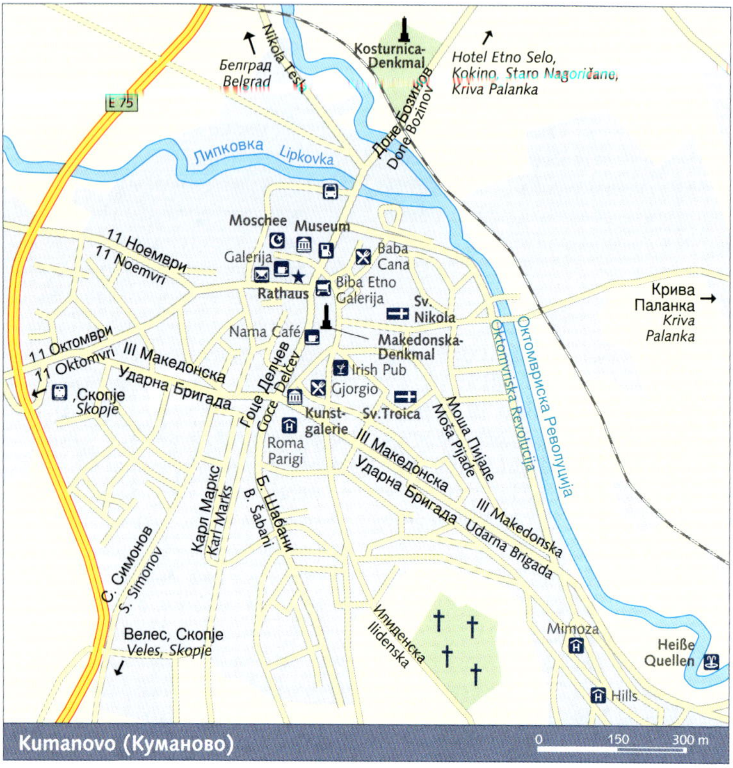

Kumanovo (Куманово)

Kumanovo

Vorwahl: +389/31.

Mak-Petrol-Tankstelle, kurz vor der Ortseinfahrt (Richtung Skopje), gegenüber Motel und Restaurant ›Milano‹.

Busbahnhof, Done Božinov bb., Tel. +389/31/423610. Vor dem Eingang fahren Minibusse in die umliegenden Dörfer.

Kumanovo – Skopje: 6–21.30 Uhr ca. alle 15 Min., Fahrtdauer 45 Minuten; Ticket 100 MKD. Der Bus aus Skopje hält bereits im Zentrum, bevor er zum weniger zentralen Busbahnhof fährt.

Kumanovo – Belgrad und Sofia: mehrmals tägl.

Taxis warten am Busbahnhof; Grundbetrag im Ort 40 MKD, danach 25 MKD/km. Der hilfsbereite **Fahrer Rade** spricht Deutsch und freut sich über Gäste aus Deutschland: Tel. +389/70/80104.

Hotel Roma Parigi, III Makedonska Udarna Brigada bb, Tel. +389/31/415800; 30 Euro/Pers. Das zentralste Hotel im Ort, saubere Räume mit Klimaanlage, leider kann man die Fenster nicht öffnen. Das gleichnamige Pizzarestaurant mit Terrasse zur geschäftigen III. MUB-Straße ist teuer und hat überschaubare Portionen, trotzdem beliebt.

Hotel Hills, V. Smileski Bato 91, Tel. +389/31/452536; EZ 35 Euro, DZ 50 Euro inkl. Frühstück. Geräumige Zimmer mit Minibar, Sat-TV, Sofa und sauberen Bädern. Fitnessclub im Keller. Empfehlenswert.

Hotel Mimoza, Goce-Delčev-Bezirk (nahe Hotel ›Hills‹, Taxi vom Zentrum 60–70 MKD), Tel. +389/31/413232; EZ 30 Euro, DZ 45 Euro inkl. Frühstück. Kleines Hotel 2 km vom Zentrum Richtung Quellen. Zimmer mit W-Lan, Balkon, Klimaanlage und Minibar.

Etno Selo, Dorf Mlado Nagoričane (bei Kokino/Sv. Gjorgji), Tel. +389/75/497749, www.etnoselo.com.mk. Hotelanlage im Ethno-Stil mit Pool im Garten, Spielplatz (ohne Schatten), Mini-Zoo und großer Terrasse zum Speisen. Nur mit dem Auto zu erreichen.

Eine lokale Spezialität ist **Kumanovo sudžuk**, eine Wurstspezialität, die in allen Grilllokalen erhältlich ist.

Baba Cana, Partizanska 3, Tel. +389/75/484570; tägl. 8–23 Uhr. Bodenständige Küche mit viel Grillfleisch zu moderaten Preisen im traditionellen Altbau. Folkloristische Livemusik Fr/Sa Abend. Sehr beliebt, abends reservieren.

Restaurant Gijorgio, Ilindenska 5. Gute italienische Küche mit echtem Olivenöl, gelegentlich gibt es Livemusik.

Stilvoll ist das **Café Galerija** an der ul. Goce Delčev. Weitere beliebte Cafés liegen dahinter versteckt im Hof, am Hauptplatz und an der Ecke Ilindenska/Leninova.

Irish Pub, Tane Georgievski bb, Tel. +389/31/611010; tägl. 9–24 Uhr. Sehr beliebt und atmosphärisch, serviert auch Mittag- und Abendessen.

Nama, direkt am Hauptplatz. Neues, populäres Café mit viel Platz, beliebter Treffpunkt, gute Cocktails.

Museum von Kumanovo, Done Božinov bb, Tel. +389/31/422495; 8–16 Uhr. Das unbeschriftete Sandsteingebäude in der kleinen Seitenstraße Done Božinov ist nicht ganz einfach zu finden, einziges Indiz: Bei genauerem Hinsehen findet man im privat anmutenden Garten ein Lapidarium und einige Ausgrabungsfunde.

Jazz-Festival; Ende Aug./Anfang Sept. Mit Bands aus ganz Osteuropa.

Straßenfest; Anfang Juli. Mit viel Live-Musik auf dem Hauptplatz, Eintritt frei.

Biba Etno Galerija, versteckt in einem Hofeingang direkt neben dem Rathaus, Tel. +389/70/748622; angeblich Mo–Fr 10–16 Uhr, tatsächlich aber oft geschlossen. Verkauft Trachten und Souvenirs.

Staro Nagoričane

Zweifelsohne sehenswert ist die kleine Kirche **Sv. Gjorgji** in Staro Nagoričane (Старо Нагоричане), 15 Kilometer nordöstlich von Kumanovo. Architektonisch besteht sie aus zwei Schichten, einer aus dem 11. Jahrhundert, bestehend aus großen Steinblöcken, und einem oberen Part aus dem 14. Jahrhundert, der alle typischen Merkmale mittelalterlicher mazedonischer Kirchenarchitektur aufweist: ein leichter, dekorativer Ziegelbau in Kreuzform mit fünf Kuppeln. Wie die Inschrift über dem Eingang verrät, wurde der jüngere Teil der Kirche 1313 vom serbischen König Milutin erbaut, dessen Porträt im Inneren der Kirche in der unteren Ebene der Nordwand zu sehen ist. Die junge Frau an seiner Seite ist seine Gattin Simonida. Dass sich neben den üblichen Heiligendarstellungen Porträts rein weltlicher Figuren finden, ist äußerst selten. Auch die anderen Fresken aus der Erbauungszeit der Kirche gelten als besonders wertvoll, obwohl sie leider nicht mehr gänzlich erhalten sind.

Staro Nagoričane erreicht man am besten per Auto. Zunächst der Straße Richtung Belgrad folgend, wählt man die Abzweigung nach Kriva Palanka, um dann den Schildern Richtung Prohor Pčinski bis zu einer kleinen T-Kreuzung zu folgen. Dort links abbiegen und dann gleich wieder rechts. Nach zweieinhalb Kilometern erneut rechts abbiegen, und nach ein paar hundert Metern liegt die Kirche auf der linken Straßenseite. Sollte sie verschlossen sein, bekommt man den Schlüssel auf Anfrage bei der benachbarten Polizei oder in der nahegelegenen Dorfkneipe ›Nagoričanka‹ (Нагоричанка). Fotografieren ist in der Kirche verboten.

Sv. Petka

Der Weg nach Staro Nagoričane führt vorbei an der Kirche Sv. Petka, die dort, wo man links von der Hauptstraße E871 abbiegt, linker Hand steil am Hang liegt. Augenscheinlicher als die Kirche selbst sind die weiß leuchtenden Grabsteine, die sie umgeben. Die gesichtslose Kirche selbst ist kaum einen Umweg wert, fährt man jedoch um den Hügel herum, findet man die wunderschöne **alte Sv. Petka** aus dem 15. Jahrhundert, inzwischen mehr Ruine als Kirche. Nur der sie umgebende Friedhof ist noch in Gebrauch. Am Fuße des Hügels, unterhalb der Kirche, gibt es einen alten Brunnen, der von den Bewohnern der Gegend immer noch rege genutzt wird.

Kokino

Etwa 30 Kilometer von Kumanovo entfernt wurden vor nicht langer Zeit einige bemerkenswerte Steinformationen aus dem 2. Jahrtausend vor Christus entdeckt. Wie bedeutend die Reste dieses alten **Observatoriums Tatov Kamen** auf einem Hügel beim Dorf Kokino (Кокино) tatsächlich sind, ist umstritten. Auf den ersten Blick für viele nicht mehr als eine Ansammlung größerer Steine, hat es die NASA 2005 zum viertältesten Observatorium der Welt erklärt, und viele preisen es als mazedonisches Stonehenge. Der Vergleich hinkt aber ganz offensichtlich, und die interessanteren Ausgrabungsfunde werden inzwischen im Museum in Kumanovo verwahrt.

Das Dorf Kokino ist von Kumanovo ausgeschildert. Vom Parkplatz mit der Info-

Observatorium Kokino bei Kumanovo

▲ Karte S. 226

tafel aus führt ein kurzer Fußweg hoch zum Observatorium. Eine kleine Überdachung bietet Schutz vor Sonne und Regen, ansonsten gibt es keine Infrastruktur. Informationen finden sich auf www.kokinoobservatory.mk.

Kratovo

Die kleine Bergbaustadt Kratovo (Кратово) liegt, wie ihr Name andeutet, im Krater eines erloschenen Vulkans. Zwar hat die Stadt ihre Blütezeit spürbar hinter sich, aber ein Spaziergang durch die Kopfsteinpflastergassen der eng an die Berghänge geschmiegten Altstadt lässt erahnen, wie das Leben hier vor 150 Jahren ausgesehen haben mag. Damals lebte in der Stadt ein Vielfaches ihrer jetzigen Bevölkerung, und auf den Straßen boten zahlreiche Goldschmiede ihre Ware feil. Das Ende des 19. Jahrhunderts war auch das Ende der vielen Werkstätten der Altstadt, die nach und nach ihre Pforten schlossen.

Geblieben sind sechs von zwölf **osmanischen Wachtürmen**, die teilweise durch Tunnel miteinander verbunden sind. Ursprünglich gab es in den mehrgeschossigen Bauten keine Treppen, und lediglich über Leitern, die von einem Stockwerk zum anderen gereicht wurden, gelangte man nach oben. So konnte man sich vor Feinden schützen, die von oben mit Steingeschossen bombardiert wurden. Nachdem Kratovos wilde Zeiten zusammen mit der Türkenherrschaft vorbei waren, wurden die Türme erstmalig mit einfachen Holztreppen versehen und dienten als Lager. Inzwischen wurden zwei für den Publikumsverkehr geöffnet: Der **Saat Kula** (Uhrenturm) beherbergt eine Ausstellung über die Stadtgeschichte, und der **Simikjeva-Turm** mit den kleinen Türen stellt Waffen aus dem 19. Jahrhundert und Postkarten aus dem Ersten Weltkrieg aus. Sollten die

Osmanischer Wachturm in Kratovo

Türme verschlossen sein, wendet man sich am besten an das **Rock Art Centre** in der ul. Planinova 1.

Ebenso aus der türkischen Zeit stammen die kläglichen **Ruinen eines Hammams** und die vier attraktiven **Steinbrücken**, die über den tief unten im Krater verlaufenden Fluss Tabačka führen. Unter der Basarbrücke befindet sich gut sichtbar ein **ehemaliges osmanisches Gefängnis**. Das Umland Kratovos ist bekannt für seine Felsenkunst. Am besten nimmt man sich einen Guide mit, der die prähistorischen Stätten findet und erklärt.

Zu Fuß nach Gorno Kratovo

Gorno Kratovo ist eine Ansammlung kleiner Häuser auf einer Anhöhe, drei Kilometer von der Kraterstadt entfernt. 2013 lebte dort ganzjährig nur noch eine alte Frau, und bis heute erreicht man Gorno Kratovo nur zu Fuß oder per Esel. Die Wanderung dorthin ist einfach, landschaftlich sehr reizvoll und führt zu vulkanisch interessanten Steinformationen. Der Weg folgt dem Fluss Tabačka entgegen seiner Fließrichtung aus der Stadt

Brücke auf dem Weg nach Gorno Kratovo

heraus, bis man auf der linken Seite ein etwas steileres Stück über erste Felsen zurücklegen muss, an die sich winzige Steinhäuschen schmiegen. Danach verläuft der gut sichtbare Pfad in einer sanften Kurve immer oberhalb des Flusses, bis man in die Siedlung Gorno Kratovo kommt, die sich nun auf beiden Flussseiten ausbreitet. Folgt man dem Weg weiter bergan, stößt man teils im Fluss, teils am Berghang, auf medizinballgroße **Steinkugeln**, die der Vulkan hervorgebracht hat.

Šlegovo

Das zwei Kilometer von Kratovo entfernte Dorf Šlegovo schlängelt sich entlang der Hauptstraße Richtung Probištip. Bekannt ist es vor allem für die auffällig blauen Augen seiner knapp 400 Bewohner, angeblich Abkömmlinge deutscher Einwanderer, die hier seit römischen Zeiten Erz förderten. Der Name Šlegovo lässt vermuten, dass die Gründer und Urbewohner Schlesier waren, andere Quellen verweisen auf Sachsen. Eine ihrer ersten Bohrungen kann man – neben etwa 60 teilweise begehbaren Tunneln, in denen seit der Antike Gold gefördert wurde – oberhalb des Dorfs im Teil **Kiselica** erkunden. Künftig will ein türkisches Unternehmen hier Gold und Silber fördern.

Direkt an der Hauptstraße liegt linkerhand von einer Mauer umgeben die schöne 1861 erbaute Klosterkirche **Sv. Bogorodica**. Zwar ist sie freskenlos, birgt aber an ihrer rechten Innenwand eine Ikonensammlung aus dem 14. Jahrhundert und vorn, neben der Ikonostase, ein mit Heiligendarstellungen kunstvoll verziertes Tuch. Für den Erhalt des wertvollen Gewebes, das angeblich aus Jerusalem kommt, wird derzeit ein dritter Spender gesucht. Sollte die Kirche verschlossen sein, hat Vanče Mijalkovski den Schlüssel. (Tel. +389/75/999743 oder im Dorfladen gegenüber der Kirche fragen).

Kratovo

Vorwahl: +389/31.

Im Zentrum hängt ein **Stadtplan** mit ausgewiesenen Sehenswürdigkeiten.

Stevče Donevski vom ›Rock Art Centre‹, Tel. +389/70/975684, stevcedonevkratovo@yahoo.com. Vermittelt Infos und Guides für Ausflüge zu allen Sehenswürdigkeiten im Umfeld Kratovos,

Igor Mladenov, Tel. +389/71/427372, igor75_2003@yahoo.com. Geführte Touren auf Englisch zu antiken Goldminen rund um Kratovo und Šlegovo, nur am Wochenende.

Busbahnhof, am westlichen Ende Kratovos.

Skopje–Kratovo: 7.30, 13, 16, 16.40 Uhr, 200 MKD.

Kratovo–Skopje: 9.30, 15, 18 und 18.35 Uhr.

Privatunterkünfte für 600 MKD ohne Frühstück gibt es in Stevče Donevskis traditionellem Altstadthaus in der Nähe des ›Rock Art Centre‹. Im Keller beherbergt er ein kleines Privatmuseum. Kontakt → ›Rock Art Centre‹.

▲ Karte S. 226

Hotel Kratis, im Zentrum, Tel. +389/31/481201; 30 Euro/Pers. Als einziges Hotel am Ort übertrieben teuer im modrigen Betonbau, dessen einziger Vorteil die Sonnenterrasse direkt am Fluss ist.

Restaurant Aleksandrija, Josif Deskalov 35 (Zentrum). Nicht sehr atmosphärisch, aber mit Felsenhöhle, köstlicher Pastrmajlija und Grillspezialitäten.

Cafés und Restaurants findet man am Hauptplatz im Zentrum und entlang der ul. Partizanska.

Rock Art Centre, Planinska 1, Tel. +389/31/481572; Mo–Sa 8–20 Uhr, So 9–16 Uhr. Infos über umliegende Sehenswürdigkeiten, Souvenirs. Schlüssel für die Türme Saat Kula und Simikjeva, falls diese verschlossen sind.

Felsenkunst in der Umgebung Kratovos

Etwa 15 Kilometer westlich von Kratovo gibt es drei bekannte Felsformationen, die man bei einem Ausflug gut verbinden kann.

Kuklica

Beim Dorf Kuklica stehen skurril geformte Felsen wie große Steinpuppen (*kukla*) in der Landschaft. Für diese Formationen gibt es eine hübsche geopoetische Erklärung. Der Legende nach lebte hier einst eine schöne junge Frau, in die sich jeder Mann verliebte, der in ihre Nähe kam. Als sie einem ihrer Verehrer die Ehe versprach, sprach ein anderer einen zornigen Fluch über die ganze Hochzeitsgesellschaft aus, die daraufhin augenblicklich zu Stein wurde und seither stumm und starr die Landschaft ziert.

Inzwischen hat man herausgefunden, dass es sich bei den Steinfiguren um gehärtete Vulkanasche handelt, die durch Erosion geformt und angeblich über 15 Millionen Jahre alt ist.

Die Straße zum Dorf Kuklica wurde kürzlich asphaltiert und von der Hauptstraße aus deutlich ausgewiesen. Von Kratovo kommend, fährt man etwa zehn Kilometer Richtung Kumanovo, bis rechter Hand ein Schild – auch auf englisch – den Weg zu den 3,5 Kilometer entfernten Steinpuppen weist. Die ebenfalls ausgeschilderte Abzweigung linkerhand kurz vor den Steinpuppen führt zum Restaurant **Kuklica Etno**, einer Gartenoase, in der man sich bei landesüblicher Küche in der Hängematte oder am kleinen Pool erholen kann.

Cocev Kamen

Zwischen den Dörfern Šopsko Rudare und Konjuh ragt der enorme Fels Cocev Kamen (Zozes Stein) auf, der in der frühen Steinzeit vermutlich über viele Jahrhunderte als Observatorium und Tempel diente. Neben zwei Höhlen sind noch die Rudimente einer Art **Amphitheater** sichtbar sowie der **steinerne Sitz**, von dem aus die Sterne beobachtet wurden.

Klosterkirche in Šlegovo

›Steinpuppen‹ bei Kuklica

Weitere Hinweise finden sich auf Infotafeln vor Ort.
Mit dem Auto benötigt man von Kratovo etwa 45 Minuten. Die Straße ist asphaltiert, hat aber viele Schlaglöcher. Im Dorf Šopsko Rudare rechts abbiegen zum 0,5 Kilometer entfernten Ort Cocevi. Von hier führt ein Sandweg nach 300 Metern zum Fels.

Golemo gradište

In der Nähe des Dorfes Konjuh befindet sich auf einem felsigen Plateau die Ausgrabungsstätte Golemo gradište (Große Stadt). Seit ihrer Entdeckung gibt die spätantike Stadt aus dem 4. bis 5. Jahrhundert Rätsel auf. Zunächst wurde auf dem Hügel eine Tempelanlage vermutet, in der die Bewohner der Unterstadt, unterhalb des Plateaus am Fluss Kriva gelegen, ihre Gottesdienste verrichteten.
Dann wurden aber große Tongefäße gefunden, die nahelegten, dass es sich bei den ausgegrabenen Mauern eher um die Reste einer Vorratskammer handelte. Aber warum so hoch auf dem Berg? Verlief der Fluss Kriva, den man im Tal unterhalb des Hügels sieht, ursprünglich vielleicht direkt um die schwer befestigte Stadt herum?
Am westlichen Ende der Akropolis kann man eigenartige Höhlen und Löcher in den Felsen finden, deren Bedeutung bislang nicht geklärt werden konnte.
Der Weg zur Ausgrabungsstätte ist relativ schwierig zu finden. Von der Straße Richtung Kriva Palanka führt er 15 Kilometer nach der Abzweigung nach Prohor Pčinski rechts auf einen Sandweg. Hat man den Tunnel hinter sich gelassen, geht es über den kleinen Fluss Kriva und vorbei an der kleinen Kirche **Sv. Gjorgji** aus dem 14. bis 16. Jahrhundert, von der aus man die hohen Felsen von Golemo gradište vor sich liegen sieht.

Kloster Sv. Gavril Lesnovski und Umgebung

Wenig südlich von Kratovo, in einer beliebten Goldgräberlandschaft, liegt auf knapp 1000 Metern Höhe in schönster Landschaft das Kloster des heiligen Gavril Lesnovski. Die sehenswerte **Klosterkirche** ist bekannt für ihre besonders kunstvoll geschnitzte Ikonostase, die im Jahr 1811 von den gleichen Künstlern geschaffen wurde, die auch die wertvollen Ikonenträger von Sv. Spas in Skopje und Sv. Jovan Bigorski bei Debar schnitzten. Interessant sind auch die Darstellungen von den zwölf Tierkreiszeichen nebst Sonne und Mond in der Kuppel des Narthex, die laut Aussage der Mönche jedoch nichts mit den Sternzeichen zu tun haben. Die heutige Kirche wurde 1341 auf dem Fundament einer älteren Kirche aus dem 11. Jahrhundert erbaut, deren Mosaikfußboden erhalten werden konnte. Dass die neu errichtete Kirche die osmanische Zeit überlebt hat, liegt, so will es die Legende, an einem heiligen Baum, der noch immer auf dem Klostergelände steht. Als der türkische Sultan den Befehl zur Zerstörung der Kirche geben wollte, saß er im Schatten eben dieses Baumes, aus dessen Krone eine unbekannte Stimme ihn ermahnte, die Kirche unversehrt zu lassen. Der Sultan, der auf den Rat nicht hören wollte, verlor, kaum dass er den Befehl zur Zerstörung ausgesprochen hatte, seine Stimme. Er gewann sie erst in dem Moment wieder, in dem er seine Männer zurückrufen ließ und so die Kirche verschonte.
Heute leben in dem Kloster acht Mönche. Für Besucher ist es täglich von 7 bis 18.30 Uhr geöffnet, so dass man am Gottesdienst um 16 Uhr, an Feiertagen auch um 7.30 Uhr teilnehmen kann. Die Kleiderordnung sieht für Frauen lange Röcke vor, die bei Bedarf am Klostertor ausgeliehen werden.

Im Klostergarten

Seit vor einigen Jahren die Belegschaft des Klosters ausgewechselt wurde, gibt es gelegentlich leider Probleme mit der Gastfreundschaft. Umso freundlicher wird man im umliegenden Dorf **Lesnovo** aufgenommen. Vom Hinterausgang des Klosters führt ein 200 Meter langer Fußweg direkt dorthin. Per Auto folgt man der Straße, die sich jenseits des Klosters fortsetzt und sich durch das teils sehr malerische Dorf schlängelt.

Einen wunderbaren Blick auf das Kloster hat man von Vesnas Imbiss-Restaurant **Flip**, vor dem man ihren selbstgebrannten Schnaps probieren kann.

Lesnovo

Von Probištip aus dauert die Autofahrt zum 20 Kilometer entfernten Dorf Lesnovo eine knappe halbe Stunde. Von der Hauptstraße 206 kommend, wählt man eine der Straßen, die quer durch den Ort bergauf führen (am besten die gegenüber vom Teich), um dann hinter Probištip rechts Richtung Zletovo abzubiegen (nicht ausgeschildert). Vorbei am dortigen Zink- und Bleiwerk folgt man den Serpentinen durch Dreveno, bis leider erst kurz vor dem Kloster erstmals ein hölzernes Hinweisschild erscheint. Die Straße von Probišip bis Lesnovo ist vollständig asphaltiert.

Gästezimmer, Tel. +389/75/780485 oder 89/+370/758889; 5 Euro/Pers. Sollte Vesna nicht in ihrem Ladenrestaurant ›Flip‹ sein, kommt sie auf Anruf (leider nur auf Mazedonisch) und bewirtet ihre Gäste. Sie vermietet auch die beiden neuen Gästezimmer, die im alten Schulhaus eingerichtet wurden. Die Zimmer sind einfach, sauber und günstig, verfügen aber nicht immer über fließendes Wasser.

Museum (Etno Muzej); Eintritt 20 Denar. Lesnovos ehemalige Schule beherbergt ein kleines, aber sehenswertes ethnologisches Museum. Vesna (Tel. +389/75/780485 oder 89/+370/758889) öffnet es für Besucher auf Anfrage.

Kurz hinter dem Kloster zweigt linker Hand ein ausgewiesener Wanderweg (Eko pat) ab, der nach 30 Kilometern beim **Osogovski-Kloster** (→ S. 239) endet. Folgt man ihm ein paar hundert Meter, kann man bemerken, dass in einigen von Lesnovos alten Dorfhäusern Mühlensteine verbaut wurden, die in den Höhlen unweit des Klosters aus den Felsen geschlagen wurden. Der Weg führt weiter in die landschaftlich schönen Osogovo-Berge, ist aber nur spärlich gekennzeichnet, und die Dorfbewohner warnen vor bissigen Schäferhunden.

Besser gekennzeichnet sind die vier Fußwege, die einen Kilometer vor dem Kloster (neben dem großen EU-Schild) an der Straße ausgewiesen sind und innerhalb von 20 bis 40 Minuten zu den auffälligen **Höhlen** in den umgebenden Berghängen und schließlich bis zum Kloster führen. In den Höhlen, die bereits von der Straße aus zu sehen sind, finden sich noch immer halbfertige Mühlsteine, die dort einst gefertigt wurden.

▶ Karte S. 226

Zu Besuch in Klöstern und Kirchen

Der vielleicht größte Reichtum Mazedoniens sind seine mittelalterlichen Kirchen und Klöster. Letztere sind seit 1995 wieder in Betrieb und stehen auch Besuchern offen. Will man übernachten, braucht man die Zustimmung des obersten Mönchs oder der obersten Nonne, denn es herrscht eine strenge Hierarchie. Mönch oder Nonne kann man mit 20 Jahren werden und bleibt es in der Regel für den Rest seines Lebens.

In der Klosterkirche finden mehrmals täglich Gottesdienste statt, an denen man als Übernachtungsgast Interesse zeigen sollte. Einer ist meist sehr früh morgens, ein weiterer am frühen Abend, und damit man nichts verpasst, wird mit dem Aufeinanderschlagen zweier Hölzer zum Gebet gerufen. Beim dritten Klopfen, eine halbe Stunde nach dem ersten, beginnt der Gottesdienst. Das ist ein uralter Brauch, mit dem die Mönche von der Feldarbeit, der Bienenzucht oder anderer Arbeit geholt werden. Meist wird erwartet, dass man im Klostergelände Schultern und Beine bedeckt hält, in der Kirche gilt diese Regel grundsätzlich.

Bevor man eine Kirche betritt, kann man für ein paar Denar Kerzen kaufen, die man, verbunden mit Gebeten, in die dafür vorgesehenen Ständer vor oder in der Kirche stecken kann. Dabei ist die obere Ebene für die Lebenden, die untere für Gebete für Verstorbene gedacht. Fromme Mazedonier betreten die Kirche mit dem rechten Fuß zuerst und verlassen sie oft rückwärts, um Jesus nicht den Rücken zuzuwenden. Der Eingang weist übrigens immer nach Westen, was eine gute Orientierungshilfe sein kann. Das Bekreuzigen funktioniert hier genau andersherum als bei den Katholiken, also von rechts nach links, und nicht mit fünf Fingern (bei den Katholiken symbolisch für die fünf Wunden Jesu), sondern mit drei als Referenz an die Dreieinigkeit.

Durch Küssen der Ikonen tritt man in eine direkte Verbindung zum abgebildeten Heiligen, denn Ikonen sind nicht einfach Gemälde, sondern lebendige Mediatoren zwischen Gott und Welt. Die Gottesdienste werden in Altslawisch gehalten und bestehen zum Großteil aus sehr melodiösen Liturgien mit festgelegten Schrittfolgen und Ritualen. An größeren Feiertagen werden Messen zum besseren Verständnis auch auf mazedonisch gesprochen.

Während des Gottesdienstes sollte die Gemeinde eigentlich stehen, aber wer müde Beine hat, kann sich auf den Holzstühlen an den Seitenwänden ausruhen. Dabei gilt traditionell, dass Männer rechts sitzen, Frauen links. Von dort aus lässt sich alles gut beobachten, zum Beispiel die Fresken. In der unteren Ebene der Wandgemälde sind, stehend und fast lebensgroß, die wichtigsten Heiligen wiederzufinden. In der Ebene darüber ist oft das Leben Jesu in einer Abfolge von zwölf Szenen dargestellt, die den christlichen Feiertagen entsprechen. Dabei beginnt der Zyklus vorne rechts am Altar und endet links davon. In einem anderen Zyklus wird das Leben desjenigen Heiligen dargestellt, dem die Kirche gewidmet ist. In der Hauptkuppel ist immer ein Bild von Jesus, umgeben von seinen Jüngern, während die Kapitelle der Säulen mit den vier Evangelisten bemalt sind: Sie tragen die Kirche.

Die offensichtliche Beschädigung vieler Fresken wird landläufig auf mehrere Ursachen zurückgeführt. Einige behaupten, dies seien die Osmanen gewesen – was

Das Kloster Sv. Joakim Osogovski

in einzelnen Fällen wohl auch stimmt, dann heißt es wieder, die Kommunisten hätten die religiösen Darstellungen ruiniert. Eine andere plausible Erklärung ist, dass es unter der Landbevölkerung noch lange heidnische Vorstellungen gab, nach denen die Augen der Heiligen eine Schutzfunktion haben. Deshalb brach man sie heraus und nahm sie mit nach Hause.

In jeder Kirche gibt es vorne einen Ikonenträger, die Ikonostase. In den frühchristlichen Basiliken war er aus Marmor, wie etwa in Sv. Leontj bei Strumica, später dann aus Holz. Zwischen all den darin abgebildeten Heiligen findet man links von Christus die Ikone von Maria, die den kleinen Jesus auf dem Schoß hält. Interessanterweise findet sich in der Regel genau gegenüber, über dem Eingang der Kirche, das umgekehrte Motiv: Dort hält Christus in der Szene Mariä Himmelfahrt die Seele seiner Mutter im Arm. Die Silberverzierungen an den Ikonen sind Votivgaben, die den Heiligen zum Dank für Heilung oder Fruchtbarkeit vermacht wurden. Den Altarraum dahinter dürfen nur Priester betreten, und die sind grundsätzlich männlich. Selbst in Nonnenklöstern darf der Altarraum nur vom vorstehenden Priester betreten werden.

In einigen Klöstern darf man kostenlos übernachten und wird frei bewirtet. Da sich Kirchen und Klöster jedoch unabhängig vom Staat finanzieren müssen, sind Spenden eine gern gesehene Geste. Sie werden dringend zu Erhaltung der Fresken benötigt und können einfach in der Kirche hinterlegt werden.

Kriva Palanka

Der Ort Kriva Palanka (Крива Паланка) liegt in den **Osogovobergen**, im äußersten Nordosten des Landes. Berühmt ist das dortige **Kloster**, das zu den beliebstesten Ausflugszielen des Landes zählt. Dass die umliegende Landschaft so viel grüner ist als im nur wenige Kilometer südlich gelegenen Kratovo, liegt am hohen Grundwasserspiegel. Besonders hübsch ist die Strecke östlich von Kriva Palanka Richtung bulgarische Grenze, auf der sich bis zum Dorf Židlivo viele kleine Brücken über den Fluss Kriva hinweg in fruchtbare Gärten spannen. Die Stadt selbst schlängelt sich den Fluss entlang und ist recht unspektakulär. Im Hof des Rathauses verstecken sich die mageren Reste einer 400 Jahre alten **Festung**.

Kloster Sv. Joakim Osogovski

Im weitläufigen Klostergelände, dessen Geschichte bis ins 12. Jahrhundert reicht, gibt es zwei Kirchen, mehrere Gästehäuser und ein Restaurant, auf dessen großer Terrasse am Wochenende gepicknickt und geheiratet wird. Jedes Jahr findet hier im August eine der internationalen Künstlerkolonien statt.

Ein Gefühl von frommer Einkehr stellt sich da allerdings schwerlich ein. Es sei denn, man gönnt sich ein paar ruhige Minuten in der **Klosterkirche**, in der die einzige ständige Bewohnerin des Klosters, die Nonne Igoumina, andächtig die Ikonen reinigt, während sie leise vor sich hinsingt. Den Exonarthex der Kirche aus dem 19. Jahrhundert zieren neben dem Porträt des heiligen Joakim ungewöhn-

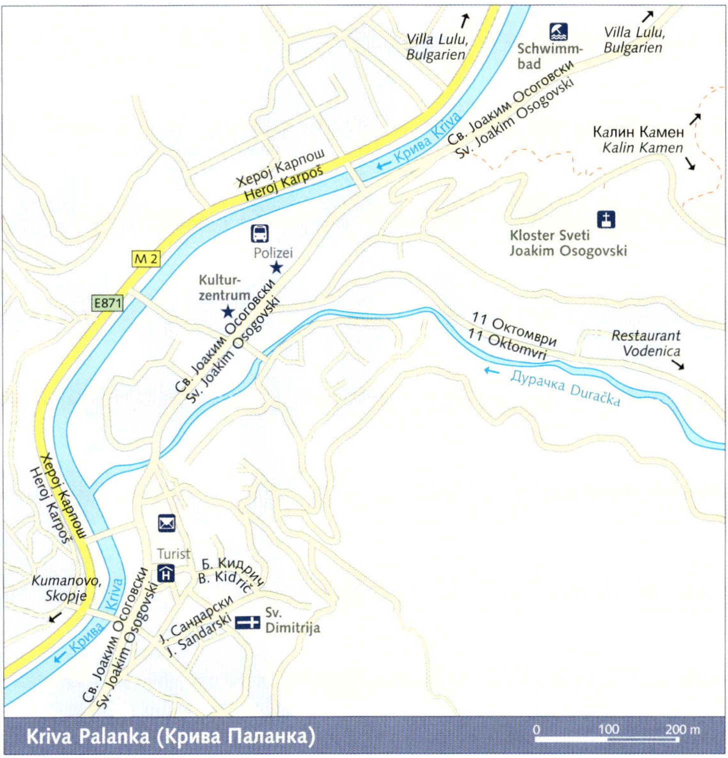

Der Osten

lich brutale Darstellungen des Jüngsten Gerichts und, links neben dem Eingang, schauerliche Satans- und Höllenszenen. Die zwölf Kuppeln des Baus erinnern an die zwölf Apostel und sind mit deren Porträts geschmückt. Was ihren künstlerischen Wert betrifft, zählen die Fresken der Klosterkirche sicherlich nicht zu den Höhepunkten sakraler Kunst, und auch die älteren Fresken der benachbarten kleinen **Sv. Bogorodica** wurden mit neuen übermalt. An einer der Hauptrouten nach Konstantinopel gelegen, diente das Kloster im 16. Jahrhundert den Osmanen als Moschee. Den Stein rechts neben dem Eingang der Hauptkirche ließ angeblich der damalige Sultan aufstellen als Zeichen, die Kirche vor muslimischen Angriffen zu schützen, nachdem sie ursprünglich abgerissen werden sollte.

Kriva Palanka

Vorwahl: +389/31.

Regelmäßige Busse von und nach Kumanovo fahren vom **Busbahnhof** nördlich vom Zentrum, hinter dem Polizeipräsidium. Von dort mit dem Taxi zum Kloster oder 3 km bergan laufen. Achtung: Skopje–Sofija-Busse halten nicht am Busbahnhof, sondern machen nur einen kurzen Stop im Zentrum. Die Fahrt von **Skopje** (6, 9, 11.30, 13.10, 15, 16, 17 und 18.30, letzter Bus zurück 20.35 Uhr) kostet 250 MKD. Fahrtzeit 2 Std., mehr Busse von Kumanovo.
Im Sommer fahren früh morgens Busse ab Kriva Palanka über Kratovo, und Štip nach **Strumica**.

Gästezimmer im Kloster, Tel. +389/31/375063, svjoakimosogovski@mt.net.mk; 300 MKD im alten Gästehaus ohne eigenes Bad, 600 MKD in neuen Zimmern mit Bad. An Feiertagen und Wochenenden empfiehlt es sich, vorher zu reservieren. Einlass findet nur, wer vor 21 Uhr ankommt. Kurz nach der Ankunft im Kloster muss man sich bei der lokalen Polizei (ul. Sv. Joakim Osogovski) mit Ausweis registrieren lassen.

Hotel Turist, Tel. +389/31/375209; 1000 MKD/Pers. inkl. Frühstück. Sehr einfaches Hotel, aber zentral und selten überfüllt. Dort erhältlich sind Umgebungspläne und weitere Infos.
Villa Lulu, 3 km an der Hauptstraße Richtung bulgarische Grenze (Dorf Pašina Vodenica), Tel. +389/71/267930, motel@villa-lulu.com. 4 schicke, neue Zimmer mit W-Lan und Balkon. Dazu gehört ein beliebtes Restaurant.

Vodenica 3, Dorf Duračka Reka südöstlich von Kriva Palanka, Tel. +389/70/306647. Restaurant im Ethno-Stil am Ufer des rauschenden Flusses mit Bergpanorama. Es gibt große Portionen zu günstigen Preisen, die Straße zum Restaurant ist in mäßigem Zustand.

Nördlich der asphaltierten Autostraße führt ein Fußweg in knapp 30 Minuten von Kriva Palanka zum Kloster Sv. Joakim Osogovski. Dem Hauptweg folgen, bis man rechts vor sich am Hang das Kloster sieht. Bei der nächsten Abzweigung den rechten Weg wählen, der beim oberen Klostereingang endet.

Osogovoberge

Vom Kloster Sv. Joakim Osogovski führen einige Wanderwege in die umgebenden Osogovoberge. Die typischen Wanderwegzeichen, den roten Kreis, entdeckt man leicht am Straßenrand nahe des Klosters. Möglich ist von hier der 20 Kilometer lange Aufstieg zum Gipfel **Carev**, der mit 2084 Metern der höchste der Region ist und grandiose Ausblicke nach Bulgarien gewährt. Für die Besteigung sollte man zwei Tage einplanen.

▲ Karte S. 239

Schäfer am Gletschersee bei Kalin Kamen

Eine kürzere Tour führt zum acht Kilometer entfernten Berg Kalin Kamen (Калин Камен), wo eine Wanderhütte zur Einkehr lädt. Zudem gibt es dort einen hübschen Gletschersee. Man verlässt das Kloster über die Treppe oberhalb des Restaurants und versucht sein Glück auf einem der kleinen Wanderpfade. Die sicherere Variante ist es, der bergan führenden Asphaltstraße zu folgen, die nach ein paar Kilometern zu einem Sandweg wird. Am bequemsten kann man die ersten sechs Kilometer bis zum Fuße des Berges mit dem Taxi zurücklegen. Die Fahrt kostet etwa 200 Denar. Nachdem man – zu Fuß oder per Auto – einige Dörfer und Siedlungen hinter sich gelassen hat, erhebt sich rechter Hand weit sichtbar der Berg **Kalin Kamen**, zu erkennen an seiner auffälligen, halbrunden Form. Ein sich mehrfach gabelnder Sandweg zweigt rechts von der Straße ab und führt direkt bis zum Fuße des Berges.

Dort angekommen, führt der Weg rechts herum zu einer Wanderhütte und nach einigen Stunden bis Kratovo, links geht es weiter Richtung Gletschersee und Gipfel. Aufgrund der unmittelbaren Nähe zu Bulgarien werden Handybesitzer ab hier vom bulgarischen Funknetz begrüßt. Ist nach ein paar Metern kein Weg mehr sichtbar, geht es quer über die steil ansteigende Wiese, in der sich gelegentlich Steine mit Wanderwegzeichen verbergen. Der See liegt jenseits des zu überquerenden Stacheldrahts. Erst, wenn man sich oberhalb von ihm befindet, blickt er einem wie ein großes Auge aus der sanften Hügellandschaft entgegen und bietet, wenn sich die Wolken in ihm spiegeln, ein schönes Naturschauspiel. Etwa 500 Meter höher befindet sich der Gipfel.

Veles

Angesichts der von kahlen Berghängen umgebenen Stadt, die sich zu beiden Seiten des Vardar ausbreitet, wird man sich wundern, dass Veles (Велес) übersetzt ausgerechnet ›in den Wäldern‹ heißt. Noch mehr wird den erwartungsfrohen Reisenden jedoch erstaunen, dass gerade diese Stadt von Tito höchstpersönlich mit seinem Namen beehrt wurde. Titov Veles, wie sich der Ort bis vor kurzem nannte, ist die zentralste Stadt Mazedoniens, und das kann eigentlich auch nur der Grund für den vielversprechenden Titel der mäßig reizvollen Industriestadt sein. Wer genauer hinsieht, findet ein paar Sehenswürdigkeiten, gut verborgen in schmalen Seitenstraßen. Ein Höhepunkt, für den sich die Entdeckungstour lohnt, ist zweifelsohne die **Kosturnica**, die frisch geweißt von einer Anhöhe über den Vardar herunterstrahlt. Andere sehenswerte Zeitzeugen von Veles bewegter Geschichte sind die bemalten alten **Häuser aus der osmanischen Epoche** und die imposante Kirche **Sv. Pantelejmon**.

Geschichte

Bevor die Slawen der damals von dichten Wäldern umwucherten Stadt ihren heutigen Namen gaben, hieß sie Vila Zora und wurde zuerst von Philipp V., dann von den Römern und schließlich von den Osmanen erobert. Letztere nannten sie Köprülü, Stadt der Brücken, und errichteten in ihr über 70 Moscheen, von denen heute gerade noch eine übrig ist. Die schwarz-weiße Moschee liegt auf der östlichen Vardarseite, versteckt hinter einigen großen, alten Häusern, die teils noch sehr ansehnlich, teils beein-

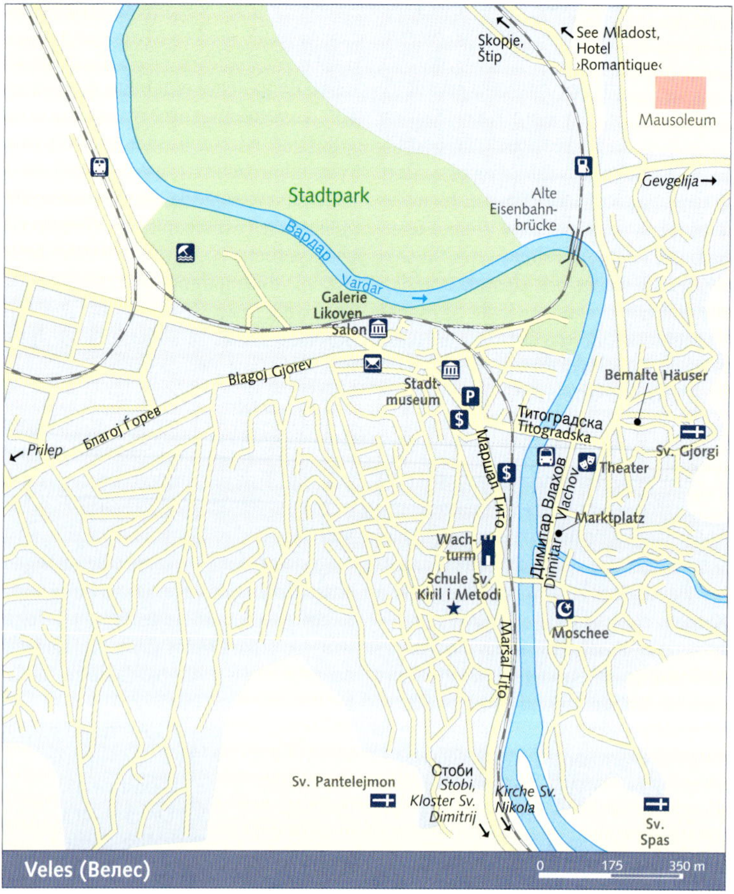

Veles (Велес)

Blick auf Veles und den Vardar

druckend schief auf ihren Abriss warten. Die Gebäude entstanden in der Blütezeit vom 17. bis 19. Jahrhundert und erinnern daran, dass Veles damals zu den geistigen Vorreitern unter Mazedoniens Städten zählte: Hier wurden die landesweit erste Bibliothek, das erste Gymnasium, die erste Musikschule und das erste Museum eröffnet. Das erste Drama in mazedonischer Sprache wurde in Veles verfasst, und dem in Veles geborenen Dichter und Revolutionär Kočo Racin sind bis heute die jährlich stattfindenden Literaturtreffen gewidmet.

Nach dem Zweiten Weltkrieg war es vorbei mit den glanzvollen Zeiten, und Veles entwickelte sich zur Industriestadt. Neben einer großen metallverarbeitenden Fabrik wurden Textilien, Porzellan und Kunstdünger gefertigt. Was wirtschaftlich zunächst erfolgreich war, wirkte sich langfristig ökologisch verheerend aus. Die dramatischen Schwermetallfunde in Boden und Lebensmitteln und der erhöhte CO^2-Gehalt in der Luft führten zu schweren Gesundheitsschädigungen der Bevölkerung. Die Lage in Veles hat sich gebessert, seit sich die Verhältnisse umgekehrt haben: Die wirtschaftliche Flaute nach dem Ende Jugoslawiens hat zum Schließen sieben großer Fabriken geführt, was zwar katastrophal für den Arbeitsmarkt, aber entlastend für die Umwelt ist. Die Hälfte der Bevölkerung ist inzwischen arbeitslos, aber man versucht aus der Not eine Tugend zu machen: Die Handwerkskünste, besonders das Töpfern, für das Veles einst bekannt war, waren mit der Industrialisierung verschwunden und sollen jetzt mühsam wieder verbreitet werden.

Sv. Pantelejmon

Dass 1840 eine Kirche dieses Maßstabs errichtet werden konnte, hing mit den Reformen des Osmanischen Reichs und dem wirtschaftlichen Aufschwung zusammen. Gleichzeitig ist die Größe Ausdruck des neuerwachten Selbstbewusstseins der Mazedonier. Ihr schlichtes Äußeres verbirgt im Inneren barockartig geschwungene Galerien, orientalische Verzierungen und aufwendige Wandgemälde.

Sv. Pantelejmon liegt ganz im Süden der Stadt, am Hang auf der westlichen Seite des Vardar, und wird über eine schmale Gasse, die sich erst durch Häu-

Wandgemälde in der Kosturnica

serschluchten, dann durch den Friedhof schlängelt, erreicht. Man verlässt die ul. Maršal Tito im Zentrum zunächst in Richtung Wachturm und hält sich nach der ersten Gabelung links. An der Kiril-und-Metodij-Schule vorbei führt die kleine Straße über einige Kurven und Ecken zur Kirche Pantelejmon.
Auf der anderen Vardarseite, genau gegenüber, thront die Kirche **Sv. Spas**, in deren Hof der Reformer Jordan Hadži Konstantinov-Džinot begraben wurde.

Die alten Häuser von Veles

▲ Karte S. 242

Kosturnica

Ebenfalls westlich des Vardar, aber viel weiter nördlich, ragt weiß die Kosturnica auf, das Mausoleum der im Zweiten Weltkrieg gefallenen Soldaten aus Veles und Umgebung. Von weitem mag das 1979 errichtete Gebäude an einen Helm erinnern, von nahem kann man in der eigenwilligen Architektur jedoch eine große, halbgeöffnete Knospe erkennen. Die Kosturnica liegt an der Straße Richtung Skopje, von der aus kurz vor dem Ortsausgang rechter Hand eine weißlackierte Treppe hoch zu der Anlage führt. Betritt man den Vorhof zum Mausoleum, fällt die Ähnlichkeit zum Ilindendenkmal in Kruševo auf, bei dem in gleicher Weise die Namen der Gefallenen auf runden Eisentafeln in einer weißen Betonlandschaft verewigt wurden. Die Asche der Soldaten ruht unter einem künstlichen Baum im Inneren des Mausoleums. Die Mosaiken stellen auf über 200 Quadratmetern die mazedonische Geschichte dar, die im zentralen Motiv des nationalen Befreiungskriegs gipfelt.
Geöffnet ist außer montags täglich von 8 bis 16 Uhr, ansonsten ist der Schlüssel beim Pförtner erhältlich. Dorthin gelangt man, wenn man bei der Tankstelle rechts abbiegt und vor den gelben Betonpfosten anhält. Nun liegt links das Haus des Pförtners, der nur Mazedonisch spricht. Schlüssel heißt auf mazedonisch ›ključ‹.

Entlang der ul. Dimitar Vlahov

Zwischen Kosturnica und Busbahnhof, nicht weit vom Hotel ›Vila Zora‹, weist ein kleines Schild an der ul. Dimitar Vlahov zur 180 Meter entfernten Kirche **Sv. Gjorgji.** Meist ist die kleine, in einem Labyrinth steiler Gassen versteckte Kirche verschlossen, aber auf dem Weg dorthin kommt man zu einigen sehenswerten **bemalten Häusern**. Die sich eng aneinanderschmiegenden weißen Gebäude mit den typischen dunklen Fenstern wurden 1886 gebaut. Inzwischen hat man die Dächer erneuert und bei der Gelegenheit die Dachkanten neu bemalt, was aber nicht darüber hinwegtäuscht, dass noch viel zu tun ist, wenn man die Häuser in ihrer ursprünglichen Schönheit erhalten will. Dort, wo Vardar und Stadtpark an die Straße stoßen, spannt sich recht anmutig die alte **Eisenbahnbrücke** über das Vardartal.

Kloster Sv. Dimitrij

Südlich von Veles, an der Straße nach Stobi und am Fluss Topolka, liegt das Kloster Sv. Dimitrij mit der gleichnamigen Klosterkirche aus dem 14. Jahrhundert. Kaum war die Kirche erbaut, wurde sie von den Osmanen zugeschüttet, 1855 jedoch wieder ausgegraben und originalgetreu aufgebaut. Heute erstrahlt sie wieder in altem Glanz.

Veles

Vorwahl: +389/43.

Beim Busbahnhof und an zentralen Punkten hängen **Übersichtspläne** mit Hinweisen zu Sehenswürdigkeiten.

Veles liegt an der E75, nur 53 Kilometer von Skopje entfernt. Von Veles nach Prilep führt eine ungeteerte, aber sehr idyllische Nebenstraße durch die **Babunaberge**. Die gut 60 Kilometer lange Strecke ist nirgendwo ausgeschildert und deshalb schwierig zu finden. Vom Kreisverkehr im Zentrum geht die Straße Kole Nedelkovski ab, die direkt auf die Straße nach Prilep führt. Allerdings wird sie kurzzeitig zur Einbahnstraße, weshalb man dieses Stück umfahren muss. Dort, wo die Bahngleise auf die Straße treffen, ist sie wieder frei befahrbar.

Am See Mladost bei Veles

See Mladost

Ein beliebtes Ausflugsziel ist der künstliche See Mladost. Dort kann man zelten, schwimmen und Karpfen fangen. Das Ufer säumen gute Hotels und ein Boot, das zum romantischen Speisen und Übernachten lädt. Der See liegt zehn Kilometer nördlich von Veles an der Autobahn nach Skopje.

Busbahnhof, Titogradska bb, Tel. +389/43/211432. Der Busbahnhof liegt zentral auf der östlichen Flussseite und verfügt über digitale Anzeigen auf Flachbildschirmen und Toiletten mit Weststandard. Tickets werden erst verkauft, wenn der jeweilige Bus bereits eingetroffen ist.

Veles–Skopje: ca. alle 10–20 Min., der letzte um 20.25 Uhr, Fahrtzeit 45 Minuten, 110 MKD.

Veles–Štip: 18x, der letzte um 20.35 Uhr; 120 MKD

Veles–Strumica, Bitola: stündlich bis 17.15 Uhr; Prilep: 230 MKD.

Zum **Mladostsee** fahren keine Busse, nur ins nahegelegene Dorf Otovica.

Bahnhof, Tel. +389/43/231033, nicht zentral und wenig frequentiert. Täglich fahren ungefähr 10 Züge von und nach Skopje, Ein Ticket kostet 100 MKD, Fahrzeit knapp 1 Stunde.

Taxiruf, Tel. +389/43/1596, ab 30 MKD/km.

Direkt in Veles gibt es derzeit kein Hotel. Gute Übernachtungsmöglichkeiten finden sich am 10 km entfernten **See Mladost**: **Hotel Romantique**, Tel. +389/43/212999, http://hotelromantik.com.mk; DZ ab 50 Euro, für 75 Euro mit Jacuzzi-Wanne. Viersterne-Hotel mit Seeterrasse, Pool, Strand, Ausblick und heimischer Popmusik. Zimmer mit Balkon in schlicht-edlem Design. Bei weitem die beste Wahl am Ort.
Brod Panini, Tel. +389/43/211444, www.brodpanini.com. Lauschig übernachten auf einem Boot. 12 etwas plüschige Zimmer und ein traditionsreiches Restaurant.

Der nächste Campingplatz ist am **Mladostsee**, 10 km nördlich von Veles.

Entlang der Maršal Tito vom Zentrum aus westwärts findet man einen beliebten Biergarten und Restaurants. Außerdem gibt es ein paar Imbisse an der Titogradska zwischen Busbahnhof und Markt. Gute Alternativen finden sich am Mladostsee.

Stadtmuseum, Maršal Tito 20, Tel. +389/43/223315; Di-Sa 8-12 und 16-20 Uhr. Von den drei Sektionen Archäologie, Stadtgeschichte und Ethnologie sind besonders die historischen Fotografien von Veles sowie die Ausstellung über dörfliches und städtisches Wohnen im 19. Jahrhundert sehenswert.
Likoven Salon (moderne Kunstgalerie); Mo-Fr 9-13 und 17-20, Sa 9-12 Uhr.
Ein neues **Theater** ist im Bau und sollte 2014 fertig sein.

Beliebt bei Bergsteigern ist der Gipfel **Solunska Glava** (2450 m) auf dem Berg Jakupica (→ S. 113).

Štip

Es ist schwer zu übersehen, dass die trotz ihrer Universität recht ruhige 44 000-Einwohner-Stadt einmal etwas dargestellt hat. Offensichtlich ist aber auch, dass das ziemlich lange her ist. Immerhin erwacht Štip einmal jährlich aus seinem Schlaf, wenn zum Makfest, einem großen Musikfestival im Oktober, Musikliebhaber aus ganz Mazedonien anreisen. Einen längeren Aufenthalt ist die Stadt außerhalb des Festivals nicht wert, aber ein Zwischenstopp auf der Durchreise lässt sich nutzen, um einige von Štips **Kirchen** und das **Stadtmuseum** zu besichtigen. Das Zentrum ist geteilt durch den Fluss Otinja, der im Sommer kein Wasser führt, sondern zum grünen Pflanzenteppich wird und bei einem Rundgang eine gute Orientierungshilfe ist.

▲ Karte S. 247

Geschichte

Die heutige Stadt bildete sich nach dem Verlassen der Festung Isar, die auf der Anhöhe am westlichen Stadtrand thront. Man erreicht sie wahlweise über eine serpentinenreiche Straße vom Busbahnhof aus oder auf einem teilweise steilen Fußweg, der sich, hinter der Kirche Sv. Nikola beginnend, durch pittoreske Häuserreihen mit hübsch bepflanzten Blumenkästen schlängelt. Die Lage der Festung Isar 150 Meter über dem Zusammenfluss von Otinja und Bregalnica war strategisch so günstig, dass der Platz schon von den Römern entdeckt und besiedelt wurde. Sie umgaben das Fort mit zwei schützenden Mauern und nannten ihre Stadt Astibo, Stadt der Sterne. Im 6. und 7. Jahrhundert begannen Slawen und Awaren die Festung wiederholt anzugreifen, die nach der slawischen Eroberung schließlich ihren heutigen Namen erhielt. Die sichtbaren Mauerreste stammen aus der Zeit kurz vor der Eroberung durch die Osmanen 1382 und bieten einen spektakulären Panoramablick über die Stadt und ihre Umgebung. Die wenig schönen Funktürme, die man im Fort aufgebaut hat, sorgen zumindest für einen guten Mobilempfang.

Unter den Osmanen wuchs die Bevölkerung bis 1900 rasant an, und das sich ausbreitende Štip wurde zum bedeutenden Handelszentrum zwischen Ägäis und dem inneren Balkan. Als jedoch die Eisenbahn zwischen Skopje und Thessaloniki gebaut wurde, an die Štip nicht angeschlossen wurde, war es mit der Bedeutung der Stadt vorbei. Ein wichtiger Standort bleibt Štip derweil für die Textilproduktion, speziell für teure italienische Labels.

Osmanisches Erbe

Unter den Überbleibseln der Osmanen ist neben dem **Uhrenturm** an der ul. Kiril i Metodi die **Husa-Medin-Pascha-Moschee** auf der Südseite des Flusses besonders schön – aber auch besonders traurig: Vom Zentrum im nördlicheren Stadtteil aus gesehen erhebt sie sich wie eine schwarze Pelzmütze über den Häu-

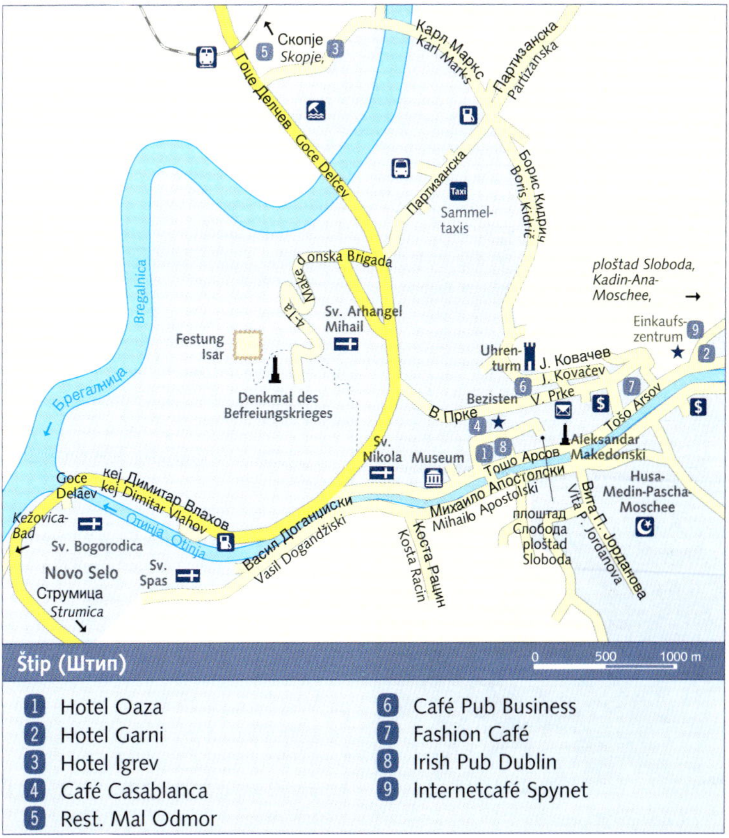

Štip (Штип)

0 500 1000 m

1. Hotel Oaza
2. Hotel Garni
3. Hotel Igrev
4. Café Casablanca
5. Rest. Mal Odmor
6. Café Pub Business
7. Fashion Café
8. Irish Pub Dublin
9. Internetcafé Spynet

Das Museum im Haus der Arsov-Familie

sern der Südstadt. Von nahem erweist sich der ›Pelz‹ als Gras, das wild auf der Kuppel der dem Verfall preisgegebenen Moschee wuchert. Das elegante Gebäude wurde im 16. Jahrhundert ursprünglich als Kirche namens Sv. Ilija errichtet

Der Uhrenturm von Štip

▲ Karte S. 247

und von den Osmanen zur Moschee gemacht. Sichtbar sind rechts neben dem Eingang noch die Reste des einstigen Minaretts. Nachdem hier einst eine Galerie residierte, steht der Bau nun leer, und die Exponate sind in den Bezisten auf der Nordseite des Flusses gezogen. Der Markt aus dem 16. oder 17. Jahrhundert, in dem zu osmanischen Zeiten Waren aus aller Welt verkauft wurden, ist seit vielen Jahren das wohlrestaurierte Zuhause von Štips Gemäldegalerie.

■ Die Kirchen von Štip

Die große **Sv. Nikola** am nördlichen Flussufer wurde 1867 auf einer älteren Kirche gebaut und besteht aus zwei Ebenen – Holzbalken auf Marmorsäulen –, wodurch sie wie eine Doppelkirche wirkt. Seit einigen Jahren beherbergt Sv. Nikola eine **Ikonengalerie** mit einer Sammlung aus dem 19. Jahrhundert.

Die andere, bekanntere und größere **Ikonensammlung** befindet sich in der Kirche **Sv. Bogorodica** (1836) im Stadtteil Novo Selo. Um die Ikonen vor Vandalismus und Diebstahl zu retten, wurden sie aus den vielen verlassenen Dorfkirchen Ostmazedoniens eingesammelt und hier ausgestellt. Unübersehbar strahlt die Kirche groß und leuchtend orange auf einer Anhöhe und ist Ausdruck eines im 19. Jahrhundert geistig erwachenden Mazedoniens.

Auffällig klein und bescheiden nimmt sich dagegen die mittelalterliche Kirche **Sv. Spas** aus, die aber wegen ihrer Fresken aus dem 14. Jahrhundert einen Besuch wert ist. Ein Großteil der heute sichtbaren Wandbemalung wurde im 16. Jahrhundert aufgetragen, aber im Gewölbe der Westwand sieht man noch die Reste der ursprünglichen Fresken.

Schließlich ist da noch die Kirche **Sv. Arhangel Mihail** von 1332 im typisch kreuzförmigen Bau mittelalterlicher Kirchen. Sie liegt auf halber Höhe zur Festung Isar. Auch diese Kirche hatten einst die Osmanen in eine Moschee verwandelt, wobei sie die Fresken komplett zerstörten. Inzwischen ist die Kirche saniert und nachts dramatisch beleuchtet. Leider ist sie meist verschlossen, aber zumindest ist nach dem steilen Anstieg der Kirchhof ein idealer Rastplatz.

Denkmal am Festungshügel

Folgt man dem Weg vorbei an der Kirche Sv. Arhangel Mihail weiter bergan, landet man unweigerlich beim Denkmal des Befreiungskriegs von 1944. Dominosteinen gleich säumen Marmorgrabsteine die Treppenstufen, die zum Denkmal führen, von dem aus man eine besonders weite Aussicht hat. Anders als man erwarten könnte, stehen hier keine heroischen Steinhelden, sondern rein ornamental wirkende, abstrakt verzierte Marmorklötze.

Bargala

Nordöstlich von Štip liegen die Reste der antiken Stadt Bargala. Die Ruinen wurden so weit ausgegraben, dass innerhalb der Fundamente der einstigen Stadtmauer eine größere Anzahl von Gebäuden sichtbar geworden ist, darunter die **Reste einer Basilika** mit Fußbodenmosaiken aus dem 6. Jahrhundert, die zum Schutz jedoch wieder zugeschüttet wurden.
Besonders imposant sind die **Ruinen des einstigen Bades**, die teilweise von neuen Sockeln und Bögen gestützt werden. Die Ausmaße des Gebäudes belegen die einstige Bedeutung der Stadt, die zu spätrömischer Zeit ein Militärstützpunkt und im Mittelalter Bischofssitz war. Über zwei Meter dicke Mauern umschlossen die fünf Hektar große Siedlung, in der es vier Basiliken gab.
Nach Bargala gelangt man, wenn man Štip auf der Straße nach Tri Češmi Richtung Norden verlässt. Bis zum Dorf Gorni Kozjak, bei dem die Ausgrabungsstätte direkt am Ufer der Bregalnica liegt, sind es gut 15 Kilometer.

Die Kirche Sv. Nikola

Štip

Vorwahl: +389/32.

Der modernisierte **Busbahnhof** liegt an der ul. Partizanska nördlich vom Zentrum, Tel. +389/32392904.
Štip–Skopje: ca. alle 30 Min., letzter Bus um 19.37 Uhr; 250/360 MKD.
Štip–Strumica: stündlich, letzter Bus um 20.30 Uhr; 230 MKD.
Štip–Berovo: 8 x tägl., letzter Bus um 20.10 Uhr.

Hotel Oaza, Maršal Tito bb, bb, Tel. +389/32/390899, www.oazahotel.com.mk; EZ 30 Euro, DZ 40 Euro. Großes Traditionshotel mit Buffet-Frühstück und W-Lan in zentralster Lage. Wegen Aussicht und abendlichem Straßenlärm obere Etagen wählen!

Hotel Sliv, Tel. +389/33/360502; DZ mit Frühstück 30 Euro. 7 km Richtung Vinica, mit Pool, direkt an der Hauptstraße

Restaurant im Motel Gradče. Auf der Terrasse am See wird mazedonische und internationale Küche serviert.

Die Spezialität Kočanis sind natürlich Reisgerichte, besonders Lapa, eine Reis-Mohn-Speise, die man hier probieren kann. Lei der nur in den Sommerferien und an Wochenenden geöffnet.

Populär sind im Zentrum die **Cafés Avangard** und **Element** im Einkaufszentrum.

Delčevo

50 Kilometer östlich von Kočani befindet sich die wenig aufregende Stadt Delčevo (Делчево). Im östlichsten Winkel Mazedoniens und in unmittelbarer Nähe zur bulgarischen Grenze gelegen, trägt sie den Namen des Nationalhelden Goce Delčev, der 1903 im Kampf gegen die Osmanen fiel. Wer am 2. August hierher kommt, kann die Feierlichkeiten zu Ehren des Namensgebers miterleben. Bei Delčevo gibt es keinen Grenzübergang nach Bulgarien.

Berovo

Die kleine Stadt Berovo (Берово) liegt unweit der bulgarischen Grenze gut 800 Meter über dem Meeresspiegel und ist als Ferienort wegen ihrer auch im Sommer kühlen, sauberen Luft und der Wandermöglichkeiten in den umgebenden **Maleševobergen** beliebt. Mit einigen **alten Häusern** und einem sehenswerten **Kloster** ist die 14 000-Seelen-Ortschaft recht beschaulich, wenn auch nicht spektakulär. Die Uferwege der Bregalnica, die den Ort teilt, wurden kürzlich neu angelegt und sollen künftig einen Radweg erhalten.

Sechs Kilometer vom Ort entfernt und in selbigem ausgeschildert, erstreckt sich mit steilen Ufern im Wald der **Berovo-See** und lädt zu Spaziergängen ein. Hier liegt auch, mit Blick auf die schöne Landschaft und Pool mit Bergpanorama, Mazedoniens erstes tatsächliches **Fünf-Sterne-Resort**. Während im gestauten See sowohl Schwimmen als auch Bootfahren nicht

Schafstall Bačilo Klepalo

Karte S. 226

Landschaft oberhalb vom Bačilo Klepalo

erlaubt sind, lohnen Ausflüge in das dörfliche Umland, wo die Bauern Berovos ihren legendären Käse und andere Milchprodukte anbieten. Besonders empfiehlt sich ein Ausflug zum **Bačilo Klepalo**, einem Schafstall, bei dem Besucher von den Betreibern mit traditionellen Gerichten aus eigener Herstellung verköstigt werden.

Etwa 500 Meter oberhalb vom Bačilo verläuft über eine schöne Almwiese die Staatsgrenze, gekennzeichnet durch einen alten Grenzposten zwischen der ›Volksrepublik Bulgarien‹ und Jugoslawien. Der Grenzübergang **Klepalo** nach Bulgarien ist weiterhin geschlossen, es gibt aber Gerüchte, dass er bald geöffnet werden soll.

Kloster Sv. Arhangel Mihail

Zwischen Ortskern und See steht das legendenumwobene Kloster Sv. Arhangel Mihail. Der 1815 bis 1818 erbaute Gebäudekomplex des Nonnenklosters beherbergt eine **Kirche** mit großem Vorhof und ein kleines **Museum**. Einer Legende zufolge gab es einen Priester namens Peco, der das Kloster nur dann errichten durfte, wenn der Bau innerhalb von 40 Tagen abgeschlossen und die Gebäude von außen nicht zu sehen wären. So hatte es der osmanische Herrscher aus dem benachbarten Radoviš angeordnet. Vor allem aber war der Preis für das Kloster die Übergabe von Pecos schöner Tochter Sultana an dessen Harem. Der Priester schaffte es zwar, das Kloster in der vorgegebenen Zeit zu errichten, doch weil der Herrscher es schon von weitem erkennen konnte, erschlug er den Priester und raubte seine Tochter. Um dem Harem zu entgehen, sprang sie von seinem Pferd in den nahe gelegenen See, wurde aber durch Gottes Willen vor dem Ertrinken gerettet. Aus Dankbarkeit ging sie zurück zum Kloster ihres Vaters und wurde Nonne. Seitdem ist das Kloster immer ein Frauenkloster geblieben und beherbergte zwischenzeitlich bis zu 60 Nonnen. Heute sind es nur noch drei. Bekannt sind sie unter anderem für ihre selbstgefertigten **Mosaik-Ikonen**, die sie Besuchern gern zeigen. Das gastfreundliche Kloster ist täglich geöffnet.

Wanderungen rund um Berovo

Spaziergänge am Ufer von Berovos See enden in der Regel am Staudamm, denn ab dort wird es steil und unwegsam. Es gibt es jedoch viele andere Gelegenheiten zum Wandern und Radfahren in der Region. Hier ein paar Vorschläge:

Berovo – Ablanica – Stausee

Route 1: Der bekannteste und am besten gekennzeichnete Weg ist die sechs Kilometer lange, einfache Strecke vom Ort Berovo (Ortsteil Juovec, beim Hotel ›Loven Dom‹) via Ferienort Ablanica bis zum Stausee. Der Waldweg mit zwei Rastplätzen ist auch für Mountainbikes geeignet. Beginnt man ihn von der Seeseite aus, weisen die übliche Wanderwegkennzeichnung und ein Holzschild am Straßenrand (›Ablanica 3,2 km‹) die richtige Richtung.

Ablanica – Ravna Reka

Route 2: Weniger gut gekennzeichnet ist der Weg von Ablanica nach Ravna Reka, einem schönen Picknickplatz mit Wasserfall knapp acht Kilometer von Berovo entfernt.

Berovo – Breza – See

Route 3: Die landschaftlich reizvollste Tour führt vom Berovo-See zum neun Kilometer entfernten Breza und zu den Quellen der Bregalnica. Sie ist insgesamt 25,6 Kilometer lang und dauert etwa sieben Stunden. Da der Weg durch mehrere Schafweiden führt, die von Schäferhunden scharf bewacht werden, lohnt es eventuell, einen Guide mitzunehmen. Breza bietet neben Picknickhütten und saftigen Almwiesen wunderschöne Ausblicke auf das Umland. Von dort aus ist der Weg nach Berovo ausgeschildert, bester Platz für eine Rast ist neben Breza Ravna Reka.

Wanderwege in der Umgebung von Berovo

See – Babin Čukar – Ratevo – Berovo

Route 4: Eine weniger bekannte Strecke führt vom Berovo-See über den Gipfel Babin Čukar (1403 m) und das Dorf Ratevo nach insgesamt 21,5 Kilometern (6–7 Stunden) nach Berovo. Diese Wanderung beinhaltet neben von Hunden bewachten Schafweiden einige sehr steile (Kletter-)Stücke, ist also eher für Fortgeschrittene zu empfehlen.

Zunächst folgt der Weg direkt dem Seeufer bis zum Staudamm. Auf der anderen Seite des Damms ist der unscheinbarere, rechte Abzweig zu wählen, der quer durch den Wald recht steil bergan führt und im Gehölz leicht zu verlieren ist. Hier sind gute Wanderschuhe unverzichtbar. Nach 100 Metern steilem Aufstieg ist die Anhöhe Šaban erreicht, die mit einem weiten Plateau und saftigen Wiesen belohnt.

Route 5

Für Radfahrer (und Autofahrer) ist die durchgängig geteerte, jedoch wenig befahrene Straße von Berovo nach Klepalo sehr zu empfehlen. Etwa elf Kilometer schlängelt sie sich steigungsarm durch die Berge vom See bis zur bulgarischen Grenze, wo man sich in der Villa Klepalo oder im höher gelegenen Bačilo (Schafstall) Klepalo (nach etwa 500 Metern Fußweg von der Villa) bei hausgemachten Speisen stärken kann.

Berovo

Vorwahl: +389/33.

Die Touristeninformation am Hauptplatz war 2013 leider geschlossen.

Ein kleines Büro im **Rathaus**, 11 Oktomvri bb (weißes Gebäude), oberster Stock, soll Abhilfe schaffen, allerdings nur auf Mazedonisch.

Internet: www.visitberovo.com.mk.

Makedonska Banka, Mladinski Kej 2.

Stopanska Banka, Kej Bregalnica 7.

Busbahnhof, Kej JNA bb (mitten im Zentrum), Tel. +389/33/471139

Skopje – Berovo: 7.30, 8.15, 8.45 9.30, 12.30 13.20, 14.15, 15.15, 16.30 und 18 Uhr. Fahrt ca. 3,5 Stunden; 520 MKD.

Berovo – Skopje: 4.20, 5.20, 7, 7.30, 8.20, 10.15, 11:35, 14.30, 16.15, 16.35 und 17.15 Uhr.

Strumica–Berovo: 14 Uhr.

Berovo – Strumica: 6 und 7.15 Uhr.

Taxis stehen am Anfang der ul. Ilindenska und beim Busbahnhof und kosten 50 MKD Grundgebür plus 30 MKD/Km.

Resort Aurora, Tel. +389/33/550965, www.aurorareso rt.mk; EZ ab 57 Euro, DZ ab 75 Euro (Sommerpreise). Fünfsternehotel, 3 km von Berovo direkt am See. Wellnesshotel mit Pool (mit Bergpanorama), Sauna und Sportmöglichkeiten in schöner Waldlage. Spa auch für Besucher, Leihfahrräder 10 Euro/2 Std. Eines der luxuriösesten und professionellsten Hotels Mazedoniens.

Hotel Manastir, direkt neben dem Kloster, ul. Kiril I Metodij 6, Tel. +389/33/279000, www.hotelmanastir.com.mk; EZ ab 20, DZ ab 30 Euro inkl. Frühstück. Großes Hotel im traditionellen Kloster-Look mit gutem Standard. Zimmer mit Balkon und Küche, beliebtes Restaurant, Sauna- und Wellnessangebot, Fahrradverleih.

Loven Dom, Turistička bb oberhalb Berovos, 2 km vom Zentrum, Tel. +389/33/470454; EZ mit Frühstück 800 MKD, DZ 1500 MKD. Einst das beste Hotel am Ort, inzwischen leider nur noch mäßig gepflegt. Mit Bergblick, Tennisplatz und Restaurant, gut als Basis für Wanderungen. Da es nur vier Zimmer gibt, sollte man vor allem am Wochenende vorher buchen.

Motel Klepalo, ausgewiesen an der Seestraße Richtung Bulgarien, Tel. +389/70/

226560, tmomirovski@yahoo.com; 500–700 MKD/Pers. Neues Holzhaus mit Solarenergie an der bulgarischen Grenze für Naturfreunde. Frühstück aus Eigenanbau 100 MKD. Noch wenig bekannt, daher eher leer, aber nett.

Vila Nešo, nahe See am Knotenpunkt der Wanderwege, Tel. +389/78/846577, +389/2/76/482288. Für 1000 MKD/Tag vermietet Sašu ein einfaches Ferienhaus mit großem Garten, Grillplatz und schönem Blick. Ideale Lage für Wanderer und nah zum Ort.

Weitere Übernachtungsmöglichkeiten gibt es in der Siedlung **Branata** am Seeufer, in **Ablanica** und **Suvi Laki**.

Zahlreiche Restaurants säumen die **ul. Maršal Tito** im Zentrum. Die lokale Spezialität ist der **Berovo-Käse**.

Bačilo Klepalo (Schafstall), 500 Meter oberhalb der gleichnamigen Villa kurz vor der bulgarischen Grenze auf 1300 Metern Höhe. Ein Muss für Besucher, die authentische Landkost probieren wollen. Neben ihrem Schaftstall bewirtet eine Familie (leider nur auf Mazedonisch) Gäste mit dem, was sie dort selbst herstellen. Besonders lecker sind das frische Pita-Brot, der Käse und die Pilze, die Buttermilch ist für westliche Geschmäcker gewöhnungsbedürftig. Es gibt keine Speisekarte, auf den Tisch kommt, was die Natur gerade anbietet. Mit etwas Glück zählt dazu auch frisches Lamm.

Zu erreichen ist Bačilo Klepalo über eine steile Schotterpiste von der Villa Klepalo zu Fuß oder mit dem Auto.

Ethnologisches Museum von Berovo, Maršal Tito bb, im alten Schulgebäude (gelb gestrichen) nahe dem Hauptplatz. Beschriftungen auf Mazedonisch, meist geschlossen, Zutritt auf Anfrage.

Der Berovo-See

Karte S. 254

Der Südosten

Wer im Südosten Mazedoniens unterwegs ist, sollte auf jeden Fall die antike Stadt **Stobi** besichtigen, die zusammen mit Heraklea zu den bedeutendsten Ausgrabungsstätten des Landes zählt. Zu den Attraktionen dieses Landesteils zählen der **Dojransee**, an dessen Ufern man gut Karpfen speisen kann und die spektakuläre Felsschlucht von **Demir Kapija**. Außerdem gehört zu diesem Landesteil das **Tikvešgebiet**, Mazedoniens Weinkeller. Die guten mazedonischen Weine sollte man sich auf keinen Fall entgehen lassen.

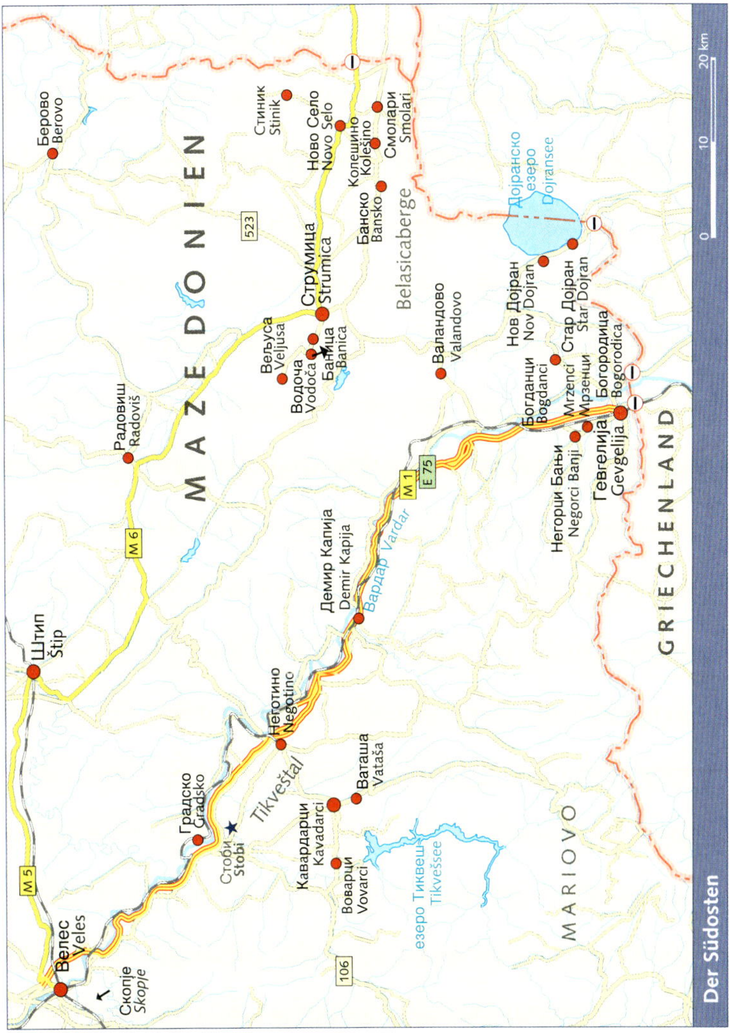

Strumica

Strumica (Струмица) ist eine charmante Stadt mit einer ausgedehnten Fußgängerzone und einer relativ lebhaften Kulturszene. Das Flair wird zusätzlich durch Palmen belebt, die der Bürgermeister auf den Mittelstreifen der Hauptstraße pflanzen ließ. Als nächstes Projekt soll 2014 Strumicas altes Theater wieder aufgebaut werden. Derweil locken alljährlich Film- und Musikfestivals, und im lokalen Romaviertel haben die Bewohner ihre Straßen nach Mozart, Beethoven und Chopin benannt.

Geschichte

Vor 1000 Jahren kam es an den Hängen der Belasicaberge bei Strumica zu einer heftigen Schlacht zwischen dem König Samuil und dem byzantinischen Eroberer Basilius II. Anschließend nahm der siegreiche Basilius die 15 000 Männer Samuils gefangen und ließ ihnen die Augen ausstechen. Jeder hundertste durfte ein Auge behalten, um die Erblindeten zum König zurückführen zu können. Beim Anblick seiner heimkehrenden Soldaten starb Samuil vor Gram. Das ehemalige Schlachtfeld, auf dem nach Samuils Tod das Kloster Sv. Leontij errichtet wurde, trägt seither den Namen Vodoča, auf deutsch ›ausgestochenes Auge‹.

Sehenswertes in Strumica

Aus der Zeit Samuils stammen die Reste der Festung **Carevi Kuli**, die in der späten Antike und Byzanz als Akropolis diente und nun rekonstruiert werden soll. Von

Strumica (Струмица)

der Stadtmauer, die früher die gesamte Altstadt umschloss, sind nur noch der **Turm** und der **Wassertank** übriggeblieben. Unterhalb davon ragt auf einem Hügel das überdimensionale **Kreuz** auf, das von fast überall in der Stadt aus sichtbar ist. An der ul. Kiril i Metodij, die den Pfad zum Kreuz hinauf mit Strumicas Zentrum verbindet, steht die große, weiße **Sv.-Kiril-und-Metodij-Kirche**. Unter ihrem Fußboden versteckt liegt eine Unterkirche, die man über eine hölzerne Treppe links vom Eingang zur Hauptkirche erreicht.

Schräg gegenüber dem Gotteshaus, in Richtung Zentrum, befindet sich das **Museum von Strumica**, das unter anderem Fundstücke aus dem römischen Bad in Bansko ausstellt, zum Beispiel Münzen aus dem 3. Jahrhundert.

Etwa 500 Meter entfernt befindet sich die **Orta-Moschee**, unter der die Reste eines älteren, christlichen Gebäudes gefunden wurden. Durch Freilegungen in und neben der Moschee erkennt man Teile wertvoller Fußbodenfresken aus dem 12. oder 13. Jahrhundert.

Hält man sich weiterhin nördlich, stößt man am Ende der beschaulichen Fußgängerzone alsbald auf einen überlebensgroßen **Goce Delčev** aus Stein. Der 1903 im Ilindenaufstand gegen die Osmanen gefallene Nationalheld, nach dem in Mazedonien vermutlich ebenso viele Straßen benannt sind wie nach Tito, steht vor dem Kulturzentrum, genau in der Stadtmitte.

Alle Attraktionen Strumicas kann man bequem zu Fuß erreichen.

Strumica

Vorwahl: +389/43.

Atlantis Travel Agency, ul. Kiril i Metodij bb, Tel. +389/43/346212.

Buchhandlung Mosaik, ul. Maršal Tito. Karten von Strumica und der Region, der Inhaber spricht Deutsch.

Postamt, Maršal Tito bb., direkt am Kreisverkehr.

Busbahnhof, Kliment Ohridski bb, Tel. +389/43/346030 (direkt hinter der Okta-Tankstelle).

Von/nach Skopje: ca. stündl., über Štip und Veles, Fahrtzeit 3 Std.; 360 MKD, 230 MKD nach Štip.

Strumica – Berovo: Fr – Mi tägl. 2–3 Minibusse.

Strumica – Ohrid und Dojran: nur im Sommer 1 x tägl.

Regionale Minibusse u.a. nach Bansko und Kolešino halten an der ul. Maršal Tito, gegenüber der Hauptpost. Sie fahren häufiger als die regulären Busse und zu allen Sehenswürdigkeiten in der Umgebung.

Taxiruf, Tel. +389/43/1579.

Ilinden, Goce Delčev 66, Tel. +389/43/340010, www.hotelilinden.com.mk; 1500 MKD/Pers., 6 Frühstücksvariationen zur Auswahl (inkl.). Zentrale Lage, trotzdem ruhig und sehr empfehlenswert. Moderner Standard mit gemütlichen Zimmern, gepflegten Bädern, W-Lan, Balkon und Klimaanlage.

Central, Maršal Tito 1, Tel. +389/43/612222, hotelcentral@t-home.mk, http://hotelcentral.mk; EZ 20 Euro, DZ 35 Euro. Dreisternehotel im Zentrum, die nette Rezeption spricht nur Mazedonisch, kostenloses W-Lan, steriles Flair.

Tiveriopol, Bratstvo I Edinstvo 20, Tel. +389/43/340421; EZ 1200 MKD, DZ 2000 MKD. Etwas versteckt, aber trotzdem gut erreichbar, beliebt für Hochzeiten und bei heimischen Gästen. An der Rezeption wird gut Englisch gesprochen, die Zimmer sind klein, aber ruhig.

Makedonska Kuḱa, an der Straße nach Valandovo; 800 MKD/Pers. Kleines, einfaches Hotel mit sauberen Zimmern.

Gligorov, Kliment Ohridski bb, nahe Busbahnhof, Tel. +389/34/344600, http://gligorov.com.mk. Neues Viersternehotel mit gepflegtem Garten, zentral, aber laut an der Kreuzung der Transitstraßen gelegen.
Carevi Kuli, bei Čam Čiflik (wenige Kilometer Richtung Westen), Tel. +389/75/498188. Neue, große Hotelanlage im Ethno-Stil mit Garten. Beliebtes Restaurant.

Restaurant Enigma, B.J. Muceto. Günstige, traditionelle mazedonische Küche.
Dal Fufo, Josif Josifovski bb. Atmosphärische und populäre Pizzeria und Bar mit Blick auf die Fußgängerzone.
Maredo, Mito Hadjivasilev Jasmin Br. 111, Tel. +389/43/326618. Sehr gute Landesküche serviert von außerordentlich freundlicher Bedienung.
Pelikatnik, ca. 1,5 km außerhalb an der Straße nach Volandovo. Bestes Fischrestaurant, preisgünstig und sehr empfehlenswert.

Zahlreiche Restaurants, Bars und Cafés findet man in der zentralen **Fußgängerzone**.

Das Nachtleben spielt sich mit Bars und Clubs vor allem in der **ul. Josif Josifovski** ab. Der **Club Select** ist einer der bekanntesten Ostmazedoniens.

Frühlingskarneval; beginnt nach der Fastenzeit und dauert 3 Tage, So–Di. Aktuelles Datum und weitere Infos auf www.strumicki-karneval.com.
Asterfest; jährlich im Mai. Internationales Filmfestival, www.asterfest.mk.
Kulturzentrum Risto Šiškov, im Sommer Konzerte und andere Veranstaltungen.

Museum von Strumica, 27 Mart 2, Tel. +389/43/345925; Mo–Fr 8–16 Uhr. Archäologische Funde und Heimatmuseum.

Rund um Strumica

In der Umgebung von Strumica gibt es neben einigen Klöstern und malerischen Dörfern zwei größere Wasserfälle.

Vodoča

Im fünf Kilometer von Strumica entfernten Vodoča (Водоча), wo das Heer Samuils besiegt wurde, befindet sich das mittelalterliche Kloster **Sv. Leontij**. Der Komplex umschließt mehrere Kirchenruinen aus unterschiedlichen Epochen, von denen die älteste eine nur noch rudimentär erhaltene frühchristliche Basilika aus dem 5. oder 6. Jahrhundert ist. Als Mitte der Neunziger Jahre die allgemeine Renaissance des mazedonischen Klosterlebens begann, wurde Sv. Leontij saniert und von den Mönchen bezogen, die zuvor im nahegelegenen Kloster von Veljusa gewohnt hatten. Seitdem herrscht hier ein aktives Klosterleben mit regelmäßigen Gottesdiensten. Sollte das Gelände vorne verschlossen sein, findet man oft über die Hintertür Eingang.

Während die Kirche vorbildlich (vielleicht zu viel?) saniert wurde, würde auch dem umliegenden Dorf eine Verschönerung gut stehen. Derzeit kämpft es mit erheblichen Müllproblemen. Hinter dem Kloster beginnt ein fünf Kilometer langer Fußweg entlang dem Vodočnica-Fluss bis zum **See Vodoča**. Sehr viel sehenswerter und schöner gelegen ist die Klosterkirche **Sv. Bogorodica Milistova**.

Veljusa

An derselben Straße, etwa vier Kilometer hinter Vodoča, hängt an einem steilen Hang über dem alten Dorf Veljusa (Вељуса) die Klosterkirche **Sv. Bogorodica Milistova** (Barmherzige Mutter Gottes). Als die Kirche 1080 erbaut wurde, dekorierte man ihren Fußboden

▲ Karte S. 257

mit wertvollen Ornamenten aus Marmor, die von der einstigen Bedeutung zeugen: Auch zu byzantinischen Zeiten waren Marmormosaiken eines solchen Ausmaßes ein großer Luxus. Besonders bemerkenswert sind die verschlungenen ornamentalen Muster rings um das Taufbecken. Die gesamte Kirche, einschließlich Mosaiken und Fresken, wurde saniert und wirkt dort, wo die neue Bausubstanz vorherrscht, etwas glatt, während man beim Altar noch Reste der alten Fresken und sehr schöne Ikonen findet.

Das zugehörige Kloster mit dem Uhrenturm wird inzwischen von einer Handvoll junger Nonnen bewirtet, die leckeren Käse produzieren und verkaufen.

Im Nonnenkloster von Veljusa

Die Bäder von Bansko

Das kleine Örtchen Bansko (Банско), zwölf Kilometer von Strumica entfernt, ist bekannt für seine heißen Quellen und Thermalbäder – und das bereits seit über 1500 Jahren. Bansko, ansonsten ein unscheinbarer Ort, bietet eine wahre Zeitreise durch Mazedoniens Bäderkultur, denn direkt neben den **Ruinen eines großen römischen Balneums** mit zwölf Badkammern befindet sich der 2005 leider endgültig geschlossene **Hammam** aus der osmanischen Zeit. Das dritte Glied der Kette bildet das klassisch **sozialistische Bad** im bedauernswerten Betonbau aus der Jugo-Ära. Noch warten wir auf ein modernes Wellnesscenter mit einem Outdoor-Angebot für die umliegenden Berge ...

Ruinen des römischen Bads in Bansko

Die Ruinen des römischen Bades wurden zufällig entdeckt, als 1978 an eben dieser Stelle das Hotel ›Car Samuil‹ errichtet werden sollte. Der Bau des Hotels wurde um ein paar Meter verlegt, und daneben grub man Steine aus, die zunächst für türkische Mauerreste gehalten wurden. Sie entpuppten sich allerdings als Teile eines großen Balneums aus dem 3. Jahrhundert, mit Wänden und Rundbögen, die noch bis auf eine Höhe von sieben Metern erhalten sind. Im Bad gab es mehrere Saunen, die wahlweise mit Feuer oder dem Wasser der 72 Grad heißen Quellen beheizt werden konnten und komplett mit Marmor verkleidet waren, wie man stellenweise noch erkennen kann. Auch die Mosaikböden der vielen Bäder sind teilweise noch erhalten.

Heute finden in den Ruinen im Sommer gelegentlich Kulturveranstaltungen statt. Zum Baden geht man ins benachbarte Hotel **Car Samuil.** Das mineralhaltige Wasser heilt angeblich Rheuma, Ischias, Asthma sowie Magen- und Darmerkrankungen. Ein Ausflug nach Bansko lässt sich gut mit Abstechern zu den Wasserfällen von Smolari und Kolešino verbinden.

Bansko

Vorwahl: +389/43.

Minibusse in die benachbarten Orte und nach Strumica fahren vor dem Internetcafé ab. Leider sehr unregelmäßig, 100 MKD bis Strumica.

Taxis aus Strumica im Hotel bestellen.

Hotel Bansko Dukat, gegenüber vom Hotel ›Spiro Zahov‹, Tel. +389/43/377400; 1000 MKD/Pers. mit Frühstück. Am Wochenende oft laut wegen Hochzeiten, aber sonst beste Wahl am Ort. Helle Zimmer mit Balkon, freundliches Personal, herzhaftes Frühstück und Sommerterrasse.

Hotel Spiro Zahov, Tel. +389/43/377204; 850 MKD/Pers., kein Englisch. Das Hotel hat sich aus alten Zeiten seine strengen Essenszeiten bewahrt (Abendessen 19–19.30!) und bietet zum Frühstück eine Scheibe Brot mit zwei traurigen Würstchen und Früchtetee, dafür aber eigenes Bad und Balkon. Sehr bescheidenes Ambiente, belebt allein durch zwei Pfauen, die vor dem Eingang stolzieren.

Kolešino-Wasserfall

Östlich von Bansko stürzen beim Dorf Kolešino die gleichnamigen Wasserfälle in mehreren Strömen von den Felsen. Den Weg dorthin kann man kaum verpassen, seit im Dorf ein großes Plakat direkt an der Hauptstraße dorthin weist (Vodopad/Водопад = Wasserfall). Vorbei an den vielen **Dorfkirchen** – darunter ist auch eine methodistische – folgt man dem Weg, bis der Asphalt aufhört. Von hier aus ist es ein etwa zwei Kilometer langer Spaziergang durch den Wald bis zum 35 Meter hohen Wasserfall. Dort gibt es kleine Picknickplätze, je nach Saison reichlich Esskastanien und gelegentlich Patrouillen der Grenzpolizei wegen der Nähe zu Bulgarien.

▲ Karte S. 257

Smolari-Wasserfall

Ein Ausflug zum Smolari-Wasserfall und seiner grünen Umgebung lohnt auf jeden Fall. Zum Dorf Smolari (Смолари) kommt man am besten mit einem Minibus, der einen an der Hauptstraße am Dorfrand absetzt. Mit dem Auto fährt man bis Novo Selo und biegt hinter dem Ort in Richtung Smolari ab. Dort weist ein erstes Schild zum Wasserfall, mazedonisch ›Vodopad‹ (Водопад). Dem Schild folgend, gelangt man zum Dorfplatz, den zwei große Eichen schmücken. Hier liegt auch der Dorfladen, vor dem der Bach, der vom Wasserfall kommt, in einem denkwürdigen Kanalisationssystem aus den 1940er Jahren vorbeifließt. Der Weg zum ›Vodopad‹ führt wahlweise bei der kleinen weißen Kirche vorbei oder links um den Laden herum, bis man wieder auf den Bach stößt. Dessen Verlauf muss man nur noch nach oben folgen bis zu einem weiteren Hinweisschild, diesmal am Rande des Waldes, in dem der Wasserfall liegt. Von hier aus folgt man dem befestigten Pfad, im Schatten der Bäume direkt am Bach vorbeiführt und danach in einen ausgebauten Wanderweg mit Geländer übergeht. Der Weg endet an einer Holzbrücke am unteren Ende des 40 Meter hohen Wasserfalls.

Stinik

Nördlich von Smolari liegt das alte Dorf Novo Selo, von dem aus eine neun Kilometer lange Schotterpiste steil bergan zum inzwischen quasi ausgestorbenen Dorf Stinik führt. Die Bewohner des malerischen Orts nutzten Stahlhelme aus dem Ersten Weltkrieg zum Bedecken ihrer Bienenstöcke, die solchermaßen wie Puppen die Landschaft zierten. Die Straße von Novo Selo nach Stinik ist ausschließlich mit Jeep oder zu Fuß zu bewältigen.

Valandovo

Die ansonsten unspektakuläre kleine Stadt Valandovo ist Besuchern zu empfehlen, die sich nach dem Anblick wilder Müllkippen und verschmutzter Flüsse nach einem netten, aufgeräumten Ort sehnen. Die Sauberkeit kann man am besten von einem der Cafés am Hauptplatz oder dem guten Restaurant beim Rathaus aus genießen.

Nach der Stärkung bietet die sieben Kilometer entfernte **Ausgrabungsstätte Isar** auf einem Hügel südwestlich vom Dorf Marvinci Funde von der Bronzezeit bis zur späten Antike, darunter Reste eines Tempels aus den Jahren 180–190 vor unserer Zeitrechnung. Man vermutet hier, nah an der heutigen Autobahn, aber leider für Besucher wenig erschlossen, die Reste der verlorenen römischen Stadt Idomenae.

Am Kolešino-Wasserfall

Kavadarci

Von Weinbergen umgeben, liegt Kavadarci (Кавадарци) mitten im Tikveštal, Mazedoniens reichster Weingegend (→ ›Mazedoniens Weinkeller‹, S. 266). Die Stadt selbst hat 80 000 Einwohner und einen neuen Hauptplatz mit Fußgängerzone. Ansonsten besteht sie überwiegend aus Beton.

Ein Grund, nach Kavadarci zu kommen, ist die bekannte **Tikveš-Weinerei**, die auf Anfrage Besichtigungstouren, Weinproben und Verköstigung anbietet. Liebhaber sozialistischer Bauten finden im Stadtpark ein **Betonmonument** mit Aussicht.

Etwa zehn Kilometer entfernt wurde 1968 der große **Tikveššee** angelegt, dessen Ufer sehr malerisch von Bergen gesäumt sind und einige seltene Vogelarten beherbergen.

Vataša

Wenige Kilometer südlich von Kavadarci, beim Dorf Vataša, befindet sich das **Denkmal der 13 Jugendlichen**, die im Zweiten Weltkrieg von bulgarischen Soldaten erschossen wurden. Die Gedenkstätte liegt direkt am Fluss Luda Mara und hat sich zum beliebten Picknickplatz entwickelt.

Sv. Gjorgji Polog

Nur vom Tikveššee aus erreicht man die fensterlose Kirche Sv. Gjorgji Polog aus der ersten Hälfte des 14. Jahrhunderts. Sie steht 15 Kilometer südwestlich von Kavadarci am Fuße des **Višešnicabergs**, direkt am westlichen Ufer des fischreichen **Tikveššees**. Unter den Fresken aus dem 17. Jahrhundert wurden an der Westwand ältere aus dem 14. Jahrhundert gefunden. Dabei hat man vor kurzem Porträts vom serbischen König Dušan und seinem Bruder Dragusin entdeckt, der neben der Kirche begraben ist. Besonders wertvoll ist die hölzerne **Ikonostase** von 1584.

Zur Kirche gelangt man, indem man zum Dorf Vocarci fährt, das etwa fünf Kilometer westlich von Kavadarci am Fluss Crna liegt. Wenn man es geschafft hat, dort gegen ein Entgelt einen Fahrer zu finden, dauert die Bootsfahrt auf dem Tikveššee mit seinem Bergpanorama und den vielen zu beobachtenden Vogelarten etwa eine Stunde. Taschenlampe nicht vergessen!

Kavadarci

Vorwahl: +389/43.

Agentur Go Macedonia, in Skopje, Tel. +389/2/3232273, www.gomacedonia.com. Organisiert Ausflüge zu Weinkellern und -bergen in Kavadarci, Negotino und Demir Kapija.

Busbahnhof, Ohridska bb, am nördlichen Rand des Zentrums. Regelmäßige Busse in viele mazedonische Städte.

Hotel Uni Palas, Edvard Kardelj bb, Tel. +389/43/419600, www.unipalas.com.mk. Zentrale Lage, mit Swimmingpool und Sauna. Die meisten Zimmer haben einen Balkon.

Eine preisgünstige Alternative ist das – allerdings leicht marode – **Hotel Balkan** am Hauptplatz.

Tikveš-Weinerei, 29 Noemvri 5, Tel. +389/43/414024, www.tikves.com.mk. Weinproben und Besichtigung.

Tikveški Grozdober; Anfang Aug. Dreitägiges Weinfest mit Kostümumzug und Weinproben.

Sv. Trifun; 14. Feb. Feierliches Beschneiden der Weinstöcke in der Tikvešregion.

▲ Karte S. 257

Der Smolari-Wasserfall

Mazedoniens Weinkeller

Dass der so wenig bekannte mazedonische Wein bisweilen überraschend gut ist, liegt vielleicht an seiner langen Tradition. Schon zu Lebzeiten Alexanders des Großen wurde im Tikveštal Wein angebaut. Als beinahe 2000 Jahre später die Muslime ankamen, fanden sie Geschmack an den Trauben und pflanzten weiterhin Rebstöcke, obgleich die Verarbeitung zu Wein nurmehr versteckt hinter den Mauern der Klöster stattfand. Vielleicht hat die Qualität des mazedonischen Weins aber auch mit seiner besonderen Behandlung zu tun. Am 14. Februar, dem Tag des Weinheiligen Trifun, findet alljährlich die rituelle Beschneidung der Rebstöcke statt. Nach dem Gottesdienst gehen die Weinbauern von Tikveš zu ihren Weinbergen, die sie mit geweihtem Wasser beträufeln. Anschließend beschneiden sie die Weinstöcke in Anwesenheit eines Geistlichen. Nach getaner Arbeit wird getanzt, musiziert und natürlich jede Menge Wein getrunken. Anfang September wird wieder gefeiert, diesmal Tikveški Grozdober, das den Beginn der Ernte symbolisiert. Höhepunkt der drei Tage andauernden Feierlichkeiten ist ein Kostümumzug durch die Weinhauptstadt Kavadarci, wo gelegentlich auch Proteste der Weinbauern gegen ihre zu niedrigen Löhne stattfinden. Das Tikvešgebiet, das sich von Veles bis nach Demir Kapija erstreckt, ist die weinreichste Gegend des Landes. Der größte Weinproduzent unter den gut 80 Weingütern Mazedoniens, die Tikvešweinerei, stellt 25 Weinsorten her, von denen besonders bekannt ›Alexandria‹ und ›T'ga Za Jug‹ (Sehnsucht nach dem Süden) sind. Als sehr gut gelten ›Muscat Frontignan‹, ›Vranec‹ und ›Disan‹. Zählt man die anderen Anbaugebiete hinzu, kommt Mazedonien auf 28 000 Hektar. Von den Trauben werden 80 Prozent zu Wein verarbeitet, der Rest wird auf den Wochenmärkten verkauft. Vielleicht überraschend: Von den jährlich 200 000 Tonnen exportierten Weins geht die Hälfte nach Deutschland! Dass der Wein dort trotzdem wenig bekannt ist, liegt daran, dass er, meist mit anderen Sorten vermischt, unter einem fremden Label in den Supermärkten landet. Vielleicht wird sich das in Zukunft ändern, denn Kavadarci und Negotino, arm an anderen Sehenswürdigkeiten, sowie das idyllisch gelegene Demir Kapija haben ihre Weingüter erfolgreich dem Tourismus geöffnet und laden Besucher zur Weinprobe, während Agenturen wie ›Go Macedonia‹ Weintouren durch das Land anbieten.

Mazedonischer Wein

Empfehlungen: Popova Kula in Demir Kapija (→ S. 269), Weingut Bovin in Negotino (www.bovin.com.mk, Tel. +389/43/365322; mit Unterkunft) und Weingut Stobi in Gradsko (Avtopat bb, Tel. +389/43/251914). Das Gut Grkov (www.vinarijagrkov.com.mk) produziert im Dorf Krnjevo, 25 Kilometer südlich von Kavadarci, als erste Weinerei zertifizierten Biowein und -käse. Wer lieber in Skopje bleibt, kann die Weine gemütlich in der ›Vinoteka Temov‹ (→ S. 97) in der Altstadt probieren.

Stobi

Neben Heraklea bei Bitola ist Stobi (Стоби) die bekannteste Ausgrabungsstätte Mazedoniens. Der Pfau auf dem Zehn-Denar-Schein zeigt ein Detail der kunstvollen Bodenmosaiken, die auf dem weitläufigen Gelände neben alten Bädern, Basiliken und einem antiken Theater zu bewundern sind. Wie Heraklea erlebte Stobi seine Blüte in der römischen Antike und seinen langsamen Niedergang nach dem verheerenden Erdbeben im Jahr 518. Im 3. Jahrhundert vor Christus gründete Philipp V. den Ort auf einem strategisch sehr günstigen Punkt, an dem sich durch den Zusammenlauf der Flüsse Crna und Vardar eine natürliche Grenze ergab. Als wenig später die Römer kamen, wuchs die damals noch unbedeutende Siedlung schnell zu einer großen Stadt heran. Zunächst wurde Stobi ein wichtiges Zentrum für Salzhandel – das Salz wurde den weiten Weg von der ägäischen Küste bis hierher transportiert – und verfügte im Jahr 69 nach Christus bereits über eine eigene Münzprägerei, wie ausgegrabene Münzen mit der Prägung ›Municipium Stobensum‹ belegen. Die Reste zweier Synagogen, die unter einer christlichen Basilika gefunden wurden, verraten, dass es hier einmal eine jüdische Gemeinschaft gegeben haben muss, bevor Stobi mit der Ankunft des Christentums zum Bischofssitz und im 5. Jahrhundert zur Hauptstadt der neuen Provinz Macedonia Secunda wurde. 479 überfielen die

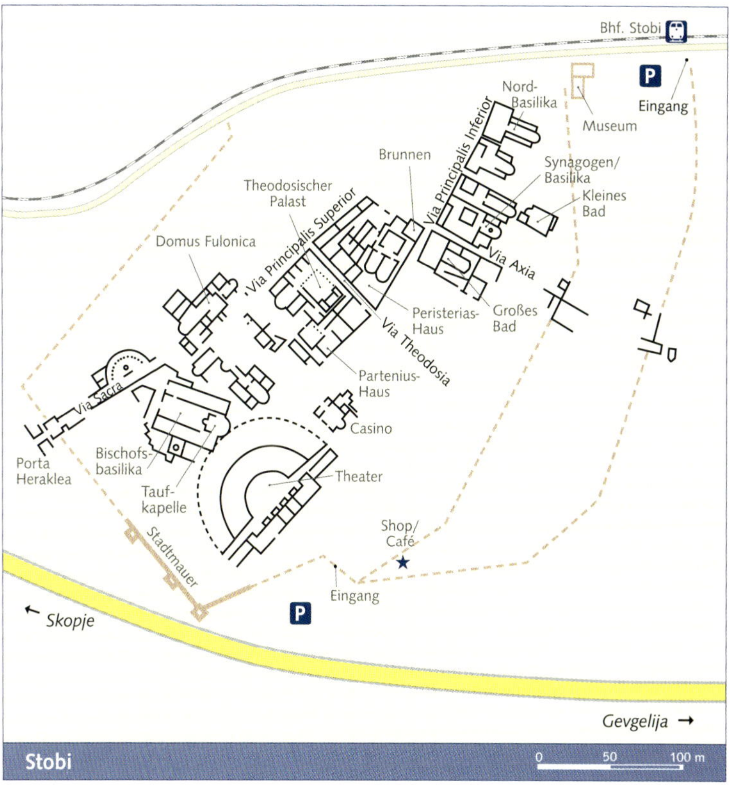

Taufbecken in der Kapelle von Stobi

Goten Stobi und brannten es dabei teilweise nieder. Kaum wieder aufgebaut, wurde es 518, wie auch Skupi und Heraklea, von einem gewaltigen Erdbeben zerstört. Das war das Ende seiner glanzvollen Zeit. Byzantiner und Slawen trugen hier noch einige Jahre lang Kämpfe aus, während die Bewohner zunehmend aus der Stadt flüchteten, um sich an sichereren Orten anzusiedeln.

Stobi geriet in Vergessenheit, bis es im 19. Jahrhundert wiederentdeckt wurde und seit 1924 ausgegraben wird.

Sehenswertes in Stobi

Wenn man heute durch Stobi läuft, sieht man noch wesentliche Teile der umfangreichen **Stadtmauer**, die die Stadt einst umgab. Die bemerkenswertesten Gebäude sind die Bischofsbasilika mit teilweise noch erhaltenen Fresken, der Theodosische Palast, die Taufkapelle und das große antike Theater.

Wann genau das **Theater** erbaut wurde, ist sehr umstritten. Fest steht wohl, dass es bis zum 4. Jahrhundert genutzt und im 5. zerstört wurde. Zuvor haben hier viele Christen, von den Römern verfolgt, in Gladiatorenkämpfen ihr Leben gelassen. Die Kämpfer betraten die Arena von den noch gut erhaltenen Räumen unterhalb der ersten Sitzreihe aus. Obwohl eine Tafel am Theater besagt, dass in den mächtigen Rundbau 7600 Zuschauer passten, waren es wohl eher 5000, die bei Darbietungen auf den Marmorstufen Platz fanden. Teilweise kann man noch die eingeritzten Namen der Stammgäste auf den Sitzen erkennen.

Die **Taufkapelle** ist für ihre außerordentlich schönen Mosaiken bekannt, die zu den besterhaltenen des Balkan zählen. Sie wurden deshalb so aufwendig gestaltet, weil die Taufe das wichtigste Rituale des frühchristlichen Glaubens war. Bei ihr, hieß es, stirbt ein Heide, und ein neuer Christ wird geboren.

Im angegliederten bescheidenen **Museum von Stobi** sind einige Fundstücke ausgestellt. Die wertvollsten allerdings, wie ein Poseidonkopf und ein paar steinerne Aphroditenstatuen, sind im Museum in Belgrad untergekommen.

Stobi

Ausgrabungsgelände; Sommer tägl. 8–17, Winter 8–16 Uhr, Tickets 200 MKD, Guide 120 MKD. Die Mosaiken sind zwischen Mai und Oktober zu sehen.

Das **Besucherzentrum** auf der Parkplatzseite verkauft Infobroschüren, Souvenirs, Postkarten und Wein aus der Region.

Bei der Fahrt nach Süden weist an der E75 zwei Kilometer hinter dem Abzweig nach Prilep ein wenig auffälliges Schild nach Stobi. Der große Parkplatz ist nicht zu verfehlen.

Busse fahren lediglich bis ins nahegelegene **Gradsko** (Градско), von wo aus man die letzten drei Kilometer per Taxi oder zu Fuß am Vardar entlang zurücklegt. In Gradsko gibt es ein einfaches Restaurant.

Karte S. 267

Der Zug zwischen Skopje und Gevgelija hält direkt am Eingang nach Stobi, allerdings nur 2 x tägl. (Abfahrt nach Skopje ca. 16.30 Uhr).

Auf dem Ausgrabungsgelände lädt eine **Snackbar** nahe dem Parkplatz zu Kaffee, Eis und Snacks.

Demir Kapija

Der kleine Ort Demir Kapija (Демир Капија) trennt das Tikveštal im Nordwesten von der Gevgelija-Valandovo-Ebene im Südosten. Hier schlängelt sich der Vardar durch eine schmale Felsschlucht mit steilen Karstformationen gen Süden, und ist es gut vorstellbar, wie sich über die Jahrhunderte hinweg Eroberer und Feldherren die Zähne an dieser schwer passierbaren Schlucht ausgebissen haben. Daher auch der Name: Aus dem Türkischen übersetzt heißt Demir Kapija ›Eisentor‹, oder mazedonisch ›železna vrata‹. Eben jene berüchtigten Felsen sind es, die sich heute unter Klettersportlern zunehmender Popularität erfreuen. Bekannt ist Demir Kapija jedoch vor allem für seine Weingüter, die ihre Türen zunehmend interessierten Besuchern öffnen. Die Weinerei **Elenov** war zu Zeiten der jugoslawischen Monarchie königlicher Weinkeller und ist zugleich das älteste Weingut des Balkans. Neben der royalen Villa gärt der Wein angeblich noch immer in denselben Fässern wie damals. Das höher gelegene Weingut **Popova Kula** bietet seit 2005 exzellente Übernachtungsmöglichkeiten.

In der Antike gab es hier eine Siedlung namens Stena, ›Schlucht‹, die im Mittelalter von den Slawen wegen ihrer geschützten Lage zur Festung Prosek ausgebaut wurde. Die jüngsten historischen Spuren hat der Erste Weltkrieg hinterlassen, in dem Demir Kapija erstmalig leichter zugänglich gemacht wurde: Kaiser Wilhelm ließ parallel zu den ›Eisentoren‹ einen Tunnel durch den Berg schlagen. Zudem wurde eine Eisenbahnlinie durch die Schlucht gelegt, die Skopje und das Tikvešgebiet mit Gevgelija und Thessaloniki verband. Diese Zugstrecke ist immer noch eine der landschaftlich spektakulärsten, und besonders das kurze Stück südlich von Demir Kapija Richtung Gevgelija sollte man sich nicht entgehen lassen.

Die Schlucht

Die berühmte Schlucht, der Demir Kapija seinen Namen verdankt, beginnt etwa zwei Kilometer südlich des Ortes. Tritt man aus dem Bahnhof, liegt rechter Hand das ›Zentrum‹ der Ortschaft, und links führt zunächst eine Asphaltstraße, später dann eine Schotterpiste dem Flusslauf des Vardar folgend bis zu den steil aufragenden Felsen. Auf dem Weg lässt man Demir Kapijas Marktplatz hinter sich, die Eisenbahnbrücke aus dem Ersten Weltkrieg und die alten Kalköfen, die schon lang nicht mehr in Betrieb sind.

Das Weingut Popova kula in Demir Kapija

Die Schlucht bei Demir Kapija

Die Straße führt außerdem vorbei an reichen, weinüberrankten Obstgärten und Mimosenbäumen, die an den mediterranen Einfluss erinnern, der das Klima bestimmt: Demir Kapija ist im Sommer einer der heißesten Orte Mazedoniens und sticht sogar noch Skopje aus.
Die Straße gen Süden führt direkt durch den **Tunnel von Kaiser Wilhelm**, und mit guter Sehschärfe kann man rechts oben, noch außerhalb des Eingangs, die Inschrift erkennen, mit der er sich verewigen ließ. Für Reisende ohne Adleraugen: ›Wilhelm II., deutscher Kaiser, König von Preußen, befahl seinen Soldaten, diese Straße zu bauen. 1916‹.
Hinter dem Tunnel wird der Vardar von einigen einladenden Sandstränden und kleinen Buchten inmitten der steilen Felsen gesäumt, die zum Angeln und Ausruhen laden.

Klettern in Demir Kapija

Der Hamburger Kletterlehrer Igor Abdrakhmanov hat sich mit dem kleinen weißen Haus in Demir Kapija einen Lebenstraum erfüllt. Dem heimischen Schmuddelwetter entkommen, schraubt er hier, am Ort der meisten Sonnenstunden Mazedoniens, Kletterrouten verschiedener Schwierigkeitsstufen in die steilen Felsen und bietet Klettersportlern Unterkunft und Instruktion. Nachdem die erste Route in Demir Kapija bereits 1978 erklommen und zu Ehren des damaligen Staatsoberhaupts ›Titov‹ genannt wurde, sind etwa 60 Sport- und Mehrseilrouten der Schwierigkeitsstufen 5 bis 8a hinzugekommen. Neue Einsteigerrouten sind geplant.
Da die Kletterfelsen vom Ort durch den Vardar getrennt sind, sind sie am besten von dem kleinen Parkplatz zwischen den beiden Tunneln an der Hauptstraße aus zu erreichen. Aus Richtung Skopje kommend also nicht die Ausfahrt Demir Kapija wählen, sondern weiter durch den ersten Tunnel fahren, um dahinter das Auto abzustellen. Während direkt in den Sektoren zwischen den Tunneln die bis zu 30 Meter hohen Sportrouten beginnen, verlaufen die maximal 250 Meter langen Routen zu den Hauptfelsen 100 Meter flussabwärts (Richtung zweiter Tunnel). Sobald der Vardar zu sehen ist, befindet sich rechter Hand am Felsen ein Stahlseil, das zu den Aufstiegen führt.
Noch ist Demir Kapija eher ein Geheimtipp unter Klettersportlern, aber es mehren sich die Zeichen, dass sich das künftig ändern könnte. Letzthin hat sich im Ort ein lokaler Kletterverein gegründet, und eine neue Sporthalle mit Boulderbereich soll gebaut werden. Auch eine gute Kletterkarte mit allen Hauptrouten ist inzwischen im Ort erhältlich.

Wanderungen

Streng genommen sind die Reste der Festungen Prosek und Ramnište nicht viel mehr als ein müder Haufen Steine.

▲ Karte S. 257

Aber sie lassen sich gut mit Wanderungen in Demir Kapijas bergiger Umgebung verbinden.

Zur bekannteren **Festung Prosek** führen zwei Wege, ein steiler innerhalb von 20 Minuten und ein moderater in etwa zwei Stunden (vier Kilometer).

Route 1: Mit dem Auto Richtung Čelovec, um in der Senke nach dem Ort Korešnica zwischen dem Mobilfunkmast auf der linken Seite und der kleinen Parkbucht (rechts) den Anfang des Wanderwegs zu finden. Nach 0,75 Kilometern ist man am Ziel.

Route 2: Zu Fuß zur Tankstelle an der Hauptstraße, dort die Vardarbrücke überqueren. Linkerhand folgt der Weg alsdann 100 Meter dem Fluss, dann geht es auf unmarkierten Ziegenpfaden den Berg hoch bis zu den Resten eines alten Friedhofs. Der Weg folgt dessen Nordseite für 15 Meter, bevor er in Richtung Nordwesten abbiegt, um kurz darauf in einen breiteren Weg zu münden. Diesem bis zu der Ruine an einer Gabelung folgen, um dann den südöstlichen Weg Richtung Dorf Čelovec zu wählen. Hat man den Bergkamm erreicht (der Funkturm sollte links stehen), rechts abbiegen. Die letzten 750 Meter sind recht steil und der Weg ist schmaler. Etwa 20 Meter nach Passieren des zweiten Funkturms ist das Ziel erreicht.

Eine weitere, **einfache Route** führt nach 2,5 Kilometern (45 Minuten) von der Ulica Partizanska zur noch schlechter erhaltenen Festung **Ramnište** auf der gegenüberliegenden Seite der Schlucht.

Demir Kapija

Vorwahl: +389/43.

Die Website www.discoverdemirkapija.com informiert zuverlässig und auf Englisch.

Busse halten direkt vor dem Bahnhof.

Skopje-Demir Kapija: 8.30, 15, 16.25 und 17.30 Uhr, Fahrtzeit gut 1,5 Std., Ticket ca. 300 MKD.

Demir Kapija-Skopje: 7.15 und 14 Uhr. Auch andere Busse zwischen Veles und Gevgelija halten in Demir Kapija.

Bahnhof, im Zentrum, Maršal Tito bb. Züge fahren selten, aber die Strecke durch die Felslandschaft ist spektakulär.

Demir Kapija-Gevgelija: 8.03, 10.59 und 18.45 Uhr.

Demir Kapija-Skopje (über Stobi und Veles): 5.29, 10.36 und 17.42, 223 MKD.

Weingut Popova Kula, Bulevar na vinoto 1, Tel. +389/43/367400, www.popovakula.com.mk; EZ 35, DZ 50–80 Euro. Schöne Zimmer mit Aussicht und wahlweise Whirlpool. Organisiert auf Anfrage Wanderungen im Umland. Besucher fanden die Zimmer nicht immer sauber genug, geplant ist ein benachbarter Spa.

Restaurant Lovec. Wurde saniert und bietet nun sehr einfache Gästezimmer.

Kletterlodge, igor.aaa@gmail.com, www.klettern-in-mazedonien.de. Einfache, funktionale Zimmer mit Gemeinschaftsbad für max. 15 Gäste, vermietet von Igor und seiner Frau Alisa aus Hamburg. 2 Wochen vorher kontaktieren.

Hütte Kalabaster, Mazedonische Sportkletter-Assoziation, Tel. +389/70/806703, contact@climbing.org.mk. Auf Anfrage kann Unterkunft in der Kletterhütte organisiert werden.

Restaurant Lovec, Maršal Tito 17, gegenüber dem Bahnhof. Einfache, günstige Gerichte.

Vodenica, rechts hinter der Brücke auf dem Weg zwischen Bahnhof und Schlucht, Tel. +389/70/738214; Di-So 11-23 Uhr. Sehr gute traditionelle Küche.

Weingut Elenov, Ivo Lolar Ribar bb, Tel. +389/43/367231, vinarija_elenov@mt.net.mk. Aufwendig saniertes Weingut von 1925, Richtung Autobahnbrücke nach Skopje. Bei Vorbestellung Speisen und Weinverkostung. Die Besitzerin Katica Resavska spricht Englisch und führt Besucher gern zu den alten Weinkellern.

Popova Kula, Weinprobe mit Käseteller 600 MKD/Pers. Besonders empfehlenswert sind das Straußensteak und die Forellen sowie das Frühstück auf der Sonnenterrasse und ein Drink in der Turmbar.

Museum, gegenüber Bahnhof, Maršal Tito bb, Di–So 9.30–16.30, Eintritt frei. Neues Museum mit archäologischen Funden und Ausstellung über die regionale Geschichte des Weins.

Fest des Weinheiligen Sv. Trifun; 14. Februar.

Volksfest Sv. Bogorodica; 27.–28. Aug. Mit Fußballturnier.

Kletterfest, an einem Wochenende im Okt. Mit Wettbewerb.

Gevgelija

Die südlichste Stadt Mazedoniens ist gerade mal 70 Kilometer von der ägäischen Küste entfernt und erfreut sich eines entsprechend mediterranen Klimas. Typisch für die Gevgelija (Гевгелија) sind die kleinen Häuser aus der Zeit um 1900, deren Fassaden die kopfsteingepflasterte Hauptstraße Maršal Tito säumen. Sie wurden gebaut, als Gevgelija 1873 zur wichtigen Station an der Eisenbahnlinie von Skopje nach Thessaloniki wurde. Der nahegelegene Grenzübergang Bogorodica ist noch immer der meistfrequentierte zwischen beiden Ländern, und für Durchreisende lohnt ein kurzer Abstecher in Gevgelijas kleine Altstadt, in der Cafés zu einem Glas ›Žolta Rakija‹ laden.

An der Maršal Tito liegt, im weißen Art-deco-Haus, das **Stadtmuseum**, in dem unter anderem Fundstücke aus dem historischen Vardarski Rid ausgestellt sind. Auffällig ist außerdem die hübsche **Goce-Delčev-Bibliothek** im ältesten Haus der Stadt (Vaso Karajanov 1, Ecke Maršal Tito), das unter den Osmanen als ›Hotel Otoman‹ erbaut wurde und angeblich auch Goce Delčev beherbergte.

Derzeit erlebt der verschlafene Ort spürbar einen Aufschwung: Wegen der hier günstigeren Gesetzeslage hat sich Gevgelija mit mehreren großen Casinos zum Dorado griechischer Glücksspieler entwickelt. Zudem ist die Stadt das Tor zum 2008 eröffneten Skigebiet **Kožuf**, das mit Abstand modernste seiner Art in Mazedonien, von dem man sich entsprechende Einnahmen erhofft.

Ein noch unterentwickeltes Potenzial bilden schließlich Gevgelijas **heiße Quellen**, die künftig für Wellnesszwecke nutzbar gemacht werden könnten.

Vardarski Rid

Auf dem Hügel Vardarski Rid, gelegen an der Straße nach Skopje, hat man vor einigen Jahren die Reste einer antiken Stadt ausgegraben. Offenbar war der Ort seit dem Neolithikum besiedelt, und man vermutet, es hier entweder mit der alten Stadt Atalante oder dem alten Gordinia zu tun zu haben.

Bislang war Vardarski Rid vornehmlich für das markante **Denkmal der nationalen Befreiung** bekannt, das der Architekt Jordan Grabul – er entwarf auch das Makedonium in Kruševo – in den 70er Jahren zu Ehren der im Zweiten Weltkrieg gefallenen Soldaten auf dem Hügel erbaute. Um die archäologischen Ausgrabungen vorantreiben zu können, soll das futuristische Mahnmal nun nach Mrzenski Rid beim Dorf Mrzenci versetzt werden. Die Ausgrabung brachte bislang einige römische und griechische Mauern und Säulen hervor, in deren Nähe das Café des Hotels ›Vardar‹ zur Rast lädt.

Negorski Banji

Knapp zwei Kilometer hinter Vardarski Rid in Richtung Skopje entspringen Gevgelijas **heiße Quellen**. Zutritt zu ihnen hat man durch das Thermalbad Negorski Banji, das auch Massagen und Unterkünfte anbietet. 2007 wurde das Bad komplett saniert.

Gevgelija

Vorwahl: +389/34.
Internet: www.gevgelija-tourism.com.
Touristische Auskünfte: Maršal Tito 66, Tel. +389/34/215944.

Busbahnhof, Tel. +389/34/213315. Busse fahren zu vielen Orten in Mazedonien, aber nicht nach Griechenland. Regelmäßiger Verkehr mit Bogdanci (Grenze).
Gevgelija-Skopje: 4.30, 5.30, 6, 7.15, 10, 13.15 und 17.55 Uhr.
Gevgelija-Strumica: 5.30, 6.30, 12.25 und 14.30 Uhr.
Gevgelija-Dojran: 11, 12.45, 14 und 16.40 Uhr.

Bahnhof, 7 Noemvri, Tel. +389/34/212033.
Gevgelija-Skopje: 4.49, 9.56 und 16.58 Uhr, über Demir Kapija, Stobi und Veles.
Skopje-Gevgelija: 6.05, 9 und 16.50 Uhr, Fahrtzeit ca. 2,5 Std.; 277 MKD).
Derzeit kein Zugverkehr nach Thessaloniki!

Taxiruf, Tel. +389/34/1544, +389/34/1541.
Taxis warten am Bahnhof und bringen Fahrgäste auf Wunsch nach Griechenland. Von der Grenzstation aus kann man problemlos weitertrampen, oder man lässt sich für 15 Euro vom Taxi bis zum nächstgrö-

ßeren griechischen Ort, Idomeni, bringen. Achtung: Denar werden nicht akzeptiert.

Hotel Apollonia, Gevgelski Partizanski odredi 1, Tel. +389/34/213222; DZ inkl. Frühstück 50 Euro. Zimmer mit allen Annehmlichkeiten nahe Busbahnhof, W-Lan, englischsprechendes Personal. Mit Bar im Freien, gutem Frühstück und Casino im Keller. Hauptsächlich griechische Kundschaft.

Ašikot, Partizanski odredi, Tel. +389/34/212238; ab 800 MKD/Pers. Kleines Hotel im Zentrum mit einfachen, aber liebevoll gestalteten Zimmern, Hof und Palmen.

Hotel Nar, Mrzenski Pat, Tel. +389/34/216314, www.hotelnar.com. Schöne Zimmer in ruhiger Lage und mit Spa und guter Küche.

Ramada Plaza, Tel. +389/34/219500, www.ramadaplazagevgelija.com; DZ ab 105 Euro. Für Durchreisende bietet sich das neue Hotel beim Grenzübergang direkt an der Autobahn an, 10 Min. von Gevgelija. Mit viel Komfort, Spa, Pool und Casino.

Viele Restaurants mit landesüblicher Küche findet man in der ul. 7. Noemvri, Fastfood an der Maršal Tito und schicke Italiener an der ul. Radovan Kovacevic.

Boemi, 7. Noemvri 7; tägl. 7–1 Uhr. Rustikale mazedonische Küche.

Mandra, Maršal Tito 88. Beliebtes Fischrestaurant, abends Live-Musik.

Bon Gusto, M. Tito bb, bei der historischen Lokomotive. Zuverlässig gute Küche, nette Atmosphäre.

Javor, Dorf Mrzenci, Tel. +389/34/216920. Das bekannteste Restaurant liegt 3 km außerhalb der Stadt und wird wegen seines guten Grillfleisches regelmäßig von nationaler und internationaler Prominenz aufgesucht: Spezialität ist gegrilltes Lamm. Sitzen im kleinen Hof unter alter Platane. Hauptstraße Richtung Negorci Banji, bei der Gabelung rechts vorbei an der Tankstelle und der Straße bis zum kleinen Platz folgen, an dem links das Restaurant liegt.

Café Šar Planina, M. Tito bb. Leckeres lokales Gebäck in netter Atmosphäre.

Café Centar; tägl. 9–24, Fr/Sa bis 1 Uhr, So geschlossen. Im pittoresken Altbau direkt im Zentrum, atmosphärische Bierkneipe in bester Lage.

Museum, Maršal Tito 26, Tel. +389/34/213668. Archäologisches und Heimatkundliches.

Thermalbad Negorski Banji, Tel. +389/34/231174, www.negorskibanji.com.mk. 10 km entfernt an der Straße nach Skopje.

Skigebiet Kožuf: Das neue Skigebiet bietet gute Pisten, ist wegen seiner Höhe aber auch oft sehr windig und auf der im Winter verschneiten Straße nicht immer gut zu erreichen. Alle Infos auf www.skikozuf.com.mk.

Der See Dojran

▲ Karte S. 257

Einst bekannt für seine Schönheit und seinen Fischreichtum, hat sich der tektonische See Dojran (Дојран) zu einer ökologischen Problemzone entwickelt. In den letzten 20 Jahren hat er annähernd 30 Prozent seines Wassers verloren und ist damit so weit abgesunken, dass sich seine Uferlinie streckenweise bis zu einem Kilometer verschoben hat und viele Tier- und Pflanzenarten, die den See bewohnten, akut bedroht sind. Das dramatische Absinken ist das Resultat extensiver Landbewässerung auf mazedonischer und griechischer Seite. Seit 2002 wird mit einigem Erfolg zur

Stabilisierung des vom Versumpfen bedrohten Sees Wasser aus der Nähe von Gevgelija zugeführt. Den schmalen Kanal, hübsch angelegt und beleuchtet, findet man kurz vor dem Ortseingang von Nov Dojran (beim nach dem bekannten Fußballspieler benannten Motel ›Istatov‹ abbiegen und dem Asphaltweg Richtung See folgen).

Da der Dojransee nur etwa zehn Meter tief ist, erwärmt er sich im Frühjahr schnell und hat im Sommer eine verlockende Temperatur von 27 Grad. Am besten besucht sind die zahlreichen kleinen Sandstrände in der zweiten Augusthälfte, wenn im See die Algen blühen. Zwar sieht das algig-trübe Wasser wenig einladend aus, doch stärkt es angeblich das Immunsystem und heilt Rheuma.

Am westlichen Seeufer liegen, nur zwei Kilometer voneinander entfernt, die beiden Orte **Star Dojran** und **Nov Dojran**. An der Front von Thessaloniki gelegen, wurde Star Dojran im Ersten Weltkrieg schwer in Mitleidenschaft gezogen. Das war die Geburtststunden Nov Dojrans. Von hier aus zogen die Fischer bis vor wenigen Jahren los, um mit der Hilfe von Kormoranen Karpfen und Welse zu fangen: eine Methode, die sonst nur im weit entfernten China üblich war und

Blick auf den See Dojran

bei der der Jagdinstinkt der Vögel genutzt wird, um die Fische in eine Falle aus geflochtenem Reet zu locken. Einige **Fischerhütten** sieht man noch in Form von Pfahlbauten nahe am Ufer aus dem Wasser ragen, andere stehen schon lange auf dem Trockenen. Es gibt einige Optimisten, die behaupten, dass sich der See in wenigen Jahren so gut erholt haben könnte, dass das Kormoranfischen wieder möglich sein wird. Bis dahin bleibt immerhin die hübsche Aussicht auf den See und die umliegenden Hügel.

Badegäste am Dojransee

Star Dojran

Unmittelbar an der Grenze zu Griechenland gelegen, ist Star Dojran ein netter kleiner Urlaubsort mit einer noch sichtbaren Geschichte und einer übersichtlichen Zahl an Attraktionen. Ein Besuch lohnt wegen der schönen Seeblicke, der guten Karpfen und eines Bummels entlang der neuen Uferprommenade.

Sv. Ilija

Am nördlichen Ende Star Dojrans thront die große Kirche Sv. Ilija weit sichtbar auf einem Felsen über dem Ort. Die 1874 erbaute Kirche wurde im Ersten Weltkrieg fast komplett zerstört und war bis vor kurzem nicht mehr als eine traurige Ruine, in deren Altarraum allein eine alte Frau residierte. Inzwischen wurde dem Bau zumindest ein Dach übergestülpt, und es gibt Pläne, die attraktive Kirche komplett zu rekonstruieren.

■ Osmanische Baudenkmäler

Biegt man von der Maršal Tito vor der Bushaltestelle rechts ab und hält sich landeinwärts, kommt man zu zwei weiteren Ruinen. Der Eingang zum alten **Hammam** mit dem für türkische Bauten typischen Spitzbogen ist zwar mit ein paar losen Ziegeln provisorisch verstellt, man kann aber trotzdem durch die winzige Tür ins Innere klettern, das wild mit Feigenbäumen überwuchert ist. Da diese Bäume nur an feuchten Stellen wachsen, muss es noch Reste der Quelle geben, die bis 1916 genutzt wurde. Gut erhalten sind noch die Kuppeln der Badesäle, durch deren sternförmige Lichtlöcher der Himmel hereinleuchtet.

Die zweite Ruine sind die unspektakulären Reste eines **Uhrenturms**, der während der heftigen Bombardements im Ersten Weltkrieg zerstört wurde. Noch liegt das osmanische Erbe in Dojran brach, es gibt aber Pläne, mit Hilfe der Türkei zumindest den Uhrenturm in nächster Zukunft zu restaurieren.

■ Am Seeufer

Folgt man der Maršal Tito Richtung Zentrum, liegt linker Hand der See, gesäumt von schmalen Sandstreifen und weiten Wiesen, die einst überschwemmt waren und nun beliebte Picknickplätze sind. Direkt am Ufer liegt im unscheinbaren Flachbau auch das **kleine Museum** Dojrans, das interessante Schwarzweißfotografien des Sees in seinen besseren Jahren enthält, aber sehr unzuverlässige Öffnungszeiten hat. Sonntags und montags ist auf jeden Fall geschlossen.

Der alte Hammam in Star Dojran

Weiter südlich liegt der **Markt**, an dem einige günstige Kebab- und Salatimbisse mit frischem Gemüse zur Rast einladen.

■ Glücksspiel

An der Maršal Tito liegt gegenüber der Bushaltestelle ein mondänes Casino, das auf eine wichtige Einnahmequelle des kleinen Ortes verweist: Seit die Tage des Massentourismus für Dojran vorbei sind und viele der großen Hotels wie ›Mlaz‹, ›Galeb‹, ›Beton‹ vorerst ihre Pforten schließen mussten, haben sie sie nun dem Glücksspiel geöffnet. Die Casinos, die man zuhauf im Südosten Mazedoniens findet, werden fast ausschließlich von Griechen besucht, denn in Griechenland ist das Glücksspiel streng reglementiert. Der nahe und durchgehend geöffnete Grenzübergang zum Nachbarland ermöglicht den Griechen bequeme Casinobesuche und beschert Dojran so manchen Arbeitsplatz. Dies ist wohl auch der Hauptgrund, weshalb die bislang so gemütlich schmale Straße am Seeufer für den Durchgangsverkehr erweitert wurde.

▶ Karte S. 257

Star und Nov Dojran

Vorwahl: +389/34.

Touristeninformation, 5 Noemvri bb, Tel. +389/34/225277, infocentar@dojran-info.com; Sommer Mo–Fr 8–20, Winter 8–16 Uhr. Organisation von Touren und Unterkünften; Karten und Bücher.

Mak-Petrol-Tankstelle, in Nov Dojran.

Der Bus hält an der Hauptstraße in **Star Dojran**. Achtung: Busse verkehren äußerst selten in Dojran, und evtl. ist es besser, ein Taxi ins nahegelegene Bogdanci zu nehmen, um von dort mit dem Bus weiterzufahren.

Star Dojran–Skopje: tägl. 16 Uhr, 410 MKD.

Star Dojran–Gevgelija: 2–3 x tägl. Verbindungen.

Star Dojran: Einige der großen Hotels wurden in Casinos umgewandelt, dafür haben neue Privatpensionen ihre Pforten geöffnet. Unterkünfte findet man entlang der Hauptstraße reichlich.

Privatzimmer ab 5 Euro/Pers. kann man an der Bushaltestelle buchen oder selbst finden, indem man sich nach Aushängen für ›sobi‹ (соби) umsieht.

Pension Graniko, Tel. +389/34/225166; Zi. 1200 MKD für 2–4 Personen ohne Frühstück. Liegt am hinteren Ende der Straße direkt auf der Seeseite mit einem Garten und kleinem Strand. Die drei einfachen Räume sind etwas hellhörig, aber alle mit Seeblick, darüber liegt eines der besten Restaurants des Orts.

Villa Dojrana, Partizanska 41, www.villadojrana.web.com; 120 Euro/ganzes Haus, April–Sept. Ferienhaus mit 3 Zimmern (max. 6 Pers.), winzigem Pool und Seeblick, mitten im Ort.

Nov Dojran: **Motel Istatov**, Tel. +389/34/227556, www.hotelistatov.com; 800 MKD/Pers. mit Frühstück. Einfache, ordentliche Unterkunft direkt am See.

Campingplatz Mrdaja, Tel. +389/34/83603. Zwischen Nov und Star Dojran direkt am Seeufer bei der großen Bauruine.

Fuk-Tak, Maršal Tito bb, Tel. +389/34/225320. Das über 120 Jahre alte und landesweit bekannte Restaurant bietet traditionelle mazedonische Küche. Hervorragende Fischgerichte (z.B. 300 g panierter Karpfen für 250 MKD) und Gegrilltes bei Livemusik. Nur der Seeblick fehlt.

Graniko, Maršal Tito bb, Tel. +389/34/225166. Steht in dem Ruf, den besten Fisch zu servieren, auf einer Terrasse direkt am See. Wein und Karpfen für zwei Personen kosten ca. 1000 MKD.

Elita, Tel. +389/70/881146; tägl. 10–24 Uhr. An der Straße nach Gevgelija liegt das legendäre Fischrestaurant gleich einer grünen Oase, in der der Fisch direkt aus dem Teich auf dem Teller landet. 2 km von Dojran an der Hauptstraße Richtung Bogdanci, kurz hinter der Abbiegung nach Gevgelija, erkennbar an der Hängebrücke über dem Fluss. Sehr empfehlenswert.

Auf den **Spuren des Ersten Weltkriegs** führt ein nicht ausgeschilderter Pfad auf die Anhöhe Pip oberhalb von Dojran, ein ehemaliges Schlachtfeld der mazedonischen Front (ca. 90 Min.). Wo einst Briten gegen Bulgaren und Deutsche kämpften, steht neben den Resten eines großen Bunkers ein Denkmal, das die wenigen Überlebenden der 22. Britischen Division 1918 am ehemaligen Stützpunkt Grand Couronne für ihre gefallenen Kameraden errichteten. Im Umfeld gibt es weitere Bunkerreste und Schützengräben zu erkunden. Leider ist der Weg trotz Infotafeln und Bänken wegen mangelnder Pflege schlecht zu finden und das Gelände sehr unübersichtlich.

Salonica Battlefield Tours, Tel. +389/78/293573, salonikabattlefieldtour.com. Geführte Touren (auch auf Deutsch) zu diesem und anderen ehemaligen Frontabschnitten.

Reisetipps von A bis Z

Alkohol

Alkohol wird oft und gern getrunken, vor allem hausgebrannter Schnaps und Bier. Die beliebtesten Biersorten Mazedoniens sind ›Skopsko‹ und ›Dab‹ (ersteres herber, letzteres süffiger).

Ein wahrer Geheimtipp ist der mazedonische Wein – und dabei ausgesprochen günstig. Gängige Sorten sind ›T'ga Za Jug‹ und ›Alexandrija‹, einen besonders guten Ruf genießen die Sorten ›Muscat Frontignan‹, ›Vranec‹ und ›Disan‹. Vier Liter Wein oder einen Liter Schnaps genehmigt der Zoll bei der Rückreise nach Deutschland.

Anreise mit dem Auto

Prinzipiell führen zwei Wege von Deutschland nach Mazedonien. Für Ost- und Norddeutsche ist es günstig, über Tschechien, Ungarn und Serbien zu fahren, während für die meisten anderen die traditionelle ›Gastarbeiterstraße‹, der Autoput, früher auch ›Straße der Brüderlichkeit und Einheit‹ genannt, die sinnvollste Strecke ist. Sie führt durch Österreich, Slowenien, Kroatien und Serbien.

In jedem Fall ist die Fahrt nach Mazedonien sehr lang, und man sollte sich bewusst sein, dass Hin- und Rückfahrt zusammen gut drei Urlaubstage verschlucken. Von Berlin bis Skopje sind es etwa 1700 Kilometer, von München immerhin noch knapp 1400. Am Grenzübergang Tabanovce kommt es besonders im Sommer oft zu langen Staus mit Wartezeiten über viele Stunden.

Zu bedenken ist außerdem, dass die Autobahnen fast überall außerhalb Deutschlands mautpflichtig sind. Eine Fahrt durch Ungarn kostet etwa 13 Euro, eine Durchquerung Serbiens 23 Euro; Motorradfahrer zahlen die Hälfte. Hinzu kommt, dass ein westeuropäisches Nummernschild nach Wohlstand aussieht und eine willkommene Gelegenheit sein kann, ein schmal bemessenes Beamtengehalt aufzubessern. Straßenkarten für alle zu durchquerenden Länder gibt es für Mitglieder kostenlos beim ADAC.

Neben vollständigen Fahrzeugpapieren benötigt man zur Einreise eine **grüne Versicherungskarte**. Gültig ist sie dann, wenn sie vom Fahrzeughalter unterschrieben ist und das Kästchen ›MK‹ nicht durchgekreuzt ist. Alternativ ist an der Grenze eine ›Grenzversicherung‹ abzuschließen, die für zwei Wochen 40 Euro, für einen Monat 50 Euro kostet.

Bahnhof in Prilep

Anreise mit der Bahn

Reisende aus Deutschland fahren – je nach Wohnort – entweder über Budapest und Belgrad oder Wien und Rakovica (Kroatien) nach Skopje, jeweils mit zweimal umsteigen bei einer Fahrtdauer von etwa 35 Stunden ab Berlin, 31 Stunden ab München. Die genauen Zeiten und Umsteigebahnhöfe findet man auf www.db.de, aber für Preisauskünfte muss man sich persönlich zum Schalter bequemen.

Günstiger fährt man auf jeden Fall, wenn man mit einem **Europa-Spezial-Ticket** bis Budapest reist, um von dort mit dem **Beograd Spezial** in die serbische Hauptstadt und dann per **Makedonija Spezial** weiterzufahren. Die Sparpreise der Ungarn und Serben sind nicht kontinigert, und es gibt keine Vorverkaufsfrist.

Wer bei Ankunft noch nicht genau weiß, wohin er in Skopje will, sollte es vermeiden, dort mitten in der Nacht anzukommen. Der Bahnhof liegt nicht gerade in der besten Gegend und ist einer der ungemütlicheren Orte der Stadt.

Für Sparsame mit viel Zeit und Abenteuerlust noch eine persönlich erprobte Alternative: Man kann teure Tarife umgehen, indem man Tickets immer nur in demjenigen Land kauft, durch das man gerade reist. Dann kommen keine Auslandszuschläge dazu, und man kann auf etwas abenteuerliche Weise mit Bummelzügen und ab und zu mal ein paar Meter zu Fuß für etwa 60 Euro von der deutsch-tschechischen Grenze bis nach Skopje kommen. Es fahren täglich Züge von Belgrad und Priština nach Skopje, während der Zugverkehr mit Griechenland derzeit brachliegt.

Anreise mit dem Bus

Busreisen nach Skopje bietet die ›Deutsche Touring‹ an. Mehrmals wöchentlich starten deren Busse in vielen süd- und westdeutschen Städten, um nach etwa 24 Stunden und für den Preis von 220 Euro hin und zurück in Mazedonien anzukommen. Im Preis inbegriffen sind Gepäck und alle anderen Fahrtkosten. Günstiger fährt man mit dem mazedonischen **Eurobus**, der Skopje mehrmals wöchentlich mit Städten in Österreich, der Schweiz und Deutschland verbindet (z.B. Skopje–München für 90 Euro bzw. 160 Euro hin und zurück, Skopje–Wien 70 Euro bzw. 130 Euro hin und zurück).

Der internationale **Busbahnhof in Skopje** liegt zentrumsnah direkt neben dem Zugbahnhof. Wer nicht nach Skopje möchte, kann alternativ in Kumanovo aussteigen, dem ersten Stop nach der serbischen Grenze. Aus Nord- und Ostdeutschland gibt es keinen direkten Busverkehr nach Mazedonien. Was bleibt, ist die Möglichkeit, von Hamburg, Berlin oder Leipzig aus mit dem Bus nach Belgrad zu fahren und dort umzusteigen. Das bietet die ›Deutsche Touring‹ mehrmals wöchentlich an. Vom internationalen Busbahnhof in Skopje bestehen tägliche Busverbindungen nach Tirana, Sofia, Belgrad, Priština und Istanbul.

Busse von Thessaloniki zum Busbahnhof in Skopje starten täglich um 8.30 und 17.30 Uhr bei ›Simeonidis Tours‹ im Hauptbahnhof und halten unterwegs in Gevgelija und Veles. Die 3,5- bis 4-stündige Fahrt kostet 20 Euro (25 hin und zurück) und startet täglich um 6 und 17 Uhr in Skopje. Tickets erhält man bei ›Simeonidis Tours‹ in Thessaloniki (www.simeonidistours.gr) und bei ›Makedonija Soobrakaj‹ (www.ms.mk) in Skopje.

Von **Sofija nach Skopje** dauert eine Busfahrt 6,5 Stunden und kostet 58 Leva hin und zurück.

Deutsche Touring GmbH
Am Römerhof 17
60486 Frankfurt/M.
Tel. +49/69/7903501
www.touring.de

Eurobus
Partizanska 1
6330 Struga
Mazedonien
Tel. in Deutschland: +49/173/9410324
Tel. in Österreich: +43/14/066265
Tel. in der Schweiz: +41/79/7567139
http://eurobus.mk

Anreise mit dem Flugzeug

Von Deutschland aus dauert ein Flug nach Mazedonien etwa zwei Stunden. Die Flughäfen von Skopje (SKP) und Ohrid (OHD) wurden letzthin modernisiert, in der Regel wird aber nur Skopje von Deutschland aus angeflogen. Die ungarische Billig-Airline **Wizzair** (www.wizzair.com) fliegt derzeit ab 55 Euro hin und zurück (bei frühzeitigem Buchen außerhalb der Saison, zzgl. Gepäckgebühren) dreimal wöchentlich von Dortmund und Memmingen und ab April 2014 auch ab Frankfurt-Hahn direkt nach Skopje. Ebenso günstige Wizzair-Flüge gibt es von/nach Basel-Mulhouse. **Skywings** (www.skywings.info) bietet zweimal wöchentlich Flüge von Düsseldorf nach Skopje ab 99 Euro. Zusammen mit Air Prishtina bietet die Airline **Germania** (www.flygermania.de) neuerdings montags und freitags um 15.25 Uhr Direktflüge von Berlin nach Skopje an. Die Schweizer Airline **Edelweiss** (www.edelweissair.ch) fliegt für 176 Euro hin und zurück einmal wöchentlich von Zürich nach Skopje, und die slowenische Fluggesellschaft **Adria Airways** (www.adria.si) fliegt mit Glück für etwa 300 Euro von München, Frankfurt, Wien und Zürich über Ljubljana nach Skopje. Ab ca. 350 Euro fliegt **Austrian Airlines** (www.austrian.com) zweimal täglich ab Wien nach Mazedonien. Mit **Pegasus** (www.book.flypgs.com) kommt man derzeit aus verschiedenen deutschen Städten mit Zwischenstopp in Istanbul ab 160 Euro nach Skopje. Für Berliner ist ein Flug mit der jugoslawischen **Airline Jat** (www.jat.com) über Belgrad eine Alternative. **Lufthansa** fliegt Mazedonien derzeit nur von Wien aus an. Sollten die Flüge nach Mazedonien gerade sehr teuer oder ausgebucht sein, hat es sich bewährt, ein günstiges Ticket nach Sofia, Thessaloniki oder Priština zu buchen und dann per Bus/Bahn ins Nachbarland zu fahren.

In Skopje angekommen: Inzwischen gibt es Busse, die abgestimmt auf die Ankunftszeiten der Flugzeuge für 150 MKD (2,50 Euro) ins Zentrum zu den großen Hotels und zum Busbahnhof fahren. Der aktuelle Fahrplan für die weißen Minibusse findet sich auf www.vardarekspress.com.

Die weißen Flughafentaxis verlangen entsprechend dem Listenpreis für die Fahrt ins Zentrum 1220 MKD (20 Euro). Wer sich ein Naše-Taxi ruft, bezahlt nur 900 MKD/15 Euro, wer sich der Taximafia am Flughafen anvertraut, über 25 Euro. Weitere Informationen zum Flughafen gibt es auf www.skp.airports.com.mk oder telefonisch unter +389/3/212030.

Ärztliche Versorgung

Es empfiehlt sich, vor der Abreise eine **Auslandskrankenversicherung** abzuschließen. Die gibt es zum Beispiel beim ADAC ab 11,70 Euro. Untersuchungen zahlt man bar und reicht die Quittung später beim Versicherer ein – wenn sich das überhaupt lohnt. Bei einem Zahnarztbesuch zum Beispiel kommt man häufig mit einem Betrag von zehn Euro davon.

Da die medizinische Versorgung vergleichsweise günstig ist, gibt es inzwischen gezielte Heil- und Wellness-Reisen, die die gesundheitliche Versorgung mit Sightseeing verbinden. Das Portal www.medmacedonia.org

Unschwer zu erkennen: Аптека = *Apotheke*

informiert über alle Angebote von plastischer Chirurgie bis hin zu orthopädischen Anwendungen für Touristen.
Spezielle **Impfungen** sind für Mazedonien nicht erforderlich, und weder Leitungswasser noch Essen führen normalerweise zu Magenproblemen. Die lokalen Ärzte und Apotheker sprechen meist Englisch. Krankenhaus heißt bolnica, Apotheke apteka. Dort, wie auch in allen anderen Geschäften, sind einheimische Produkte sehr viel günstiger als bei uns, importierte sehr viel teurer. Das günstige Äquivalent zu Aspirin heißt ›Acetisal‹ und hilft auch.
In Skopje ist die zentral gelegene **Apotheke Bunjankovec** am bul. Partizanski Odredi 25-1/35 (Ecke ul. Aminta III) 24 Stunden geöffnet, Tel. +389/2/3175181.

Ausrüstung und Gepäck

Mit Ausnahme des Busbahnhofs in Skopje gibt es an Bahnhöfen und Busstationen weder Gepäckaufbewahrung noch Schließfächer, aber Taschen können auf Anfrage oft bei einem der Schalterbeamten abgegeben werden.
Sonnencreme ist in Mazedonien teuer und im Sommer unerlässlich. Mehr noch wird man sich ärgern, wenn man **festes Schuhwerk** zu Hause vergessen hat. Selbst wenn kein ausgedehnter Wanderurlaub geplant ist, sind viele Wege ohne feste Schuhe schlichtweg nicht begehbar. Zudem liegen Mazedoniens schönste Gegenden in den Bergen, so dass es sich selbst ausgesprochene Wandermuffel anders überlegen könnten. Deshalb empfiehlt sich auch an heißen Sommertagen ein warmer Pullover, denn in den Bergen kann es abends empfindlich kühl werden. **Kletterausrüstungen** kann man bis auf Schuhe vor Ort leihen.
Frauen sollten daran denken, dass sie in den albanisch besiedelten Gebieten im Westen zu leicht bekleidet eventuell schräg angesehen werden könnten, und auch für Kloster- und Moscheebesuche sind lange Beinbekleidung und Schulterbedeckung Pflicht.
Eine nette und sinnvolle Geste sind kleine **Gastgeschenke** aus der Heimat, und wer bei einer Einladung Familienfotos vorzeigen kann, überbrückt so leicht sprachliche Probleme.

Autofahren

Mazedonien kann man am besten mit dem Auto entdecken. Mit öffentlichen Verkehrsmitteln kommt man zwar bequem und günstig an alle größeren Orte, aber nur selten in entlegenere Ecken. Dabei kann Autofahren in Mazedonien recht abenteuerlich sein. Zwar wurde in den letzten paar Jahren sehr viel für eine bessere Beschilderung der Straßen getan, aber vielerorts sind Hinweise nach wie vor dürftig.
Zudem werden die Straßen schlechter, je weiter man sich von den Hauptverkehrsadern entfernt und enden bisweilen als Schotterpiste mit Schlaglöchern. Mit anderen Worten: Tiefergelegte Wagen sind für eine Mazedonienreise wesentlich weniger geeignet als geländegängige Fahrzeuge mit Allradantrieb. Solange man sich ausschließlich auf Hauptverkehrsstraßen bewegt, wird man allerdings kaum Probleme haben, und Mazedonien ist gerade engagiert dabei, seine anderen Straßen ebenfalls auszubauen. Außerhalb der größeren Orte gibt es recht wenig Verkehr, und vermutlich hat Mazedoniens Autobahn in ihrer Geschichte noch keinen einzigen Stau gesehen. Durchquert man das Land einmal von Norden nach Süden, beträgt die Mautgebühr für PKW und Motorräder derzeit etwa 160 Denar beziehungsweise 2,50 Euro. Da die Maut an die Benzinpreise gekoppelt ist, kann sie sich entsprechend kurzfristig ändern, die aktuellen Gebühren sind aber an den Mautstellen schriftlich angegeben. Die Autobahnen **M1** und **M2** sowie die **E65** nach Ohrid sind dank EU-Investitionen in gutem Zustand. Eine Autobahnverbindung mit dem Kosovo ist seit Herbst 2013 im Bau, weitere Strecken sind in Planung.
Innerorts beträgt die **Höchstgeschwindigkeit** abhängig von den Anzeigen 50 oder 60 km/h, außerhalb geschlossener Ortschaften 80 km/h. Auf Schnellstraßen darf 100 km/h gefahren werden, und auf

Schwimmer bei Radožda am Ohridsee

Autobahnen gilt ein Tempolimit von 120 km/h, für Wohnmobile 80 km/h. Obwohl es manchmal den Anschein hat, Geschwindigkeitsbegrenzungen seien eher Nebensache, kommt es gelegentlich zu Kontrollen, und dann muss gezahlt werden – und zwar bei Ausländern in der Regel sofort und bar. Es mag erstaunen, dass es in Mazedonien so etwas wie eine **Anschnall- und Helmpflicht** gibt. Zumindest als Ausländer ist es ratsam, sich daran zu halten. Wird man unangeschnallt im Auto erwischt, drohen 1000 Denar Strafe. Bußgelder dürfen nur von uniformierten Beamten verlangt, aber zumindest offiziell nicht direkt an diese gezahlt werden. Das Geld nimmt die nächste Bank oder Post entgegen.

Motorradfahrer sollten außerdem daran denken, dass tagsüber mit Abblendlicht gefahren werden muss.

Prinzipiell gelten die gleichen **Verkehrsregeln** wie in Deutschland, auch wenn es manchmal nicht danach aussieht. Bei Zebrastreifen wird beispielsweise grundsätzlich nicht angehalten, und abbiegende Autofahrer ignorieren nicht nur gern ihren Blinker, sondern auch Fußgänger und Radler. Auch auf etliche der uns bekannten Fahrbahnmarkierungen wird oft verzichtet, während dafür die Ampeln in Skopje die Sekunden anzeigen, nach denen sie umschalten.

Dafür ist das **Tanken** gemütlicher als bei uns. Man tankt nicht selbst, sondern lässt tanken, und zwar oft nur soviel, dass es gerade eben bis zum nächsten Ziel reicht. Volltanken ist weniger üblich, für Ausländer aber ratsam, denn in einigen Gegenden sind die Tankstellen spärlich gesät. Benzin ist für uns relativ günstig, für die Mazedonier aber sehr teuer. Derzeit kostet der Liter etwa 78 Denar (1,26 Euro). Bleifreies Benzin ist flächendeckend erhältlich, und man darf bis zu 20 Liter im Reservekanister zollfrei mit über die Grenze nehmen. Die Tankstellen an der Transitstrecke E75 sind rund um die Uhr geöffnet.

In Mazedonien gibt es einige eng gewundene Straßen, die beim Fahren viel Voraussicht fordern, und besonders im Dunkeln sollte man auf eventuelle Schlaglöcher, unbeleuchtete PKW und Pferdekarren achten.

Sollte es zu einem **Unfall** kommen, sofort die Polizei verständigen und schriftliche Unfallbestätigung ausstellen lassen, da sonst keine Ansprüche auf Schadensersatz gestellt werden können und Fahrzeuge mit auffälligem Karosserieschaden ohne Bestätigung nicht das Land verlassen dürfen. In diesem

Zusammenhang ist auch erwähnenswert, dass die Deckungssummen der mazedonischen Haftpflichtversicherungen wesentlich niedriger als in Deutschland sind, weshalb es sinnvoll ist, vor Reiseantritt eine Vollkaskoversicherung zu haben.

Alkohol am Steuer wird mit einer Geldstrafe bis zu 195 Euro bestraft, die Promillegrenze liegt bei 0,5. Das Navi kann man übrigens getrost zu Hause lassen: Sobald man sich abseits der Hauptstraßen bewegt, ist Mazedonien noch nicht hinreichend erfasst, so dass man mit herkömmlichen Straßenkarten weit besser fährt.

ADAC, Tel. +381/11/422707 (ADAC in Serbien/Montenegro, der auch für Mazedonien zuständig ist). Das mazedonische Pendant zum ADAC ist der **AMSM** (Auto Moto Sojuz na Mazedonija). Der Automobilclub erteilt unter anderem Informationen zu Routen, Entfernungen und Benzinpreisen.

AMSM
Lazo Trpovski bb
Skopje
Tel. +389/2/3181181
www.amsm.mk

Baden

Zum Baden fährt man am besten an die ›mazedonische Küste‹, den **Ohridsee**, den zahlreiche mehr oder weniger lauschige Kieselstrände säumen. Größere Strände gibt es bei Struga und bei Gradište, zwischen der Stadt Ohrid und Sveti Naum. Der Ohridsee ist sehr klar und hat unter Wasser eine Sichtweite von bis zu 25 Metern.

Auch am **Prespasee** lässt es sich gut baden. Das Wasser dort ist etwas wärmer, die sandigen Strände größer und weniger voll als am Nachbarsee. Der dritte große See, **Dojran**, ist nur in Maßen zu empfehlen: Sein flaches Wasser ist sehr warm und häufig trübe. Dennoch sind seine kleinen Sandstrände im Sommer gut besucht mit Badegästen aus der Region.

Auch Mazedoniens **Stauseen** bieten sich zum Baden an und haben oft eine bessere Wasserqualität als die natürlichen Seen. Am schönsten lässt es sich in den vielen klaren, kühlen **Gebirgsseen** und -flüssen erfrischen. Von **FKK** hat in Mazedonien noch niemand gehört, und auch ›oben ohne‹ ist ein Fremdwort.

Bahn

Züge fahren relativ selten, und das Schienennetz ist sehr überschaubar. Internationale Verbindungen gibt es zweimal täglich nach **Belgrad** und einmal nach **Priština**, die einstigen Verbindungen nach Griechenland enden derzeit in Bitola bzw. Gevgelija. Der Bau der dringend benötigten **Ost-West-Verbindung** von Bulgarien über Skopje nach Albanien (Korridor VIII) wurde zwar in Angriff genommen, wegen finanzieller Schwierigkeiten jedoch wieder gestoppt. Die Strecke endet in Mazedonien nun 40 Kilometer vor der bulgarischen Grenze, wo seit nunmehr zehn Jahren Betonträger und Brücken in die Landschaft ragen. Die Fertigstellung des Korridors ist für 2020 anvisiert. Zugfahren ist in Mazedonien also nur mäßig sinnvoll, es sei denn, man will die teils sehr attraktiven Bahnstrecken genießen. Das Stück zwischen Demir Kapija und Veles sowie die Fahrt von Prilep gen Veles zum Beispiel sind durchaus eine Zugreise wert.

Unterwegs mit der Bahn

Das mazedonische Eisenbahnnetz

Zugfahrplan von/nach Skopje, gültig bis Dez. 2014

Zielort	Abfahrt Skopje	Ankunft Zielort	Abfahrt Zielort	Ankunft Skopje
Belgrad (via Niš)	8.20, 20.10	18.09, 5.33	7.50, 21.50	17.22, 7.22
Bitola (via Veles, Prilep)	6.48, 14.30, 17, 19.38	10.27, 18, 20, 23.13	3.10, 5.30, 12.45, 18.25	6.38, 8.11, 16.16, 22.05
Gevgelija (via Veles, Stobi, Demir Kapija)	6.05, 9, 16.50	8.43, 11.39, 19.23	4.49, 9.56, 17	7.26, 12.40, 19.37
Kičevo (via Raduša, Tetovo, Gostivar)	8.05, 16.05	10.12, 18.54	5.33, 12.18	7.35, 14.22
Kočani (via Štip)	15.22	18.14	5.50	8.40
Priština	16.20	19.20	7.10	9.51
Tabanovci (via Kumanovo)	6.20, 16.20, 19, 23	7.20, 17.20, 19.56, 4.38	5.03, 7.47, 17.40, 20.11	5.55, 8.45, 18.35, 21.08
Veles	4, 13.20, 15.22, 17.10, 22.40	4.45, 14.10, 16.19, 17.50, 23.30	5.11, 6.10, 7.50, 14.23, 21.15	6.03, 7.12, 8.40, 15.19, 22.05

Die **Tickets** sind günstig, gelten aber immer nur für einen bestimmten Zug und werden meist erst eine Stunde vor dessen Abfahrt verkauft. Hat man einen Zug verpasst, wird ein neues Ticket fällig. Dabei gilt, wie auch in den Bussen, grundsätzlich freie Platzwahl. Für Studenten mit internationalem Ausweis gibt es einen ermäßigten Tarif.

Abfahrts- und Ankunftspläne sind prinzipiell nur kyrillisch. Zur Orientierung auf der Hauptlinie: Skopje schreibt sich ›Скопје‹ und Belgrad ›Београд‹. Internationale Tickets sind dreisprachig (mazedonisch, französisch und deutsch!) und geringfügig günstiger, wenn die Rückfahrt gleich mitgebucht wird (Skopje–Belgrad und zurück kostet 2068 Denar).

Die mazedonischen **Bahnhöfe** liegen zumindest in größeren Städten selten direkt im Zentrum und manchmal in sehr ungemütlichen Ecken. In Kumanovo muss man erst gut zwei Kilometer durch ein militärisches Sperrgebiet, bevor die ersten Häuser in Sicht kommen. Daher sollte man vermeiden, mitten in der Nacht anzukommen, wenn man sich nicht gut auskennt.

Botschaften und diplomatische Vertretungen

In Deutschland:
Mazedonische Botschaft
Königsallee 2–4
14193 Berlin
Tel. +49/30/89069522
berlin@mfa.gov.mk
www.missions.gov.mk
Konsularabteilung:
Hubertusallee 5
14193 Berlin
Tel. +49/30/8938730
Fax +49/30/89094141
Mo–Fr 9–13 Uhr
Außenstelle Bonn
Sträßchensweg 6
53113 Bonn
Tel. +49/228/923690
oddelenie.bonn@gmx.de
Konsularabteilung:
Tel. +49/228/230971
Fax +49/228/237743
Mo–Fr 9–13 Uhr

In Österreich:
Mazedonische Botschaft
Kinderspitalgasse 5/2
1090 Wien
Tel. +43/1/5248756
vienna@mfa.gov.mk
Mo–Fr 10–17 Uhr

In der Schweiz:
Mazedonische Botschaft
Kirchenfeldstr. 30
35005 Bern
Tel. +41/31/3520002
Fax +41/31/3520037
bern@mfa.gov.mk
Mo–Fr 9–16 Uhr
Konsularabteilung: Mo–Fr 9–12 Uhr

In Mazedonien:
Deutsche Botschaft
Lerinska 59
1000 Skopje
Tel. +389/2/3093900
Fax +389/2/3093899
info@skop.diplo.de
www.skopje.diplo.de
Mo–Do 8–12 und 14–16 Uhr, Fr 8–12 Uhr
Konsularabteilung: Mo–Fr 8–11 Uhr
Österreichische Botschaft
Mile Popjordanov 8
1000 Skopje
Tel. +389/2/3083400

Ehemaliges Konsulatsgebäude in Bitola

Fax +389/2/3083150
skopje-ob@bmeia.gv.at
www.bmeia.gv.at/botschaft/skopje.html

Schweizer Botschaft
Maksim Gorki 19
1000 Skopje
Tel. +389/2/3103300
Fax +389/2/3103301
Sko.vertretung@eda.admin.ch.
www.eda.admin.ch/skopje
Mo–Fr 8.30–12 Uhr

Busverkehr

Das Busnetz ist in Mazedonien gut ausgebaut, und Busse fahren regelmäßig in alle größeren Städte und gelegentlich auch in kleinere, wobei die Fahrpreise sehr moderat sind. Für etwa sieben Euro kommt man einmal quer durch das Land, und wer das einen Monat lang gültige Rückfahrticket gleich mitkauft, fährt sogar noch günstiger. Meistens kann man Tickets direkt im Bus kaufen und sollte sie gut aufbewahren, denn unterwegs werden gelegentlich Kontrollen durchgeführt.

Falls an Busbahnhöfen Abfahrtspläne aushängen, sind sie in der Regel nur auf kyrillisch und gelegentlich veraltet. Anders als Züge fahren Busse meist direkt ins Stadtzentrum.

Nationale und internationale Busverbindungen von Skopje findet man auf der Seite www.sas.com.mk, Infos zu Bussen innerhalb Skopjes auf www.jsp.com.mk.

Tickets im Innenstadtbereich kosten zwischen 25 und 30 Denar, die Fahrpläne hängen neuerdings an einigen Haltestellen aus.

Busbahnhof in Skopje, Tel. +389/2/3166254.

Die wichtigsten Busverbindungen ab Skopje in die Nachbarländer

Von Skopje nach …	Tägl. Abfahrtszeit	Fahrtdauer	Preis in MKD
Belgrad (via Niš)	0, 2, 5.10, 7.45, 9.25, 13.10, 16.45, 20.30, 21.15, 21.30 und 23.30 Uhr	ca. 6,5–7 Std.	1300–1500
Budva	20 Uhr	12,5 Std.	1650
Istanbul	17, 18, 19 und 20 Uhr	12 Std.	1960–2560
Ljubljana	14, 15.30 und 17 Uhr	ca. 16 Std.	2900–3200
Priština	6, 8, 9, 10.10, 11, 11.45, 12.30, 13,20, 14, 15, 15.30, 16.30 17, 18.10 und 19.10 Uhr	2,5 Std.	320–340
Sarajevo	20 Uhr	15,5 Std.	3170
Sofija	0, 8.30, 15 und 22 Uhr	5-5,5 Std.	1040
Thessaloniki	6 und 17 Uhr	ca. 4 Std.	1280
Tirana (via Drac)	6 und 19 Uhr	ca. 7,5 Std.	1330
Zagreb	17 Uhr	14 Std.	3150

Die wichtigsten Busverbindungen von Skopje in andere Städte			
Von Skopje nach...	**Abfahrtszeiten/Frequenzen**	**Fahrtdauer**	**Preis in MKD**
Berovo	11 x zwischen 7.30 und 18 Uhr	3–5 Std.	420–450
Bitola	14 x zwischen 4.15 und 21 Uhr	ca. 3–5 Std.	480
Demir Kapija	8.30, 15,16.25, 17.30	1,5–2 Std.	240–330
Dojran	14, 16 und 17 Uhr	2–4 Std.	430
Gevgelija	8.30, 11, 14, 16, 17.30 und 18 Uhr	ca. 2 Std. 45 Min.	ca. 350
Kratovo	7.30, 13, 16, 16.40 Uhr	2 Std.	200
Kriva Palanka (via Kumanovo)	4.20, 5.20, 6, 7, 8, 9, 10.30, 11.30, 13.10, 14, 15, 16, 17, 18.30, 19.20	ca. 2 Std.	250
Kruševo (via Prilep)	7.45, 15.45 und 16.45 Uhr	2 Std. 45 Min.	330–380
Kumanovo	40 x zwischen 6 und 21.30 Uhr	45 Min.	100–110
Mavrovo	9.30, 14.45, 16.40 Uhr	1,5 Std.	ca. 320
Ohrid (via Bitola oder Kičevo)	6, 8, 10, 14, 14.45, 15.30, 16, 16.30, 18.30 Uhr	ca. 3 Std.	450–520
Prilep (via Veles)	19 x zwischen 4.15 und 21 Uhr	ca. 2,5 Std.	390
Štip	28 x zwischen 6 und 20.35 Uhr	2 Std.	270
Struga	5.30, 11, 12.30, 12.50, 13.15, 14, 14.30, 15.45, 16 und 17.30 Uhr	ca. 3,5 Std.	530
Strumica	6, 8.05, 10, 12.05, 13, 14, 15, 15.30, 16, 17, 17.30, 18, 19 und 20.37 Uhr	2–3,5 Std.	ca. 400
Tetovo	11 x zwischen 6.15 und 19.50 Uhr	1 Std.	110–140
Veles	zwischen 4.15 und 21 Uhr alle Busse in südöstlicher Richtung	1 Std.	180–200

Camping

Es gibt viele günstige Campingmöglichkeiten, meistens sehr einfach und recht weit entfernt von westeuropäischen Standards. Das Angebot reicht von kostenfreien Campingplätzen bar jeder Infrastruktur bis hin zu großen Anlagen mit Restaurants und Einkaufsmöglichkeiten (wie in Gradište und Radožda am Ohridsee). Der bislang sehr einfache Platz in Mavrovo soll modernisiert werden.

Wildes Campen ist durchaus üblich. Die Berge westlich und nördlich von Skopje sind zum Zelten aus Sicherheitsgründen nur bedingt zu empfehlen.

Zubehör wie Gaskartuschen für Kocher ist in Mazedonien nicht erhältlich.

Einkaufen

Gut und günstig kauft man auf dem **Markt**. Den gibt es fast täglich bis 16 Uhr in jedem noch so kleinen Ort, und einmal wöchentlich wird er traditionell zum Großereignis. Die Bauern kommen aus den Dörfern und verkaufen ihre frisch geerntete Ware. Jede Stadt hat ihren eigenen großen Markttag, der größte Markt ist **Skopjes Bit Pazar**, auf dem es so ziemlich alles gibt, was man sich nur vorstellen kann.

Einen populären Flohmarkt gibt es freitags und samstags in Skopje direkt am Vardarufer, unterhalb der Festung Kale. Im Stadtzentrum findet man mehrere **Antiquitätengeschäfte**.

Die großen **Supermarktketten** wie ›Tinex‹, ›Vero‹ und ›Kam‹ führen alles, was man in einem westeuropäischen Supermarkt erwarten würde, bis hin zu deutschen Zeitschriften. Noch mehr Auswahl bieten in Skopje ›Ramstore‹ neben dem Stadtmuseum und der große ›Super-Vero‹. Ansonsten kauft man in **kleinen Läden** und **Kiosken**, die häufig bis spät in die Nacht geöffnet sind und oft ein erstaunlich großes Warensortiment haben.

Alkohol wird im Sommer bis 21 Uhr, ansonsten nur bis 19 Uhr verkauft (allerdings wird man meist einen Laden finden, der sich an diese Regel nicht hält).

Eine größere Auswahl an **internationalen Zeitungen** gibt es wohl nur in Skopje und zwar bei ›Svet‹ (Свет) an der Ecke Partizanski odredi und Vasil Glavinov. An den normalen Kiosken findet man gelegentlich deutsche Mode- und Jugendmagazine.

Leider ist das einst für die Basare bedeutende Handwerk bereits zu jugoslawischen Zeiten zugunsten der Industrialisierung fast ausgestorben, und heute ist Mazedonien übersät mit Billigprodukten aus aller Welt und Markenimitaten aus Südostasien. Klassische **Souvenirs** sind Stickereien, Holzschnitzarbeiten, Töpferwaren und Flechtsandalen, zu finden in allen touristisch frequentierten Gegenden.

Einreisebestimmungen

Mazedonien gehört nicht zur EU. Für deutsche Staatsangehörige besteht keine Visumspflicht, sondern es reicht ein bei der Einreise noch mindestens sechs Monate gültiger **Reisepass oder Personalausweis**. **Kinder** müssen im Besitz eines eigenen Ausweisdokumentes sein.

Wer mit dem Auto kommt, braucht neben Führerschein und Fahrzeugpapieren auch die grüne **Versicherungskarte**.

Angeben muss man zudem den Besitz von **Waffen**. Hat man einen gültigen Waffen-

Souvenirstand

schein, wird für die Dauer des Aufenthalts eine polizeiliche Genehmigung ausgestellt. Wer möchte, kann seine Waffen auch deponieren und bei der Ausreise wieder abholen.

Elektrizität

Die Netzspannung beträgt überall 220 Volt. Die Stecker und Steckdosen entsprechen dem üblichen westeuropäischen Standard, und durch Mazedoniens viele Stauseen ist die Energieversorgung relativ sicher und zuverlässig.

Feiertage und Ferien

Die mazedonischen Sommerferien dauern von Juni bis August.
Außer den arbeitsfreien Sonntagen gibt es folgende Feiertage:
1. Januar: Neujahr
6./7. Januar: orthodoxes Weihnachten
1. Mai: Tag der Arbeit
2. August: Ilinden, Tag des nationalen Aufstands 1903 und Tag des heiligen Elias
8. September: Nationalfeiertag; Unabhängigkeit von Jugoslawien 1991
11. Oktober: Aufstand des mazedonischen Volks im Zweiten Weltkrieg gegen die Besatzer
25./26. Dezember: Weihnachten

Fotografieren und Filmen

Fotografieren ist generell unproblematisch, und die meisten Leute lassen sich gern ablichten, aber man sollte vorher fragen. Außerdem ist es nett, versprochene Fotos später wirklich zu schicken. Zurückhaltend sollte man bei muslimischen Frauen sein, die häufig nicht fotografiert werden wollen. Besonders große Vorsicht ist beim Ablichten von **Flughäfen** und **militärischen Einrichtungen** angebracht: Das unerlaubte Fotografieren oder sonstige Dokumentieren wird strafrechtlich verfolgt und kann zu sehr unangenehmen Verhören im nächsten Präsidium führen. Auch in **Kirchen**, **Moscheen** und **Klöstern** ist das Fotografieren nicht gern gesehen. Sollte man doch einmal in einer Kirche Fotos machen, dann unbedingt ohne Blitz, um Ikonen und Fresken zu schonen.

Handgemachte Wolltaschen

Filme sind in Mazedonien teurer und teilweise qualitativ minderwertig, deshalb ist es ratsam, sie mitzubringen. In Mazedonien wimmelt es geradezu von Fotoläden. Jeder, der ein paar Abzüge machen kann und ein Passbild hinbekommt, darf sich Fotograf nennen. Häufig sind die Läden technisch sehr gut ausgerüstet, und man kann für 100 Denar die Urlaubsbilder vom Chip auf eine CD brennen lassen. Alternativ kann man in Internetcafés zum gleichen Preis CDs selbst brennen.

Geld

Die Mazedonier haben ausgesprochen schönes Geld. Völlig unheroisch kommt es daher mit Blumen, Pfauen, Fischen, Engeln und Sonnen, demnächst auch noch mit dem Konterfei der Mutter Teresa. Diese ansprechende Währung heißt **mazedonischer Denar** oder kurz **MKD**. Es gibt sie in Münzen zu 1, 2, 5, 10 und 50 Denar. Scheine können einen Wert von 10, 50, 100, 500, 1000 oder 5000 Denar haben. Die Währung ist relativ stabil, 1 Euro entspricht derzeit 61 Denar. 1 Schweizer Franken ist knapp 40 Denar wert.
Auch Euro werden gern gesehen in Mazedonien, und man kann damit problemlos

in Hotels, teureren Restaurants und einigen Läden bezahlen. Die weitaus üblichere Währung ist jedoch die eigene.

Bargeld kann man fast überall wechseln, in Banken, Sparkassen, den zahlreichen Wechselstuben, einigen Hotels, Geschäften und privat. Beim Wechseln in der Bank muss allerdings der Reisepass vorgelegt werden, von dem penibel alle Daten aufgenommen werden.

Auch mit **EC- und Visakarten** kann man in allen größeren Städten problemlos an Geld kommen, und zwar normalerweise nur am Automaten, nicht am Schalter. Dort ist der Wechselkurs in der Regel auch besser, und inzwischen gibt es in allen größeren Städten hinreichend Automaten. Da Mazedonien kein EU-Land ist, wird bei jedem Abheben eine Mindestgebühr von vier Euro fällig. Der Höchstbetrag für eine Abhebung mit EC-Karte liegt bei 500 Euro.

Travellerschecks haben sich als nicht sinnvoll erwiesen, da sie außerhalb von Skopje selten akzeptiert werden und gelegentlich Extragebühren verursachen.

Auch **Kreditkarten** werden nur bedingt angenommen, und man sollte Einzelheiten vorher beim Aussteller der betreffenden Karte erfragen. Mazedonien ist tendenziell noch immer eine Cash-Gesellschaft. Vieles wird in bar geregelt, auch größere Geschäfte. Mazedonier besitzen nicht notwendigerweise ein Konto, und Überweisungen sind weit weniger üblich als bei uns.

Die **Preise** in Mazedonien sind für Urlauber und Reisende moderat. Skopje und Ohrid sind mit Abstand die teuersten Pflaster. Für Hotels sollte man das meiste Urlaubsgeld einplanen, während Restaurantbesuche und Bus- und Bahnfahrten kein tiefes Loch ins Portemonnaie fressen werden. Außerhalb Mazedoniens ist der Denar wertlos und kann nicht zurückgetauscht werden. Er dient dann höchstens noch als farbenfrohes Souvenir. Für den Rücktausch im Land berechnen Banken eine Gebühr.

Weitere Informationen bei **akutem Geldmangel** oder **Kartenverlust** → ›Notfälle‹, S. 293.

Grenzübergänge

Nach **Albanien** gibt es von Mazedonien aus drei Grenzübergänge. Der Übergang Kafasan liegt zwölf Kilometer südwestlich von Struga, ein anderer bei Sv. Naum, ein dritter namens Blato sieben Kilometer westlich von Debar.

Der Hauptübergang nach **Bulgarien** ist Deve Bair östlich von Kriva Palanka. Andere Grenzübergänge sind bei Delčevo und Novo Selo hinter Strumica. Der Übergang bei Berovo ist bisher noch geschlossen.

Der meistfrequentierte Übergang nach **Griechenland** ist Bogorodica bei Gevgelija. Dort fuhr bis vor kurzem auch der Zug über die Grenze nach Thessaloniki. Auch bei Dojran und Medžitlija (südlich von Bitola) kann man mit dem Auto ein- beziehungsweise ausreisen.

Zwei Grenzübergänge, Jažince, nördlich von Tetovo, und Blace, nur wenige Kilometer nördlich von Skopje, führen ins **Kosovo**. Inzwischen verkehren dorthin auch wieder Züge. Am Hauptgrenzübergang zu **Serbien**, Tabanovce, kommt es vor allem in den Sommermonaten wegen des erhöhten Transitaufkommens häufig zu langen Staus. Der andere Grenzübergang, Pelince, liegt weiter östlich.

Haustiere

Haustieren ist Mazedonien nicht unbedingt als Urlaubsziel zu empfehlen. Reisen sie dennoch, müssen Hunde und Katzen ihr **tierärztliches Gesundheitszeugnis** und einen **internationalen Impfpass** dabeihaben, in dem eine Tollwutimpfung dokumentiert ist. Die Impfung muss mindestens 15 Tage und darf maximal sechs Monate zurückliegen.

Hygiene

Gewöhnungsbedürftig sind die **öffentlichen Toiletten**, bei denen man darauf achten sollte, dass ›Ж‹ (Жена) das Zeichen für Damentoiletten und ›M‹ (Маш) das Zeichen für Herrentoiletten ist. Im öffentlichen Bereich hat man es gelegentlich noch mit den klassischen Hocktoiletten zu tun, und Toilettenpapier ist dort eine Rarität. Das gleiche gilt für alle billigen Absteigen. Ansonsten sind die hygienischen Verhältnisse in Mazedonien jedoch gut. Man kann problemlos alles essen und überall das **Leitungswasser** trinken. Allein in der Region von Berovo soll es nicht ganz so gut sein, und in Ohrid schmeckt es etwas chlorig. In anderen Gegenden ist es aber geradezu gesund und hat wertvolle Mineralien.

Fast alle bekannten **Kosmetik- und Hygieneprodukte** sind in Mazedonien problemlos zu bekommen, allemal da die Kette ›dm‹ nun ihre Pforten in Mazedonien geöffnet hat. Allerdings sind einige Markenprodukte bisweilen teurer als hierzulande.

Informationen vor Reiseantritt

Leider gibt es derzeit kein mazedonisches Fremdenverkehrsamt im deutschsprachigen Raum. Aktuelle Informationen kann man am besten beim **Auswärtigen Amt** (www.auswaertiges-amt.de) erfragen oder im Internet finden. Nützliche Websites finden sich in den entsprechenden Kapiteln und am Ende des Buches. Das offizielle Tourismusportal des Landes ist www.exploringmacedonia.com.

Bei Fragen zu bestimmten Regionen kann es auch sinnvoll sein, die dort ansässigen Touristenagenturen zu kontaktieren. Die Adressen sind bei den jeweiligen Städten aufgelistet.

Informationen vor Ort

Offizielle Touristeninformationen gibt es landesweit nur wenige, wobei die Zahl deutlich schwankt. Derzeit gibt es in **Skopje** eine gegenüber vom GTC-Einkaufszentrum nahe dem Hotel ›Holiday Inn‹ und eine im Herzen der Altstadt. Eine weitere residiert wenig zentral am Busbahnhof von **Ohrid**, wo, wie auch in **Bitola** und **Kruševo**, mit Info-Touchscreens für Touristen experimentiert wird. Zunehmend werden landesweit auch Infotafeln errichtet. Weitere Informationszentren gibt es in den drei **Nationalparks** und – ganz neu – in **Matka**.

An allen anderen Orten muss man mit **privaten Agenturen** vorlieb nehmen, in denen gelegentlich nur Mazedonisch gesprochen wird. Im Zweifelsfall kann man sich immer an die Rezeptionen der großen Hotels halten.

Internet

In jedem noch so kleinen Ort gibt es mindestens ein **Internetcafé**. In erster Linie schlägt sich dort die ortsansässige Jugend die Nächte mit Spielen um die Ohren, denn die Cafés sind meist bis spät in die Nacht, wenn nicht gar rund um die Uhr geöffnet. Außerdem sind die meisten hervorragend ausgestattet. Meist findet man Internetcafés in Einkaufszentren. Die Preise schwanken, abhängig von Komfort und Verbindungsgeschwindigkeit, zwischen 40 und 120 Denar pro Stunde. Meist zahlt man für eine Stunde 60 Denar, wobei im 15-Minuten-Takt abgerechnet wird.

W-Lan gibt es in quasi jedem Café und Hotel, und die Verbindungen sind in der Regel sehr gut und schnell.

Die Internetkennung für Mazedonien ist mk.

Landkarten und Stadtpläne

In den letzten Jahren hat Mazedonien viel dafür getan, Kartenmaterial zugänglich und Sehenswürdigkeiten kenntlich zu machen. Größere oder touristisch interessante Städte wurden mit **Orientierungstafeln** bestückt, und in einigen Hotels sind kostenlose **Stadtpläne** erhältlich.

Ein echtes Manko bleibt es hingegen, dass es landesweit nur **wenige Wanderkarten** gibt, die diesen Namen verdient hätten. Zusammen mit der oft unzureichenden Kennzeichnung der Wanderwege ist das tatsächlich ein Defizit. In den **Besucherzentren der Nationalparks** erhält man die besten Karten mit Wander- und Radkarten für die jeweiligen Parks. **GPS-Daten** für eine Vielzahl von Wanderungen im ganzen Land gibt es als kostenlosen Download auf der Seite www.mkdmount.org/gps_mapi/gps_maps.html.

Bei der Einreise erhält man gelegentlich eine **einfache Straßenkarte** von Mazedonien, auf der die wichtigsten Sehenswürdigkeiten beschrieben sind. Man kann sich merken, dass alle Straßen, die darauf grün oder rot sind, garantiert asphaltiert sind, während es sich bei den gelben oft um einfache Schotterstraßen handelt.

Vorort gibt **Trimaks** gute regionale und überregionale Karten unterschiedlicher Art heraus. Der zentralste ›Trimaks‹-Laden ist in Skopje in der ul. Nikola Vapčarov bb (wenige Meter vom Ploštad Makedonija), alternativ kann man sich Karten im Internet herunterladen //3maks.com). Wer gut kyrillisch lesen kann, ist mit der **Patna Karta Makedonija** im Maßstab 1:300 000 und mit Ortsindex gut beraten, die Trimaks 2011 herausgegeben hat und für 200 MKD verkauft. Darauf wurden viele kleine Dörfer berücksichtigt, die in anderen Karten häufig vernachlässigt werden.

Die beste Karte ist derzeit sicherlich die 2012 von **freytag & berndt** herausgegebene Straßenkarte für Mazedonien mit einem Maßstab von 1:200 000 und einem Preis von 9,99 Euro. Ortschaften sind in lateinisch und kyrillisch beschriftet, ein Manko ist nur, dass aus Platzgründen der äußerste Nordosten des Landes abgeschnitten und an den unteren Kartenrand angehängt wurde. Daneben gibt es vom selben Verlag auch eine 1:500 000-Karte, die die Nachbarländer Serbien, Kosovo, Montenegro, Slowenien und Kroatien mit einschließt. Nachteil: Diese Karte richtet sich ausschließlich an Autofahrer, und Bahnstrecken kann man höchstens erahnen. Preisgünstiger, aber ohne Ortsindex ist die Karte von **Shell** im Maßstab 1:750 000, die ungefähr dasselbe Gebiet abdeckt.

Neue **topografische Karten** im Maßstab 1:25 000 sind auf Papier oder digital beim mazedonischen Katasteramt erhältlich. Das Antragsformular sowie Preise und eine Liste der erhältlichen Karten findet man unter www.katastar.gov.mk. Abzuholen sind die Karten nach Einzahlung der Gebühr beim nahegelegenen Postamt direkt bei AREC – Abteilung für Kartografie, Trifun Hadži Janev 4, Bezirk Avtokomanda, Skopje, Tel. +389/2/3204800, Mo–Fr 8.30–16.30 Uhr.

Ob mit oder ohne Karte: Die manchmal **bescheidene Ausschilderung** im Land macht es nicht immer einfach, sich zurechtzufinden. Besonders in Skopje wurden letzthin viele Straßen aus politischen Gründen umbenannt, und so weichen offizieller Name und gängige Bezeichnung gelegentlich voneinander ab. Wichtige Einrichtungen haben normalerweise keine Hausnummer, sondern tragen in ihren Adressen ein bb, was soviel bedeutet wie bez broi, ohne Nummer. Während fast alle offiziellen Ortsschilder auch lateinisch beschriftet sind, sind Straßen in der Regel nur mit kyrillischen Namen versehen. Zum Glück sind die Mazedonier sehr hilfsbereit und erklären zur Not mit Händen und Füßen, wie man wo hinkommt – wenn sie sich nicht gleich als Begleiter anbieten. Und wenn man sich über die fehlenden Karten beschwert, sehen sie einen verwundert an und sagen: »Warum braucht man eine Karte? Wir können doch

Die Sehenswürdigkeiten in Skopje sind gut ausgeschildert

zusammen gehen. Das ist viel schöner und bei uns so üblich.« Das ist doch wirklich eine gute Entschuldigung.

Mietwagen

Ein Mietwagen kostet mindestens 40 Euro/Tag plus Benzin, Versicherung und Maut. Sinnvoller ist es häufig, sich zu entlegenen Orten einen Taxifahrer zu leisten. Der kennt sich aus, kann häufig noch ein paar Geheimtipps verraten und ist oft günstiger als ein Leihwagen. Allerdings sollte man den Preis vorher gut aushandeln.

In allen größeren Städten kann man Leihwagen bekommen. Direkt am Flughafen gibt es zum Beispiel ›Europcar‹, ›Budget‹ und ›Avis‹, wobei ›Avis‹ die kostengünstigste Variante ist.

Direkt in Skopje ist eine der günstigsten Optionen der Verleih **Setkom** im Hotel ›Continental‹, Aleksandar Makedonski bb, Tel. +389/2/3298392 (ab 25 Euro/Tag).

Avis
›Ramstore‹-Einkaufszentrum
M.H.V. Jasmin bb, Skopje
Tel. +389/23/222046
avismak@mt.net.mk
www.avis.com.mk.
Mo-Sa 8-18 Uhr
am Flughafen: Tel. +389/22/561847

Europcar
Hotel ›Aleksandar Palace‹, Skopje
Tel. +389/20/3091141
im Flughafen:
Tel. +389/70/205516
www.europcar.com.mk

MIDA
Hotel ›Holiday Inn‹, Skopje
Tel. +389/2/3292888
Fax +389/2/3139491

Notfälle

Die wichtigsten Nummern für Notfälle:
Polizei: 192
Feuerwehr: 193
Rettungsdienst: 194.
Hilfsdienstes vom Automobilclub AMSM: 169. Rund um die Uhr über Festnetz erreichbar.

Rufnummern bei Geldkartenverlust:
Deutschland:
Zentrale Sperrnummer für alle Geldkarten, Handys, Krankenkassenkarten: +49/116116.
Österreich:
EC/Mastercard: +43/1/711110
Bankomat Sperrtelefon: +43/800/2048800
American Express: +43/800/20501350
Visa: +43/711110
Schweiz:
EC/Mastercard: +41/848/846360
Visa: +41/800/881884

Bei komplettem Verlust von Geld und Wertpapieren sollte man seine **Botschaft** kontaktieren (Adressen → S. 285). Außerdem bietet die **Western Union Bank**, die es in vielen mazedonischen Städten gibt, einen Online-Überweisungsservice, der am schnellsten das benötigte Geld aus der Heimat ins Land bringt (www.westernunion.de).

Öffnungszeiten

Die normalen Geschäftszeiten sind Mo-Fr 8-20 und Sa 8-15 Uhr, häufig mit einer Mittagspause zwischen 14 und 16 Uhr. In Skopje haben viele Läden inzwischen aber weitaus länger geöffnet. Auf **Märkten** werden um 16 Uhr die Stände abgebaut, in kleineren Ortschaften schon um 15 Uhr. Sehr ernst nehmen Beamten in **Behörden und Büros** ihren Feierabend um 15 Uhr. **Banken** sind Mo-Fr 7-19 Uhr geöffnet, Sa bis 13 Uhr.

Montags sind landesweit fast alle **Museen und Galerien** geschlossen. **Kneipen und Bars** schließen in der Regel mit der Sperrstunde um 24 Uhr, am Wochenende um 1 Uhr. Einige haben allerdings Sondergenehmigungen, und Clubs und Discos haben, zumindest am Wochenende, bis in die Morgenstunden geöffnet.

Polizei

Vor mazedonischen Polizisten hat man trotz ihrer notorischen Unterbezahlung und oft haarsträubender Dienstzeiten wenig zu befürchten, solange man höflich bleibt.

Hausmuseum in Krklino bei Bitola

Dennoch sollte man Polizeikontakte meiden, wenn es geht: Deutlich spürbar verstehen sich die Beamten noch immer eher als Überwacher der Gesellschaft denn als ihr ›Freund und Helfer‹. Der derzeitigen Regierung dient die Polizei zudem zunehmend als Instrument zur bisweilen gewaltsamen Durchsetzung von Gruevskis politischen Interessen.

Privat wohnende Touristen sollten sich innerhalb von 24 Stunden im Land beim nächsten Revier registrieren lassen. Auf diese Verpflichtung wird an den Einreisestellen nur ungenügend hingewiesen, und de facto werden Besucher in der Regel nicht nach der Registrierung gefragt. Lässt man sich allerdings im Land ohne Anmeldung erwischen, drohen hohe Geldstrafen oder stundenlange Verhöre. Wer sichergehen will, sollte deshalb lieber gleich bei der Polizei nach einer Registrierkarte fragen. Hotels übernehmen die Registrierung für ihre Gäste.

Post

Die mazedonische Post steht in dem Ruf, recht zuverlässig zu sein, aber zumindest für Sendungen von Wert und Dringlichkeit gibt es sicherere Alternativen. **ППТ** ist die Kennzeichnung der Postämter; nur dort sind Briefmarken erhältlich. Die Hauptpostämter bieten landesweit einen **Poste-Restante-Service**, zu dem man sich seine Post schicken lassen kann. Zum Abholen braucht man lediglich einen Ausweis. Außerdem kann man im Postamt günstiger telefonieren als an anderen öffentlichen Apparaten.

Hauptpostamt in Skopje
Orče Nikolov bb
tägl. 7–17.30, So 8–13 Uhr.
Telefoncenter 24 Stunden geöffnet

FedEx
Partizanski odredi 17
Tel. +389/2/3137233

DHL
Vasil Agilarski No 2
Mo–Fr 9–18 Uhr

Reisen mit Kindern

Generell ist Mazedonien ein sehr kinderfreundliches Land, und Familien sind gern gesehene Gäste. Häufig begegnet reisenden Eltern hier weitaus mehr Unterstützung, Verständnis und herzliches Interesse an ihren Kindern, als man es aus dem eigenen Land gewohnt ist. Allerdings gibt es Dinge, auf die man sich einstellen sollte: Mit **Kinderwagen** oder Buggy ist man in Mazedonien und speziell in Skopje dank zugeparkter Gehwege, Schlaglöchern und quasi nicht vorhandener Rampen schlecht beraten. Weitaus mehr hat es sich bewährt, Babys oder Kleinkinder in einer Trage zu transportieren.

Windeln, **Babynahrung** und **Fläschchen** gibt es in den großen Vero-, Tinex und Ramstore-Läden, in der Provinz in Apotheken (Nahrung allerdings nicht immer in zuckerfreien Varianten). **Wickeltische** in öffentlichen Toiletten gibt es nicht, und **Babybetten** oder Hochstühle in Hotels sind eher die Ausnahme als die Regel. Kinder bis fünf Jahre übernachten in Hotels meist umsonst im Bett der Eltern, während sie bis zwölf oft den halben Preis im Zustellbett zahlen. Hotels mit Pool und Gärten mit Spielmöglichkeiten finden sich am besten in den kleineren Ortschaften rund um den Ohridsee. Autoverleihe haben meist auch ein Kontingent an **Kindersitzen**, die nicht unbedingt europäischen Sicherheitsstandards entsprechen, aber funktionieren. Dass Kinder auch ohne Kindersitz transportiert werden, ist nicht unüblich.

Speziell in Skopje richten immer mehr Restaurants **Spielecken** ein, so zum Beispiel das ›Kaj Maršalot‹, ›Tomče Sofka‹ im Stadtpark

Briefkasten

(→ S. 95, 96) oder die Restaurants entlang der Vardarpromenade vor dem Einkaufszentrum (kej 13 Noemvri). ›Igroteka‹ nennt man Indoor-Spielplätze, wobei besonders empfehlenswert das **Habyland** (www.habyland.mk) in Skopjes Boris-Trajkovski-Centar ist. Eine andere Möglichkeit in Skopje ist das **Kids Land** im Ramstore Centar. Andere Attraktionen (auch) für Kinder sind in Skopje der vom Stadtpark zum Ploštad fahrende **Miniaturzug** (ausgeschildert als ›Tourist Train‹), der **Zoo**, der auch Ponyreiten anbietet, die **Strandbars** am Vardarufer, der **Aquapark** neben dem Hotel ›Aleksandar Palace‹ oder die **Gondelfahrt** auf den Berg Vodno (→ S. 100).

Kinderfreundliche Ausflüge in die Umgebung von Skopje: Bootstour zur Höhle Vrelo in Matka (→ S. 107), Reiten im Cherry Orchard (→ S. 113) oder Speisen und Spielen im ›Čardak‹ in Skopska Crna Gora (→ S. 113).

Landesweit: Pferdetour im Nationalpark Mavrovo (→ S. 215), einfaches Wandern und Natur erkunden in Berovo (→ S. 252), Sandstrände und seichte Ufer rund um den Prespasee (→ S. 148), Schlangen und Pelikane beobachten auf einer Bootstour zur Schlangeninsel (→ S. 149), Zoo in Bitola (Tumbe kafe bb, Tel. +389/47/222956, www.zoobitola.mk), Aquapark Probištip (Plavica bb, Tel. +389/32/480080 www.aquaparkmacedonia.mk).

Reiseveranstalter

Mazedonien ist nicht gerade ein hochfrequentiertes Urlaubsland, und die Pauschalangebote sind überschaubar. Dennoch trauen sich inzwischen einige Reiseveranstalter mit Mazedonienreisen auf den Markt – meist in Kombination mit den Nachbarrepubliken.

Auch im Land selbst ist das Angebot noch dabei, sich zu entwickeln. Die weitaus größte Auswahl an themenorientierten Touren zu Weingütern, Klöstern, Naturschönheiten und vielem mehr findet man auf der Website **www.exploringmacedonia.com**, dem offiziellen Tourismusportal des Landes. Ansonsten gibt es vor Ort zahlreiche Reisebüros und Agenturen, die ihre Dienste anbieten, indem sie Führungen organisieren, Hotels buchen und Transporte koordinieren.

Reiseveranstalter in Deutschland:

Ikarus Tours
Am Kaltenborn 49–51
61462 Königstein
Tel. +49/6174/29020
Fax +49/6174/22952
www.ikarus.com
Verschiedene Mazedonien-Angebote, darunter eine Wanderreise durch alle drei Nationalparks.

Djoser Reisen
Kaiser-Wilhelm-Ring 20
50672 Köln
Tel. +49/221/9201580
Fax +49/221/92015858
www.djoser.de
15-tägige Rundreise durch Albanien und Mazedonien, Schwerpunkt auf Albanien.

Ex Oriente Lux Reisen
Neue Grünstr. 38
10179 Berlin
Tel. +49/30/62908205
Fax +49/030/62908209
www.eol-reisen.de
Rundreise mit Schwerpunkt auf Geschichte und Kultur: Skopje, Veles, Kavadarci, Prilep, Kruševo, Bitola, Prespa-See, Struga, Ohrid, Tetovo.

Lernidee Erlebnisreisen
Eisenacher Str. 11
10777 Berlin
Tel. +49/30/7860000
Fax +49/30/7865596
www.lernidee.de
Im Angebot derzeit eine Woche Albanien und Mazedonien (mit Skopje, Mavrovo, Ohrid).

Paradeast
Orhalm 6a
93177 Altenthann
Tel. +49/9408/869270
www.paradeast.com
Mehrere Mazedonien-Angebote, darunter eine Wanderreise durch die Nationalparks und eine 10-tägige Kulturreise mit ausgewählten politischen Schwerpunktthemen

Hermann Richter
Tel. +49/61/208651
www.inselwandern-hermann.de
Sein Schwerpunkt ist seit vielen Jahren Griechenland, aber Hermann Richter führt natur- und kulturinteressierte Wanderer auch gern und regelmäßig durch das Dreiländereck um den Ohrid- und Prespasee. Sehr persönlich gestaltete Reisen mit viel Informationsgehalt.

Bei vielen Veranstaltern im Programm: Ohrid

Rotel Tours
Herrenstr. 11
94104 Tittling
Tel. +49/8504/4040
Fax +49/8504/4926
www.rotel.de
22-tägige Balkan-Busreise durch alle Ex-YU-Republiken mit Skopje, Ohrid und Bitola.

Weitblicke
Waldstr. 68
04105 Leipzig
Tel. +49/341/9808570
www.weit-blicke.de
Mehrmals im Jahr zweiwöchige Studienreisen mit verschiedenen Themenschwerpunkten.

Wikinger-Reisen
Kölner Str. 20
58135 Hagen
Tel. +49/2331/9046
Fax +49/2331/904704
www.wikinger-reisen.de
Elf Tage durch mazedonische Städte und Landschaften oder zwei Wochen wandern in Mazedonien, Albanien und Montenegro.

Reiseveranstalter in der Schweiz:

Gaea Tours
Bruggstr. 28
8942 Oberrieden
Tel. +49/44/7722288
www.gaea.ch
Elisabetha Eggenberger Peng bietet thematische Wanderungen mit fachkundiger lokaler Begleitung. Schwerpunkt sind Ohrid und die Dörfer Westmazedoniens. Im Angebot ist neuerdings auch eine Selbstfahrerreise mit individuell wählbarem Termin.

Reiseveranstalter in Österreich:

Weltweitwandern
Gaswerkstr. 99
8020 Graz
Tel. +43/316/5835040
Tel. +43/6163/934540 (aus Deutschland zum Inlandstarif)
www.weltweitwandern.at
10-tägige Rundreise auf den Spuren der Thraker und Alexander des Großen, davon 2 Tage in Bulgarien.

Reiseveranstalter in der Region:

Agentur Kompas
Dimitrie Cupovski 1, Skopje
Tel. +389/2/3115587
Traditionsunternehmen mit Erfahrung und Knowhow.

Cycle Macedonia
www.cyclemacedonia.com
9-tägige Fahrradreisen durch Südwestmazedonien.

Exploring Macedonia
Partizanski odredi 62, Skopje
www.exploringmacedonia.com
Mehrtägige Wein-, Kloster-, Ethno- und Geschichtstouren.

Simonium Travel
Podgrage 76, Skopje
Tel. +389/2/5511366
www.simoniumtravel.com.mk
Großes Angebot an kulturellen und sportlichen Reisen durch das Land inkl. Paragliding, Fahrradtouren und Winterreisen.

Sicherheit

Mazedonien ist ein relativ sicheres Reiseland. Statistisch gesehen ist das Risiko, Opfer eines Verbrechens zu werden, viel geringer als beispielsweise in Deutschland. Auch Frauen können sich nachts auf Skopjes Straßen sicherer fühlen als in mancher westeuropäischen Großstadt. Obwohl die Kriminalität im Land in den letzten Jahren deutlich zugenommen hat, spielt sie sich hauptsächlich auf Ebenen ab, die Touristen nicht betreffen.

Gefährlich kann der **Straßenverkehr in Skopje** sein, und bisweilen gibt es Roma-Kinder rund um Skopjes Hauptplatz, die in Gruppen auftreten und Touristen bedrängen. In diesem Fall ist es ratsam, sich in das nächste Restaurant zu flüchten und das Personal um Unterstützung zu bitten. Wer den Roma sinnvoll helfen und dabei sicher sein will, dass das Geld nicht in mafiösen Strukturen verschwindet, wendet sich besser an eine der lokalen Hilfsorganisationen (z.B ›Ambrela‹ oder ›Romaversitas‹) als durch Almosen auf der Straße weiter zum Betteln zu motivieren.

Bei Reisen in die **nördlichen und nordwestlichen Grenzgebiet**e abseits der Hauptverkehrsverbindungen rät das Auswärtige Amt noch immer zu besonderer Vorsicht. Wo sich im Konflikt von 2001 Rebellen der UÇK verschanzten, haben die mazedonischen Behörden weiterhin nicht immer rechtzeitige Hilfs- und Zugriffsmöglichkeit. Es ist sicher sinnvoll, vorher noch einmal die aktuellen Sicherheitshinweise beim Amt zu erfragen und sich von Demonstrationen jeder Art fernzuhalten, da diese leicht eskalieren können.

Generell gilt, dass man, wie in jedem anderen Land auch, gut auf seine Wertsachen achten und sich nicht im Besitz von Drogen erwischen lassen sollte: Verstöße gegen das Betäubungsmittelgesetz werden mit mehrjährigen Gefängnisstrafen geahndet.

Sport und Freizeit

Mazedonien hat ein großes Potential für Freizeit- und Outdoor-Sport, das in den letzten Jahren zunehmend erschlossen wird.

Dank neuer Karten, Infotafeln und Wegweiser sind besonders die Nationalparks ideal zum **Wandern**. Aber auch Šar Planina, Berovo und die Gebirge Jakupica und Karadžica sind beliebte Bergwanderregionen. Schon jetzt ist dies der Lieblingssport vieler Mazedonier, und es gibt zahlreiche Bergsteigervereine und gutbesuchte Hütten. Wanderwege sind landesweit mit einem roten Kreis um einen weißen Punkt gekennzeichnet, und GPS-Daten für beliebte Routen findet man zum Besipiel auf www.mkdmount.org/gps_mapi/gps_maps.html und www.gpsies.com. Wer nicht allein in die Berge möchte, hat die Möglichkeit, über Anbieter wie ›Go Macedonia‹ mehrtägige Wanderungen zu buchen oder sich einer der verschiedenen lokalen Wandergruppen anzuschließen. Entsprechende Kontakte finden sich im Anschluss.

Auch zum **Klettern** und **Bouldern** bietet Mazedonien zunehmend erschlossene Gebiete. Beliebte Klettergegenden sind zum Beispiel Matka, Demir Kapija und Ploča bei Radoviš. Boulderer haben unter anderem die felsenreiche Umgebung von Prilep für sich entdeckt. Kletterausrüstungen kann man – bis auf Schuhe – bei lokalen

Mountainbiker

Wanderwegzeichen bei Berovo

Klettervereinen ausleihen, die auch Kletterlehrer anbieten.

Dank seiner vielen Berge ist Mazedonien auch bei **Gleit- und Drachenfliegern** populär. Tandemflüge und Unterricht sind sehr viel günstiger als in Westeuropa und bei mehreren Anbietern zu buchen. Besonders beliebt bei Paraglidern sind der Nationalpark Galičica und die Hänge bei Kruševo (Mečkin Kamen).

Auch **Radfahren** ist im Kommen. ›Cycle Macedonia‹ ist die erste Agentur, die Radreisen durch das Land anbietet (www.cyclemacedonia.com). Bisher gibt es landesweit nur sehr wenige Fahrradverleihe, aber zunehmend bieten Hotels ihren Gästen Leihräder an, und in den drei Nationalparks wurden inzwischen Wege für Mountainbiker (spärlich) markiert. Das Vardarufer in Skopje hat einen breiten Radweg und ist außerdem der beliebteste Platz für **Inline-Skater** und **Jogger**, denen man sich besonders am Wochenende gut anschließen kann.

Angeln ist ebenfalls ein verbreiteter Sport. Korrekterweise sollte man sich vorher einen Angelschein vom örtlichen Angelklub ausstellen lassen.

Kajakfahren ist besonders schön in der Schlucht von Matka, wo es eine Leihstation gibt. Auch am Ohridsee gibt es mehrere Vereine, die Kanus und Tauchausrüstungen verleihen. Das Tauchen ist allerdings weder im Ohrid- noch im Prespasee besonders ergiebig. Die besten, wenn auch nicht idealen Flüsse für Kajak- oder Kanufahren sind Treska, Radika und Crn Drim.

Alle größeren Hotels haben **Fitnesscenter** und **Tennisplätze**, die man häufig auch als Externer gegen eine Gebühr nutzen kann, und in jeder Stadt gibt es mindestens ein **Freibad.**

Im Winter hat Mazedonien einige **Skigebiete**. Wirklich nennenswert sind davon Popova Šapka und Mavrovo, wo man Skier und Zubehör vor Ort leihen kann, sowie das neu angelegte und an westlichem Standard orientierte Skigebiet Kožuf bei Gevgelija. Ein neues Gebiet soll künftig im Nationalpark Galičica entstehen.

Wandern und Hütten:
Nützliche Websites: mkmount.org, www.summitpost.org

SPSM (Verein der Bergsteiger)
Oktomvri 42a, Skopje
Tel. +389/2/165540
SPSM@mt.net.mk

Korab Wanderverein
Tel. +389/75/554595
(Englisch wird verstanden), Skopje
www.korab.org.mk

Shara Mountain Guide
K. J. Pitu 6, Tetovo
Tel. +389/44/75649393
www.sharamountainguide.com.mk

Klettern:
Nützliche Website: http://alpinizam.org

Matka Kletterverein
Skopje, Tel. +389/270342828

Boulder Crux
Ploča (Pilav Tepe)
Tel. +389/70/550058 (Zoran Majstorski)
www.plocaclimbing.com.
80 m hoher Fels, leicht von der Straße aus zu erreichen. Gut entwickeltes Terrain mit geschraubten und traditionellen Routen sowie Bouldern mit Kletterhütte zum Über-

nachten und Restaurant. Nahe M6, ca. 15 km westlich von Radoviš Richtung Skopje.

Tauchen:

Korali Tauchklub
www.xmkd.com

Tauchzentrum Amfora
Im Hotel ›Granit‹, Ohrid
Tel. +389/46/207100
www.amfora.com.mk

Paragliding:

Vertigo
Tel. +389/70/650080 (Sašo Smilevski)
www.vertigo.org.mk
Jeden Donnerstag um 21 Uhr offenes Treffen im Café ›London‹ in Skopje, direkt am Ploštad.

XSkyland
Tel. +389/75/508493
www.xskyland.com

Taxi

Häufig sind Taxis die beste Möglichkeit, sich im Land fortzubewegen. Dabei können Taxis alles sein, vom Mercedes bis zum Škoda. Taxifahren ist in Mazedonien immer noch recht preiswert. Sammeltaxis sind eine gute Alternative, wenn der Bus mal auf sich warten lässt. Von Skopje nach Kumanovo etwa zahlt man in einem vollbesetzten Taxi pro Nase gerade mal zehn Denar mehr als für ein Busticket und ist meist schneller da.

Die meisten Taxis haben einen **Taxameter**, der, je nach Ort, einen Mindestpreis von 40 bis 50 Denar anzeigt. Für 50 Denar kann man in Skopje drei Kilometer fahren, danach steigt der Preis pro Kilometer um 30 Denar. Eine Fahrt im Zentrum Skopjes kostet meist um die 100 Denar.

Sollte man sich dabei einmal betrogen fühlen, kann man sich daran erinnern, wie wenig mazedonische Taxifahrer verdienen. Viele von ihnen hatten früher einmal andere Berufe, finden in der Branche aber keine Anstellung mehr. Die Lizenz für ein Taxi ist sehr kostspielig und muss alle zwei Jahre erneuert werden. Angesichts der teuren Benzinpreise und der durch die viele Konkurrenz niedriggehaltenen Tarife kann sich jeder ausrechnen, wie gering der reguläre Verdienst ist.

Auch für **längere Ausflüge** ist es oft praktisch, anstelle eines Mietwagens ein Taxi anzuheuern. Für die meisten Ziele im Umfeld der größeren Städte gibt es Fixpreise, die auf einer Liste erfasst sind. Das Taxi holt einen bequem zu Hause ab und erspart so das eigene Navigieren auf nicht immer optimalen Straßen. Mit ein bisschen Glück erfährt man vom Fahrer nebenbei Wissenswertes über die Region.

Auf der Straße erkennt man Taxis an einem Hinweisschild auf dem Dach, und alle Taxi-Rufnummern beginnen mit 15. In Skopje ist Vorsicht geboten bei der Taximafia am Flughafen und am Bahnhof. Bevor man sich dort über's Ohr hauen lässt, sollte man sich lieber ein Taxi rufen. Empfehlenswert ist zum Beispiel die Agentur **Naše-Taxi** (Tel. +389/2/15152). Die gelben Wagen fahren oft zum günstigen Tarif für nur 900 Denar zum Flughafen (der Listenpreis beträgt 1200 Denar, die Taximafia verlangt gern 30 Euro oder mehr).

Originelles Taxi in Debar

Telefonieren

Mazedoniens Funktelefonnetz funktioniert nach dem **GSM-Standard**, und mitgebrachte Handys buchen sich üblicherweise automatisch ein. Es gibt derzeit drei große Mobilanbieter im Land. ›T-Mobile‹, ›One‹ und ›VIP‹. Wenn man sich länger aufhält, kann es sinnvoll sein, eine lokale Handykarte zu kaufen. Für Touristen bietet VIP zum Beispiel eine Prepaidkarte für 8 Euro/Woche (oder 16 Euro/Monat) inklusive unbegrenztem Internet an. Beim Kauf den Pass nicht vergessen!

Andere Möglichkeiten sind das **Postamt**, das **Telefoncenter** und **Kartentelefone**. Karten für die blauen Fernsprecher sind für 100, 200, 300, 650 und 1250 Denar an Kiosken und Postämtern erhältlich und funktionieren nach Eingabe des Kartencodes. Für alle Telefone gilt, dass die Tarife zwischen 18 und 6 Uhr herabgesetzt werden. Telefonnummern in Mazedonien ändern sich häufig. Die Nummer der nationalen Auskunft ist +389/188, weitere Auskünfte auf Englisch sind auf den Websites imenik.telekom.mk/index_log.aspx und www.yellowpages.com.mk zu finden.

Vorwahlen

Nach Mazedonien: +389
Nach Deutschland: +49
Nach Österreich: +43
In die Schweiz: +41

Trampen

Bei den relativ günstigen Tarifen für Busse und Bahnen ist Trampen meist nicht notwendig. Wenn doch, ist es nicht unsicherer und gefährlicher als anderswo. Auch als Frau alleine muss man sich nicht mehr sorgen, als wenn man in Deutschland in ein fremdes Auto steigt. Mit etwas Glück gelangt man dabei an Orte, zu denen man allein nie gekommen wäre und lernt das Land besonders persönlich und authentisch kennen.

Trinkgeld

Trinkgelder werden ähnlich wie bei uns vergeben. Zehn Prozent für alle Dienstleistungen und im Restaurant sind durchaus üblich.

Unterkünfte

Das Angebot an Unterkünften ist groß und vielfältig. Von Klöstern bis zu Berghütten und Weingütern, von Absteigen bis zum Fünfsternehotel ist alles drin. In Skopje sind Zimmer landesweit am teuersten und kosten um die 70 Euro. Für **Privatzimmer**, erkennbar am Aushang ›соба‹, gibt man außerhalb Skopjes in der Regel 5 bis 15 Euro pro Person und Nacht aus, **Hotels** kosten zwischen 15 und 100 Euro.

Generell ist es in keinem Ort schwierig, auch ohne Voranmeldung Unterkunft zu finden. Gelegentlich fällt das Angebot aber etwas überraschend aus. Die meisten der Hotels aus der Tito-Ära wurden inzwischen modernisiert, aber die letzten Originale bestechen nicht nur durch niedrige Preise, sondern bisweilen auch durch ihren speziellen Charme und das nostalgische Interieur. Daneben gibt es immer mehr Hotels, die westeuropäischen Standards entsprechen und alle bekannten Serviceleistungen anbieten.Die landesweit einzige **Jugendherberge** ist in Skopje. In mäßig zentraler Lage und für den gebotenen Standard ist sie mit 20 Euro pro Nase zu teuer. Mitten in der Altstadt kann man oft günstiger und persönlicher unterkommen. In Skopje und Ohrid gibt es inzwischen private **Hostels**, die sich speziell an junge Individualreisende wenden. Zum Übernachten auf **Berghütten** braucht man keinen Schlafsack, frische Bettwäsche wird gestellt. Das Ganze kostet 200 bis 600 Denar.

Übernachtungen in **Klöstern** sind umsonst oder sehr günstig, allerdings ist es geboten, eine Spende zu hinterlassen und sich dem Klosterleben angemessen zu kleiden und zu verhalten.

Veranstaltungskalender

Januar Kurz nach den Neujahrsfeierlichkeiten folgen das orthodoxe Weihnachtsfest am 6./7. Januar und das julianische Neujahr am 13./14. Januar (beides nach dem alten Kalender). Zeitgleich findet in Vevčani, nicht weit von Struga, Mazedoniens berühmtester Karneval statt.

Ikone mit Weihrauchgefäß

Februar Am 14. wird der Tag des heiligen Trifun gefeiert. Vor allem in der Region von Kavadarci wird ausgiebig gefeiert und getrunken, denn Trifun ist der Weinheilige.

März Das Ende der Fastenzeit wird mit einem großen Karneval in Strumica gefeiert. Anfang März findet der Wiener Ball in Skopje statt. Das orthodoxe Osterfest fällt jährlich in den März oder April.

Mai Den Opernabenden in Skopje folgt am Monatsende ein großes Fest mit Volks- und Dudelsackmusik in Dolneni bei Prilep. In der letzten Maiwoche findet in Strumica das AsterFest mit Filmen aus Südosteuropa statt.

Juli Vom 5. bis 10. Juli werden in Ohrid folkloristische Volkstänze aufgeführt. Am Wochenende um den 12. findet die traditionelle Hochzeit von Galičnik statt. Mitte Juli beginnen die großen Sommerfestivals von Ohrid und Skopje. In Štip gibt es ein internationales Filmfestival. Vom 30. Juli bis 2. August findet in Bitola ein traditionelles Folklorefest statt.

August Am 2. August wird Ilinden gefeiert, der Aufstand gegen die Osmanen im Jahr 1903. Gleichzeitig gibt es eine große Trachtenausstellung in Struga. In Ohrid, Skopje, Bitola, Kruševo und Strumica kann man bis zur Monatsmitte die jährlichen Sommerfestivals mit vielen Konzerten und Darbietungen in unterschiedlichsten Lokalitäten erleben. Anfang August wird in Kavadarci mit vielen Umzügen Tikveši Grozdober gefeiert, der Beginn der Weinernte. Auf Strugas Brücken wird vom 25. bis 29. Poesie in allen Sprachen gelesen und in Prilep feiert man das Bierfest. Am letzten Wochenende des Monats findet in Ohrid ein großer Schwimmmarathon statt.

September Am Monatsende gibt es in Bitola ein internationales Filmfestival.

Oktober In der dritten Woche findet das Skopje Jazzfestival mit internationalen Bands statt. Eine Woche lang Klassisches gibt es in Štip beim Makfest und in Bitola beim Interfest, beide mit internationaler Beteiligung.

Dezember Weihnachten, mit vielen Weihnachtsmärkten und Adventskonzerten.

Zoll

Güter für den persönlichen Bedarf dürfen uneingeschränkt eingeführt werden, müssen aber auch wieder ausgeführt werden. Gegenstände wie Radios, Funktelefone, Laptops, Fotoapparate, Videokameras, Camping- und Tauchausrüstungen sollte man bei Grenzübertritt deklarieren, allerdings bekommt man selten eines der entsprechenden Formulare in die Hand. Wer sich sicher fühlen möchte, sollte danach fragen.

Devisen dürfen bis zu einem Gegenwert von 10 000 Euro ein- und ausgeführt werden ohne sie zu deklarieren.

Ausführen darf man vier Liter Wein oder einen Liter Spirituosen, 200 Zigaretten, 50 Zigarren oder 250 Gramm Tabak und Parfums für den persönlichen Gebrauch, außerdem Lebensmittel für die Dauer der Reise und andere Waren bis zu einem Wert von 430 Euro.

Archäologische und antiquarische Gegenstände dürfen nur mit Genehmigung ausgeführt werden.

Sprachführer

Mazedonisch

Die mazedonische Sprache hat weltweit nur etwa vier Millionen Muttersprachler und ist erst seit gut 60 Jahren anerkannt. Umso mehr wird man sich im Land freuen, wenn Reisende mit ein paar Wörtern Mazedonisch aufwarten können. Besonders in entlegeneren Gegenden wird einem das viele Türen öffnen. All denen, die einmal Russisch oder eine andere slawische Sprache gelernt haben, wird das leichtfallen, denn viele Wörter sind nahezu identisch. Eine andere gute Nachricht: Im Mazedonischen wird alles genauso ausgesprochen, wie es geschrieben wird. Außerdem wird immer die dritte Silbe von hinten betont, bei zweisilbigen Wörtern die erste von vorne. Ausnahmen sind lediglich ein paar Lehnwörter, die ihre ursprüngliche Betonung beibehalten haben. Geschrieben wird Mazedonisch grundsätzlich kyrillisch, es gibt aber eine gängige lateinische Umschrift. Einige Buchstaben, die es im Russischen oder Serbischen gibt, wurden im Mazedonischen durch lateinische ersetzt, was das Lesen noch einfacher macht. Das ›r‹ wird gerollt gesprochen, Vornamen sind die einzigen Nomen, bei denen es so etwas wie eine Deklination gibt. Für 7,90 Euro kann die verbesserte Neuauflage des Kauderwelsch-Bandes ›Mazedonisch Wort für Wort‹ ein nützlicher Begleiter sein. Tipp: Ein zuverlässiges Onlinewörterbuch findet man auf www.makedonisch.info.

Kyrillisch	Umschrift	Aussprache
А а	a	a (kurz)
Б б	b	b
В в	v	w
Г г	g	g
Д д	d	d
Ѓ ѓ	gj	gj
Е е	e	e
Ж ж	ž	Garage
З з	z	s (stimmhaft)
Ѕ ѕ	dz	ds (stimmhaft)
И и	i	i (kurz)
Ј ј	j	j
К к	k	k
Л л	l	l
Љ љ	lj	lj

М м	m	m
Н н	n	n
Њ њ	nj	nj
О о	o	o (kurz)
П п	p	p
Р р	r	r (gerollt)
С с	s	ß
Т т	t	t
Ќ ќ	kj	kj
У у	u	u
Ф ф	f	f
Х х	h	ch wie in ›acht‹
Ц ц	c	z
Ч ч	č	tsch
Џ џ	dž	dsch wie in
Ш ш	š	sch

Zahlen

0	nula
1	eden
2	dva
3	tri
4	četri
5	pet
6	šest
7	sedum
8	osum
9	devet
10	deset
11	edinaeset

12	dvanaeset
20	dvaeset
100	sto
500	petstotini
1000	iljada
halb	pola
Allgemeines	
ja	da
nein	ne
gut	dobro
o.k.	može
vielleicht	možebi
Was?	što?
Wo, wohin?	kade?
Wann?	koga?
Wie?	kako?
Warum?	zošto?
Wer?	koj?
Toilette	toalet/WC
Mann/Frau	maž/žena
geöffnet	otvoreno
geschlossen	zatvoreno
Eingang	vlez
Ausgang	izlez
Bekanntschaften	
Hallo!	Zdravo!
Guten Morgen.	Dobro utro.
Guten Tag.	Dobar den.
Guten Abend.	Dobra večer.

Auf Wiedersehen.	Prijatno/Čao.
Danke.	Blagodaram (fala).
Bitte.	Molam.
Entschuldigung!	Izvinete
Willkommen!	Dobredojde!
Wie geht es dir/Ihnen?	Kako si/ste?
Mir geht es gut.	Dobar sum.
Sprechen Sie deutsch/englisch?	Zbruvate-li germanski/angliski?
Ich verstehe kein Mazedonisch.	(Jas) ne razbiram makedonski.
Ich bin Deutscher/Deutsche.	Jas sum germanka/germanec.

In der Stadt

Wo ist ...?	Kade e ...?
Wie weit ist es bis ...?	Kolku daleku e do ...?
Wann fährt der Zug nach ...?	Koga trgnuva vozot za ...?
rechts/links	desno/levo
geradeaus	pravo
hier/dort	tuka/tamu
Moschee	džamija
Kirche	crkva
Festung	kale
Museum	muzej
Hotel	hotel
Bahnhof	železnička stanica
Busbahnhof	avtobuska stanica
Flughafen	aerodrom
Auto	kola
Tankstelle	benzinska pumpa
Taxi	taksi
Telefon	telefon

Bank	banka
Postamt	pošta
Polizeirevier	policiska stanica
Restaurant	restoran
Stadt	grad
Dorf	selo
Krankenhaus	bolnica
Apotheke	apteka
Wo kann ich ... kaufen?	Kade možam da kupam ...?
Wieviel kostet ...?	Kolku čini ...?
Haben Sie ...?	Imate li ...?
Ich brauche ...	Mi treba ...
Haben Sie ein freies Zimmer?	Imate li slobodna soba?
für eine Nacht	za edna nokj
für zwei, drei Nächte	za dve, tri nokji
Ich habe kein Geld.	(Jas) nemam pari.

Essen/Trinken

Ich möchte ... (trinken).	Sakam (da pijam) ...
Wasser	voda
Saft	sok
Tee	čaj
Kaffee	kafe
eine Tasse Kaffee	edna šolja kafe
Milchkaffee	kafe so mleko
Wein	vino
ein Glas Wein	edna čaša vino
Bier	pivo
heiß/kalt	toplo/ladno
groß/klein	golemo/malo

mit/ohne	so/bez
Frühstück	pojadok
Mittagessen	ručok
Abendessen	večera
Fisch	riba
Fleisch	meso
Suppe	čorba
Salat	salata
Gemischter Salat	mešana salata
Brot	leb(če)
Reis	oriz
Kartoffeln	kompir
Salz	sol
Zucker	šeḱer
Bohnenauflauf	tavče gravče
gelber Käse/weißer Käse	kaškaval/sirenje
Ich esse kein Fleisch.	Ne jadam meso.
Rechnung	smetka
Zeit	
heute	denes
morgen	utre
gestern	včera
jetzt	sega
Tag	den
Woche	nedela
Monat	mesec
Jahr	godina
Stunde	čas/saat
Minute	minuta

Wichtige Verben

ich bin/du bist	jas sum/ti si
ich kann/du kannst	jas možam/ti možeš
ich habe/du hast	jas imam/ti imaš
ich habe nicht/du hast nicht	jas nemam/ti nemaš
ich mag (will)/du magst (willst)	jas sakam/ti sakaš

Albanisch

Überall dort, wo mehr als 20 Prozent Albaner leben, ist die zweite offizielle Sprache Albanisch. Tatsächlich sind einige Städte in Westmazedonien fast ausschließlich von Albanern bewohnt, und Mazedonisch wird dort weder gesprochen noch besonders gern gehört. Mehr erreicht man häufig mit Deutsch, am meisten mit ein paar Brocken Albanisch. Das Albanische wird, ebenso wie das Mazedonische, phonetisch geschrieben. Hat man also einmal die Aussprache der einzelnen Laute verinnerlicht, gibt es keine großen Artikulationsprobleme mehr. Die Schrift ist lateinisch, hat aber ein paar Sonderzeichen.

Zeichen und Laute, die von unserem Alphabet abweichen:

ç	tsch
dh	stimmhaftes th (wie englisch ›the‹)
ë	sehr kurzes e (für Linguisten: Schwa)
sh	sch
th	stimmloses th (wie in englisch ›throw‹)
x	ds
xh	j wie ›Johnny‹
y	langes u
z	stimmhaftes s
zh	Garage

Die Sprache klingt sehr fremd und ist nicht ganz einfach zu lernen. Deshalb hier nur ein paar grundlegende Ausdrücke, die nützlich sein könnten:

ja/nein	po/jo
Hallo!	Ungjatjeta!
Auf Wiedersehen!	Mirupafshim!
Tschüß!	Lamtumirë!
Danke.	Faleminderit.
Entschuldigung!	Më fal.
Ich verstehe kein Albanisch.	Unë nuk kuptoi shqip.
Verstehen Sie Deutsch?	A kuptoni gjermanisht?
wo, wohin?	ku?
wann?	kur?

links/rechts	majtas/djathtas
Busstation	stacioni i autobusave
Zug	tren
Toilette	nevojtore
Mann/Frau	mashkull/femër
heute	sot
morgen	nesër
Haben Sie ...?	A keni ...?
Wo gibt es ...?	Ku ka ...?
Wieviel kostet das?	Sa kushton?
Ich möchte zahlen.	Dua të paguaj.
Zahlen	
0	zero
1	një
2	dy
3	tre
4	katër
5	pesë
6	gjashtë
7	shtatë
8	tetë
9	nëntë
10	dhjetë
11	njëmbëdhjetë
12	dymbëdhjetë
20	njëzet
100	njëqind
500	pesëqind
1000	një mijë
halb	giysmë

Mazedonien im Internet

Allgemeines

www.makedonija.de Portal mit aktuellen Nachrichten, Live-Radio und vielen Links zum Land und einzelnen Regionen (dt.).

mein-makedonien.blogspot.de Etwas patriotisch gefärbter Blog mit aktuellen Meldungen aus Mazedonien (dt./engl.)

www.macedonia.co.uk Schwerpunkt Kultur, aber auch viel über Wirtschaft und Politik (engl.).

www.mymacedonia.net Recht detaillierte, seriöse und umfangreiche Texte zu allen landeskundlichen Themen. Äußerst informativ (engl.).

makedonija.cjb.net Basisinformationen über das Land mit Infoseiten zu jeder kleineren oder größeren Stadt (engl.).

directory.macedonia.org Nützliche Linksammlung zu allgemeinen Themen (engl.).

Spezielles

www.auswaertiges-amt.de Unter ›Länder- und Reiseinformationen‹ erhält man detaillierte Informationen über die aktuelle Situation, Politik, Zoll, Adressen deutscher Vertretungen vor Ort etc.

www.culture.in.mk Informationen über alles, was Kultur betrifft: Festivals, die neuesten Filme, archäologische Ausgrabungen, Konzerte, Ausstellungen (engl.).

www.mia.mk Informationsportal mit Nachrichten (engl.).

www.yellowpages.com.mk Branchenverzeichnis Mazedonien (engl.).

Touristische Informationen

www.getlokal.mk Ausgeh- und Kulturempfehlungen von Leuten vor Ort, mit Stadtplan.

www.exploringmacedonia.com Sehr umfangreiches Infoangebot, auch Touren und Aktivtourismus, Audiomaterial zum richtigen Aussprechen mazedonischer Wörter, Kurzinfos zu allen Städten (engl.).

www.tabibito.de/balkan/skopje.html Nicht immer ganz aktuell, aber nützlicher kleiner Sprachführer, persönliche Erfahrungsberichte. Schwerpunkte Ohrid und Skopje (dt.).

www.lonelyplanet.com/macedonia Knappe, praktische Infos zum Wesentlichsten (engl.).

Einzelne Orte

www.macedoniancities.com Kurzinfos zu allen größeren Städten (engl.).

www.skopjeonline.com.mk Regelmäßig aktualisiert, informiert Skopje-Besucher über kulturelle Events, Unterkünfte, Restaurants, Wetter etc. (engl.).

www.skopje.gov.mk Offizielle Skopje-Seite mit vielen Adressen, Infos zu Institutionen und Infrastruktur, Stadtplan (engl.).

www.ohrid.de Viele Fotos und Wissenswertes über Ohrid und Mazedonien. Mit Linksammlung.

www.ohrid.org.mk Mit Stadtplan und Sehenswürdigkeiten, Festivals, Unterkünfte, ausführliche Geschichte (engl.).

www.bitola.de Busfahrplan, Adressen, Infos zu Geschichte und Kultur, leider noch nicht ganz vollständig (engl.).

instrumica.com Infos zu aktuellen Veranstaltungen, Kultur, Tourismus und Sport in Strumica und Umgebung (engl.).

lovekrusevo.com Aktuelles und Allgemeines zu Sehenswürdigkeiten und Infrastruktur in Kruševo (engl.).

Touristenkutsche vor dem Ristič-Palast

Literatur

Berg Vodno bei Skopje

Althammer, Walter: Mazedonien. Probleme und Perspektiven eines jungen Staates. Aus der Südosteuropa-Forschung 10. Spektrum aktuelle Situation, Geschichte, Wirtschaft. Guter und kritischer Überblick, englisch und deutsch.

Soškovska, Nada: Das jugoslawische Makedonien 1918–1941. Eine Randregion zwischen Repression und Integration. Zur Kunde Südosteuropas Band II/39, 2009. Reflexion über die Auswirkungen der Belgrader Politik in Mazedonien zu Zeiten Titos.

Brown, Keith: The Past in Question. Modern Macedonia and the Uncertainties of Nation. Oxford 2003. Kritische Revision der mazedonischen Geschichte am Beispiel der Kruševo-Republik und der daran erinnernden Denkmäler. Sehr speziell.

Kolbow, Walter/Quaden, Heinrich: Krieg und Frieden auf dem Balkan - Mazedonien am Scheideweg? Chancen, Herausforderungen und Risiken des Aufbruchs nach Europa. Baden-Baden 2001. Verschiedene Autoren rekapitulieren und bewerten die politischen Ereignisse der letzten Jahre in Mazedonien. Schwerpunkt Kosovokrise und deren Auswirkungen. Sehr informativ.

Kultermann, Udo: Zeitgenössische Architektur in Osteuropa. Köln 1985. Überblick über die Entwicklung der sozialistischen Architektur und deren unterschiedliche Entwicklung in den südeuropäischen Ländern. Schwerpunkt Russland.

Lorenz/Raab (Hrsg.): Mazedonien - Reiches armes Land. Gerhard Hess Verlag 1997. Aufsätze zu Geschichte, Kultur, Geographie und aktuellen Belangen des heutigen Staates Mazedonien.

Society for Macedonian Studies, Center of Macedonians Abroad (Hrsg.): Macedonia and the Macedonian Question. A Brief Survey. Thessaloniki 1983.

Mappes-Niediek, Norbert: Balkan-Mafia. Staaten in der Hand des Verbrechens - Eine Gefahr für Europa. Berlin 2003. Geht es in den ethnischen Auseinandersetzungen tatsächlich vorrangig um Minderheitenrechte oder um die Sicherung der organisierten Kriminalität auf dem Balkan? An Einzelbeispielen aufgeschlüsselt. Eher populistisch.

Nikolaou, Theodor: Mazedonia. Wiege des Hellenismus. München 1992. Wie der Titel verrät, eine Abrechnung mit der Republik Mazedonien und ein Plädoyer für Griechenland. Die mazedonische Frage aus griechischer Sicht. Leicht veraltet, dogmatisch.

Sieckmeyer, Doris und Jürgen: Mazedonien - Makedonia - Macedonia. 2009. Ansprechender Fotoband.

Schwaderer, Gabriel/Spangenberg, Annette: EuroNatur-Reiseführer Prespa-Ohrid-Region. EuroNatur Service 2010. Viel Wissenswertes über die Naturschätze im Dreiländereck Mazedonien/Albanien/Griechenland.

Streck, Bernhardt (Hrg.): Shutka Shukar. Zu Gast bei Roma, Ashkali und Ägyptern. Leipzig 2009. Deutsche Studierende berichten über die Situation in der Romasiedlung Shutka in Skopje.

Vetterlein, Merle: Konfliktregulierung durch power-sharing-Modelle. Das Fallbeispiel der Republik Makedonien. Demokratie, Sicherheit, Frieden 196, 2010. Eine detaillierte Auseinandersetzung mit dem innermazedonischen Konflikt von 2001 und dem daraus resultierenden Ohrid-Abkommen.

Glossar

Apsis Halbrunder, meist mit einer Halbkuppel überwölbter Raumteil in Kirchen.
Basilika Seit dem frühen Christentum Kirchengebäude mit drei Schiffen.
Beg, Bey Statthalter im Osmanischen Reich.
Čaršija Altstadt, Marktplatz, von türkisch ›Stadt‹.
Fresko Wandmalerei, die auf feuchten Putz aufgetragen wird, von ›fresco‹ (frisch).
Hammam Türkisches (Dampf-) Bad.
Han, An Orientalische Herberge.
Ikone Heiligendarstellung der orthodoxen Kirche.
Ikonostase Ikonenwand, die Altar und Gemeinderaum trennt.
Imaret Türkische Volksküche.
Krypta Begehbare Grabstätte unter der Apsis, meist Heiligen- oder Herrschergräber.
Lapidarium Sammlung von Steinwerken, etwa Skulpturen und Grabsteine.
Mihrab Gebetsnische in Moscheen, die die Gebetsrichtung anzeigt.
Minarett Moscheeturm, von hier ruft der Muezzin fünfmal täglich zum Gebet.
Muezzin Ausrufer, der die Muslime zum Gebet ruft.
Naos Gemeinderaum zwischen Narthex und Altarraum in byzantinischen Kirchen. In Kreuzkuppelkirchen das Zentrum der Kirche.
Narthex Vorhalle einer Basilika. Liegt sie außerhalb der Kirche, wird sie Exonarthex genannt.
Nekropolis Antike Begräbnisstätte in Form einer Stadt.
Neolithikum Jungsteinzeit (etwa 5500 bis 1800 vor Christus).
Turbe, Türbe Arabisches Wort für Mausoleum.
Bezisten überdachter Basar, während des Osmanischen Reiches erbaut.

Über die Autorin

Philine von Oppeln wurde 1974 in Hamburg geboren und studierte in Berlin Germanistik und Anglistik. Nach ausgedehnten Reisen, die sie unter anderem nach Indien, Marokko und Südamerika führten, hat sie sich seit Ende der 90er Jahre regional auf den Balkan, besonders die Länder des ehemaligen Jugoslawien, spezialisiert. Derzeit unterrichtet sie Deutsch und Englisch in Berlin. 2009 erschien von ihr ein Reiseführer zu Aserbaidschan im Trescher Verlag. Die Autorin freut sich über Anregungen, Tipps und Kritik der Heimkehrenden, Kontakt: philinevonoppeln@gmx.net.

Danksagung

Dank an die vielen Leser, die mit hilfreichen Hinweisen und Kritik zur vierten Auflage beigetragen haben! Außerdem danke ich Goran Rafajlovski, Vasko Bojadžiski, Goce Naumov, Detlev und Dagmar vom Buchladen Skali und all den freundlichen Helfern, die ich auf meinen Reisen getroffen habe.

Anhang

Register

A

Ablanica 254, 256
Ägäisches Mazedonien 19, 33
Ahmed, Kizil Hafiz 222
Albaner 41, 51, 194, 220, 227
Albanien 145, 196
Albanisch 44
Aldinci 114, 116
Alexander der Große 28, 37
Alilica-Höhle 211
Alkohol 278
Altslawisch 44
Anastasia 65
Angeln 212, 299
Anreise 278
Aquädukt 109
Araber 73
Arbeitslosenquote 47
Arlikano 111
Arsov, Petar Pop 33
Ärztliche Versorgung 280
Asan Džura 147
ASNOM 35, 62, 187, 251
Astibo (Štip) 246
Atatürk, Kemal 155, 156, 222
Attila 30
Ausrüstung und Gepäck 281
Außenpolitik 46
Autofahren 281
Awaren 30, 246

B

Baba, Ali 201
Bababerge 20
Babin Čukar 255
Babin Srt 218
Babuna 22
Babunaberge 245
Bačilo 255
Bačilo Klepalo 253
Baden 283
Bahn 283
Balkankriege 1912/13 33, 37, 39, 50, 74, 155, 196, 221
Bal Tepe 202
Banjani 112
Banjište 222
Bansko 261
Bardovci 109
Bargala 249
Basilius II. 31, 258
Beg, Ahmed Nyazi 151
Bektași-Orden 51, 199, 201
Belasicaberge 258
Berliner Kongress 32
Berovo 252, 254, 255
Berovo-See 252
Biljana-Quellen 127
Biljanini Izvori 127
Bistragebirge 20, 26
Bistra-Plateau 209
Bitola 30, 33, 58, 60, 155–162
Blače 113
Bogomila 115, 116
Botev, Atanas 57
Botschaften 285
Bouldern 298
Brajčino 167, 168
Branata 256
Bregalnica 246
Breza 254
Brodec 113, 210
Bulgarien 32, 33, 34, 37, 46, 73
Burrel (Albanien) 223
Busverkehr 286
Byzantinisches Reich 31, 73, 122, 163, 268

C

Camping 288
Carev 240
Čebren 172
Çelebi, Evliya 126, 159
Čelopek 203
Čelovec 271
Čemerski, Gligor 62
Cepenkov, Marko 176
Čeples 115
Christentum 30, 73, 267
Cingo, Živko 53
Cocevi 235
Cocev Kamen 233
Crna 264
Crna Reka 22
Crni Drim 132, 136
Crn Kamen 145, 210
Crvena Voda 116

D

Dabnica 181
Dardanien 73
Dassareten 28
Daut Pascha 82
Debar 220
Delčev, Goce 33, 252
Delčevo 252
Demir Kapija 266, 269
Denkmäler 62
Derwische 41, 60, 201
Dešat-Berge 209
Dešatmassiv 26
Deutsches Reich 34
Dezentralisierung 47
Dihovo 169
Dimitrova, Iskra 57
Dimkovska, Lidija 53
diplomatische Vertretungen 285
Dloneni 65
Dojran 43
Dojransee 21

Dojran-See 274
Dolni Dupeni 149
Dolni Kosovrasti 222
Dolno Količani 116
Dorf Mavrovo 212
Dračevo 114
Dragor 160
Dragusin 264
Dražilovo 116
Dubrovniker 73
Duf-Wasserfall 219
Dupjačani 181
Duračka Reka 240
Durrës 30, 50, 122
Dušan, Zar 63, 73, 264

E
Einreisebestimmungen 288
Elen Skok 218
El Kabon 113
Elšani 134
Entente 34
Erdbeben 19
Erdbeben von 518 30, 73, 108, 163, 267
Erdbeben von 1963 74, 77, 103
Erdoğan, Recep 222
Erster Weltkrieg 34, 155, 173, 269, 277
Etno Selo 104
EU 37, 46
Ezerani 24, 150

F
Feiertage und Ferien 289
Festivals 25
Festung Prosek 270
Festung Ramnište 270
Filipovski, Petre und Marko 55, 78, 220
Filmen 289
Foltin 65
Formalitäten 13
Fotografieren und Filmen 289
Frankreich 34
Frćkovski, Makarije 55, 78, 220
Fresken 54
Friedenskonferenz bei Paris 34
Front von Thessaloniki 173
FYROM 35

G
Galičicamassiv 20
Galičnik 209, 210, 214, 216
Gališka-Höhle 190
Gari 218
Garski Most 218
Garvanlijeva, Biljana 43
Gefahren 13
Geld 13, 289
Germanismen 198
Gevgelija 20, 272
Glagoliza 44
Gleit- und Drachenfliegern 299
Gočeva, Karolina 65
Golem Grad 24, 26, 149
Golem Korab 20, 218
Golemo ezero 166, 169
Golemo gradište 235
Golem Rid 218
Golubarnikhöhle 190
Gonovica-Höhle 190
Gorna Belica 144, 190
Gornjani 112, 113
Gorno Begovo 115
Gorno Količani 114
Gorno Kratovo 231
Gostivar 207
Goten 30
Grabul, Iskra und Jordan 62, 186
Grabul, Jordan 273
Gradešnica 173
Gradište 133
Gradsko 266, 268
Griechen 73, 160
Griechenland 28, 33, 34, 35, 37, 46
Grisebach, August 166
Großbritannien 34
Großbulgarisches Reich 30
Gruev, Dame 33
Gruevski, Nikola 45, 48
Guli, Pitu 187, 188

H
Haustiere 290
Heilkräuter 23
heiße Quellen 19, 22, 227, 261, 273
Heraklea 28, 30
Heraklea Lyncestis 163
Hochzeit von Galičnik 216
Höhlen 107, 147, 190, 211
Holzschnitzereien 55
Hristov, Todor 188
Hunnen 30
Hygiene 290

I
Idomenae 263
Idomeni (Griechenland) 274
Ikonen 55
Ilindenaufstand 33, 62, 74, 184, 187
Illyrer 28
Industrie 49
Informationen vor Ort 291
Informationen vor Reiseantritt 291
Internet 291
Islam 41

Islamische Architektur 60
Ivanov, Gjorge 45, 222

J
Jablanica-Berge 26
Jadovska 215
Jakupica-Gebirge 113
Janče 214, 220
Janevski, Slavko 16
Janey, Marjan 53
Jelak 205
Juden 73, 88, 156, 160
Jugoslawien 34, 35
Justinian 73

K
Kadina 115
Kafasan 145
Kajakfahren 107, 299
Kajmakčalan 173
Kalin Kamen 241
Kališta 141
Kaneo 125
Kaneš 218
Karadžica-Gebirge 113
Karev, Nikola 186, 187
Karneval 144
Katlanovo 22, 111
Kavadarci 264, 266
Kemal-Atatürk-Haus 220
Kirchen 59, 237
Kiril und Metodij 44, 52
Kiselica 232
Kitanovski, Toni 65
Kitka 114
Klepalo 253
Klettern 270, 299
Klima und Reisezeit 24
Kliment und Naum 52, 122
Klöster 59, 237
Kloster Treskavec 180, 183
Kočani 62
Kočani Orkestar 64
Kodžadžik 222
Kodžoman, Vangel 57, 138
Kokino 230
Kolešino-Wasserfall 262
Količani 114
Kolobaisa 180
Kommunistische Partei Mazedoniens 34
Koneski, Blaže 53, 224
Konflikt von 2001 227
Kongress von San Stefano 32
Königreich der Serben, Kroaten und Slowenen 34
Konjsko 149, 150
Konjuh 233, 235
Konstantinopel 30, 31
Konstantinov-Džinot, Jordan Hadži 244
Köprülü (Veles) 242
Korab-Massiv 26
Korešnica 271
Koritski Rid 147
Kosel 135
Kosjak-See 21
Kosovo-Krise 36
Kostinci 182
Kosturnica 244
Koža 210
Kozjak-Stausee 107
Kožuf 20, 273
Krakornica 210
Krani 149
Kratovo 32, 231
Kreuzfahrer 31
Kriva 235
Kriva Palanka 32, 239
Krklino 162
Krnjevo 266
Krstovar 101
Kruševo 20, 33, 60, 62, 184–190
Kruševo-Republik 187
Kučevište 113
Küche 65
Kuklica 233
Kumanovo 22, 227
Künstlerkolonien 57
Kurbinovo 150
Kyrillisch 44

L
Labunište 145
Lagadin 134
Landkarten und Stadtpläne 291
Landwirtschaft 49
Lavce 202
Lazaropole 217
Leopold I. 32, 227
Leskovec 135
Lešnica 205
Lesnovo 190, 236
Lesnovski-Kloster 56
Lešok 206
Lihnid 122
Lin 146
Lipova Livada 147
Literatur 52
Ljubaništa 134
Ljubojno 169
Ljuboten 20, 205
Lokva-See 145
Luda Mara 264
Luftverschmutzung 25
Lyncester 28
Lynk 30

M
Macedonia Secunda 267
Mackensen, August von 155, 173
Madžirov, Nikola 53
Magaro 147
Makedonium (Kruševo) 62, 186
Makedonski Brod 190
Maleševoberge 252

Malo ezero 166
Malovište 171
Manaki, Milton und Janaki 157
Manastir 155, 173
Mančevski, Milčo 37, 65, 113, 125, 180, 183
Mariovo 58, 172, 183
Marko, König 31, 148, 175, 179
Marvinci 263
Matka 105
Matka-Schlucht 107
Mausoleum (Veles) 62
Mavrovi Anovi 210, 212
Mavrovo-See 209
Mazedonier 28, 39
Mazedonisch 44
mazedonische Frage 37
mazedonisch-orthodoxe Kirche 50
Mazev, Petar 57
Mažučište 181
Mečkin Kamen 187, 188
Medenica 209
Mehmed II. 31, 81
Mehmeti, Kim 53
Melnica 173
Michov Grad 133
Mičpur 210
Mietwagen 293
Mihail (Maler) 54
Mijaken 43, 209
Miladinov, Dimitar und Konstantin 53, 137
Milenkov Kamen 116
Millenniumskreuz 101
Miloševič, Vana 57
Milutin, König 73, 113, 229
Minderheitenrechte 36, 46
Mineralwasserquellen 22
Mirkovci 113
Mittelmächte 34
Mladost-See 245
Moesia Superior 30, 73
Mokra-Gebirge 113
Molikakiefer 23, 166
Mountainbike 112, 146, 147, 190, 210, 254, 299
Mrzenci 273
Murat-Pascha 82
Musik 64
Muslime 41, 42, 51
Mustafa Pascha 80

N
Nagoričane 59
Nakolec 149
Nationalpark Galičica 26, 146, 190
Nationalpark Mavrovo 20, 21, 23, 26, 209
Nationalpark Pelister 20, 26, 165
NATO 37, 46
Nedelkovski, Mile 118
Negorski Banji 273
Negotino 266
Nerezi 103
Nežilovo 115, 116
Nikiforovo 209, 210
Nižepole 166, 167
Normannen 31, 73
Notfälle 293
Nov Dojran 275
Novo Selo 262

O
Obitel 155
Öffnungszeiten 293
Ohrid 30, 50, 54, 56, 58, 59, 121–131
Ohrid-Rahmenabkommen 36, 45, 47
Ohridsee 20, 21
Ökotourismus 25, 168
Oktisi 143
Openica 135
Osmanisches Reich 31, 50, 73, 122, 155, 175, 196, 242, 247
Osogovoberge 239, 240
Österreich-Ungarn 34
Oströmisches Reich 30
Oteševo 149
Otinja 246
Otovica 245
Ovče Pole 20

P
Päonier 28
Paragliding 146, 188, 190, 299, 300
Pašina Vodenica 240
Paskali, Irena 57
Patiška Reka 116
Pavlovski, Jovan 53, 152
Pavlovski, Radovan 53
Pejčinovič, Kiril 207
Pelagonijabecken 24
Pelagonija-Ebene 20, 154
Pelister (Berg) 165
Pena 22, 200
Perkoski, Dimitri 217
Perseus 30
Peshkopia 223
Pešna-Höhle 190
Peštani 134
Petreski, Hristo 53
Peza, Murteza 53
Philipp II. 28, 163
Philipp V. 242, 267
Piccolomini, Octavio 32, 73
Pirin-Mazedonien 19, 33
Plaošnik 124
Pobože 113
Podmočani 150

Pogradec 146
Polizei 293
Polog-Ebene 20
Popova Šapka 204
Popovski, Ante 53
Post 294
Prespasee 20, 21, 148
Pretor 149
Prilep 31, 175–180
Privatisierung 49
Proeski, Toše 65, 184
Profanarchitektur 60
Prohor Pčinski 35, 187
Ptolemäus, Claudius 72

R

Racin, Kočo 53, 243
Radfahren 299
Radika 22, 209, 212, 220
Radoviš 43
Radožda 142
Radtouren 104, 113, 140, 210
Raduša 111
Ratevo 255
Ravna Reka 254
Redžepova-Teodosievska, Esma 64
Reisen im Land 14
Reisen mit Kindern 294
Reiseveranstalter 295
Reisezeit 13
Reiss, Rudolph Archibald 173
Reiten 113, 210
Religion 50
Renaissance der Paläologen 124
Rešad V. 157
Resen 151
Reservat Jasen 26
Ristovska, Elena 65
Roma 41, 51, 64, 109
Romani 45, 111
Römisches Reich 29, 108, 122, 163, 175, 242, 267
Ropotovo 182
Rosoki 218
Rostuše 42, 219
Rote Felsen 165
Rusi, Ljutvi 53
Russland 32

S

Šaban 255
Samotska-Dupka-Höhle 147
Samuil 122, 126
Samuil, König 30
Samuil, Zar 258, 260
Sandaktaš 209
Šarberge 20, 23, 26, 204
Šarena-Moschee (Tetovo) 60
Šarkova-Dupka-Höhle 211
Schlacht von Pydna 29
Schlangen 24
Schlangeninsel (Golem Grad) 149
Schlucht 269
Schmidt, Irene 192
Schutzbriefe 32, 54, 220
Selce 214
Serbien 32, 33, 34, 37, 46, 73, 221
Serbisch 45
Sicherheit 297
Skanderbeg, Gjorgji Kastrioti 84, 220
Ski 299
Skifahren 204, 212, 273, 274
Sklaven 73
Skopje 19, 25, 30, 31, 57, 58, 60, 62, 72–89
Aldža-Moschee 80
Allgemeine Informationen 91
alter Bahnhof 88
Altstadt 78
An- und Abreise 91
Archäologisches Museum 88
Augenbrücke 87
Bezisten 84
Bit Pazar 78
Čifte-Hammam 82
Daut-Pascha-Hammam 60, 82
Debar Maalo 90
Denkmal der Befreier von Skopje 89
Denkmal der Mutter Teresa 88
Einkaufen 99
Festung Kale 75
Französischer Gedenkfriedhof 76
Gastronomie 95
Gazi-Issa-Beg-Moschee 81
Gedenkzentrum des Holocaust 88
Goce-Delčev-Brücke 89
Hauptpostamt 89
Hjunkar-Moschee 81
Jaja-Pascha-Moschee 82
Kapan An 83
Karpoš-Platz 87
Kultur 97
Kunstbrücke 87
Kuršumli An 60, 83
Madžir Maalo 90
Museum des Mazedonischen Widerstands 88
Museum für Gegenwartskunst 76
Museumskomplex 88

Mustafa-Pascha-Moschee 80
Mutter-Teresa-Gedenkhaus 88
Nationalgalerie 82
Nationalmuseum 79
Park der Mazedonischen Helden 90
Ploštad Makedonija 87
Porta Makedonija 87
Regierungsgebäude 89
Ristič-Palast 88
Roter Uhrenturm 81
Skanderbeg-Denkmal 84
Sport 99
Stadthalterturm 88
Stadtmuseum 88
Stadtpark 89
Stadtstrand 89
Stadtstrand Kamen Most 88
Stara Čaršija 78
Steinerne Brücke 87
Suli An 74, 83
Sv. Bogorodica 90
Sv. Kliment 60
Sv. Kliment Ohridski 90
Sv. Konstantin und Helena 88
Sv. Mina 90
Sv. Spas 55, 56, 78
Theater 88
ul. Makedonija 88
Unterkunft 93
Unterwegs in Skopje 92
Zoo 89
Skopje 2014 47, 85
Skopsa Crna Gora 112
Skupi 30
Skupi (Skopje) 73, 108
Slawen 30, 73, 155, 175, 242, 246, 268
Šlegovo 232
Sliva-Denkmal 188
Slivnica 167
Smilevski, Goce 53
Smolari-Wasserfall 262
Smreka 205
Sokolica 217
Solev, Dimitar 53
Solunska Glava 113, 115, 246
Šopov, Aco 53
Šopsko Rudare 233, 235
Sport und Freizeit 298
Sprachen 44
Stadtpläne 291
Stalin 35
Stankovski, Aleksandar 57
Staravina 173
Star Dojran 275
Staro Nagoričane 229
Starova, Luan 53
Stauseen 21
Stavica 173
Steinzeit 28
Stena 269
Stenje 150
Stinik 263
Štip 43, 246
Stobi 30, 267
Stogovo-Massiv 218
Stone, Oliver 37
Strezimir 210
Struga 53, 57, 136–140
Strumica 258
Subotin, Sava 62
Sufi-Orden 200
Šumkovski, Jovan 57
Sunniten 200
Sušica 104
Šuto Orizari (Šutka) 41, 109
Suvi Laki 256
Suvo Pole 214
Sv. Andreja (Matka) 105
Sv. Arhangel Mihail (Berovo) 253
Sv. Atanas (Ohridsee) 142
Sv. Bogorodica (Matka) 105
Sv. Bogorodica (Pelister) 167
Sv. Bogorodica Perivlepta (Ohrid) 54, 124
Sv. Bogorodica (Skopsa Crna Gora) 113
Sv. Bogorodica (Štip) 59, 248
Sv. Gavril Lesnovski (Kratovo) 235
Sv. Gjorgji (Nagoričane) 59, 229
Sv. Gjorgji Polog (Kavadarci) 264
Sv. Gjorgji (Prespasee) 150
Sv. Gjorgji Probedonoset (Debar) 221
Sv. Ilija (Skopsa Crna Gora) 112
Sv. Joakim Osogovski (Kriva Palanka) 59, 239
Sv. Jovan Bigorski (Debar) 54, 56, 219
Sv. Jovan Kaneo (Ohridsee) 183
Sv. Kliment (Ohrid) 59, 124
Sv. Leontj (Strumica) 238
Sv. Marko (Vodno) 104
Sv. Mihail (Ohridsee) 142
Sv. Naum (Ohridsee) 132
Sv. Nedela (Matka) 106

Sv. Nikita (Skopsa Crna Gora) 112
Sv. Nikola (Matka) 106
Sv. Pantelejmon (Skopje) 54, 59, 103
Sv. Petka (Staro Nagoričane) 230
Sv. Sofija (Ohrid) 54, 122
Sv. Spas (Matka) 106
Sv. Spas (Skopsa Crna Gora) 113
Sv. Stefan (Ohridsee) 133
Sv. Zaum (Ohridsee) 133

T
Tabačka 231
Tange, Kenzo 77
Tativan Brothers 65
Tatov Kamen 230
Tauchen 300
Taxi 300
Telefon 14, 301
Tetovo 41, 51, 60, 194–203
Textilbranche 49
Thessaloniki 30
Tikveški Grozdober 266
Tikvešsee 264
Tikveštal 264, 266
Tirana (Albanien) 146, 223
Tischler, Robert 156
Tito, Josip Broz 35, 70, 77
Titov Vrv 20, 205
Topolka 245
Torbeschen 42, 51
Trampen 301
Transformierungsgesetz 49
Treblinka 156
Treska 22, 107
Treskavec 180, 183
Tresonče 211, 218
Tri Češmi 249
Trifun 266
Trinkgeld 301
Trnica 210
Trpejca 135, 147
Türken 32, 42, 43, 51, 73, 159
Türkisch 45

U
Ubavica-Höhle 190
UÇK 36
UNESCO 21, 120, 216
Unterkunft 14, 301
Üsküb (Skopje) 73

V
Vajtos 144
Valandovo 263
Vangeli, Žaneta 57
Vardar 22, 28, 208
Vardar-Mazedonien 19, 33
Vardarski Rid 273
Vardartal 19, 24
Varvara 207
Vataša 264
Veles 25, 62, 241
Velgošti 135
Veli, Hadschi Bektasch 201
Veljusa 260
Venezianer 73
Veranstaltungskalender 301
Verständigung 15
Vevčani 144
Via Egnatia 30, 122, 163
Vila Zora (Veles) 242
Vinica 251
Višešnicaberg 264
Višni 143
VMRO 33, 34
Vocarci 264
Vodno 100
Vodoča 260
Vogelschutzgebiet Ezerani 24, 150
Vojnički-Karpoš, Petre 32, 73, 87, 227
Volandovo 43
Volkovo 113
Vor dem Regen 183
Vranište 143
Vratnica 205
Vrben 210
Vrelo-Höhle 107
Vrutok 208

W
Wanderkarten 291
Wandern 298
Wanderungen 15, 113, 114, 145, 146, 166, 168, 181, 190, 205, 209, 214, 217, 218, 231, 236, 240, 254, 270
Wein 266, 269
Westrom 30
Wilhelm II. 269, 270
Wirtschaft 48
Wlachen 44, 171, 184
Wlachisch 45

Y
Yörüken 43

Z
Žabar 115
Zen, Toni 65
Židlivo 239
Zlatovrv 180
Zlokučani 109
Zograf 105
Zoll 302
Zovič 172
Zrze 182
Zweiter Weltkrieg 34, 74, 156, 221, 244, 264

Bildnachweis

Alle Bilder von Philine von Oppeln, außer:
Lucas Elmenhorst: Titelbild, S. 10, 24, 29, 132, 192/193, 220, 276
Kiro Kiproski: S. 64, 214, 215
Daniela Krämer: S. 61, 183, 266
Manuel Zimmer: S. 261

Titelbild: Kirche Sv. Jovan am Ohridsee
Vordere Umschlagklappe: Wanderer bei Patiška Reka im Karadžica-Gebirge
Hintere Umschlagklappe: Bootstaxi auf dem Ohridsee

TRESCHER

Reiseführer

ALBANIEN
336 Seiten
Euro 17.95 (D)/18.50 (A)
ISBN 978-3-89794-253-0

BOSNIEN UND HERZEGOWINA
360 Seiten
Euro 18.95 (D)/19.50 (A)
ISBN 978-3-89794-224-0

DALMATIEN
348 Seiten
Euro 13.95 (D)/14.40 (A)
ISBN 978-3-89794-227-1

KROATIEN
450 Seiten
Euro 16.95 (D)/17.50 (A)
ISBN 978-3-89794-240-0

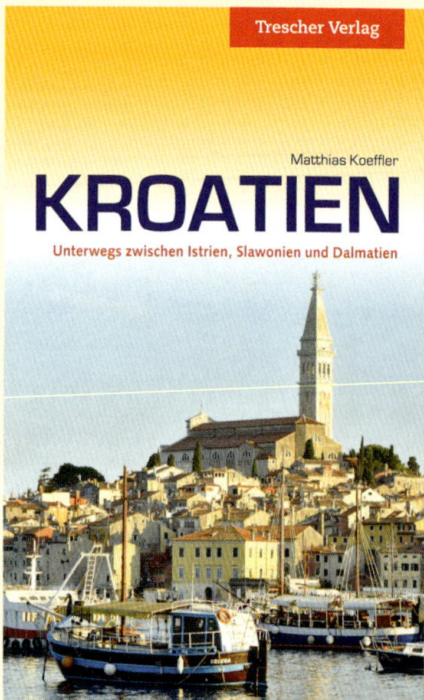

MONTENEGRO
276 Seiten
Euro 14.95 (D)/15.50 (A)
ISBN 978-3-89794-236-3

SERBIEN
480 Seiten
Euro 19.95 (D)/20.60 (A)
ISBN 978-3-89794-208-0

Trescher Verlag
Der Spezialist für den Osten

Kartenlegende

Bahnhof
Bank
Bar
Berghütte
Brunnen
Busbahnhof
Café
Campingplatz
Einkaufsmöglichkeit
Fähre
Flughafen
Hafen
Höhle
Hotel
Internetcafé
Kino
Kirche
Kloster
Krankenhaus
Markt
Moschee
Museum
Oper
Parken
Post
Restaurant
Ruine/Ausgrabungsstätte
Seilbahn
Strand

Synagoge
Tankstelle
Theater
Tor
Touristeninformation
Zoo
Berggipfel
Burg
Denkmal
Fahrradweg
Friedhof
Kirche
Sehenswürdigkeit
Seilbahn
Turm
Zeltplatz

Autobahn
Schnellstraße
Hauptstraße
sonstige Straßen
E 65 Europastraße
A 65 Autobahn
243 Bundesstraße
Eisenbahn
Grenzübergang
Staatsgrenze
Hauptstadt
Stadt/Ortschaft

Kartenregister

Stadtpläne
Bitola 157
Gevgelija 272
Kruševo 185
Kumanovo 228
Ohrid 123
Prilep 177
Skopje, Altstadt 79
Skopje, Übersicht hintere Umschlagkarte
Skopje, Zentrum 84
Štip 247
Struga 137
Strumica 258
Tetovo 197
Veles 242

Übersichtskarten
Bus- und Bahnlinien rund um Skopje 101
Eisenbahnnetz 284
Heraklea 163
Karadžica-Gebirge 114
Kriva Palanka 239
Mazedonien, Übersicht vordere Umschlagkarte
Nationalpark Mavrovo 211
Nationalpark Pelister 165
Nordosten 226
Nordwesten 195
Ohrid- und Prespasee 120
Pelagonija 154
Šarberge 204
Stobi 267
Südosten 257
Umgebung von Skopje 100
Umgebung von Struga 141
Wanderwege in der Umgebung von Berovo 254

Historische Karten
Reich Alexander des Großen 29